La
Rentrée de Dieu

DANS L'ÉCOLE
ET DANS L'ÉTAT

POUR PARAITRE PROCHAINEMENT :

LA MÉTAMORPHOSE
DE L'ÉGLISE

ou

L'ACCORD
D'ISRAEL ET DE LA CHRÉTIENTÉ

JEAN IZOULET

Professeur de Philosophie sociale au Collège de France

La Rentrée de Dieu

DANS L'ÉCOLE ET DANS L'ÉTAT

PARIS

BERNARD GRASSET

MCMXXIV

AVANT-PROPOS

Un suprême désir de Maurice Barrès

Naguère, il m'est tombé sous la main un livre singulièrement intéressant, intitulé : « *Une nouvelle Philosophie de l'Histoire* », et consacré à l'œuvre de *M. Ernest Seillère*, laquelle, ne fût-ce que pour une raison technique, à moi connue, pourrait bien constituer *une date dans l'Evolution générale de la Littérature et de la Philosophie.*

Et j'ai appris que l'auteur du livre en question, *M. René Gillouin*, était un de nos jeunes camarades de l'Ecole Normale supérieure, fils de pasteur protestant, et brillant agrégé de Philosophie, — que j'ai eu ainsi l'occasion et le plaisir de connaître.

**\
* **

Mais, où ma surprise a été grande, c'est quand, dans le livre de *M. René Gillouin*, je suis tombé sur *une grande Note de trente-trois lignes*, qui n'était autre chose qu'un vigoureux réquisitoire contre *la fausse Philosophie de notre IIIᵉ République*, c'est-à-dire contre son *Laïcisme athée* !

Enfin ! me suis-je écrié. Enfin ! Voici donc un jeune écrivain, protestant et philosophe, et, par conséquent, *peu suspect de cléricalisme*, qui ose s'élever contre notre *Athéisme d'Etat* !

Depuis trente ans, jour par jour, j'attendais un tel geste ! C'est-à-dire, depuis le jour où *Renan*, en me permettant gracieusement de lui dédier la traduction des *Héros de Carlyle*, m'avait si fort approuvé de faire appel, dans ma Préface, à la « *libre pensée religieuse* » !

Hélas ! trente ans l'appel est resté sans écho !

Et, au cours de ces noirs trente ans, notre IIIe République n'a fait que s'enfoncer toujours de plus en plus avant dans les mornes et mortelles voies de l'*Agnosticisme ou de l'Athéisme* !

Mais, semble-t-il enfin, voici que les temps vont changer !

*
* *

Dans cet espoir, j'ai donné moi-même, l'an dernier, dans la Revue *Foi et Vie*, un opuscule de quatre-vingts pages intitulé *Laïcisme de mort et Laïcisme de vie.*

Et cet opuscule m'a valu, notamment, dans le *Temps* et dans le *Journal de Genève*, de très spontanées et très qualifiées, de trop flatteuses, mais infiniment précieuses, appréciations.

Cela aussi serait-il un signe des temps ?

*
* *

Tous ces impondérables m'ont incliné à publier, et à prêter l'oreille à des suggestions amies qui me signalaient un Editeur particulièrement attentif à tous les grands courants de l'Esprit public.

Mais ce qui, à lui seul, aurait plus que suffi à me décider, c'est un suprême désir de *Maurice Barrès*.

L'an dernier, *Maurice Barrès* avait bien voulu présider ma *Leçon d'ouverture* au Collège de France ; et cette année aussi, il devait présider ma *Leçon d'ouverture*.

Mais c'est la mort, hélas ! qui l'a surpris, la veille même de mon cours !

*
* *

Il savait que, pour moi, *deux immenses problèmes* dominent toute notre *Histoire de France*; que, pour moi, depuis mille et deux mille ans, la France est vouée et comme rivée au double effort de récupération de sa *Frontière naturelle* et de sa *Religion naturelle* ; qu'enfin, pour moi, tout le destin de la France tient en deux mots : le *Drame du Rhin* et le *Drame du Christ*.

Lui-même, il avait « écrit » son *Génie du Rhin*, après l'avoir, en l'heure culminante de sa vie, « parlé » devant l'Elite de l'Alsace à l'Université de Strasbourg.

Et il se faisait un haut devoir de patronner pour l'Académie française, un *Camille Jullian*, le continuateur de notre illustre maître *Fustel de Coulanges*, et le vivace historien de notre grande *Histoire de la Gaule*.

Mais, sur la question *de Dieu et du Christ*, il

était bien loin d'être arrivé encore à pleinement se satisfaire, malgré d'infiniment précieuses amitiés qui gravitaient autour de lui, et en compagnie desquelles il aimait errer dans les sentiers secrets ou dans les somptueuses et solitaires avenues de la *Mystique*.

⁂

Or, d'une part, il savait comment, jadis, j'avais été le Secrétaire particulier de *Paul Bert, Ministre de l'Instruction publique dans le cabinet Gambetta* ; et comment j'avais reçu l'investiture blanche de *Jules Ferry, Ministre*, et de *M. Hérold, Préfet de la Seine*, pour faire soixante Conférences aux trois mille Instituteurs et Institutrices de Paris, et, en ma qualité de jeune Agrégé de philosophie, leur esquisser *la Psychologie et la Morale* qu'ils allaient désormais avoir la mission d'enseigner.

Mais, d'autre part, il savait aussi combien j'étais alors, tout comme aujourd'hui, *réfractaire à l'Athéisme*, et comment, pour ma traduction des *Héros de Carlyle*, dédiée à *Renan*, j'avais écrit une grande Introduction intitulée *Le Crépuscule des Dieux*, pour montrer, d'après le profond *Mythe scandinave*, que *l'apparente mort des dieux* n'est jamais autre chose au fond que « *la mort de feu du phénix pour la renaissance en plus grand et en mieux* » !

Et, plus tard, dans ma thèse de doctorat, *La Cité moderne*, qu'il avait « lue et relue », me disait-il, il savait aussi comment, tout en répudiant le fameux *Dualisme cartésien de l'Ame et du Corps*, j'avais plus énergiquement que jamais maintenu l'*Idée de Dieu*.

*
* *

D'une part, encore, il savait comment *le grand adversaire de Fustel de Coulanges, l'historien protestant* Gabriel Monod, que je n'avais pas l'honneur de connaître personnellement, était spontanément venu chez moi, un beau jour, pour m'offrir son « *Michelet* » et me dire d'une façon pressante : « Quand donc comptez-vous nous donner *la suite annoncée de La Cité moderne, c'est-à-dire les applications religieuses et politiques de votre thèse philosophique ?* » ; et comment, jusqu'à sa mort, *Gabriel Monod* s'était obstiné à poser toujours la même question à tels ou tels de mes amis qu'il avait pour collaborateurs à sa *Revue historique*.

Mais, d'autre part, il savait aussi comment, au cours d'une *Mission* d'enquête religieuse, en Italie, en Belgique, en Bavière, en Autriche, et en Prusse, j'avais eu de précieuses entrevues à Malines, à Vienne et à Munich, à Rome et à Berlin ; comment, à Rome surtout, à *Saint-Louis des Français*, j'avais pu recueillir des vues singulièrement originales et profondes sur les pontificats comparés *de Léon XIII et de Pie X*, si fâcheusement vus à l'envers par tels ou tels Cardinaux verts ; et comment, à Rome toujours, dans *une cellule de la Via Veneto*, au cours d'un entretien de trois heures avec le « philosophe » du Vatican, j'avais pu entrevoir, non sans émoi, des *possibles* insoupçonnés, ou, en tout cas, inespérés.

*
* *

Il savait enfin comment, depuis un quart de siècle, au Collège de France, je n'ai cessé de présenter l'Apologie ou le Panégyrique de l'*Esprit moderne* et de ses trois filles immortelles, la *Renaissance, la Réforme et la Révolution*, et de dégager l'Idée profonde, l'Idée sublime, l'Idée auguste, qui, selon moi, est latente dans la Philosophie du xviii° siècle et sous-jacente à la Révolution, et de confirmer ainsi l'intuition d'un *Joseph de Maistre*, à savoir, que la Révolution française n'est *satanique* qu'en apparence et est *divine* en réalité.

*
* *

Il savait tout cela.

Et c'est tout cela que lui avait en bloc rappelé mon opuscule de l'an dernier, *Laïcisme de mort et Laïcisme de vie*, lequel opuscule avait pour but de préparer mon livre d'aujourd'hui, — mon livre de combat, — pour

La Rentrée de Dieu
dans l'École et dans l'État.

*
* *

Et c'est pourquoi, précisément, dans les derniers mois qui ont précédé sa mort, j'ai eu avec *Maurice Barrès*, soit chez lui, soit chez moi, quatre entretiens approfondis, de trois ou quatre heures chacun, au cours desquels ont défilé, sans voiles, les hommes et les idées.

Et, c'est à la suite de ces entretiens qu'il a insisté, étonnamment insisté, pour que je voie expressément telle haute personnalité.

Un suprême désir de Maurice Barrès ! Comment ne pas s'incliner ?

Mais, au surplus, ai-je pensé, que peut-il y avoir de mieux qu'un livre, ou deux, pour, au besoin, remplacer ou compléter une simple et fugitive entrevue ?

D'où le présent livre, et aussi celui qui, très prochainement, suivra, et qui sera intitulé :

La Métamorphose de l'Eglise ou l'accord d'Israël et de la Chrétienté.

*

Dieu merci ! *Bourget* nous reste encore. Mais la brusque disparition de *Barrès* est un grand malheur.

Nous voici arrivés *à la minute oscillante, mère des siècles.*

Les deux grands Drames de la France, le Drame *externe* et le Drame *interne*, le Drame *physique* et le Drame *métaphysique*, le *Drame du Rhin* et le *Drame du Christ*, ces deux immenses Drames de toute notre Histoire sont arrivés à leur crise aiguë.

J'ose le prédire, et je prends date :

1° *Si la Prusse reste sur le Rhin, la France*

sera annexée, — et l'équilibre de l'Europe et de la Planète chaviré ;

2° Et si l'Athéisme reste dans l'Ecole, la France sera dépeuplée, vidée et balayée.

Sans qu'on paraisse s'en douter, jamais la France n'a été en pareil danger : corps et âme, en fait et au fond, c'est une France en perdition.

Or, la seule présence de *Barrès* parmi nous ne constituait-elle pas comme une double ou triple évocation de la Patrie ?

Par sa double ascendance, en effet, *Maurice Barrès* était, à la fois, *Arverne* et *Lorrain* : il était, à la fois, du pays de *Vercingétorix* et du pays de *Jeanne d'Arc* ! Et, avant de mourir, il avait encore eu le temps de publier les *Mémoires* de son grand-père, qui avait servi dans les armées de *Napoléon* !

Vercingétorix, Jeanne d'Arc, Napoléon ! Triple source insondable de souvenirs et d'émotions, triple source *d'énergies spirituelles* à évoquer et à recueillir, à ramasser et à concentrer, — pour, invinciblement, affronter les destins !

J. L.

PRÉFACE

« LA FRANCE QUI MEURT »
ou
« LE PIRE DES GOUVERNEMENTS »
selon
JEAN-JACQUES ROUSSEAU

Rappel au Décalogue

Ces jours derniers, je regardais, une fois de plus, la carte démographique de la France, *la carte de la natalité*, publiée sur la couverture de la pathétique brochure de M. *Gustave Hervé* : « LA FRANCE QUI MEURT ».

Et, une fois de plus, je constatais que, *près de quatre-vingts de nos départements* sont macabrement *peints en noir*, parce que les *tombeaux* y sont plus nombreux que les *berceaux* !

Je ne pouvais me détacher de ce Tableau funèbre, et j'entendais clouer le cercueil de la France, et je l'entendais passer dans la rue des Nations, — des Nations passivement indifférentes, ou secrètement réjouies...

En octobre 1904, *le journal japonais « Taïyo »*

le déclarait déjà fort objectivement : « Vers la
fin du vingtième siècle, la France disparaitra
du rang des Nations. »

Or, le cas individuel de la France n'est que
l'application d'une loi universelle, formulée pour
toujours dans le *fameux verdict de Jean-Jacques
Rousseau*, — qu'il faudrait afficher dans la
France entière :

« Quelle est la fin de l'association politique ?

C'est la conservation et la prospérité de ses
membres.

Et quel est le signe le plus sûr que ses membres prospèrent ?

C'est leur « nombre et leur population ».

N'allez pas chercher ailleurs ce signe si
disputé.

Toutes choses égales d'ailleurs, « le gouverne-
ment sous lequel », sans moyens étrangers, sans
naturalisations, sans colonies, LES CITOYENS
PEUPLENT ET MULTIPLIENT DAVANTAGE,
CE GOUVERNEMENT EST INFAILLIBLE-
MENT LE MEILLEUR.

CELUI SOUS LEQUEL UN PEUPLE DIMI-
NUE ET DÉPÉRIT EST LE PIRE.

C'est maintenant votre affaire : comptez,
mesurez, comparez... »

D'après ce célèbre et inéluctable verdict, il est
donc bien certain qu'au point de vue du *Gouvernement spirituel*, sinon du *Gouvernement temporel*, si la France est en train de périr, c'est tout
simplement parce qu'elle est régie par *le pire des
Gouvernements* !

*
* *

Eh, quoi, me direz-vous ; la France ne vous paraît donc pas *bien gouvernée* ?

Je réponds :

En ce moment, la France est gouvernée par un homme qui, semble-t-il, n'aurait qu'à *écouter son moi le plus profond*, pour être égal aux plus grands.

Mais je ne parle pas ici du *Gouvernement temporel et politique* : je parle du *Gouvernement spirituel et métaphysique*.

Je ne parle pas ici du *Gouvernement accidentel et fugitif des Individus* : je parle du *Gouvernement impersonnel et permanent des Croyances*.

Au-dessus ou au-dessous des *Gouvernements visibles*, il y a un *Gouvernement invisible et irrésistible*, à savoir, le *Gouvernement des Idées*, qui, plus ou moins secrètement, règnent au fond des cœurs.

Et *ces Idées secrètes et souveraines*, ce sont, plus ou moins conscientes ou inconscientes, nos *conceptions suprêmes de la Vie et de la Destinée;* c'est notre plus *intime conception du Bonheur*.

Or, aujourd'hui, en France, *notre plus intime conception du Bonheur*, cette conception qu'on nous a patiemment et savamment inoculée, est *radicalement fausse*.

Et c'est ici qu'entre en jeu la *terrible parole de l'Ecriture*, qui n'est autre chose, au fond, d'ailleurs, qu'une *impassible et implacable loi biosociale* :

LE SALAIRE DU PÉCHÉ, C'EST LA MORT.

Qu'est-ce que le Péché ?

**

Selon la profonde philosophie cartésienne et platonicienne, le *Péché*, c'est l'*Erreur* ou l'*Igno-rance* : *Omnis peccans est ignorans !*

La France a *péché par l'Esprit*, et c'est pourquoi elle est en train de *mourir dans son Corps.*

De mourir ? Mais oui !

Qu'est-ce, en effet, que la *dé-population*, sinon la *mort des Nations* ?

*
* *

Mais, direz-vous aussi, peut-être la France périt-elle, moins encore par *égarement* que par *découragement*. Il n'est que trop vrai : ce qui manque le plus à la France, c'est l'*élan vital.*

Et pourquoi ?

Un nouveau et génial Sociologue britannique, M. Branford, nous l'a récemment dit en moins de douze mots :

« LA OÙ IL N'Y A NULLE VISION, LE PEUPLE PÉRIT... »

Or, en France, précisément, *il n'y a plus nulle vision !* Et c'est pourquoi la France périt...

Vous avez enlevé à la France son *Histoire* et sa *Religion*, ses *racines en Terre* et sa *vision du Ciel !*

Comment pourrait-elle ne pas languir et mourir ?

La Revue « *Les Etudes* » citait naguère une parole de *Wordsworth*, adoptée par *Ruskin*, le « vaillant » disciple ou émule de ce *Carlyle*, dont j'ai si passionnément jadis traduit *Les Héros* :

« *Nous vivons d'admiration, d'espérance et d'amour* ! »

Or, qu'enseigne-t-on aujourd'hui aux Français ?

On leur enseigne, en fait d'*admiration*, le *mépris* ! Et, en fait d'*amour*, la *haine* ! Et, en fait d'*espérance*, le *désespoir* !

Rendez donc à la France, d'une part, *l'amour et l'orgueil de son passé* ; et rendez-lui, d'autre part, *sa croyance en Dieu*, c'est-à-dire en un *Gouvernement de l'Univers*, — et vous lui aurez, d'emblée, rendu la *foi en sa destinée* !

**
**

La Religion, quel mot « plus riche que Golconde », s'est écrié un jour le grand *Thomas Carlyle* !

A son tour, un Chef de gouvernement contemporain vient précisément de condenser *en trois mots la Loi et les Prophètes*, je veux dire *les trois fondamentales conditions du Salut*, pour les *Peuples* comme pour les *Individus*.

Oui, en *trois mots*.

Il a dit :

1° Pour se sauver (soi et les siens, soi et ses biens), il faut être *fort* ;

2° Pour être fort, il faut être *moral* ;

3° Pour être moral, il faut être *religieux*.

Reprenons :

1° Quelle est la condition du Salut ?

C'est la *Force*.

Qu'en pensent *les fous* qui prêchent le *désarmement* ?

2° Quelle est la condition de la Force ?

C'est la *Moralité*.

Qu'en pensent *les doubles fous* qui veulent être sans *foi ni loi*, au foyer et à l'atelier ?

3° Quelle est la condition de la Moralité ?

C'est la *Religion*.

Qu'en pensent *les triples fous* qui s'enorgueillissent d'être *athées* ?

Force, Moralité, Religion !

Oui, en trois mots, voilà *la Loi et les Prophètes !*

Oui, en trois mots, voilà *les trois conditions du Salut*, pour les *Peuples*, comme pour les *Individus !*

Dans nos furieuses tempêtes internationales ou intranationales, puisse un tel phare — phare à trois feux — toujours flamboyer à l'horizon, — *pour le salut de la France et des peuples en perdition !*

INTRODUCTION

MON HYPOTHÈSE
sur notre CIVILISATION D'OCCIDENT
ou
LE DRAME EN TROIS ACTES
DE TROIS MILLE ANS D'HISTOIRE

Dans l'Avant-propos de sa belle *Histoire de France*, M. Jacques Bainville dit avec modestie :

« Nous n'avons pas tenté une œuvre originale : on peut éclaircir l'histoire, on ne la renouvelle pas. »

Mais M. Jacques Bainville sait mieux que personne qu'à côté de *l'Histoire proprement dite*, à la *Fustel de Coulanges*, il y a aussi *la Philosophie de l'Histoire*, fondée au xiv° siècle par *Ibn Khaldoun*, et illustrée depuis par les *Bossuet*, les *Vico*, les *Herder* et les *Auguste Comte*.

De tels hommes aussi nous sont bien nécessaires.

En attendant leur successeur éventuel du xx° siècle, j'ose me risquer à écrire un livre constructif, en quatre parties :

Première Partie

Ma Philosophie de l'Histoire d'*Europe*, ou le *Drame en trois actes de Trois mille ans d'Histoire.*

Deuxième Partie

Ma Philosophie de l'Histoire de *France*, ou le *Drame du Rhin*, et le *Drame du Christ.*

Troisième Partie

Ma Philosophie de l'Histoire du *Christianisme* en ses trois phases : *Construction, Destruction,* Re-construction.

Quatrième Partie

Ma Philosophie de l'Histoire de la *III° République* : La sinistre *déviation du Laïcisme* et le nécessaire *Redressement religieux.*

*
* *

J'esquisse d'abord mon *hypothèse*, pour donner le fil du livre entier.

C'est mon chandelier à sept branches, je veux dire : une hypothèse en sept éléments.

I

La *Religion* est le fonds et le tréfonds de la *Politique.*

Entendez : la conception *de la Vie et de la Destinée* est le fonds et le tréfonds *des Sociétés et des Civilisations.*

Le génial auteur des *Rêveries d'un païen mystique*, le poète-philosophe Louis Ménard, a dit :

« Un peuple qui a renié ses dieux est un peuple mort. »

II

De ce point de vue, que faut-il penser de notre *Civilisation d'Occident*, laquelle, jadis, a *renié les Dieux du Paganisme*, et, de nos jours, *renie le Dieu du Christianisme ?*

Ce qu'il faut en penser, selon moi ? C'est que ce ne sont point là des *destructions*, mais des *métamorphoses.*

D'où MON HYPOTHÈSE, qui m'illumine à moi-même, dans ses profondeurs, toute notre Evolution occidentale de trente siècles.

III

Dans mon hypothèse, en effet, nos trois mille ans d'histoire sont un *Drame en trois actes* : Antiquité, Moyen Age, Temps modernes.

Dans mon hypothèse, l'*Esprit moderne* n'est autre chose que la mystérieuse SYNTHÈSE du *Paganisme antique* et du *Christianisme médiéval,* — sous l'action profonde et puissante du *Mosaïsme éternel* !

Dans mon hypothèse, le troisième acte lui-même, ou acte de l'*Esprit moderne*, est *un acte en trois scènes*, en trois consécutives et progressives fulgurations : *Renaissance, Réforme, Révolution.*

La *Renaissance* est un *Néo-Paganisme*, c'est-à-dire l'*antithèse* du Christianisme.

La *Réforme* est une *demi-synthèse.*

La *Révolution* est ou sera *une pleine et entière synthèse.*

Entendez : La *Révolution* est ou doit être l'approfondissement et l'accomplissement de la *Réformation.*

IV

Or, la *Réforme* a suscité la *Contre-réforme* ; le *Protestantisme* a suscité *l'Anti-Protestantisme,* ou Jésuitisme, ou *Catholicisme ultramontain.*

Et ainsi, au xvi° siècle, le *Christianisme* a été divisé en deux Confessions adverses : *le Catholique et la Protestante.*

Ainsi a été *déchirée la robe sans couture.*

Ainsi, depuis quatre siècles, se trouvent coupés en deux camps ennemis, l'Europe et l'Occident.

En France, dans ces quatre derniers siècles, *quatre très grands docteurs,* notamment, ont surgi, — à raison d'un par siècle.

Au xvi° siècle, s'est dressé le *pasteur protestant Calvin,* avec son *Institution chrétienne,* pour lutter contre l'*Eglise romaine.*

Au xvii° siècle, s'est dressé le *prélat catholique Bossuet,* avec son *Discours sur l'Histoire universelle,* pour rallier tout le genre humain autour du Christ et d'un Vatican magnifié.

Au xviii° siècle, s'est dressé le *philosophe protestant Rousseau,* avec sa *Profession de foi du Vicaire savoyard,* et sa *Religion civile du Contrat social,* pour écarter soit le *Catholicisme,* au nom d'un *Evangélisme* poétique, soit même le *Christianisme,* au nom d'un *Paganisme civique.*

Au XIX° siècle enfin, s'est dressé le *philosophe catholique Chateaubriand*, avec son *Génie du Christianisme*, pour ramener les peuples à un *Catholicisme idéalisé.*

Où nous ont-ils conduits cependant, *ces quatre grands Docteurs ès sciences divines et humaines,* qui, au cours de ces quatre derniers siècles, nous apparaissent si rythmiquement alternés ou contrastés ?

Où ils nous ont conduits ?

On le voit aujourd'hui : *aux portes de la mort* !

LA RELIGION SE MEURT ET LA FRANCE AVEC ELLE, tandis que *Catholiques et Protestants* s'acharnent toujours à s'opposer en deux camps irréductibles, dont chacun d'eux paraît se croire en possession de *la vérité absolue* !

Funeste et pitoyable irréductibilité !

Sous réserve de leur éclatant génie, il nous faut donc, nous, hommes du vingtième siècle, scruter encore *bien plus avant*, scruter encore *bien plus à fond* que ne l'ont pu faire, en leur temps, un *Calvin* et un *Bossuet*, un *Rousseau* et un *Chateaubriand* !

Et voici quelle sera notre première et décisive découverte :

Le *conflit du Catholicisme et du Protestantisme* n'est qu'un *conflit dérivé et secondaire*, qui dépend du grand et fondamental *conflit du Paganisme et du Christianisme*, — et que doit irrésistiblement résoudre *la synthèse de l'Idéal païen et de l'Idéal chrétien.*

Quelles perspectives ouvrirait la solution de ce *conflit catholico-protestant*, par lequel tout notre Occident est coupé en deux !

Deux voies ici semblent s'offrir, selon que, soit les *Catholiques*, soit les *Protestants*, approfondissant leur doctrine, consentiront enfin à bouger.

Ou bien l'une des *quatre principales Confessions dissidentes*, à savoir, l'une des deux plus grandes Confessions schismatiques, l'*Anglicane* ou la *Gréco-Slave*, ou l'une des deux plus grandes Confessions hérétiques, la *Luthérienne* ou la *Calvinienne*, saura faire un pas doctrinal, et prendre souverainement la direction spirituelle de l'Occident.

Ou bien l'*Eglise romaine* elle-même saura s'élargir et s'approfondir, au point de rallier sinon de résorber toutes les dissidences.

Et ne serait-ce pas là précisément la plus merveilleuse des *métamorphoses* !

Oui, si jamais, par exemple, l'*âme laïque du Protestantisme* parvenait à s'incarner dans le *corps hiérarchique du Catholicisme*, l'*Unité* ne serait-elle pas ainsi refaite pour l'Europe entière, après quatre siècles de *déchirement de la robe sans couture* ?

Et le *moderne Sinaï* ne serait-il pas ainsi reconstitué, par et pour l'*accord d'Israël et de la Chrétienté* !

Mais, encore une fois, cette synthèse du *Catholicisme* et du *Protestantisme* est elle-même suspendue à une plus vaste synthèse, celle du *Paganisme* et du *Christianisme,* laquelle, plus ou moins sourdement, semble bien être en cours.

V

Et sous quelle *influence* est-elle en train de s'opérer, cette synthèse du *Paganisme antique* et du *Christianisme médiéval* dans l'*Esprit moderne* ?

Je l'ai dit : sous l'action profonde et puissante du *Mosaïsme éternel* !

En *Chimie,* quand on met en présence de l'Hydrogène et de l'Oxygène, et qu'on fait passer une ÉTINCELLE ÉLECTRIQUE, il en résulte, non pas un simple *mélange,* mais une véritable *combinaison,* qui donne *un corps entièrement nouveau,* à savoir, de l'*eau.*

Pareillement, en *Sociologie,* si l'on met en présence le *Paganisme* et le *Christianisme,* et si l'on fait passer l'ÉTINCELLE HÉBRAÏQUE, — l'éclair du Sinaï, — il ne peut qu'en résulter aussi une *Combinaison ou synthèse,* qui donnera *une religion entièrement nouvelle,* laquelle reste encore à dénommer.

Or, c'est au *Collège de France* qu'après quatre cents ans d'incubation paraît bien devoir se consommer ce grand œuvre !

Qu'est-ce, en effet, initialement, que le *Collège de France* ?

C'est le *Collège des Trois Langues* : latin, grec, hébreu.

Et c'est donc le *Collège des Trois Civilisations* et des *Trois Religions* : chrétienne, païenne, juive.

Triple enquête, où auront excellé, au cours des siècles, tant de savants éminents ou illustres, et, de nos jours 'même, sous nous yeux, les Renan, les Croiset et les Gaston Boissier !

Allons au fond des choses : la mission profonde du Collège de France, c'est la confrontation et *la synthèse des Trois Dieux* : Jésus, Jupiter, Jéhovah.

Et c'est ainsi que le *Collège de France* lui-même est bien la triple incarnation de l'*Esprit moderne,* *puisqu'il* est fils de la *Renaissance,* frère de la *Réforme,* et filleul de la *Révolution* !

VI

Telle est mon hypothèse.

Cette hypothèse est-elle un Rêve ?

Mais non.

Deux hommes, notamment, deux hommes de génie, aussi expressément qu'inversement qualifiés, ont entrevu ces profondeurs de l'*Esprit moderne,* ces profondeurs de la Renaissance, de la Réforme et surtout de la *Révolution,* — de notre Révolution, encore si étrangement inconnue ou méconnue parmi nous !

Et ces deux hommes de génie sont :

Le plus grand philosophe catholique contemporain, *Joseph de Maistre,* et le plus grand philosophe juif contemporain, *Joseph Salvador.*

Selon Joseph de Maistre, altier champion précisément du Catholicisme et de la Monarchie, la *Révolution française* n'est *satanique* qu'en apparence : elle est *divine* en réalité.

Pour Joseph de Maistre, la *Révolution française* porte tout simplement dans ses flancs une *religion nouvelle*, ou plutôt « *un Christianisme extraordinairement renouvelé* ».

Et, quant à Joseph Salvador, c'est *la voix même de Moïse* qu'il n'hésite pas à reconnaître dans le verbe profond de la *Révolution française*, — la voix même de Moïse, c'est-à-dire au fond *la voix de Jéhovah* !

La voix de Jéhovah dominera les siècles !

C'est *l'inflexible Moïse* qui a fait *l'invincible Israël.*

On sait, en effet, en quels traits de feu Rousseau nous a dépeint Moïse constituant son peuple d'Israël :

« Il lui donna cette « institution durable », à l'épreuve du temps, de la fortune et des conquérants, que « cinq mille ans » n'ont pu détruire, ni même altérer, et qui subsiste aujourd'hui encore dans toute sa force, lors même que le corps de la nation ne subsiste plus !

» C'est par là que « cette singulière nation », si souvent subjuguée, si souvent dispersée et détruite en apparence, et « toujours idolâtre de sa règle », s'est toujours conservée jusqu'à nos jours, éparse parmi les autres sans s'y confondre, et que ses mœurs, ses lois, ses rites subsistent et « dureront autant que le monde, malgré la haine et la persécution du genre humain. »

(Considérations sur le Gouvernement de Pologne, chap. II.)

Paroles impérissables, comme le peuple même auquel elles s'appliquent !

Quand saurons-nous le voir ? L'immense question juive est posée à l'envers.

Ce n'est pas *par* ses défauts et par ses vices, si grands soient-ils, qu'un être quelconque, individu ou peuple, peut arriver ainsi à la toute-puissance, mais *malgré* ses défauts et ses vices, — *par* ses qualités et ses vertus.

Or, pour qui sait scruter, les *Tables de la Loi* ne sont pas encore tout : les *Tables de la Loi* ne sont que l'un des quatre talismans d'Israël !

VII

Sachons-le donc enfin.

L'*hypothèse* que je suggère, à savoir, cette *synthèse* du *Paganisme antique* et du *Christianisme médiéval* opérée par l'étincelle du *Mosaïsme* dans les profondeurs de l'*Esprit moderne*, c'est-à-dire dans les profondeurs de la Renaissance, de la Réforme et de la Révolution, cette synthèse des *trois plus grandes religions* qui aient surgi au carrefour des trois continents de l'Ancien Monde, c'est là tout simplement une immense *Révolution métaphysique*, — laquelle sera esquissée dans mon très prochain livre.

C'est la radicale transformation des idées *d'Ame et de Dieu*, et l'authentique réconciliation *de l'Eglise et de l'Etat.*

Biologique transformation par le dedans, *organique métamorphose*, au sens où l'entendait un Vincent de Lérins !

Sous les lierres immenses des mythes et des rites, en leur *infinie diversité*, c'est la découverte du *fonds commun* de toutes les Religions existantes ou possibles.

C'est enfin l'avènement de *la religion suprême et définitive*, à laquelle ne pourront que s'affilier ou se rallier spontanément *toutes les Religions de la terre*, — pour fonder ainsi, lentement, sans préjudice de l'intangible autonomie des *saintes Eglises* et des *saintes Patries*, l'*Unité spirituelle*, et, par conséquent, la *Pacification temporelle* du Genre humain.

———

PREMIÈRE PARTIE

MA PHILOSOPHIE DE L'HISTOIRE D'EUROPE

en ses trois successives Civilisations, — antique, médiévale et moderne

La synthèse du Paganisme et du Christianisme dans l'Esprit moderne

CHAPITRE I

RELIGION D'ABORD !
Le statut politico-religieux,
ou l'organique **RACCORD DE L'ÉGLISE ET DE L'ÉTAT**,
est la maîtresse pièce
de la **DÉFENSE NATIONALE.**

Par une ironie poignante, en s'élevant sur l'horizon de l'Histoire, le xx⁰ siècle, si assoiffé de paix, voit, au contraire, s'élargir et s'approfondir, s'accentuer et s'universaliser l'implacable lutte des races pour la vie.

Il n'en faut pas douter, dans ces luttes géantes d'un très proche avenir, les peuples faibles seront écrasés, — les peuples faibles, c'est-à-dire les peuples *divisés*.

Or, nous Français, nous sommes dans une situation terrible :

1° Nous avons été saignés à blanc ;

2° Nous avons une dette écrasante ;

3° Et notre race s'éteint ;

4° Et nous sommes profondément et triplement divisés :

> *religieusement* divisés,
> *politiquement* divisés,
> *socialement* divisés.

On l'a dit, et fort bien dit ; le *politique* commande l'*économique* ; mais on l'ignore un peu, ou on l'oublie trop : le *métaphysique* commande le *politique*.

Le premier et le plus fondamental article de la *Défense nationale*, c'est donc de résoudre le *problème religieux*, c'est-à-dire le problème *métaphysique et moral*, lequel commande le problème *politique et gouvernemental*, lequel commande le problème *économique et social*, — lesquels, à eux tous, commandent tout le problème du *Salut national*.

Si l'*Ame française* reste ainsi foncièrement divisée, non jamais l'*Etat français* ne pourra donner son plein d'effort au-dedans et au-dehors, et oui toujours, et de plus en plus, l'Etat français sera en mortel danger. C'est donc bien l'Ame française, d'abord, qu'il faut, métaphysiquement et moralement, ramener à une profonde et puissante *unité*.

Le conflit du PAGANISME
et du CHRISTIANISME
Entre l'Ancien Régime et la Révolution
le véritable conflit,
c'est, non pas le conflit « politique »
(République ou Monarchie),
mais le conflit « religieux »
(Christianisme ou Anti-Christianisme).

Le problème politique prime le problème économique. On l'a dit et fort bien dit : « Politique d'abord ! »

Mais, à son tour, selon moi, le problème religieux prime le problème politique : « Religion d'abord ! »

Dans *L'Action Française* du 13 septembre 1919, M. Robert Havard l'a fort bien montré, en citant un prélat, Mgr Baunard, l'historien du cardinal Lavigerie.

Etes-vous pour la Monarchie, ou pour la République ?

Pour le gouvernement héréditaire, ou pour le gouvernement électif ?

Pour le gouvernement « d'un seul », ou pour le gouvernement de « plusieurs » ?

C'est la question politique.

Et certes, dit Mgr Baunard, c'est là une question fort importante. Et pourtant c'est une question secondaire.

« Le conflit n'est pas là », dit Mgr Baunard. Où est-il donc ? Et de quelle nature est-il ?

Mgr Baunard répond par une quadruple affirmation :

1° Le conflit est d'ordre « tout religieux ».

2° Mais encore ? Le conflit est « entre le Christianisme et l'Anti-Christianisme ».

3° Et depuis quand sévit-il ce conflit ? Le conflit sévit « surtout depuis 1880 ».

4° Et que faut-il augurer de ce conflit ? Ce conflit est « radicalement irréductible » !

*
* *

Sur les deux premiers points, qui sont d'importance fondamentale, je suis tout à fait d'accord avec Mgr Baunard :

Oui, le conflit est « d'ordre religieux » !

Et oui, le conflit est « entre le Christianisme et l'Anti-Christianisme » !

Mais, sur les deux derniers points, j'avoue être en complet désaccord avec l'éminent prélat.

Sur le troisième point, c'est-à-dire sur la question de date, je crois qu'il y aurait lieu d'élargir prodigieusement la vision, par un quadruple recul.

Vous dites, Monseigneur : conflit surtout « depuis 1880 ».

J'ose dire :

1° Oui, conflit entre le Théisme, d'une part, et l'Athéisme ou l'Agnosticisme, d'autre part, — « surtout depuis 1880 », c'est-à-dire depuis le véritable avènement de la Troisième République, depuis les Jules Ferry et les Paul Bert.

2° Mais, au fond, conflit entre le Christianisme

et l'Anti-Christianisme, — depuis le xviii° siècle, depuis Voltaire et Rousseau et la Révolution.

3° Mais aussi conflit entre le Catholicisme et le Protestantisme, — depuis le xvi° siècle, depuis Luther et Calvin et la réformation.

4° Mais enfin, conflit entre le Christianisme et le Paganisme proprement dit, — depuis vingt siècles, depuis Celse, Porphyre et Julien. ·

Au fond, toutes les âpres luttes religieuses des trois ou quatre derniers siècles, de l'époque moderne ou contemporaine, ce n'est que la violente et furieuse reprise des âpres luttes religieuses des trois ou quatre premiers siècles de notre ère.

Les Celse, les Porphyre, les Julien ressuscitent dans les Bayle, les Voltaire et les Rousseau.

Latente ou patente, chronique ou aiguë, la lutte religieuse entre le Christianisme et l'Anti-Christianisme, c'est le fait fondamental de toute notre histoire interne depuis deux mille ans.

Et, chose inouïe, c'est ce fait fondamental qui, pour de distingués esprits, est et reste, pour ainsi dire, totalement ignoré et insoupçonné, totalement méconnu et non avenu !

Et ceci m'amène à la quatrième et capitale thèse de Mgr Baunard.

Récapitulons d'abord les trois premières :

1° Le conflit est-il « d'ordre religieux » ? Oui.

2° Le conflit est-il « entre le Christianisme et l'Anti-Christianisme » ? Oui.

3° Le conflit existe-t-il « surtout depuis 1880 », ou, si l'on veut, depuis environ un demi-siècle ? Oui, si l'on veut ; mais, en réalité, depuis un siècle, depuis quatre siècles, depuis vingt siècles !

Et enfin, arrivons à la quatrième thèse.

4° Le conflit est-il « radicalement irréductible », comme l'affirme énergiquement Mgr Baunard ?

Ici, j'en demande bien pardon à Mgr Baunard, mais je suis obligé de répondre : Non, non, mille fois non !

Bien au contraire. A mon humble avis, le conflit est radicalement réductible !

Et, qui plus est, il est à la veille d'être enfin réduit !

Et, comme je crois être en mesure de le démontrer un prochain jour, c'est la France de la Révolution qui aura eu l'honneur de consommer cette réduction puissamment ébauchée par la Réforme.

Et c'est seulement de la réduction de ce fondamental conflit que peuvent sortir le salut de la France et le commun salut.

* * *

C'est qu'en effet, Mgr Baunard n'a pas encore peut-être scruté assez avant.

Ce qu'il appelle, et ce qu'on appelle d'ordinaire avec lui, le problème religieux (Christianisme ou Anti-Christianisme), par opposition au problème politique (République ou Monarchie), c'est tout simplement, selon moi, l'essence même du problème politique, c'est-à-dire *le problème hyperpolitique.*

Le problème « *Cité ou Anti-Cité* » ne prime-t-il

pas, en effet, le problème « *République ou Monarchie* » ?

Or, comme on va voir, le problème « Cité ou Anti-Cité », c'est au fond, le problème « *Paganisme ou Christianisme* ».

La thèse du Paganisme
et l'antithèse du Christianisme
ou
la thèse du Salut Collectif terrestre
et l'antithèse du Salut individuel céleste

Paganisme et Christianisme : Qu'y a-t-il au fond et au tréfond de ce bi-millénaire conflit ? Qu'est-ce que le *Paganisme* ? C'est le Culte de la *Cité terrestre*. Et qu'est-ce que le *Christianisme* ? C'est le culte de la *Cité céleste*.

Cité terrestre et Cité céleste ; les deux formules ont en commun le même substantif, à savoir le mot Cité. La différence ne porte donc que sur les deux adjectifs, *terrestre et céleste*.

En quoi exactement consiste la différence entre ces deux mots ?.

C'est uniquement sur ce point que porte toute l'immense lutte religieuse de notre Occident depuis vingt siècles.

Qu'est-ce que le Culte de la Cité terrestre ?
C'est le Civisme,
ou théorie du Salut collectif.
Qu'est-ce que le Culte de la Cité terrestre ? C'est un spontané et sextuple acte de foi dans les institutions sociales d'ici-bas :

1° Foi en l'amour et le mariage, la famille et le foyer domestique ;

2° Foi en le travail, la profession et la carrière, la propriété et la richesse, et les honneurs civiques ;

3° Foi en la pensée, la raison, la sagesse, les lettres, les sciences et les arts ;

4° Foi en la vaillance et l'héroïsme, en l'armée et la patrie ;

5° Foi en les chefs de la Cité, chefs des terres et chefs des guerres ;

6° Foi en l'ordre de la Nature et le gouvernement de l'Univers.

Oui, cela, c'est au fond la *Cité antique*, — la *sainte Cité antique*.

Oui, dans les hautes et saines époques, le *Paganisme*, c'est essentiellement cela, et non la hideuse caricature que nous en a dressé parfois le *Christianisme*, d'après les basses époques de décadence et de corruption.

Relisez les Anciens !

Où ont-elles brillé de la plus pure et de la plus haute flamme, toutes les vertus domestiques et civiques, sinon à Sparte et à Rome : la chasteté des épouses ; la sobriété, l'endurance et la patience des laboureurs ; la vaillance des guerriers; le génie des philosophes, des savants et des artistes ; le dévouement aux chefs ; l'obéissance aux dieux !

Le *Paganisme* a été méconnu par le *Christianisme*, comme, de nos jours, l'*Ancien Régime* est méconnu par la *Révolution*.

En effet, ce n'est pas non plus par sa basse époque qu'il faut juger l'*Ancien Régime*, mais
d'après les temps des Charlemagne, des saint
Louis et des Henri IV ; d'après les temps des
Jeanne d'Arc, des Bayard et des Duguesclin.

Qu'est-ce que le Culte de la Cité céleste ?
C'est l'In-civisme
ou théorie du Salut individuel.

En prenant la thèse sous sa forme extrémiste,
qu'est-ce maintenant que le *Culte de la Cité
céleste ?*

C'est le dégoût, l'horreur, la répudiation de
tous ces objets de l'antique foi que nous venons
d'énumérer, — de tous ces six objets, sauf un !

C'est la répudiation du mariage et de la famille.
C'est la répudiation des professions et des carrières civiles. C'est la répudiation des lettres, des
sciences et des arts. C'est la répudiation de la
guerre, des armées et des patries. C'est la répudiation intime des magistrats et de César.

Quintuple répudiation, — pour une triple évasion hors des trois prisons : hors du *corps* ! hors
de la *cité* ! hors de la *nature* !

Triple évasion, et triple « libération », — pour
s'élancer en Dieu !

Le fond du fond du débat
entre le PAGANISME et le CHRISTIANISME
c'est la CONJONCTION ou la DISJONCTION
de nos deux instincts fondamentaux :
l'INSTINCT SOCIAL
et l'INSTINCT RELIGIEUX

Il y a en nous deux instincts fondamentaux : *l'instinct religieux* et *l'instinct social*.

Le *Paganisme*, c'est la *conjonction* de ces deux instincts : le *Christianisme*, c'est leur *disjonction*.

1° Le Paganisme, c'est le Civisme, ou Culte de la Cité terrestre, ou doctrine du *solidaire salut terrestre* (comme par fils entrecroisés en trame collective et horizontalement tissés, sur la terre).

Le Paganisme, c'est la conjonction des deux plus profonds et plus puissants instincts de l'homme, à savoir l'instinct religieux et l'instinct social, car l'homme est essentiellement à la fois un « animal religieux » et un « animal social ».

Pour le Païen, la Cité est un Temple ; et c'est à lui surtout que pourraient s'appliquer les magnifiques vers que voici :

> Il fonde les Cités, familles immortelles,
> Et, pour les soutenir, il élève les Lois
> Qui, de ces monuments Colonnes éternelles,
> Du Temple social se divisent le poids...

2° Le Christianisme, au contraire, c'est (sous réserves ultérieures) l'In-civisme terrestre, ou répudiation de la Cité terrestre, et aspiration au

Ciel, ou doctrine du *solitaire salut céleste* (comme
par fils individuels, isolément déroulés et vertica-
lement tendus entre Terre et Ciel).

Le Christianisme, c'est la disjonction de l'instinct religieux et de l'instinct social.

Pour le Chrétien, si patriote soit-il, la *Religion*
et la *Patrie* font deux.

Pour le Chrétien, *la Cité terrestre n'est plus
qu'un temple désaffecté* : le dieu est ailleurs !

D'emblée, je livre en trois mots ma pensée de
fond :

Tout l'immense effort de l'Esprit moderne
(*Renaissance, Réforme, Révolution*) n'a d'autre
but que de refaire la conjonction de l'instinct
religieux et de l'instinct social, — d'ailleurs en
de bien autrement profondes et fécondes conditions que jadis.

Qu'est-ce que l'*Imitation de Jésus-Christ*, ai-je
dit ?

C'est loin, bien loin du « siècle », au fond d'une
cellule, le solitaire dialogue entre l' « Ame fidèle »
et le « Christ ».

Par là éclate l'*antithèse médiévale entre mystiques et civiques.*

Au contraire, qu'est-ce qui s'élabore mystérieu-
sement au fond des temps modernes ?

C'est la *synthèse du Mysticisme et du Civisme.*

L'ESPRIT MODERNE,
SYNTHÈSE du PAGANISME ANTIQUE
et du CHRISTIANISME MÉDIÉVAL,
ou
le GÉNIE DU LAICISME
dans la RENAISSANCE,
dans la RÉFORME,
dans la RÉVOLUTION.

Depuis les *Temps modernes*, l'Europe semble entrée dans une voie tragique, dans une voie sans fin de guerres et de révolutions.

La faute en est-elle aux *Idées modernes*, — comme le pense avec force, et comme le dit et le redit, depuis vingt ans, avec une indomptable ténacité, toute une élite de caractère et de talents ?

Et faut-il donc essayer de rebrousser chemin et de rétrograder ?

Faut-il donc venir à résipiscence, et renier cet *Esprit moderne* qui souffle en tempête depuis plusieurs siècles dans nos pays européens ?

Faut-il donc répudier ces filles éclatantes de l'*Esprit moderne* qui s'appellent *la Renaissance, la Réforme, la Révolution* ?

Je n'en crois rien. Bien loin de là.

En dépit des plus aveugles ou des plus criminelles déviations, rien de plus légitime en soi, et de plus irrésistible d'ailleurs, que le courant et la poussée de fond.

C'est à chaque peuple respectivement et c'est

à la France en particulier qu'il appartient d'avoir des guides au coup d'œil sûr, pour ne se laisser ni dangereusement *distancer,* ni mortellement *dévoyer.*

Qu'est-ce donc, au fond, que l'*Esprit moderne*?

Et qu'est-ce, au fond, que ces trois mouvements immenses et consécutifs que semble apparenter si étroitement le même préfixe : *Re*-naissance, *Ré*-forme, *Ré*-volution ?

Qu'est-ce que cette triple explosion internationale, — littéraire, religieuse, politique ?

Qu'est-ce que cette triple lame de fond, dans les vastes remous de laquelle nous sommes tous, et pour longtemps sans doute, roulés, soulevés et emportés ?

Les avis sont encore violemment partagés.

Aujourd'hui même, à Paris, je le répète, il y a des hommes d'esprit et de cœur qui s'obstinent à exécrer et à maudire *l'Esprit moderne* et ce que j'appelle ses trois filles immortelles : *Renaissance, Réforme, Révolution* ? Mais qu'en pense... leur moi profond ?

Quoi qu'il en soit, j'oserai soumettre aux lecteurs ma conception de la nature authentique et des rapports organiques de ces trois vastes mouvements.

Renaissance, Réforme, Révolution :

Ce sont là, pour moi, les trois étapes successives et progressives de la grande crise philosophique moderne, de *la grande crise religieuse de notre civilisation d'Occident,* laquelle crise doit avoir pour résultat de résoudre enfin et à fond le *bi-millénaire conflit du paganisme et du christianisme.*

Et notre *Laïcisme*, c'est purement et simplement la forme, à la fois philosophique et politique, que cette crise de cinq siècles, dans un conflit de vingt siècles, revêt aujourd'hui, à tort ou à raison, dans ce premier demi-siècle de notre Troisième République française.

Renaissance, Réforme, Révolution : Y a-t-il bien là d'ailleurs trois Révolutions différentes, — littéraire, religieuse, politique ?

Non, il n'y a là que le triple aspect d'une *seule et même Révolution mentale* contre le moyen âge.

Plus constructivement encore, toute notre Histoire peut se condenser en cet architectonique *quadrilatère d'époques* encadrant un super-organique *quadrilatère d'idées* :

Thèse : *L'Ultra-Christianisme du Moyen Age* ;

Antithèse : *Le Néo-Paganisme de la Renaissance* ;

Demi-synthèse (effective) : *La Réforme* ;

Pleine synthèse (virtuelle) : *La Révolution.*

Disons-le donc :

Nos trois mille ans d'histoire sont *un drame en trois actes* :

1° La thèse du *Paganisme* ; 2° l'antithèse du *Christianisme* ; 3° la synthèse de l'*Esprit moderne.*

Et l'*Esprit moderne* lui-même est un acte (un troisième acte) en trois scènes :

1° La *Renaissance* ; 2° la *Réforme* ; 3° la *Révolution.*

Et c'est ce que, dans mes Conférences de *Foi et Vie*, et dans mon cours du *Collège de France*, j'ai appelé d'un seul mot : LE GÉNIE DU LAÏCISME.

CHAPITRE II

Renaissance

**Le Génie du Laïcisme ou le Culte de la Cité
dans ma théorie de la Renaissance.
Qu'est-ce que la Renaissance ?
C'est L'ANTITHÈSE du Paganisme ressuscité
et du Christianisme refoulé**

Le Diptyque de la Renaissance

Qu'est-ce que la Renaissance ?

C'est un diptyque.

Premier panneau : *les découvertes et inventions* ;

Second panneau : *les évocations et résurrections*.

Et c'est surtout du second panneau que nous avons à nous occuper ici.

Les découvertes et inventions ? Trois principales :

D'abord la découverte de *l'Amérique, et même de l'Asie*, par les navigateurs de l'Océan ; c'est-à-dire, la multiplication des *continents*.

Ensuite, la découverte de *l'Univers*, par les contemplateurs du firmament ; c'est-à-dire, la multiplication des *mondes*.

En outre, l'invention de la *Lettre moulée* ; par les imprimeurs des pays rhénans ; c'est-à-dire, la multiplication indéfinie du *public lisant et pensant.*

Les Evocations et Résurrections ?

C'est le second panneau du diptyque, celui qui nous importe ici particulièrement.

Quelles évocations et résurrections ?

Trois définitions de la Renaissance

Ici trois successives et progressives réponses sont nécessaires.

1° Une première réponse, qui, quoique vraie d'ailleurs, est bien misérable, aurait cours encore, me dit-on, dans beaucoup d'*écoles primaires.*

La Renaissance ?

C'est le *réveil des beaux-arts,* architecture, peinture, gravure !

2° Une seconde réponse, un peu plus élevée, mais bien pauvre encore, aurait cours dans plus d'un *lycée.*

La Renaissance ?

C'est le *réveil des humanités,* ou même, si l'on veut, c'est le *culte des humanités,* — mais entendu simplement comme *culte littéraire* des auteurs anciens, c'est-à-dire comme CULTE DE LA FORME SANS LE FOND, comme CULTE DES ÉCORCES SANS LE FRUIT !

3° Une troisième réponse enfin, seule adéquate, peut et doit avoir cours dans les *Universités* :

La Renaissance ?

C'est le réveil de la civilisation gréco-romaine, de la civilisation antique, de la civilisation païenne, ou, d'un seul mot, c'est l'*incoercible* *réveil du Paganisme*, au sein même du Christianisme et après quinze siècles de Christianisme !

La Renaissance ?
C'est toute une Révolution morale et mentale

Pour justifier au besoin cette troisième définition de la Renaissance, il suffira de feuilleter ici le livre de son plus récent historien, M. Chamart.

Pour M. Chamart, la Renaissance, c'est un *idéal nouveau.*

La Renaissance, c'est le culte de l'*Art*, et le culte de la *Science*.

La Renaissance, c'est le culte de l'*Amour*, ou le culte de la *Femme* idéalisée dans la *Béatrix de Dante* et dans la *Laure de Pétrarque.*

La Renaissance, c'est le culte de la *Gloire*, c'est-à-dire (prodigieuse nouveauté) le culte de l'*immortalité terrestre.*

Au lieu de la *Terre* considérée comme une VAL-LÉE DE LARMES, et de la *vie* considérée comme une PRÉPARATION A LA MORT, la Renaissance, c'est *l'amour intense de la Terre et de la Vie.*

La Renaissance, telle qu'elle éclate, par exemple, dans un *Laurent Valla*, c'est le NATURALISME PAÏEN ressuscitant pour balayer l'ASCÉTISME CHRÉTIEN.

La Renaissance enfin, selon le mot décisif de M. *Abel Lefranc*, c'est une LAÏCISATION *intellectuelle et morale et l'humanité.*

La Renaissance ?
C'est l'Éveil de l'ESPRIT MODERNE
au contact de l'ESPRIT ANTIQUE

Comment se produit cette RÉVOLUTION MORALE?

Notamment par *un double contact* (simple cause occasionnelle d'ailleurs, selon moi, et sous réserve de la cause profonde), à savoir, contact de *la Grèce avec l'Italie*, et de *l'Italie avec la France.*

Le Moyen Age n'avait pas ignoré *l'Antiquité latine* ; mais il avait ignoré *l'Antiquité grecque.*

Au neuvième siècle, le *Schisme de Photius*, rompant les liens des deux Eglises, Grecque et Latine, avait creusé un abîme entre l'Occident et l'Occident.

Au quinzième siècle, le *Concile de Florence* (1439) essaie en vain de réconcilier les deux Eglises ; mais il amène du moins parmi nous des hommes comme *Gémisthe Pléthon* et *Bessarion*, qui *aident* à la reprise de contact entre l'Orient et l'Occident.

Car, déjà, à la fin du treizième et au cours du quatorzième siècle, ont paru les trois grands initiateurs de la pensée moderne : *Dante, Pétrarque, Boccace.*

Pour M. de Nolhac, Pétrarque est *le premier homme moderne.*

Et, avant Pétrarque, Dante a écrit, non seulement sa *Divine Comédie*, mais aussi son *Banquet*, que M. Chamart appelle une « *Œuvre laïque* », où ressuscite la *philosophie morale* de l'*Anti-*

quité, et où, dit expressément M. Gebhart, « *l'es-prit moderne commence son éclosion au souffle de l'esprit antique* ».

Et, pareillement, à la fin du quinzième et au cours du seizième siècle, apparaissent les trois grands humanistes : *Reuchlin, Erasme* et *Budé.*

Erasme (1467-1536), le grand rival de *Budé,* est, pour M. Brunetière, « l'incarnation même de l'HUMANISME », et ses fameux *Adages,* publiés à Paris, sous la forme d'une spirituelle compilation, constituent une œuvre capitale, où se trouve recueillie « *la Fleur de la sagesse antique* ».

Mais, à son tour, *Budé* se révèle comme le fondateur de *l'éducation classique,* avec ce magnifique entourage, direct ou indirect :

D'abord, les *Lecteurs royaux* (du futur Collège de France), comme le philosophe *Pierre Ramus* ;

Puis, des *humanistes indépendants,* comme *Lefèvre d'Etaples, Etienne Dolet,* ou comme ce grand Seigneur, savant helléniste, et père de poète, *Lazare Baïf* ;

Enfin, une foule d'écrivains notoires ou illustrés, comme *François Rabelais, Des Periers, Jean Calvin, Jacques Amyot, Henri Estienne,* et comme les poètes de la *Pléiade,* les *Ronsard,* les *Baïf,* les *Belleau.*

La fondation du COLLÈGE DE FRANCE

Mais ce qui domine tout sans doute, c'est la part prise par *Budé* à la fondation du *Collège de France,* par François I⁰ʳ, en mars 1530.

Et, d'abord, qu'est-ce que la *Sorbonne* ?

M. Étienne Gilson va nous le dire, avec autant de précision que de concision, dans son excellent petit livre (chez Payot).

Qu'est-ce que la Sorbonne ?

Qu'est-ce que la Sorbonne ?

La première *Universitas* qui soit devenue un corps régulièrement organisé et un être collectif, analogue à nos *Universités modernes*, est celle de *Bologne*.

Mais elle fut surtout un *centre d'études juridiques*, et n'obtint une *Faculté de théologie régulière* que du pape Innocent VI, en 1352.

Au point de vue philosophique et théologique, c'est l'*Université de Paris* qui s'est constituée la première, et son rayonnement fut tel au xiii° siècle qu'elle éclipsa complètement *Bologne*, son aînée, et partiellement *Oxford*, sa cadette.

LE PAPE INNOCENT III
véritable fondateur de l'Université de Paris

Le véritable fondateur de l'*Université de Paris*, c'est *Innocent III*.

Et ceux qui assurèrent son développement ultérieur, en la dirigeant et en l'orientant, ce sont les *successeurs d'Innocent III*, et avant tout *Grégoire IX*.

L'*Université de Paris* se serait constituée sans l'intervention des papes ; mais il est impossible de comprendre ce qui lui assura *une place unique entre toutes les Universités médiévales*, si l'on ne fait pas entrer en compte *l'intervention active et* les DESSEINS RELIGIEUX NETTEMENT DÉFINIS DE LA PAPAUTÉ.

Les deux tendances opposées de l'UNIVERSITÉ DE PARIS au XIIIe SIÈCLE
Le TRIVIUM et le QUADRIVIUM

Nous la voyons continuellement partagée entre deux tendances contradictoires, dont l'une aurait abouti à en faire un *centre d'études purement scientifiques et désintéressées*, alors que l'autre cherchait à *subordonner ces études à des fins religieuses*, et à les mettre au service d'une véritable théocratie *intellectuelle*.

Le DROIT ROMAIN et le DROIT CANON

Lorsque nous lisons les documents de l'époque, et, notamment, le *Chartularium Universitatis Parisiensis*, nous apercevons aisément *la trace de ces deux courants*, qui, tantôt se réunissent, tantôt se séparent, et même se contrarient.

Si l'on fait abstraction de *l'enseignement de la Médecine* encore peu développée au *treizième siècle* dans l'Université de Paris, on y voit un grand nombre d'hommes adonnés *à l'enseignement et à l'étude du droit*.

Mais alors que beaucoup d'entre eux entendaient se consacrer A L'ÉTUDE DU DROIT ROMAIN,

FONDEMENT D'UNE SOCIÉTÉ CIVILE AUTONOME ET NE RELEVANT QUE D'ELLE-MÊME, la papauté en **vint** bientôt à *interdire cet enseignement*, et à exiger que le seul droit enseigné à Paris fut le DROIT CANONIQUE, FONDEMENT DE LA SOCIÉTÉ RELIGIEUSE ELLE-MÊME, ET DE TOUTE SOCIÉTÉ CIVILE QUI S'INTÈGRE A UN ORGANISME RELIGIEUX.

Philosophie.....	**TRIVIUM......**	**Grammaire.**
		Rhétorique.
		Dialectique.
	QUADRIVIUM..	**Arithmétique.**
		Géométrie.
		Astronomie.
		Musique.

Il en fut exactement de même en ce qui concerne *l'enseignement de la philosophie.*

. . . .

A partir du moment où la *Physique, la Morale et la Métaphysique d'Aristote* sont connues, les *maîtres ès-arts* n'ont plus seulement à enseigner une *méthode logique et formelle* (la *dialectique du Trivium, dépourvue de toute matière*) : ils ont encore à transmettre des *connaissances positives,* et à enseigner *des sciences qui possèdent un contenu réel.*

C'est pourquoi, dans la *Faculté des arts de Paris,* pendant tout le XIII⁰ siècle, nous rencontrons un *ensemble de maîtres ès-arts* qui ne demandent pas autre chose que la liberté d'enseigner *la logique, la physique et la morale d'Aristote,* sans avoir souci ni des autres disciplines, *ni des intérêts supérieurs de la* THÉOLOGIE.

L'averroïsme parisien est la formule la plus visible et la manifestation la plus brutale de cette TENDANCE.

Le Duel, en Sorbonne, entre la FACULTÉ DE THÉOLOGIE et la FACULTÉ DES ARTS

L'AUTRE TENDANCE *est représentée par la* FACULTÉ DE THÉOLOGIE, *dont l'importance et l'influence croissante eurent bientôt* RELÉGUÉ LA FACULTÉ DES ARTS AU SECOND PLAN.

L'essai de SYNTHÈSE de Thomas d'Aquin.

Le coup de génie d'Albert le Grand et de saint Thomas d'Aquin, et le secret de leur triomphe éclatant, consisteront précisément en ce qu'*ils harmoniseront les deux tendances divergentes et même contradictoires entre lesquelles se partageait l'Université de Paris,* légitimant *tout le contenu positif* dont venait de s'enrichir l'énseignement des *Arts libéraux,* et *réorganisant de ce point de vue l'édifice de la théologie traditionnelle,* plus achevé et plus solide désormais qu'il ne l'avait jamais été.

LA SORBONNE, esclave de la PAPAUTÉ

Or, en tant qu'elle enseignait la THÉOLOGIE, *l'Université de Paris* cessait de *s'appartenir à elle-même*, et relevait d'une *juridiction plus haute* que celle de la *raison individuelle* ou de la *tradition scolaire*.

. . . .

Du point de vue d'Innocent III ou de Grégoire IX, *l'Université de Paris* ne pouvait être que *le moyen d'action le plus puissant dont disposait l'Eglise pour répandre la vérité religieuse dans le monde entier, où une source inépuisable d'erreurs capable d'empoisonner toute la Chrétienté.*

Innocent III est le premier qui ait voulu résolument *faire de cette Université une maîtresse de vérité pour l'Eglise entière*, et qui ait transformé le centre d'études *en un organisme*, dont *la structure, le fonctionnement et la place définie* dans la Chrétienté, ne sont explicables que de ce seul point de vue.

**Le trépied de la puissance, au Moyen-Age :
Le Sacerdoce, l'Empire et le Savoir ;
ou le Fondement, le Mur et le Toit ;
ou le démembrement de l'Empire
de Charlemagne
en Italie, Allemagne, France**

Si nous l'avons oublié, à tel point que nous raisonnons souvent sur cet organisme comme s'il était comparable à l'une quelconque de nos Universités, les hommes du Moyen Age, au contraire, ont eu la conscience la plus claire *du caractère spécial et même unique de l'Université de Paris.*

Le *Studium parisiense* est une *force spirituelle
et morale* dont la signification la plus profonde
n'est ni *parisienne*, ni *française*, mais *chrétienne
et ecclésiastique*.

C'est un *élément de l'Eglise universelle*, exactement au même titre et absolument dans le même
sens que le *Sacerdoce* et l'*Empire*.

C'est ce qu'exprime à merveille le *chroniqueur
Jourdain*, par *une comparaison souvent repro-
duite et commentée* :

« His itaque tribus, scilicet, *Sacerdotio, Impe-
rio, et Studio...,* tanquam *fondamento, pariete,* et
tecto, catholica Ecclesia... (proficit). »

Et c'est ce qu'un historien moderne interprétait
d'une manière assez frappante, en disant que
l'*auréole* dont l'Université de Paris était entourée
constituait, au Moyen Age, une *compensation*
suffisante pour la *Papauté* et l'*Empire*, échus en
héritage *aux deux autres nations du domaine de
Charlemagne.*

ARISTOTE interdit ; les ORDRES MENDIANTS imposés

Lorsqu'on relit, aujourd'hui encore, les *bulles
pontificales* relatives à l'*Université de Paris*, on
aperçoit immédiatement à quel point cette inter-
prétation est exacte.

Innocent III, qui fut le protecteur de l'Université naissante et son vrai chef, celui à qui elle
doit, plus encore qu'au *roi*, les *privilèges* qui lui
donnèrent l'indépendance, est aussi celui *qui lui*

*imposa les premiers règlements, destinés à l'em-
pêcher d'errer.*

C'est en 1215 que son légat, Robert de Courçon,
INTERDIT L'ENSEIGNEMENT DE LA PHYSIQUE ET DE
LA MÉTAPHYSIQUE D'ARISTOTE.

Honorius III favorisa l'installation *des Domi-
nicains et des Franciscains* à Paris, et, en 1220,
il recommande officiellement ces derniers *aux
maîtres de l'Université.*

Grégoire *IX* surtout..., qui avait introduit de
force les *études scientifiques et théologiques dans
l'ordre franciscain,* va maintenant installer de
force les *Ordres mendiants à l'Université de Paris, pour que cette même science, mise au service
de la théologie, véhicule la vérité chrétienne à travers le monde entier.*

ANCILLA THÉOLOGIÆ PHILOSOPHIA

Comme il l'écrit *aux maîtres en théologie de
Paris,* le 7 juillet 1228,

« *La captive, prise sur l'ennemi, et à laquelle
s'unit un Israélite,* après lui avoir coupé les cheveux et rasé les ongles, *ne doit pas le dominer,
mais le servir comme une sujette.* »

Ancilla Theologiæ Philosophia !

(Voir ma variante, dans la *Cité moderne* : *Ancilla Philosophiæ Scientia !*)

Et les réfractaires, que font-ils ?

« *Ils soumettent la tête à la queue... Ils* con-
traignent la *reine* à servir la *servante...* »

Mais les temps vont changer !
Guillaume d'Occam et ses disciples
vont miner l'œuvre de saint Thomas

Pendant ce temps, *Oxford* penchait, non vers le *Trivium*, mais vers le *Quadrivium*.

Et bientôt, en France même, *Guillaume d'Occam* allait miner l'œuvre de *saint Thomas*.

Guillaume d'Occam, avec ses disciples :
> les *Jean Buridan*,
> les *Albert de Saxe*,
> les *Nicolas Orême*, — inspirateurs
> des *Vinci*,
> des *Cardan*,
> des *Bernard Palissy*, — et précurseurs
> des *Copernic*,
> des *Galilée*,
> des *Kepler*,
> des *Newton*,
> des *Laplace* !

Mais c'est surtout la création du *Collège de France* qui allait être décisive.

Après *M. Etienne Gilson*, revenons à *M. Chamart*.

LE COLLÈGE DE FRANCE
contre la SORBONNE
ou le grand instrument
de LAICISATION DE LA FRANCE

Oui, écoutons ici textuellement M. Chamart.

« Est-il besoin de souligner l'importance d'une fondation comme celle-là ?

«» Jusqu'alors *le latin* avait régné en maître, c'était la langue officielle, la langue chère aux scolastiques, la seule qu'admît encore l'Université.

» Et voici que, désormais, *deux autres langues* étaient mises sur le même pied : le *grec*, LA LANGUE DES GRANDES HÉRÉSIES, et l'*hébreu*, LA LANGUE A L'ANCIEN TESTAMENT.

» C'est trop peu dire.

» Jusqu'alors, l'enseignement était le privilège, le *monopole de l'Université.*

» Et voici que, désormais, par l'institution des *Lecteurs royaux, il échappait à la Direction suprême de la Sorbonne* ; il devenait *laïque*, il deve- libre...

» Or, cela, *c'était toute une révolution, d'une portée incalculable.*

» On ne saurait trop le redire : l'institution des *Lecteurs royaux,* c'est la fin du régime intellectuel qui a pesé si lourdement sur le Moyen Age ; c'est la ruine de la vieille scolastique.

» Oui, en ce sens, la Renaissance est bien, comme on l'a définie : UNE LAÏCISATION INTELLECTUELLE ET MORALE DE L'HUMANITÉ. »

Il le semble donc bien :

La Renaissance, prise dans son ensemble et dans son élan fondamental, *c'est au fond le pur et simple retour au Paganisme.*

La Renaissance
SACRIFIE LE CHRISTIANISME
AU PAGANISME

Pur et simple retour au Paganisme, la Renaissance ?

Mais oui bien, semble-t-il.

Voyez *Montaigne*, il vit dans *Plutarque*. Et Plutarque lui suffit pleinement et totalement.

Et il semble se demander, *s'il y a eu vraiment un Christianisme* !

Qu'est-ce que Montaigne, se demande un critique contemporain, M. Faguet ?

« C'est un homme de la Renaissance, c'est un homme qui porte dans son siècle la *sagesse antique*.

» L'antiquité (pour lui) a vu le *vrai en morale*, et s'en est rapprochée autant qu'il est possible en philosophie ; c'est le fond de sa conviction.

» Il revient à elle comme à une nourrice de bon sens, de rectitude et de vertu...

» *Il n'est pas évidemment très sûr que le Christianisme ait été une Révolution morale dans l'humanité* !... »

Et voyez plus tard *Voltaire* confirmant *Montaigne*.

L'Etat romain, l'Empire et l'impériale *succession des Césars*, quoi d'autre pourrait-il y avoir de légitime ?

L'Eglise et la liste des *Souverains Pontifes*, n'est-ce point là, au contraire, pour Voltaire, la plus stupéfiante intrusion d'usurpateurs ?

Sa conception de l'histoire intellectuelle de l'humanité se condense en ce triptyque de M. Emile Faguet :

1° « *Antiquité : point de surnaturel* ; un merveilleux d'imagination inventé par les poètes, utile aux beaux-arts, et parfaitement inoffensif ; tolérance, absolue liberté de conscience, indiscutée ; sauf les guerres de conquête, *paix profonde, bonheur.*

2° « *Christianisme :* apparition de la *croyance au surnaturel* dans le monde. Dès lors, *les deux puissances, la spirituelle et la temporelle ; monde déchiré,* guerres pour des idées, et pour des idées qu'on ne comprend pas, persécutions, oppressions, assassinats, bûchers, barbarie, *enfer sur la terre.*

3° « Temps modernes : *expulsion du surnatuel, désarmement d'une des deux puissances, omnipotence de l'autre, retour à l'antiquité, paix, bonheur !* »

Ai-je besoin de dire que je repousse absolument cet *extrémisme* de Montaigne et de Voltaire ?

DE L'ANTITHÈSE
du Moyen Age et de la Renaissance
vers la DEMI-SYNTHÈSE de la Réforme
et la PLEINE SYNTHÈSE de la RÉVOLUTION

Il y a vingt siècles, le *Christianisme* renverse et supplante le *Paganisme* : brutale, et, semble-t-il, irréductible *antithèse.*

Mais, après quinze siècles de règne du *Christianisme*, le monde stupéfait assiste à l'irrésistible *Renaissance du Paganisme*, ou *Renaissance de la Civilisation gréco-romaine*, ou RENAISSANCE TOUT COURT.

Le *Christianisme*, qui, jadis, avait renversé *le Paganisme*, se trouve donc à son tour, comme *Ultra-Christianisme du Moyen Age*, menacé de renversement par le *Néo-Paganisme de la Renaissance*.

Et voilà donc, une seconde fois, *la Thèse* et *l'Antithèse* brutalement mises face à face. Et il semble bien aux *esprits simplistes* que l'une ou l'autre doive être, cette fois, radicalement écrasée et éliminée.

IL N'EN EST RIEN POURTANT! Car chacune d'elles contient sa part, sa précieuse part, son immense part, son indestructible part de vérité !

Et c'est pourquoi, au-dessus d'elles, au-dessus de l'*Ultra-Christianisme du Moyen Age*, et du *Néo-Paganisme de la Renaissance*, nous allons voir successivement s'élever :

1° D'abord, effectivement, la *demi-synthèse de la Réforme* ;

2° Ensuite et enfin, virtuellement, la *pleine synthèse de la Révolution*.

CHAPITRE III

Réforme

**Le GÉNIE DU LAICISME
ou le CULTE DE LA CITÉ
dans ma théorie de la RÉFORME**

**Qu'est-ce que la Réforme ?
C'est la DEMI-SYNTHÈSE (effective)
du PAGANISME et du CHRISTIANISME**

**LA RÉFORME
Une première VUE D'ENSEMBLE**

Qu'est-ce que la Réforme ?

J'ose dire que presque personne, parmi nous, ne le sait encore, ou même ne paraît s'en douter.

Il y a en France un million de protestants sur environ quarante millions d'âmes ; soit un protestant sur quarante Français.

Demandez à « l'homme dans la rue » : Qu'est-ce que le Protestantisme ? Il vous répondra : « C'est un prêche morose dans un local nu... »

Oui, voilà surtout, sinon uniquement, ce qui, dans le Protestantisme, frappe les Catholiques. Et ce sont là précisément deux choses qu'il abhorre!

Un prêche morose ? Au fond, il a horreur de cet effort de pensée. Et pourtant, on l'a justement dit : *Ce fut un grand jour, l'un des plus grands de l'Histoire, que celui où, pour pratiquer normalement sa religion, il fallut apprendre à lire et à penser...*

Un local nu ? Au fond, il a horreur de ce vide de sensations.

Ah oui, où sont-ils donc, dans le Protestantisme, tous ces enivrements des sens : les odorantes fumées bleues des encensoirs, et l'éclat mouvant des lumières, et le parfum des fleurs, et les incendies de couleurs des verrières, et les scènes peintes des tableaux ou des fresques, et la voix émouvante des cloches, et les orgues torrentielles, et les larges nappes des plain-chants, èt les cantiques de cristal des enfants et des vierges?

Oui, où sont-elles, pour les sensitifs et les émotifs, toutes ces splendeurs de la liturgie ? Comme tout cela manque cruellement aux mentalités catholiques ? Un écrivain protestant a eu la courageuse loyauté de le dire : Entre un *Français catholique* et un *Français protestant,* il y a peut-être plus de différence qu'entre un *Français* et un *Etranger* !

C'est cet *abîme psychique* qu'il faudrait à tout prix combler. Et cela, je l'avoue, ne me paraît nullement impossible : il suffirait de dépasser *les dehors* du Protestantisme et d'en pénétrer *le dedans.*

Qu'est-ce donc que ce *dedans* du Protestantissme, auquel presque nul catholique ne s'avise de penser ?

Le *dedans,* c'est la question jusqu'ici inscrutable et inscrutée : quelle est, essentiellement, la *nature de l'Eglise*, et quelle est, essentiellement, la *nature de l'Etat*, et quels sont donc, quels peuvent et doivent donc être, essentiellement, les justes et organiques *rapports de l'Eglise et de l'Etat* ? Voilà la question intérieure, la question essentielle, la question de fond.

Eh bien, c'est à cette capitale question de fond, que le Protestantisme a essayé de répondre, et a partiellement, sinon totalement répondu.

Oui, c'est dans l'*Esprit moderne*, ai-je dit, que la thèse du *Paganisme* et l'antithèse du *Christianisme*, ont à chercher et à trouver leur synthèse. Et c'est une demi-synthèse qui a déjà été trouvée par la Réforme, — en attendant que la pleine et totale synthèse soit trouvée par la Révolution.

Oui, c'est la Réforme surtout qui a réhabilité la *vie terrestre* et la *vie sociale*, qui a réhabilité la *Cité*, et, par conséquent, l'*Etat*, en qui se personnifie la Cité.

En ce sens, la Réforme a réhabilité le *Paganisme*, dans ce qu'il avait de foncièrement et substantiellement légitime, à savoir : le *Culte de la Cité*.

Mais, tout en *ré-habilitant l'Etat*, — l'Etat justement *divinisé* par le Paganisme, dans la Cité antique, — la Réforme, plus sage que la Renaissance, n'a pas commis la faute immense de paraître *dés-habiliter l'Eglise*, — l'Eglise encore plus justement *divinisée* par le Christianisme dans la Cité moderne.

La Réforme a eu la sagesse de retenir à la fois

la donnée fondamentale du *Paganisme* et l'apport essentiel du *Christianisme*.

Et là est précisément le mérite de ce *Jean Calvin* qu'on a pu appeler le *second Moïse*, si exceptionnellement grand du moins que son cas est unique dans notre histoire, puisqu'il est et reste, à la fois, un *génie de pensée* et un *génie d'action*, et, mieux encore, à la fois, un *génie d'Eglise* et un *génie d'Etat*.

Là est le mérite de ce *Jean Calvin*, dont la vigoureuse et impérieuse pensée a étendu progressivement son action sur la France, la Suisse, le Palatinat, la Hongrie, la Hollande, l'Ecosse, l'Angleterre, et les Etats-Unis, *et, décrivant en quatre siècles, un magnifique circuit- circum-Atlantique*, est revenue à son point de départ, à l'issue de la Grande Guerre, en apportant à *Genève* l'honneur d'être la capitale de la Société des Nations.

Et c'est ce mérite de *Jean Calvin* qui a été magistralement dégagé par son plus récent et son plus grandiose historien (en huit volumes in-4°, dont six parus), M. *Emile Doumergue,* doyen honoraire de la Faculté libre de théologie protestante de Montauban-Montpellier.

M. le *doyen Doumergue,* en effet, a mis expressément en lumière le Duumvirat-modèle de l'Ancien Testament, le fameux Duumvirat Saül-Samuel, — c'est-à-dire la nécessité de l'exacte distinction et de l'intime collaboration *des deux Pouvoirs, le Spirituel et le Temporel,* pour la bonne santé et l'anthentique prospérité des sociétés humaines, antiques ou modernes, d'Orient ou d'Occident.

Il est vrai que, dans le cas *Saül-Samuel*, M. le doyen Doumergue nous a présenté une simple réussite historique, plutôt qu'une vraie solution organique de l'immense problème des deux Pouvoirs, de l'immense problème des *rapports de l'Eglise et de l'Etat*.

Mais qu'importe, si, avec Calvin, il a fermement marqué la voie où il faut marcher pour chercher èt trouver ?

Ainsi, bien posé par Calvin, le problème se trouve à moitié résolu. Or, *l'accord parfait des deux Pouvoirs*, c'est tout simplement la *maîtresse-pièce des organisations sociales*. Toute Cité sera caduque qui ne reposera pas sur le roc de l'accord Eglise-Etat.

D'instinct, Calvin a pressenti la solution. Il ne reste plus d'ailleurs qu'à en élaborer *une mise au point doctrinale*. Et, j'en conviens, d'ailleurs, bien volontiers, cette mise au point doctrinale n'implique rien moins qu'*une totale révolution métaphysique de nos conceptions de l'Ame et de Dieu*.

Mais cette *révolution métaphysique* est *latente* dans la *Philosophie du dix-huitième siècle*, et *sous-jacente* à la *Révolution de 1789*, — laquelle n'a jamais été pour moi autre chose qu'*un approfondissement et un accomplissement de la Réformation*.

Et cette *révolution métaphysique*, que j'ai ébauchée, au point de vue *philosophique* dans la

Cité moderne, il ne reste plus (à moi ou à d'autres) qu'à achever de la dégager au point de vue
religieux et au point de vue *politique*, comme
j'essaie de le faire, depuis un quart de siècle, au
Collège de France.

L'heure est donc proche où la France aura
trouvé enfin *ses assises métaphysiques et morales,* — grâce à la *Révolution*, ce prolongement,
cet approfondissement, cet accomplissement de
la *Réformation*.

C'est donc à la *Réformation* que devra remonter notre reconnaissance.

L'idée protestante, ainsi profondément comprise, est tout simplement destinée à devenir la
pierre angulaire de la patrie.

Après cette première et nécessaire *vue d'ensemble* sur la Réforme, essayons d'y regarder *de
plus près*.

Il s'agit ici, bien entendu de la Réforme *vue par
un profane*, de la Réforme *vue du dehors*, par un
catholique de naissance, « libre pensant », de
vocation et de profession.

Le diptyque de la RÉFORME

Qu'est-ce que la Réforme ?
C'est un dyptique.

Premier panneau :
Le bloc des *nouveautés théologiques*.

Second panneau :
Le faisceau des *réformes civiques*.

Mais trop souvent *ceci* nous est masqué par *cela.*

Le seul fait de distinguer ainsi dans la Réforme ces *deux éléments,* et de confronter le *second* avec le *premier,* au moins à *égalité,* sinon de mettre le *second* bien au-dessus du *premier,* c'est là, dans ma théorie personnelle de la Réforme, le point capital.

Ici, en effet, l'opinion courante ne paraît pas pécher seulement par *superficialité,* comme plus haut pour la Renaissance, mais véritablement par *contre-sens,* sinon par *non-sens.*

Ne dit-on pas, en effet : la Réforme, comme la Renaissance, c'est un *retour à l'antiquité* ; d'où leur ressemblance.

Mais, la Renaissance, c'est un retour à l'*antiquité païenne,* tandis que la Réforme, c'est le retour à l'*antiquité chrétienne,* d'où leur différence et leur opposition !

Renaissance et Réforme s'opposeraient donc, au fond, comme s'opposent *Paganisme et Christianisme,* c'est-à-dire radicalement.

LA RÉFORME
Son héroïque THÉOLOGISME ultra-chrétien

Que penser de cela ?

C'est qu'il n'y a de radical ici que l'erreur où l'on tombe.

On nous dit :

La Réforme, c'est le retour au *Christianisme primitif, débroussaillé* des végétations parasitaires qui l'avaient envahi au cours des siècles.

La Réforme, c'est le rejet de la *papauté* et de toute la *hiérarchie catholique.*

La Réforme, c'est le rejet de la double lignée des *Docteurs* du Moyen Age et des *Pères* de la primitive Eglise.

La Réforme, enfin, c'est la répudiation de tout le *Christianisme traditionnel*, la répudiation de tout, hommes et choses, sauf ce *quadrilatère d'autorités* : deux livres, la *Bible et l'Evangile*, et deux maîtres : *saint Paul et saint Augustin.*

Soit. Et, de ce quadrilatère d'autorités, quelle doctrine la Réforme dégage-t-elle ?

Un *quadrilatère de dogmes*, à savoir : *l'infinité de Dieu et le néant de l'homme, le serf-arbitre et la grâce, la justification par la foi, la prédestination.*

Ce *quadrilatère d'autorités et ce quadrilatère de dogmes*, voilà, nous dit-on, le fond et l'essence de la Réforme.

N'est-ce pas là le retour au pur *Christianisme primitif*, sinon même à un Christianisme primitif singulièrement aggravé, à un Christianisme exceptionnellement âpre et escarpé ?

Quoi de plus radicalement et de plus irrésistiblement opposé, semble-t-il, au *Paganisme antique et au Néo-Paganisme de la Renaissance italienne, au Néo-Paganisme du Vatican de Léon X?*

LA RÉFORME
Son pratique CIVISME crypto-païen

Encore une fois, que penser de cette antithèse courante entre le Paganisme et la Réforme ?

Je le répète, c'est là pour moi tout simplement une erreur radicale.

Ce qui constitue l'immense révolution réalisée par les Réformateurs, ce n'est pas leur *quadrilatère de doctrines et de Docteurs théologiques*, c'est le *quadrilatère des réformes pratiques opérées* par Luther et Calvin, à la suite ou en conséquence de leur *quadrilatère de décisions dogmatiques.*

Quadrilatère de réformes, *politiques, domestiques, économiques* et *scientifiques,* — dont, sous les réserves nécessaires, j'emprunte l'essentiel au plus récent et au plus grandiose historien de *Jean Calvin* (en 8 volumes in-4°), M. *Emile Doumergue,* doyen honoraire de la Faculté libre de théologie protestante de Montauban-Montpellier.

1°

Le soulèvement des Protestants pour le NATIONALISME contre l'INTERNATIONALISME ROMAIN

Ils ont rompu avec la papauté, c'est-à-dire avec l'*internationale religieuse,* revenant ainsi, bon gré, mal gré, aux religions *nationales,* plus ou moins forcées à la longue de s'appuyer sur les *Gouvernements nationaux,* au risque de se laisser plus ou moins subalterniser, sinon absorber par eux.

Et ils ont rétabli, dans le culte, *la langue nationale.*

C'est là précisément le grand grief d'un nou-

veau sociologue britannique, M. Branford, protestant d'ailleurs, et l'objet de la critique sévère—
élevée par lui, et condensée en ces trois formules :

*Luther, père inconscient de la Guerre Mon-
diale, ou les effets délétères du Protestantisme,
ou le mortel revers de médaille de la Réformation.*

Mais, dirai-je, ce retour aux *religions nationales* et à la *suprématie des Pouvoirs temporels*,
ce *double recul*, externe et interne, fort onéreux,
certes, sinon même, au moins provisoirement,
désastreux, était nécessaire sans doute *pour préparer les futures et plus solides réorganisations.*

2°

Le soulèvement des Protestants
pour le MARIAGE et la FAMILLE
contre le CÉLIBAT et le CLOITRE

Ils ont, en outre et surtout, *supprimé les cou-
vents*, c'est-à-dire arrêté l'*exode* en masse hors
des carrières civiles, hors de la Cité, et, ainsi, mis
fin à la *sécession sociale*, à la *grève civique*.

Et ils ont supprimé *le célibat des clercs*, c'est-
à-dire discrédité la *sécession familiale* ou la *grève
domestique*.

Ils ont ainsi réhabilité *l'amour et le mariage*,
c'est-à-dire remis la *fécondité* au-dessus de la *vir-
ginité*, — ou le *fruit* au-dessus de la *fleur* !

Au temps lointain où je passais mon bacca-
lauréat ès-sciences, je me souviens d'avoir relevé,

avec émotion, dans un simple manuel de botanique, cette définition immortelle : *la fleur, cet organe éphémère du fruit...*

3°

Le soulèvement des Protestants
pour le TRAVAIL et la RICHESSE
contre l'OISIVETÉ et la MENDICITÉ

Ils ont discrédité l'*oisiveté* et la *mendicité* (les Moines mendiants), et accrédité le *travail* et la *richesse.*

Ils ont, dit M. le doyen Doumergue, discrédité l'*otium* et accrédité le *neg-otium* (le négoce).

Et partout, en effet, depuis Calvin, les Réformés ont excellé dans le *Commerce et l'Industrie.*

Et ils ont ruiné la *fausse théorie de l'usure,* et, contre *l'extrémisme des Pères de l'Eglise* condamnant « l'exécrable fécondité de l'argent », ils ont sainement légitimé le juste *prêt à intérêt,* qui, dirai-je, sous la forme des *Sociétés par actions,* est devenu de nos jours le *levier d'Archimède,* un levier à soulever le monde, — au risque d'ailleurs de le *chavirer,* tant que cet aveugle *Titan* n'aura pas été dûment subordonné à un *Pouvoir spirituel* lui-même dûment réorganisé !

L'AMOUR ET L'ARGENT
réhabilités par la Réforme

Ainsi, la Réforme aura ramené dans leur lit *les deux fleuves de vie,* si désastreusement détournés dans les sables, — à savoir, les *unions domestiques* et les *fonctions civiques*, les *fécon-dités familiales* et les *prospérités sociales.*

Ainsi, là Réforme aura réhabilité l'*Amour* et l'*Argent*, que j'aime à définir moi-même, des *puissances non pas profanes, mais profanées.*

Ainsi, la Réforme aura réhabilité le sain et saint *Amour*, je veux dire l'*Amour fils des cœurs chastes et père des Elites* !

Ainsi, la Réforme aura réhabilité ce que j'ose appeler le sain et saint *Argent*, je veux dire l'*Argent fils du Travail et père de la Liberté* !

Oui, « *l'Amour, la Liberté, ces alcyons du monde* », c'est la Réforme qui leur aura rouvert leurs ailes dans nos cieux !

Qui a dit que l'*Argent* est *père, de la Liberté* ? Qui ? Le plus désintéressé et le plus généreux des hommes, lé poète-philosophe Lamartine !

Et qui a dit que l'*Amour vrai* est *père des Elites* ? Qui ? Encore Lamartine, lui-même si heureusement né et si magnifiquement doué !

Un *poèta minor*, Emmanuel des Essarts, a fort joliment rythmé cette précieuse vérité psycho-physiologique :

> Bienheureuse la destinée
> D'un enfant grec du monde ancien !
> Fruit d'un *heureux hyménée*,
> Il est *gai d'une joie innée,*
> Et deux beaux sangs ont fait le sien...

Mais Lamartine !

On se rappelle sans doute son *Ode sur la mort de la Duchésse de Broglie*, fille de Madame de Staël.

Je n'en veux citer qu'une seule strophe, dont

la sûre profondeur d'intuition et la chaste audace
d'imagination sont véritablement inouïes :

> Elle était née *un jour de largesse et de fête,*
> D'une femme immortelle au verbe de prophète ;
> Le *génie* et l'*amour* la conçurent d'un *vœu* :
> On sentait à l'*élan* que contenait la *règle*
> Que sa mère l'avait *couvée au nid de l'aigle,*
> Sous une poitrine de feu !

Le professeur Schultess-Rechberg, cité par M.
le doyen Doumergue, a donc bien raison de le
dire : « *En opposition extrême avec la tendance
fondamentale* ASCÉTIQUE *du catholicisme, la Réformation considère la famille, l'Etat, la société,
la vocation civile,* COMME SPHÈRES VOULUES DE
DIEU ET BÉNIES PAR DIEU *de l'activité religieuse
et morale.* »

4o

Le soulèvement des Protestants
pour l'INSTRUCTION et la SCIENCE
contre l'IGNORANCE

On sait, dit M. Vollet, quel a été l'immense
effort des Protestants pour l'instruction, à raison même du fait que *l'exercice de la pensée est
un élément essentiel d'un culte qui ne tire presque rien des cérémonies.*

Et, je le répète, on l'a justement écrit :

*Ce fut un grand jour, l'un des plus grands de
l'histoire, que celui où, pour pratiquer normalement sa religion, il fallut apprendre à lire et à
penser...*

Combien vrai, cela !

Comparez *le moulin à prières du Thibet* et *la lecture de la Bible ?*

Qu'est-ce que la *Bible ?*

C'est toute la *Littérature d'un peuple* accumulée au cours de siècles sans nombre, à travers des vicissitudes sans exemple ; et c'est toute une *Encyclopédie des sciences morales et politiques*, ramassées en un seul volume : légendes, chroniques, histoires, poésie, religion, morale, droit, politique, etc., etc.

Et tout cela, *toute cette immense et substantielle lecture* expressément imposée, de par la religion, et obligatoirement pratiquée, chez un peuple entier !

Quelle école de *gymnastique cérébrale*, et d'entraînement mental !

Quelle *vigueur d'esprit* doit en résulter !

En fait de *sport intellectuel*, sans parler même *du contenu des doctrines*, les fils du *Christ* ont vingt siècles de retard sur les fils de *Moïse*, et les fils de *Loyola*, quatre siècles de retard sur les fils de *Luther* ou de *Calvin*.

La Diptyque de la Réforme :
Le panneau ULTRA-CHRÉTIEN
et le panneau CRYPTO-PAIEN

Or, qu'est-ce que tout cela, sinon la *réhabilitation de la Société civile et de l'Etat*, violemment ravalés par les *extrémistes* du Catholicisme et du Pontificat romains ?

Qu'est-ce que tout cela, sinon l'inconscient retour à la *Cité antique, à la Cité gréco-romaine* ?

Qu'est-ce que tout cela, sinon l'inconscient retour au naturel et *immortel Paganisme* ?

Il n'est donc pas vrai de dire qu'il y ait opposition entre la Renaissance et la Réforme, — entre la Renaissance qui serait un retour à l'*Antiquité païenne* et la Réforme qui serait un retour à l'*Antiquité chrétienne*, négation de l'*Antiquité païenne*...

Consciemment ou inconsciemment, comme la *Renaissance*, la *Réforme*, elle aussi, en ce sens, est bel et bien un retour à *l'Antiquité païenne*...

Dans le diptyque de la Réforme, le panneau des *Nouveautés théologiques* ne doit pas nous masquer le panneau des *réformes civiques*.

Ou mieux : *son héroïque Théologisme ultra-chrétien* ne doit pas nous masquer *son pratique Civisme crypto-païen*.

Jusqu'ici, c'est le premier panneau qui nous a plus ou moins masqué le second : désormais, c'est le second qui doit passer au premier plan.

Tranchons le mot : l'*Œuvre théologique de la Réforme* périra, si elle n'a déjà péri, mais *son œuvre civique* ne périra pas, et, au contraire, ne fera que se développer.

Mais !

Mais, et voici l'autre et non moins grandiose aspect de la question, alors que, la *Renaissance*, c'est *un retour pur et simple au Paganisme*, la *Réforme*, elle, n'est qu'un retour sous réserve, — *sous réserve d'un immense correctif* !

La Réforme **CONCILIE**
le Christianisme et le Paganisme

Nous avons dit : la Rénaissance *sacrifie* le Christianisme au paganisme.

Telle n'est pas, tant s'en faut, l'attitude de la Réforme !

Non, certes, la Réforme n'a garde *de nier, sinon même d'ignorer le Christïanisme, pour purement et simplement revenir au Paganisme* !

Elle sait, la Réforme, que le Paganisme, si sain et si pur dans les hautes époques, s'était horriblement corrompu dans les temps du Bas-Empire, et que c'est bien en *Sauveur* qu'a surgi le Christ, promoteur de la PLUS GRANDE RÉVOLUTION QU'AIT JAMAIS VU L'HISTOIRE, à savoir, ce DÉDOUBLEMENT DU POUVOIR qui a suscité, en face ou au-dessus du *Pouvoir temporel,* cet autre Pouvoir, le *Pouvoir spirituel,* pour éclairer et contrôler lé premier.

Et, ce *pouvoir spirituel,* inauguré par le Christ, la Réforme entend énergiquement le conserver, tout en étant entraînée peut-être à l'ébranler et à le paralyser provisoirement.

Contrairement donc à la superficielle opinion courante, la Réforme c'est bien, relativement, un retour au *Paganisme,* mais à un *Paganisme rectifié* !

Les *Luther et les Calvin* ne sont donc pas tombés dans l'erreur virtuelle, sinon effective, des *Montaigne et des Voltaire* : ils n'ont pas commis la faute incroyable de paraître tenir le *Christ et le Christianisme* pour des faits négligeables et non avenus !

Ils ont *relevé la Société civile*, plus ou moins discréditée par le *Christianisme*, et ils ont ainsi *réhabilité l'Etat*, oui certes, mais... un *Etat désormais contrôlé par l'Eglise* !

Ils ont ressuscité la *Cité antique*, oui, mais... *spiritualisée*, et le *César païen*, oui, mais... *christianisé* !

Honneur donc de ce chef à la Réforme, honneur à l'énergique et circonspect génie des Réformateurs !

Les Luther et les Calvin sont des géants, au même titre que *les saint Paul et les saint Augustin*, au même titre que, dans leur camp, les *Grégoire VII, et les Thomas d'Aquin* !

Supérieure à la RENAISSANCE, mais inférieure à la RÉVOLUTION, la RÉFORME n'est encore qu'une DEMI SYNTHÈSE du Paganisme et du Christianisme

Et pourtant, si, intrinsèquement, *la Réforme, avec ses Luther et ses Calvin*, est bien supérieure à la *Renaissance, avec Montaigne* et ses *Rabelais*, elle est restée encore bien loin du but !

Quels vont être, en effet, *les rapports de l'Eglise chrétienne avec l'Etat* « *païen* » *ainsi réhabilité* ?

Comme l'a dit le plus grandiose historien de Jean Calvin, M. le doyen Doumergue, C'EST LA

TOUT SIMPLEMENT LE GRAND PROBLÈME DES TEMPS MODERNES.

Et ce problème, il faut en convenir, la *Réforme* est encore bien loin de l'avoir résolu.

Il y faudra la *Révolution française,* quand la Révolution française elle-même aura cessé d'être plus ou moins inconnue ou méconnue.

De trois périodes de l'Église

Un coup d'œil d'ensemble sur nos derniers *vingt siècles d'histoire,* va éclairer le débat.

Ces vingt siècles d'histoire peuvent se diviser en trois périodes :

1° Les cinq premiers siècles des *Origines,*

2° Les dix siècles du *Moyen Age,*

3° Les cinq siècles des *Temps modernes.*

Confrontons l'Eglise et l'Etat pendant chacune de ces trois périodes.

Pendant les cinq siècles des *Origines,* l'Etat romain, en pleine forme, sinon toujours en pleine force, n'a pas de peine à traiter *l'Eglise,* d'abord, de maître à esclave révoltée, ensuite, de tuteur à pupille pacifiée ; car l'Eglise est alors absorbée par le *double effort* de fonder sa *Théologie* et sa *Hiérarchie,* contre le double et toujours renaissant obstacle des *déviations hérétiques et des compétitions anarchiques.*

Pendant les dix siècles du *Moyen Age* (exactement encadrés entre ces deux Invasions : *l'Invasion des Germains,* au vᵉ siècle, dans *l'Empire latin d'Occident,* et *l'Invasion des Turcs,* au xvᵉ siècle, dans l'*Empire grec d'Orient*), c'est l'*Eglise*, au contraire, qui, du haut de sa pleine et puissante organisation *théologique et hiérarchique*, n'a pas de peine à dominer *l'Etat*, en cette longue et laborieuse période de croissance des nouvelles nations de l'Europe, absorbées par la *double genèse* de leurs *formations territoriales et de leurs organisations nationales*.

Et c'est ainsi que l'on voit, au Moyen Age, le *Sacerdoce l'emporter de haute lutte sur l'Empire* !

Mais pendant les cinq siècles des *Temps modernes*, la situation va rapidement *s'inverser*.

Désormais, en effet, en vertu de l'*évolution naturelle* de la Société, appuyée d'ailleurs sur l'évocation de *l'Etat antique* par *les Légistes*, l'*Etat moderne* va prendre ou reprendre conscience de ses droits, — et *interroger l'Eglise* sur les siens, dont, pendant les dix siècles du Moyen Age, elle a tant usé, sinon abusé.

Et voici qu'il va se produire un événement sensationnel.

Les deux formidables adversaires dressés de nos jours contre l'ÉGLISE : La SCIENCE et l'ÉTAT

Voici que l'*Eglise*, requise de faire constater et vérifier ses droits, paraît hésiter et se troubler.

En vain, elle répète les affirmations tranchantes et les métaphores triomphantes des

Grégoire VII, des Innocent III, des Boniface VIII:
affirmations et métaphores semblent désormais
sonner creux...

Les rapports de l'Eglise et de l'Etat, dit-elle ?
Mais ce sont tout simplement les rapports de
l'Ame et du Corps :

1° De l'*Ame* immortelle, fille du *Ciel,* c'est-à-
dire de *l'Église* et de *Dieu* ;

2° Et du *Corps* mortel, enfant de la *Terre,*
c'est-à-dire de la *Cité* et de *César* !

Tout simplement ! ! !

A la bonne heure.

Mais deux objections formidables jaillissent de
ce dialogue déjà cinq ou six fois séculaire.

1° *Objection de l'Etat :*

Si l'*Ame* et l'*Eglise* tournent l'homme vers le
Ciel et Dieu et le détournent de *la Terre et de
César,* n'est-ce point là ce qu'on peut appeler la
DÉSERTION ET LA NÉGATION DE LA VIE TERRESTRE
ET DE LA SOCIÉTÉ TERRESTRE ?

Et le *pouvoir spirituel* n'apparaît-il pas dès
lors comme le pire ennemi du *pouvoir temporel* ?
Et le fameux *dédoublement du pouvoir* en pouvoir spirituel et pouvoir temporel, loin d'être un
précieux perfectionnement social, n'est-il pas
précisément, au contraire, le fléau même de la
Cité, — puisque le *bénéfice* de ce DÉDOUBLEMENT
DU POUVOIR est plus qu'anéanti par le *maléfice*
de ce DÉTACHEMENT DE LA CITÉ !

Ainsi, par nature même, l'*Etat moderne,*
comme *l'Etat antique,* semble *faire échec à*
l'Eglise.

2° *Objection de la Science* :

Mais il y a bien plus : cette *Ame* et ce *Ciel*, dont parle l'Eglise, est-ce que la *Raison* et la *Science* modernes ne semblent pas les révoquer en doute radicalement ?

Ainsi, à son tour, la *Science moderne* semble *faire échec à l'Eglise* !

Et ainsi, de nos jours, la *Religion et l'Eglise chrétiennes* se trouvent engagées dans un double et, semble-t-il, irréductible conflit *avec la Science et avec l'Etat* !

La vraie théorie de l'ÉGLISE ET DE L'ÉTAT
attend une vraie théorie
DE L'AME ET DU CORPS

Certes, après avoir vigoureusement réhabilité la *Société civile* et *l'Etat*, Luther et Calvin, en face de *l'Etat*, ainsi réhabilité, ont non moins vigoureusement, Calvin surtout, prétendu maintenir *l'Eglise*.

Mais, suffit-il de *juxtaposer* ainsi ces deux Pouvoirs, pour les faire *co-exister et collaborer à égalité*, si, intrinsèquement, leurs natures y sont foncièrement et irréductiblement réfractaires ?

Voyez collaborer *Saül et Samuel*, s'écrie triomphalement, dans son magnifique *Calvin*, M. le doyen *Doumergue*.

A la bonne heure. Mais je vois là une relative réussite historique, et nullement une pleine solution organique.

Ni Luther, ni Calvin n'ont pu scruter assez avant le formidable problème.

Après la RÉFORME, *la moitié au moins de l'œuvre reste encore à faire.*

Les authentiques bases du *Pouvoir spirituel,* dans ses organiques rapports avec le *Pouvoir temporel,* ne sont pas encore trouvées : il faut les trouver.

Et, comme le dit M. le doyen *Doumergue,* c'est là précisément le GRAND PROBLÈME DES TEMPS MODERNES.

Plus techniquement encore, j'oserai dire : le *Moyen Age,* c'était une *fausse théorie de l'Eglise et de l'Etat,* fondée sur une *fausse théorie de l'Ame et du Corps* !

Et, les *Temps modernes,* ce sera la *vraie théorie de l'Eglise et de l'Etat,* fondée sur la *vraie théorie de l'Ame et du Corps* !

Et, après la Réforme, c'est à quoi précisément a su travailler avec succès *la France de l'Encyclopédie et de la Révolution,* dont j'ai essayé une première fois de dégager la pensée fondamentale dans les sept cents pages de ma thèse de doctorat : *La Cité moderne,* ou *Métaphysique de la Sociologie,* et de condenser la substance dans les sept mots de ma formule connue, qui, si elle est vraie, retourne simplement nos vingt siècles d'histoire :

« *L'Ame est fille de la Cité.* »

Résumé sur la Réforme

Aussi largement et pleinement que peut être présenté un *réquisitoire contre la Réforme,* d'après le nouveau Sociologue protestant britannique, *M. Branford*, aussi largement et pleinement je viens de présenter un *panégyrique de la Réforme*, d'après M. le doyen *Doumergue*, historien protestant français.

J'ai fait d'ailleurs des réserves capitales.

Mais Luther et Calvin n'en restent pas moins singulièrement grands ; et *Calvin*, à certains égards, plus grand encore, que *Luther*.

Et la France de la *Révolution* ne devra jamais oublier sa dette envers la *Réforme*.

Depuis l'aube des Temps modernes, c'est le bloc protestant qui aura été à la fois le pic pour ouvrir la brèche et le cran d'arrêt pour empêcher les reculs.

Oui, *Calvin* à Genève, et *Knox* en Ecosse, et *Cromwell* en Angleterre, et le *Taciturne* en Hollande, ce sont bien là, comme on l'a dit, les pionniers géants de l'avenir, — *un quadrilatère de Chefs* !

Résumons :

Un quadrilatère d'Autorités	la Bible, et l'Evangile ; Saint Paul, et saint Augustin ;
Un quadrilatère de Dogmes	l'infinité de Dieu et le néant de l'homme, le serf-arbitre et la grâce, la justification par la foi, la prédestination ;

Un quadrilatère de Réformes	réformes politiques, Réformes domestiques, réformes économiques, réformes scientifiques.
Un quadrilatère de Chefs	Calvin, Knox, Cromwell, le Taciturne.

En un mot : *un quadrilatère de quadrilatères* !

Telle m'apparaît, dans l'Histoire, la simple et robuste architecture du grand bloc huguenot !

Passons de la *Réforme* à la *Révolution*.

CHAPITRE IV

Révolution

**Le GÉNIE DU LAICISME
ou le CULTE DE LA CITÉ
dans ma théorie de la Révolution.**

**Qu'est-ce que la Révolution ?
C'est la PLEINE SYNTHÈSE (virtuelle)
du Paganisme et du Christianisme**

Le Diptyque de la Révolution

Qu'est-ce que la Révolution ?

C'est un diptyque.

Premier panneau : *Les réformes politiques et sociales.*

Second panneau : *Les réformes religieuses et morales.*

Or, pour la majorité de ses partisans, la Révolution est :

Admirable dans son œuvre politique, pitoyable dans son œuvre religieuse.

Mais cette opinion ne pourrait-elle pas être *inversée*, radicalement et « paradoxalement » *inversée* ?

C'est un génie français du dernier siècle qui a fait cette remarque profonde : *Révolte et Révolu-*

tion ne sont point termes synonymes, tant s'en faut.

La *Révolte*, c'est une *sortie de l'ordre* ; et la *Révolution*, c'est une *rentrée dans l'ordre*.

Appliquons froidement cette distinction.

Pour un *Renan*, par exemple, à l'inverse de l'opinion courante, le mouvement de 89, *politiquement*, sent la *Révolte*, c'est-à-dire *la sortie de l'ordre*.

Et pour moi, à l'inverse, également, de l'opinion-courante, le mouvement de 89, *religieusement*, respire la *Révolution*, c'est-à-dire *la rentrée dans l'ordre*.

L'ŒUVRE POLITIQUE de la Révolution, d'après RENAN ; et son ŒUVRE RELIGIEUSE, d'après moi

En quoi consistent donc *l'œuvre politique* et *l'œuvre religieuse* de la Révolution ?

Pour Renan, d'une part, et, d'autre part, pour moi, elles peuvent se condenser et se confronter ainsi :

1° *Sept principales réformes politiques et sociales ;*

2° *Sept tentatives de réforme religieuse et morale.*

Les Sept réformes politiques et sociales ?

Je m'inspire de *Renan*, et, notamment, de son livre fameux, la *Réforme intellectuelle et morale*, pour montrer comment il s'est plu à les rabaisser autant qu'elles sont couramment exaltées.

Politiquement, dit-il en substance, qu'a fait la Révolution ?

1° Elle a supprimé *la monarchie*, c'est-à-dire la *Dynastie millénaire*, qui était *l'épine dorsale de la France*, et qui s'était lentement formée au cœur de la nation, comme se forme le noyau dans le fruit ;

2° Elle a supprimé *l'Aristocratie*, c'est-à-dire la *Sélection héréditaire*, — cette Elite de vieilles familles qui était l'organe de la *mémoire nationale*, elle-même base organique de la *raison d'Etat* ;

3° Elle a supprimé la *vénalité des Magistratures*, c'est-à-dire la *propriété des charges*, précieuse condition de *la liberté de la justice*, — au risque de la remplacer par la *vénalité des Magistrats* ;

4° Elle a supprimé et mutilé les *Provinces*, c'est-à-dire les *petites patries*, cellules sacrées de la *Grande Patrie* ;

5° Elle a supprimé les *Corporations*, double rempart de l'ouvrier contre la tyrannie et contre l'anarchie ;

6° Elle a supprimé l'*indissolubilité du mariage*, en instituant le *divorce*, brèche redoutable, quand elle s'élargit, et par où risquent de s'enfuir la sève et la vie des sociétés ;

7° Elle a supprimé *le droit d'aînesse et de liberté de tester*, en créant ce broyeur automatique qu'on appelle la *loi des successions*, qui pulvérise les *héritages* et *tarit la natalité*.

D'après *Renan*, et sous réserve des inévitables

discussions, voilà pour le premier panneau du diptyque, c'est-à-dire pour les *sept principales Réformes politiques et sociales de la Révolution.*

Sur le second panneau, inscrivons seulement, sans les décrire, les *sept tentatives de Réforme religieuse et morale,* que je me plais à exalter autant qu'elles sont rabaissées :

1° La *Constitution civile* du clergé ;
2° Le Culte de la *Raison* ;
3° Le Culte de l'*Etre suprême* ;
4° Le Culte *Décadaire* ;
5° Le Culte des *Théophilanthropes* ;
6° La *Séparation* ;
7° Le *Concordat.*

LA RELIGION PRIME LA POLITIQUE . RELIGION D'ABORD !

Et maintenant, confrontons les deux panneaux du diptyque :

1° Le panneau des *Sept sagesses...,* ou pseudo-sagesses,

2° Le panneau des *Sept folies...,* ou pseudo-folies !

Oui, de ces deux séries de sept gestes chacune, si la première série *inquiète* gravement un *Renan,* la seconde, au contraire, m'*intéresse* passionnément.

Si, pour un Renan, la première série sent la *Révolte,* c'est-à-dire la *sortie de l'ordre,* la seconde série, au contraire, pour moi, respire la

Révolution, c'est-à-dire la *rentrée dans l'ordre.*

C'est un fait capital à crier sur les toits : ce que voulait le dix-huitième siècle, c'était essentiellement la *Réforme de l'Eglise.*

Et la *Monarchie* n'a pas été ébranlée seulement par *Rosbach,* mais aussi et surtout peut-être par ce fait que le pays pensant a cru la sentir irréductiblement *réfractaire à la réforme religieuse et ecclésiastique.*

Et l'œuvre occulte de l'Etranger a fait le reste !

De ce point de vue religieux, scrutez par exemple, sous Louis XV, la mystérieuse disparition du dauphin et de la dauphine, — notamment, d'après la phrase si impressionnante des *Mémoires* du si fémininement rénseigné Marmontel...

Là où, en Europe, la *Monarchie* a compris et admis *l'évolution religieuse et ecclésiastique,* elle est restée debout, saine et sauve.

Et, aujourd'hui même, en France, si jamais le cas venait à se poser, c'est surtout le « *cléricalisme* », chez tout ou partie de ses champions, qui serait de nature à constituer, au fond, le principal obstacle au rétablissement de la *Monarchie.*

Non, non, aujourd'hui même, en France, ainsi qu'il a été dit et prouvé ci-dessus, ce n'est pas *le problème politique* qui est capital, c'est *le problème religieux.*

Et n'est-ce pas précisément la *question religieuse* qui a été abordée d'emblée, pour ainsi dire, par les Assemblées de la Révolution ?

Et n'est-ce pas la *question religieuse* qui a été constamment maintenue ou perpétuellement remise à l'ordre du jour des Parlements ou des Gouvernements, pendant les dix ans de la Révolution, sinon encore pendant les quinze ans du Consulat et de l'Empire ?

De sorte que, d'un bout à l'autre de cette vaste crise nationale, sur l'un des deux panneaux du diptyque, ce sont *les sept tentatives de la seule et même Réforme religieuse et morale* qui suffisent à faire pendant aux *sept diverses réformes politiques et sociales de l'autre panneau* !

Classons ces *sept tentatives de Réforme religieuse et morale.*

Elles se distribuent en trois groupes :

1° Un essai de *transformation totale* de l'Eglise catholique (*Constitution civile* du clergé) ;

2° Quatre essais de *religions nouvelles* (*Déesse Raison, Etre suprême, Culte décadaire, Théophilanthropes*) ;

3° Deux essais de *transaction* (*Séparation, Concordat*).

Mais qu'y a-t-il donc au fond de tout cela ?

La grandeur de la Révolution

Oui, qu'est-ce donc, en son tréfond, que la *Révolution française* ?

Rien de plus inconnu encore ou de plus méconnu en France que la nature et l'essence, le but et la portée de la Révolution.

Selon ma théorie, le *Paganisme* et le *Christia-*

nisme cherchent leur synthèse dans l'*Esprit moderne* en sa triple crise : *Renaissance, Réforme, Révolution.*

1° La *Renaissance* est une *antithèse* (un Néo-Paganisme) ;

2° La *Réforme* est une *demi-synthèse* (effective) ;

3° Et la *Révolution* est *une pleine en entière synthèse* (virtuelle).

On entrevoit, dès maintenant, la *grandeur* du rôle que j'attribue en matière religieuse à la Révolution française.

Mon PANÉGYRIQUE
ou mes QUATRE AFFIRMATIONS MASSIVES
sur la Révolution

Mais je tiens à encadrer mon exposé entre les éloges et les critiques qui me paraissent nécessaires, c'est-à-dire entre un véritable *panégyrique* et un véritable *réquisitoire.*

Et j'articule d'emblée *mes quatre affirmations massives*, en attendant *mes quatre négations non moins catégoriques.*

1° Ma première affirmation :

Oui, la Révolution française est essentiellement une *Révolution religieuse.*

2° Ma deuxième affirmation :

Oui, consciemment ou inconsciemment, cette révolution a pour but de *transformer radicalement le Catholicisme et même le Christianisme.*

3° Ma troisième affirmation :

Oui, cette révolution religieuse me paraît *absolument légitime et nécessaire*, et j'ai passé toute ma vie à en étudier les voies et moyens.

4° Ma quatrième affirmation :

Oui, les plus récentes investigations de l'*Histoire*, sur cette révolution religieuse, tendent puissamment à confirmer les plus lointaines intuitions de ma *Philosophie*.

Et, par conséquent, la *nature*, la *profondeur*, la *légitimité*, et l'*issue* de la crise ne sont pas douteuses.

L'Histoire religieuse de la Révolution, d'après son plus récent historien.

Quatre HISTORIENS principaux
QUATRE QUESTIONS principales

La Révolution française date environ de *cent trente ans*.

Mais l'Histoire religieuse de la Révolution française ne date guère que de *trente ans*.

Elle est due à QUATRE HISTORIENS PRINCIPAUX : MM. *Gazier, Aulard*, l'abbé *Sicard, Mathiez*.

Et elle porte sur QUATRE QUESTIONS PRINCIPALES :

1° La *Constitution civile du clergé*, — et les deux clergés, l'*Assermenté* et le *Réfractaire* ;

2° Les *Cultes révolutionnaires*, au nombre de *quatre principaux* :

Le Culte de la *Raison* ;

Le Culte de l'*Etre suprême* ;

Le Culte des *Théophilanthropes* ;

Le Culte *Décadaire.*
3° La *Séparation* de l'Eglise et de l'Etat ;
4° Le *Concordat.*

Une rapide esquisse de cette Histoire

Nous allons voir, d'abord, comment *M. Mathiez*
apprécie l'œuvre de ses *prédécesseurs* immédiats,
et, ensuite, quel est son apport à *lui.*

L'histoitre religieuse de la Révolution française est restée jusqu'à nos jours à la fois *partielle* et *partiale* :

1°-*Partielle*, parce qu'elle n'était étudiée qu'*en
partie* ;

2° *Partiale*, parce qu'elle n'était guère étudiée
que par *un parti*, — depuis l'*abbé Barruel* jusqu'à *M. Ludovic Sciout.*

Et voilà déjà *deux Historiens.*

Ajoutez *M. Edmond de Pressensé* et son important livre (1864-1890) : *Eglise et Révolution*,
pour le *côté confessionnel protestant.*

Ajoutez un bon résumé critique qui ouvre le
livre de *M. Debidour* sur *L'Eglise et l'Etat en
France, de* 1789 *à* 1870 (Alcan, 1898).

Et voilà *deux autres historiens.*

D'*unilatérale* en générale, l'histoire religieuse
de la Révolution devient rigoureusement *bi-laté-
rale* avec *M. Gazier*, et surtout avec *M. Aulard*
(1892).

Et cela fait déjà *six historiens.*

Nous allons nous occuper de ces deux derniers.

M. GAZIER et M. AULARD

M. GAZIER, et l'ÉGLISE CONSTITUTIONNELLE

Le clergé constitutionnel, comme on sait, a été longuement calomnié.

Saturnales impies, accès de rage homicide, œuvre démoniaque : le vocabulaire est connu.

Mais voici entrer en scène *M. Gazier*, héritier de l'énorme *Correspondance* et des *Archives* de l'*abbé Grégoire*, évêque constitutionnel de Blois, d'où *M. Gazier* a tiré ses *Etudes sur l'histoire religieuse de la Révolution française,* sans que la source soit épuisée, bien loin de là.

Et déjà le *clergé constitutionnel* apparaît singulièrement réhabilité.

Il est prouvé que les *prêtres constitutionnels* furent beaucoup plus nombreux qu'on ne le supposait ; dans certains départements, ils égalaient, ils dépassaient même leurs adversaires...

C'est à peine si les historiens ont fait attention à *l'explosion de mysticisme* dont s'accompagna la formation de l'*Eglise constitutionnelle...*

Pour beaucoup de prêtres et de fidèles à l'âme naïve et ardente, qui menaient confusément dans le même enthousiasme les prédications de *la Philosophie du dix-huitième siècle* et *les enseignements du Christïanisme,* la Révolution fut quelque chose de miraculeux et de providentiel où se manifestaient en traits fulgurants les desseins de Dieu : *l'attente de la Régénération* fut vraiment pour eux *une attente messianique...*

A mesure que l'étude de l'*Eglise constitutionnelle* est devenue plus documentaire et plus scientifique, à mesure aussi s'est révisé son procès.

M. AULARD,
et les CULTES RÉVOLUTIONNAIRES
Les opinions de M. AULARD
en POLITIQUE et en RELIGION

M. Aulard est universellement connu comme *historien de la Révolution.*

C'est le *Conseil Municipal de Paris* qui a fondé, à la *Sorbonne,* il y a une trentaine d'années, *cette chaire de la Révolution française,* qui, si je ne me trompe, est devenue plus tard *chaire d'Etat.*

Et c'est hier seulement que *M. Aulard* a pris sa retraite, — après avoir fourni, en tant qu'historien de là Révolution, un effort considérable, qui ne doit pas être sous-estimé comme travail, quoi qu'il puisse être discuté comme résultat.

Et il importe de faire ici une distinction capitale.

Sur la *question politique* proprement dite, il se peut que la doctrine de M. Aulard appelle, en effet, d'expresses réserves ; mais sur la *question religieuse* spécialement, il me paraît que nous lui devons un apport de documentation extrêmement précieux.

La chaire d'HISTOIRE DE LA RÉVOLUTION, à la SORBONNE
La chaire de PHILOSOPHIE DE LA RÉVOLUTION, au COLLÈGE DE FRANCE

C'est presque à la même époque, à la fin du dernier siècle, qu'ont été projetées et créées :

1° Par le *Conseil Municipal de Paris*, pour M. Aulard, une chaire d'*Histoire de la Révolution*, à la *Sorbonne* ;

2° Par l'Etat, au *Collège de France*, une chaire de *Philosophie sociale*, dont j'ai été le titulaire, et qui, dans ma pensée, devait être consacrée tout d'abord à l'étude de la *Philosophie du dix-huitième siècle*.

De sorte que les deux chaires avaient pour but d'étudier au fond le *même objet*, mais sous *deux aspects différents*, à savoir :

1° *La Révolution française*, à étudier historiquement, dans son *explosion de dix ans*, de 1789 à 1799 ;

2° La Révolution française, à étudier *philosophiquement*, dans son *incubation de quarante ans*, d'environ 1750 à 1790.

Soit *quarante ans d'incubation*, et *dix ans d'explosion* : en tout *cinquante ans*.

Eh bien, je dois le dire, si je confronte mon *enquête philosophique* d'un quart de siècle avec l'*enquête historique* de M. Aulard, j'arrive à des conclusions fort différentes des siennes sur la *question politique* proprement dite, mais j'aboutis à des conclusions qui peuvent en partie s'accorder avec sa documentation sur la *question religieuse.*

Et comme, dans la terrible époque de crise où nous vivons, il est absolument nécessaire de prendre nettement position, je tiens à bien préciser ces *absolues différences en politique* et ces *relatives concordances en religion.*

La Révolution et la MONARCHIE, d'après l'Ambassadeur américain GOUVERNEUR MORRIS ; La Révolution et l'ÉGLISE, d'après M. AULARD

1° *En politique,* je crois fermement que la France de 89 NE VOULAIT PAS DU TOUT *renverser la Monarchie.*

J'ai analysé à fond les écrits d'un ambassadeur américain, *Gouverneur Morris,* qui a passé les dix années de la Révolution en France et en Europe (à Paris, à Londres, à Vienne et à Berlin), et qui a catégoriquement établi :

Que la *Constituante* était foncièrement *monar-chique* ;

Que la *Législative* était foncièrement *monarchique* ;

Que la *Convention* était foncièrement *monarchique* ;

Qu'en un mot, *toutes les Assemblées de la Révolution* n'ont renversé ou laissé renverser le trône que *contraintes et forcées.*

Le témoignage de *Gouverneur Morris* est un document capital, contre lequel, j'ose le dire, rien ne prévaudra.

Et, pour le même *Gouverneur Morris,* ce renversement de la Monarchie, en cassant l'épine dorsale de la France, a été alors, pour la France, une catastrophe incalculable.

2° Mais, par contre, *en religion,* j'estime que la France pensante VOULAIT une profonde *réforme du Catholicisme,* et même et surtout du *Christianisme.*

Et c'est d'ailleurs ce qui paraît avoir plus ou moins échappé à *Gouverneur Morris,* — du moins dans les écarts de lui que je connais, et sous réserve de ce que peuvent révéler un jour ses dix ou douze caisses de manuscrits et de papiers en général, qui sont conservés dans une banque de New-York, ainsi que me l'a confié ici-même, à Paris, une de ses descendantes, jeune et brillante fleur de l'arbre immense des Morris.

Mais c'est ce qui n'a pas échappé à M. Aulard : il a perçu et dégagé ce *vigoureux mouvement de rénovation religieuse.*

Et encore que j'entende ce mouvement bien autrement que lui, il n'en reste pas moins que je m'accorde pleinement avec lui pour en constater l'existence et la puissance.

Les CULTES RÉVOLUTIONNAIRES
d'après M. AULARD
L'application des vraies méthodes historiques

Jusqu'à l'arrivée de M. Aulard, avec son livre : *Le Culte de la Raison et le Culte de l'Etre suprême* (1892), les *Cultes révolutionnaires* ont été encore bien plus calomniés que le *Clergé constitutionnel*, même chez les historiens libéraux, — les Thiers, les Quinet, les Michelet, les Louis Blanc !

Jusque-là, les historiens en général, ne voient, dans les *cultes révolutionnaires*, qu'erreurs grossières, constructions factices, mascarades grotesques, sanglantes contradictions.

Mais les choses vont changer, grâce à l'application des *vraies méthodes historiques*.

Il n'y a pas plus d'une *quinzaine d'années*, dit M. Mathiez, ces *jugements sommaires* étaient acceptés comme des sortes de dogmes indiscutables. Mais il n'en est plus tout à fait de même depuis l'apparition du livre de M. Aulard sur *le Culte de la Raison et le Culte de l'Etre suprême* (1892).

Si l'étude de la *Révolution française* n'était pas plus avancée, la faute n'en était pas uniquement aux PASSIONS, *politiques et confessionnelles*, mais aussi à l'absence et à *l'imperfection des* MÉTHODES...

M. *Aulard* appliqua à l'étude des *Cultes révolutionnaires*, si peu connus et si méconnus avant lui, les procédés d'investigation et les méthodes de travail depuis longtemps en usage pour *l'étude de l'*Antiquité *et du* Moyen Age.

Il entreprit... *une vaste enquête* dans la France entière ; il demanda aux *dépôts d'archives et aux bibliothèques les procès-verbaux des cérémonies* civiques *de l'An II, les discours qui y furent prononcés, les rituels des fêtes de la Raison et de l'Etre suprême.*

Il fit de ces documents, que personne pour ainsi dire n'avait feuilletés avant lui, une critique sérieuse, et sa surprise fut grande.

Une quadruple découverte

1° Ses prédécesseurs n'avaient voulu voir dans les *Cultes révolutionnaires* qu'une *grossière mascarade,* dirigée, le Culte de la *Raison,* par des théoriciens *athées,* le Culte de l'*Etre suprême,* par des théoriciens *déistes.*

Il fut frappé, au contraire de la *gravité sévère* et moralisante des cérémonies, du sérieux des assistants.

Il ne trouva *la mascarade, les scènes burlesques et gauloises,* qu'à l'état d'exceptions très rares, dans quelques grandes villes, et surtout dans la capitale.

2° Il fut frappé aussi de la *généralité et de la* profondeur *du mouvement,* qu'on représentait comme très superficiel.

3° Il s'attendait sans doute à rencontrer beaucoup de déclarations *athées,* et l'athéisme *était pour ainsi dire* absent des documents, alors que le *sans-culotte Jésus* y tenait une bonne place.

4° Il pouvait croire que les *Cultes révolutionnaires* avaient été le culte de la CANAILLE ; il constata qu'ils avaient été surtout pratiqués par *l'Elite de la bourgeoisie,* que les *filles des meilleures familles* mirent de l'empressement à faire le personnage des déesses de la *Raison* et de la *Liberté.*

Mais faiblesse des conclusions :

Mais il crut pouvoir conclure que ce qui était essentiel dans *les Cultes révolutionnaires,* c'était moins *la lutte contre l'Eglise* que la DÉFENSE *de la France nouvelle* ; et que la foi qui animait leurs fidèles, c'était moins une *foi philosophique* et abstraite qu'une foi concrète, une *foi* PATRIOTIQUE.

Et le jugement de M. *Mathiez* sur M. *Aulard,* c'est que cette *demi-réhabilitation* est encore bien *insiffisante.*

M. *Aulard,* dit-il, n'a pas vu le *caractère religieux* de ces manifestations.

Il n'y a vu que des *constructions politiques essentiellement provisoires, que des expédients de défense nationale.*

Apparition de M. Edme Champion
et de M. l'abbé Sicard

Après M. *Gazier* et M. *Aulard,* voici paraître les deux thèses inverses de M. *Edme Champion* et de M. *l'abbé Sicard.*

C'est le grand débat et le grand conflit sur la *nature fondamentale de la Révolution française,* — encore si inconnue ou si méconnue.

LE LIVRE DE M. AULARD, *pour l'histoire religieuse de la Révolution française, a eu la portée d'un* ÉVÉNEMENT.

Les *travaux de détail* se multiplièrent sur ces *Cultes révolutionnaires,* jusque-là si délaissés ; et même des SYNTHÈSES HARDIES commencèrent à être esquissées.

En voici *deux* qui s'opposent presque entièrement :

1° Celle d'un écrivain catholique, M. l'*abbé Sicard,* dans son livre : *A la recherche d'une religion civile* (1895) ;

2° Celle d'un ÉCRIVAIN LIBÉRAL ET LAÏQUE, M. *Champion,* dans son volume sur *La* SÉPARATION *de l'Eglise et de l'Etat en 1794* (1903).

M. l'abbé SICARD

Pour M. l'abbé *Sicard,* la *guerre au catholicisme* (au *christianisme,* faudrait-il dire, selon moi), est le FOND de la Révolution.

Et il s'agit de remplacer le *Catholicisme* (ou le *Christianisme*) par une religion *nationale* ou *civile.*

M. l'abbé *Sicard* a groupé dans un *tableau,* un peu trop systématique sans doute, mais exact dans l'ensemble, les *différentes tentatives cultuelles révolutionnaires,* leurs *fêtes civiques,* leurs *institutions patriotiques* ; et il a essayé de montrer que les unes et les autres répondaient à *un idéal et à un besoin communs.*

Il a fait voir, *très fortement,* à mon sens, dit M. Mathiez, *que, loin d'être opposées,* ces tentatives cultuelles étaient, *au fond, identiques,* et qu'on devait les regarder comme formant les *anneaux d'une même chaîne ininterrompue.*

Sa conclusion, c'est que les *Cultes révolutionnaires ne furent pas du tout des* EXPÉDIENTS *dictés par les circonstances,* mais qu'*avant* comme *après* les périls de 93, les *patriotes* de tous les partis furent HYPNOTISÉS, pour ainsi dire, par l'idée de REMPLACER LE CATHOLICISME PAR UNE RELIGION NATIONALE, PAR UNE RELIGION CIVILE, et qu'ils mirent à réaliser leurs desseins, déjà *exposés par Rousseau, dans son Contrat social,* une opiniâtreté invincible.

Pourquoi cela ?

C'est qu'ils avaient le sentiment très vif que leur *œuvre politique* était incapable de *se suffire* à elle-même, qu'elle disparaitrait à bref délai, si elle n'était *complétée et fortifiée par une œuvre morale et religieuse correspondante.*

Ils eurent l'ambition de RÉGÉNÉRER L'AME FRANÇAISE, et de la REFONDRE par des INSTITUTIONS appropriées dans un moule nouveau.

Avec cette conception, les *Cultes révolutionnaires* ne peuvent plus être considérés comme UNE SORTE D'APPENDICE OU D'EXCROISSANCE SUPERFICIELLE, mais comme UNE PARTIE INTÉGRANTE *de la Révolution française.*

M. CHAMPION

Pour M. *Champion*, au contraire, *la guerre au Catholicisme ou même au Christianisme* n'est qu'un *incident étranger au génie de la Révolution* (!).

Et, pour lui, les *Cultes révolutionnaires* ne sont que des *mesures de salut public*.

Jugement de M. MATHIEZ
sur les deux thèses
de MM. CHAMPION et SICARD

Les deux thèses de MM. Champion et Sicard sont *radicalement opposées*.

Pour M. Mathiez, les *premiers Cultes révolutionnaires (Raison, Etre suprême)* ne sont nullement des *créations artificielles* de la *Convention*, mais des *produits spontanés*, —

soit des *Fédérations*,
soit des *Fêtes civiques*,
soit des *Sociétés populaires*.

De même les *derniers Cultes révolutionnaires (Théo-philanthropie, Culte décadaire)* ne sont nullement des *créations artificielles du Directoire*.

C'est le mouvement spontané qui reprend ou persiste, même, *après la chute de la Terreur*, même *après les victoires de Bâle et de Campo-Formio*.

Selon M. Mathiez, M. *Champion* a bien raison

de dire qu'en 1789 nul ne songeait à *jeter bas le Catholicisme*, et encore moins à *attaquer de front l'idée religieuse*.

Et pourtant, dit M. Mathiez, c'est un fait indéniable, que les révolutionnaires, même les plus chrétiens, étaient convaincus *que le Catholicisme devait être* SÉRIEUSEMENT RÉFORMÉ, *au moins dans* SON ORGANISATION.

Tant et si bien qu'*à deux reprises, la Constituante* SE REFUSA *à reconnaître le Catholicisme comme religion d'Etat.*

M. *Sicard*, à son tour, a raison, dit M. Mathiez, quand il nous montre les hommes de 89 convaincus que *les réformes politiques et sociales ne sauraient se suffire à elles-mêmes*, et qu'il faut, à tout prix, les appuyer sur *une réforme religieuse et morale*.

Sans compter que les prêtres patriotes qui suivirent l'abbé *Fauchet* et l'abbé *Grégoire*, étaient, consciemment ou non PROFONDÉMENT IMBUS DE LA PHILOSOPHIE DU XVIIIᵉ SIÈCLE.

Et *Fauchet* en convient abondamment, dans sa RELIGION NATIONALE, parue en 1789.

Résumé sur MM. GAZIER, AULARD, CHAMPION, SICARD

Nous l'avons vu; des travaux de *M. Gazier*, le *Clergé constitutionnel* est sorti singulièrement réhabilité ; et des travaux de *M. Aulard*, les *Cultes révolutionnaires*, eux aussi, sont sortis singulièrement réhabilités.

Mais c'est peut-être *M. l'abbé Sicard* qui a le plus vigoureusement dégagé le caractère profond des tentatives religieuses de la Révolution française.

Selon lui, LA GUERRE AU CATHOLICISME, SINON AU CHRISTIANISME, VOILA LE FOND DE LA RÉVOLUTION.

Selon lui, la *Révolution* a voulu radicalement remplacer la *Religion catholique* par une RELIGION NATIONALE, par une RELIGION CIVILE. Et c'est ce qui paraît avoir totalement échappé à *M. Champion* !

M. MATHIEZ

Arrivons au plus récent historien des tentatives religieuses de la Révolution, *M. Albert Mathiez.*

Je l'ai dit plus haut : pour moi, depuis toujours, la *question religieuse* est la *question fondamentale* de la Révolution française.

D'un bout à l'autre de la Révolution, la *question religieuse* est, pour ainsi dire, *constamment sur le chantier.*

Elle se présente sous quatre formes principales :

1° *La constitution civile du clergé* (sous la Constituante) ;

2° *Les cultes révolutionnaires* (sous la Convention et sous le Directoire) ;

3° *La Séparation* (de 1796 à 1801) ;

4° *Le Concordat* (de 1801 à la nouvelle Séparation de 1905).

Nous allons voir les jugements de M. Mathiez sur ces quatre questions, et ensuite sa conclusion, sur la nature fondamentale de la Révolution.

Jugement de M. MATHIEZ
sur la CONSTITUTION CIVILE DU CLERGÉ

C'est bientôt fait, dit *M. Mathiez*, de condamner la *Constitution civile* et de la traiter sommairement d'*erreur impardonnable.*

Il est *plus scientifique* d'essayer d'entrer dans la pensée des *Gallicans* et des *Philosophes* qui élaborèrent cette *œuvre religieuse* comme *appui et soubassement de leur œuvre politique.*

Pour les *Gallicans*, c'était un *aboutissement* ;

Mais pour les *Philosophes*, c'était un *commencement* !

Les *Philosophes* voulaient *triplement* transformer l'Eglise :

1° D'abord la *nationaliser,* en la détachant de Rome ;

2° Ensuite la *démocratiser,* en y introduisant le *suffrage universel* ;

3° Et enfin la *socialiser,* en l'identifiant à la *vie civile.*

Par cette dernière transformation, ils entendaient *rendre* l'ETAT SOUVERAIN EN RELIGION COMME EN POLITIQUE, *et ainsi refaire* L'UNITÉ DE LA CITÉ. (Il y a là d'ailleurs *une monstrueuse équivoque* que je dissiperai dans mon prochain livre.)

Si pour les *Gallicans*, chrétiens sincères, la *Constitution civile* était un *aboutissement*, s'ils lui attribuaient un *caractère définitif*; pour les *philosophes*, au contraire, ce n'était qu'un *prélude*.

Ils se disaient intérieurement, avec *J.-J. Rousseau*,

1° qu'après avoir *nationalisé* le Catholicisme, en le séparant de Rôme,

2° et après lui avoir infusé un sang nouveau, en introduisant dans son organisation le principe de la *souveraineté populaire*,

3° le temps viendrait peut-être où le *dogme* lui-même *s'épurerait* (?), cesserait d'être *anti-social, in-civil*, comme ils disaient.

Faire cesser la *dualité entre l'Eglise et l'Etat*, « *réunir les deux têtes de l'Aigle* » (c'est le mot de *Hobbes*, repris par *Rousseau*, dans le *Contrat*), rendre L'ETAT SOUVERAIN dans tous les sens du mot, EN RELIGION COMME EN POLITIQUE, telle est, en effet, *l'arrière-pensée des révolutionnaires philosophes*, l'arrière-pensée qui domine toute leur politique religieuse et qui en donne la clé.

Jugement de M. MATHIEZ
sur les CULTES RÉVOLUTIONNAIRES

Pour M. *Mathiez*, les *Cultes révolutionnaires* procèdent du *même esprit* et répondent aux *mêmes besoins* que la *Constitution civile du clergé*.

Ils ont une *double origine* :

1° Une origine *spontanée et collective* ;

2° Une origine *politique et réfléchie*.

Pour M. *Mathiez*, les *Cultes révolutionnaires* étaient destinés à suppléer ou remplacer la *Constitution civile*.

Quand il fut devenu évident que la *réforme religieuse* avait manqué son but, les patriotes s'avisèrent d'un *remède nouveau*.

Le *spectacle mystique des Fédéraitons* leur révéla :

1° Que le *patriotisme* (c'est-à-dire *l'amour d'une* SOCIÉTÉ IDÉALE *fondée sur la* JUSTICE, beaucoup plus que L'AMOUR DU SOL NATAL) était *une foi*, une *vraie foi*, capable de *faire reculer la contre-révolution* ;

2° Et qu'*immense était sur l'âme des foules la puissance des formules et des cérémonies.*

Et ils se dirent qu'il n'y avait qu'à *exalter cette foi par ces cérémonies.*

Les CULTES RÉVOLUTIONNAIRES
sont vraiment des FAITS RELIGIEUX

Si les *Cultes révolutionnaires* sont en germe dans les *Fédérations et les Fêtes civiques*, il devient possible, dit M. *Mathiez*, de les considérer comme *une religion véritable*.

Il y a là, en effet, les *deux éléments nécessaires:*

1° Une *foi*,

2° Un *culte*.

Et il importe ici de citer trois ou quatre pages significatives de M. *Mathiez*.

6

1º UNE FOI : L'ATTENTE MESSIANIQUE DE LA RÉGÉNÉRATION
2º Un CULTE : LA TRANSPOSITION DU CULTE CATHOLIQUE

S'il est exact que les *Cultes révolutionnaires* sont contenus en germe dans les *Fédérations et les fêtes civiques* qui suivirent, il devient possible de les considérer comme *une religion* véritable et de les étudier en eux-mêmes, — au lieu de continuer à confondre leur histoire avec celle des *principes politiques*.

Tout le monde s'accorde, j'imagine, à admettre qu'une religion quelconque se compose nécessairement :

1° D'une *foi*, c'est-à-dire d'une série de *croyances* admises sans discussion ;

2° Et d'un *culte*, c'est-à-dire d'un ensemble de *symboles et de rites* par lesquels les croyances se manifestent extérieurement.

Or, la *Révolution française* se présente dès le début avec des *croyances obligatoires*, véritables *dogmes politiques*, qui ne tardent pas à s'accompagner de *symboles et de cérémonies*, qui font corps avec eux, qui en sont inséparables.

Ces *croyances*, ces *symboles*, ces *cérémonies* constituent l'essentiel de tous les *Cultes révolutionnaires*, — même de la *Théophilanthropie*, dont le DÉISME n'est pas la partie vivante mais *le patriotisme*.

C'est le *patriotisme*, en effet, *l'attente messia-*

nique de la régénération, qui anime toutes les âmes de 1789, la conviction que la *Constitution nouvelle* fera disparaître *toutes les iniquités*, non seulement du *sol français*, mais de toute la FACE DE LA TERRE, la confiance absolue en la toute-puissance de la RAISON HUMAINE, la croyance profonde au *progrès indéfini*, la vision prochaine d'un *âge-d'or placé dans l'*AVENIR *et non plus dans le* PASSÉ.

Essentiellement *religieuse*, la foi nouvelle se formule dans le *Credo des Droits de l'Homme* ; elle a son *ivresse* et son *fanatisme*.

Aussi *intolérante* que l'ancienne, elle n'admet pas la contradiction ; elle réclame des *serments* ; elle se rend *obligatoire* par la *prison*, l'*exil* ou l'*échafaud*.

Comme l'autre aussi, elle se matérialise dans des SIGNES SACRÉS, dans des *symboles* définis, exclusifs, qui sont entourés d'une *piété ombrageuse* : la *cocarde, l'autel de la patrie, l'arbre de la liberté, le bonnet Phrygien*, etc...

Elle s'accompagne enfin, dès l'époque des Fédérations, d'un culte dont le *cérémonial* en est copié sur celui de la religion ancienne.

Les *cortèges civiques* se déroulent dans les rues comme les *anciennes processions, avec bannières, statues des grands hommes* et des *martyrs* de la liberté, remplaçant les images des *saints*, *jeunes filles* habillées de *blanc*, jetant des *fleurs* à pleines mains, ainsi qu'à la *Fête-Dieu, soldats en armes* servant d'escorte.

On expose les *Tables de la Loi* sur les *Autels*

de la Patrie, comme on exposait le *Saint-Sacrement* sur les *Reposoirs.*

L'encens fume...

L'analogie, la symétrie entre les deux cultes se poursuivent jusque dans les moindres détails.

La *cérémonie patriotique* n'est à vrai dire qu'une *transposition* de la *cérémonie catholique.*

**La nouvelle Religion
est RADICALEMENT DIFFÉRENTE
de l'ancienne :
Plus de SURNATUREL, ni de MYSTÈRES,
ni de MIRACLES !
Culte de la LOI, de la CONSTITUTION,
de l'ÉTAT !**

Citons M. *Mathiez.*

Les historiens, dit-il, sont *excusables* de n'avoir considéré cette tentative qu'au *point de vue politique tant la religion révolutionnaire* DIFFÈRE *de ce que nous entendons couramment par ce mot de religion !*

C'est une religion SANS SURNATUREL, SANS MYSTÈRES, SANS RÉVÉLATION.

Dieu même n'y figure qu'à l'état *d'accessoire* (?).

C'est une religion dans laquelle l'acte *d'adoration,* la *foi,* s'appliquent non à un OBJET SURNATUREL, mais à *l'institution politique* elle-même, à la *Patrie,* conçue comme *source et instrument de bonheur, de bonheur moral,* comme de *bonheur matériel.*

Le *patriotisme révolutionnaire* (qui est un sentiment *religieux* et même *mystique*), est là croyance que la Loi, que la Constition, que la Souveraineté du peuple, l'Egalité, la Liberté, sont autant de *biens inestimables*, dont la possession conduira la *France* et l'*Humanité* tout entière à la Régénération.

Les représentants du peuple, les *Législateurs*, comme ils s'appelaient, en se comparant aux *Législateurs légendaires de l'Antiquité*, considéraient leur *mission* comme un sacerdoce.

Ils entendaient remettre à l'*Etat nouveau*, qu'ils organisaient selon le *juste et le bien*, la *direction morale et religieuse*, comme la *direction politique*, de la Société, et ils exigeaient pour lui le même respect qui environnait l'ancien.

Les *Cultes révolutionnaires* ne furent à la lettre que l'adoration de l'Etat, de la Patrie, qui prit corps et se *ritualisa*.

Les contemporains en eurent conscience.

Ils surent qu'ils adoraient la Révolution, *ils l'avouent, ils s'en font gloire*.

Ils proclamèrent bientôt que cette Religion-là était la seule utile, la seule nécessaire.

Il est aisé de comprendre maintenant *l'erreur* des historiens.

Le nouveau DOGME RELIGIEUX subit les mêmes fluctuations que le nouveau RÉGIME POLITIQUE

Les historiens, dit *M. Mathiez*, ne considérèrent pas *la foi révolutionnaire, le patriotisme* comme une *vraie foi*, par ce qu'étant *liée à l'institution politique*, elle subit les mêmes *fluctuations* que l'objet auquel elle s'appliquait.

(Et cela, dirai-je, faute d'une distinction nécessaire et capitale que j'indiquerai plus loin.)

Quand les *Lois*, quand les *Législateurs*, étaient populaires, quand on attendait beaucoup de la *Révolution*, quand on voyait la *Régénération* s'approcher, la *foi révolutionnaire* était fort vive, comme au temps de la *Fédération* ou des *grands périls* de 1793.

Mais, inversement, quand l'*institution politique*, quand la *Révolution* paraissait faillir à ses promesses, quand les Législateurs, ces prêtres du bonheur social, se montraient incapables ou corrompus, comme sous le *Directoire*, la foi *révolutionnaire* s'affaiblissait, et les *Cultes* par lesquels elle s'exprimait n'avaient qu'une vie amoindrie et chancelante.

Parce qu'ils *reflétaient* fidèlement la vie politique d'alors, et aussi parce qu'ils ne durèrent pas (*la République était tombée* avant qu'ils n'aient le temps de *fixer leur organisation*), ils ne furent pas regardés comme de *vrais cultes*, mais comme des *entreprises de parti* ; on leur dénia le *sentiment religieux*, qu'ils *avaient cependant beaucoup plus vif que les anciennes Eglises.*

Leur histoire se confondit avec *l'histoire des partis.*

Une *foi véritable* cependant ne disparaît pas tout entière.

La *République* a pu disparaître, mais les *sen-*

timents d'où elle était née, ont subsisté à travers tout le xixᵉ siècle.

La *foi mystique* en la toute-puissance de la *Raison*, en la valeur des *institutions pour améliorer et transformer les sociétés*, ne la retrouvons-nous pas tout entière et à peine modifiée dans l'âme des *républicains de* 1830 *et de* 1848, dans l'âme des *Saint-Simoniens*, des *Positivistes*, de combien de *Socialistes* ?

Ce qui est *mort* des *Cultes révolutionnaires*, c'est moins *l'esprit*, *l'intérieur*, que *l'apparence et les dehors sensibles*, c'est moins la *foi* que le *cérémonial*, et le cérémonial était une imitation de l'ancien culte.

Qu'est-ce à dire, sinon que ce qui s'est trouvé caduc dans les tentatives religieuses de la Révolution, c'est presque uniquement ce qu'elles avaient emprunté au passé ?

Jugement de M. MATHIEZ
sur la SÉPARATION DE l'Église et de l'ÉTAT

Les *révolutionnaires*, dit M. *Aulard*, *ne voulaient pas la Séparation*.

M. Mathiez approuve et confirme.

Ces lignes étaient déjà écrites, dit M. Mathiez, quand M. *Aulard* a fait paraître, dans la *Révolution française* des 14 août, 14 septembre, 14 octobre *1905*, cne importante étude sur les *Origines de la Séparation des Eglises et de l'Etat*.

M. Aulard y montre fortement que les *Révolutionnaires*, loin de songer, à l'origine, à SÉPA-

RER l'Eglise de l'Etat, s'efforcèrent au contraire de *réunir* plus étroitement l'une à l'autre par la *Constitution civile* du Clergé, et que c'est l'*échec* de cette réforme politico-religieuse qui les a acheminés, peu à peu, et au prix de multiples tâtonnements, à l'idée qui leur était *étrangère* au début, de la *séparation* du Spirituel et du Temporel, de la *liberté des Cultes*, et de *l'Etat laïque.*

S'ils se décidèrent, après bien des résistances, à *laïciser l'état civil*, c'est qu'ils y furent *forcés* par les circonstances ; c'est que les *catholiques papistes*, refusant de s'adresser aux *prêtres constitutionnels*, pour faire enregistrer baptêmes, naissances et décès, se trouvaient placés dans la *même situation que les protestants avant l'édit de* 1787.

M. Aulard conclut ainsi :

« Si donc les hommes de la Révolution hésitèrent si longtemps à *laïciser l'état civil*, c'est parce que *leur politique* était de n'avoir qu'*une religion nationale, religion mêlée à l'Etat*, et en faisant partie intégrante.

Ils ne se décidèrent à cette laïcisation que quand, éclairés par l'*échec de la Constitution civile*, ils virent que LEUR RÊVE D'UNITÉ RELIGIEUSE ÉTAIT IRRÉALISABLE, et ils ne s'y décidèrent qu'à regret, comme s'ils s'avouaient *vaincus* par leurs adversaires.

A cette conclusion que JE PARTAGE *presque entièrement*, dit *M. Mathiez*, je ne ferai qu'*une réserve*, ou plutôt qu'une addition.

Je ne crois pas qu'à la fin de la Législature,

les patriotes aient renoncé définitivement à *leur rêve d'unité religieuse,* et qu'ils l'aient vu dès lors irréalisable.

Il me semble, au contraire, ressortir des textes et des faits que ce *rêve d'unité religieuse* ait été seulement *transposé* dans leur esprit.

S'ils ont compris à cette date que *l'unité religieuse* est impossible et irréalisable par *le catholicisme même constitutionnel,* s'ils ont renoncé à imposer à tous les Français leur *première ébauche de religion nationale, leur mentalité n'est pas pour autant devenue laïque.*

Ils admettent, les uns *à regret,* les autres *avec joie,* la nécessité de SÉPARER L'ETAT DU CATHOLICISME ; mais ils ne se résignent *pas à séparer l'Etat de toute Religion,* à lui enlever le caractère religieux.

Le jugement de M. Mathiez sur le CONCORDAT.

Des *quatre Eléments* qui constituent l'histoire religieuse de la Révolution française (*Constitution civile, Cultes révolutionnaires, Séparation, Concordat*), le Concordat est le seul sur lequel M. Mathiez ne se prononce pas ici.

Il importe de combler cette lacune.

Et rien ne saurait mieux nous y aider que de rapprocher nous-mêmes le *Concordat* et la *Constitution civile,* — en versant aux débats, pour l'un et l'autre, quelques bien curieux documents.

C'est ce que je vais faire tout à l'heure.

Mais, je dois auparavant donner la *Conclusion générale de M. Mathiez* sur l'Histoire religieuse de la Révolution française.

Conclusion générale de M. MATHIEZ sur la RÉVOLUTION FRANÇAISE : C'est une RÉVOLUTION RELIGIEUSE dérivée de la RÉFORME.

Longtemps, avons-nous dit, *l'Histoire religieuse de la Révolution française* est restée *partielle* et *partiale*, c'est-à-dire, étudiée seulement *en partie*, et seulement *par un parti*.

Mais, désormais, il en va tout autrement.

Résultat fondamental :

C'est l'idée même de la Révolution française qui est totalement changée.

La Révolution, ce n'est pas seulement une *crise politique et sociale*, mais aussi une *crise religieuse et morale*, — analogue à la *Réforme* et dérivée de la *Réforme*.

Les oppositions traditionnelles sont battues en brèche, des thèses nouvelles sont proposées.

Si celle que j'ai formulée est exacte, dit M. Mathiez, ce n'est pas *seulement l'histoire des Cultes révolutionnaires*, l'histoire religieuse de cette époque qui s'en trouvera modifiée, MAIS L'IDÉE MÊME QUE L'ON SE FAISAIT JUSQU'ICI DE LA RÉVOLUTION FRANÇAISE.

On était habitué à la considérer comme une *crise politique*, et non comme une *crise morale et religieuse*, analogue à celle dont elle est dérivée, *je veux dire à la Réforme.*

On n'expliquait jusqu'ici les *violences de la Terreur*, l'horreur de la lutte entre la *Révolution* et la *Contre-révolution*, que par l'antagonisme des *intérêts et des classes*, et par la nécessité *de la défense nationale.*

L'explication est insuffisante, il faut y ajouter aussi *le fanatisme religieux* (?!)...

Ces lignes de M. Mathiez sont *doublement* remarquables, doublement précieuses.

Elles révèlent à la fois, dirai-je, une *efficience* et une *déficience* : une pleine *efficience historique* et une relative *déficience philosophique.*

Oui, certes, ce qui est désormais changé, *c'est l'idée même qu'on se faisait de la nature intrinsèque de la Révolution.*

Oui certes, la *Révolution française* est bien autre chose qu'un simple mouvement *politique :* c'est un mouvement *religieux.*

Et, pour expliquer la *Terreur,* il ne suffit pas d'évoquer les *fureurs de l'ambition,* ou l'*exaspération du patriotisme :* il faut y ajouter, dit M. Mathiez, le « *fanatisme religieux* ».

Ma théorie de la RÉVOLUTION : c'est le heurt de DEUX MÉTAPHYSIQUES mères de DEUX POLITIQUES.

Le bel *élargissement historique* de M. Mathiez a besoin d'être complété par un égal *approfondissement philosophique.*

« *Fanatisme religieux* », qu'est-ce à dire ?

Ici, comme *M. Aulard,* quoique sans doute infiniment moins que lui, *M. Mathiez* ne laisse pas de paraître étrangement méconnaître et sous-estimer le facteur nouveau qu'il vient lui-même d'insérer dans la trame de l'histoire et de dûment enregistrer.

« *Fanatisme religieux* » ! Cela ressemble fort au leit-motiv de la Libre Pensée courante : *fanatisme et superstition* !

Il importe de voir plus profondément et plus sainement :

Ce qui se heurte au fond de la Révolution française, ce sont tout simplement *deux différentes conceptions de l'Univers*, c'est-à-dire *deux différentes Métaphysiques*, mères de *deux différentes Politiques*.

Et c'est ce qui fait planer sur la Révolution française une *horreur sacrée...*

En une vingtaine de pages, je vais esquisser ma théorie personnelle de la Révolution française au point de vue religieux, — en attendant d'étudier, à fond, dans un prochain livre, ce que j'appelle *l'immense Révolution religieuse du xx*° *siècle.*

Mon jugement personnel sur la CONSTITUTION CIVILE DU CLERGÉ et sur le CONCORDAT.

Certes, la *Constitution civile du Clergé*, c'est, si j'ose risquer le mot, une entreprise affreusement « sabotée », comme une opération chirurgicale qui serait hasardée sur une malade par un opérateur totalement étranger à l'anatomie et à la physiologie.

Mais cette fameuse et malheureuse *Constitution civile du Clergé* n'en est pas moins une entreprise à signification et à portée singulièrement profondes.

Dans cette formule, « *Constitution civile du Clergé* », il y a un mot qui est un trait de lumière: c'est le mot *civil.*

Un *Clergé civil,* c'est-à-dire un Clergé *social,* qu'est-ce en effet autre chose que la mémorable « *religion civile* », ou *religion sociale,* de *Jean-Jacques Rousseau* ?

Et une *religion civile,* une *religion sociale,* qu'est-ce autre chose que le *Culte de la Cité* ?

Et le *Culte de la Cité,* enfin qu'est-ce autre chose que la *Religion gréco-romaine* ? Qu'est-ce autre chose que le *Paganisme* ?

Le mot « *civil* » ou *social,* c'est l'éclair qui illumine les ténèbres, et qui doit diriger notre effort pour, à travers nos vingt siècles d'histoire, raccorder la *Cité moderne* à la *Cité antique,* faussement dissociées et faussement opposées par la *Chronologie* et la *Théologie.*

Oui, voilà ce que c'est au fond, que la *Constitution civile du Clergé,* — à savoir une *maladroite chose,* certes, comme vont le répétant à tour de rôle, depuis cent ans, tous les historiens cursifs, mais aussi et surtout une *immense chose,* comme il m'aura été donné jadis de le deviner d'emblée, et comme il semble bien que les esprits réfléchis commencent enfin à s'en douter.

Voyez nos deux plus récents historiens de la Révolution : *M. Madelin* et *M. Sagnac...*

La CONSTITUTION CIVILE DU CLERGÉ, c'est beaucoup plus qu'un SCHISME et même beaucoup plus qu'une HÉRÉSIE !

Le fait le plus curieux peut-être n'est-il pas que, dans la *Constitution civile du Clergé*, le pape Pie VI n'ait vu, ou voulu voir qu'un *schisme* ?

« Dans ses brefs de mars et avril 1791, dit *M. Madelin*, la *Constitution civile* était solennellement condamnée comme schismatique » !

Et *M. Madelin*, lui aussi, incline à ne voir là qu'un *simple schisme*, — une rancune et une vengeance contre Rome, qu'il s'agit de « mortifier » et de « chasser » des affaires de France ; la rancune et la vengeance d'une sorte de triumvirat : un *janséniste* aigri et exaspéré, *Camus*, un *gallican* extrême, *Grégoire*, et un terrible sectaire, le pasteur du désert *Rabaut*.

« Et, ajoute textuellement *M. Madelin*, c'est ainsi que cette Assemblée, *qui croit aller à l'avenir*, est conduite à la *pire* DES FAUTES par la coalition de haines séculaires. »

Se peut-il, dirai-je à mon tour, se peut-il qu'aujourd'hui encore, les plus distingués esprits croient devoir s'obstiner ainsi à réduire à une misérable question de rancunes et de haines, de représailles et de vengeances, *ces immenses mouvements de la Réforme et de la Révolution*, qui constituent les lames de fond spirituelles de l'Humanité ?

M. Sagnac a osé voir bien plus profondément :

Quand le *Comité ecclésiastique* présente son projet de *Constitution civile du Clergé*, que déclare le rapporteur *Martineau*, dit M. *Sagnac* ?

Le rapporteur *Martineau* déclare expressément que le *Comité désire associer la Religion à la vie civile et politique de l'homme...*

Associer ? Le mot est bien timide encore.

Entendez, sous réserves ultérieures : *absorber, ou résorber la Religion dans la Politique.*

En voulez-vous la preuve ? Ecoutez la conclusion personnelle de M. *Sagnac* :

« Sans doute le dogme avait été respecté ; mais...

« En réalité, déjà, sans que tous les Français en eussent conscience, UNE RELIGION NOUVELLE, LA RELIGION DE LA PATRIE ET DE L'HUMANITÉ, CHERCHAIT A ABSORBER LA RELIGION CATHOLIQUE TRADITIONNELLE. (On verra plus loin mes réserves.)

« C'était TOUTE UNE RÉVOLUTION, *et la plus grave certainement de celles qu'avait réalisées ou favorisées l'Assemblée nationale.* »

Le CONCORDAT de Bonaparte et les « RÊVERIES D' UN PAIEN MYSTIQUE ».

De la *Constituante*, et de la *Constitution civile du Clergé*, inspirée de *Rousseau*, passons d'emblée au *Consulat*, et au *Concordat*, élaboré par *Bonaparte*.

Bonaparte était un *Corse*, mais auparavant un *Génois*, c'est-à-dire un *Italien*, nourri des souvenirs de l'*Empire romain*, et, par conséquent, prédestiné à comprendre adéquatement le *Catholicisme*, tout en se réservant d'interpréter profondément le *Christianisme*.

Je n'ai besoin ici de citer qu'un seul mot de lui, mais un mot qui, à lui seul, est toute une *révélation*, et qui, à lui seul, contient d'avance toute l'évolution religieuse de l'avenir.

Et, sans autre commentaire pour le moment, voici ce mot, qui est dans *Pelet de la Lozère*, ainsi qu'a bien voulu très obligeamment me le confirmer le plus qualifié des « Napoléoniens » :

« *Je ne vois pas dans la religion le mystère de l'Incarnation, mais* LE MYSTÈRE DE L'ORDRE SOCIAL. »

Napoléan a tort, d'ailleurs, de railler le *Mystère de l'Incarnation*, qui est une conception plus profonde peut-être qu'il ne pense.

Mais combien il a raison de voir dans la Religion le *Mystère de l'Ordre social* ?

J'ai déjà cité l'auteur des « *Rêveries d'un Païen mystique* », *M. Louis Ménard*, et je me complais à rappeler son mot décisif et définitif :

Les *Religions* ne sont autre chose que l'*expression idéale des Sociétés*.

Le CENTAURE de Maurice de Guérin.

Qui ne sent combien, en religion, *les intuitions et aspirations civiles de Rousseau* sont ainsi confirmées par *les conceptions et décisions sociales de Bonaparte,* — lequel devait en outre si puissamment les sceller par ses *institutions ecclésiastiques de 1801* !

Certes, les *institutions religieuses* de Rousseau, et les *institutions ecclésiastiques* de Bonaparte, ce ne sont encore là que des *esquisses et des ébauches* de ce que j'appelle LA RELIGION ET L'EGLISE NOUVELLES OU RENOUVELÉES.

Mais combien éloquentes et combien puissantes déjà, ces esquisses et ces ébauches, — pour faire entrevoir ce que peut et doit devenir un jour la *demi-synthèse de la Réforme*, approfondie et consommée par la *pleine synthèse de la Révolution* !

Assurément, au strict point de vue de la *politique* proprement dite, *Rousseau* et *Bonaparte* peuvent prêter le flanc à bien des objections.

Mais comment expliquer leur prodigieux sillage dans l'histoire ?

C'est qu'à un point de vue plus large et plus profond, ils sont des héros, — et des hérauts, — de la *pensée moderne*, fille de la *pensée antique* !

Ce sont des torrents d'idée ou d'action, jaillis de *Plutarque*, et qui charrient à pleins bords du *civisme païen*, — comme le « *Centaure* », de Maurice de Guérin, en rentrant dans sa caverne, au retour de ses magnifiques randonnées sous bois, rapportait sur lui *toute l'odeur des forêts*...

L'oserai-je dire ? J'en ai, depuis toujours, l'absolue certitude.

C'est en approfondissant encore l'esprit, sinon la lettre, — *l'esprit laïque ou civique*, — de cette *Religion civile* et de ce *Concordat consulaire* que

la France peut et doit, pour son propre salut, et
pour le plus grand profit de ses amis et de ses
ennemis même, si ses ennemis lui en laissent le
temps, arriver enfin à RÉCONCILIER « *les deux
têtes de l'aigle* », c'est-à-dire achever de résoudre
par synthèse *l'immense conflit de Christ et César*,
dont notre pathétique Europe est travaillée depuis deux mille ans.

Résumé de l'HISTOIRE RELIGIEUSE DE LA RÉVOLUTION;
d'après M. Albert Mathiez.

Telle est l'esquisse de *l'Histoire religieuse* de
la *Révolution française*, au point exact où elle en
est déjà arrivée aujourd'hui, bien qu'elle ne date
guère encore que d'environ *trente ans.*

Douze noms, — dont *quatre* principaux, jalon-
nent cette esquisse :

1. L'*Abbé Barruel*, à l'origine ;
2. *M. Ludovic Sciout* ;
3. *M. Edmond de Pressensé*, pasteur ;
4. *M. Gazier*, s'inspirant des Correspondances
et Archives de l'Abbé Grégoire ;
5. L'*Abbé Grégoire*, plus tard évêque de Blois ;
6. *M. Debidour*, inspecteur de l'Université ;
7. *M. Aulard*, professeur à la Sorbonne ;
8. *M. Edme Champion* ;
9. *M. l'Abbé Sicard* ;
10. *M. Albert Mathiez*, de l'Université de Dijon ;
11. *M. Sagnac*, de l'Université de Lille ;
12. *M. Madelin.*

Les *quatre* principaux, pour nous, sont :
MM. *Gazier, Aulard, l'abbé Sicard, Mathiez.*

Cette esquisse de l'Histoire religieuse de la Révolution française, je tiens, ai-je dit, à l'encadrer entre des éloges et des réserves, — entre un *panégyrique* et un *réquisitoire.*

Mon PANÉGYRIQUE de la Révolution : mes QUATRE affirmations massives.

Mon panégyrique d'abord.

Ce sont les *quatre affirmations massives* que j'ai articulées en tête de mon exposé :

1° Oui, la *Révolution française* est essentiellement une *Révolution religieuse* ;

2° Oui, cette *Révolution religieuse* a pour but conscient ou inconscient de transformer radicalement le *Catholicisme* et même et surtout le *Christianisme* ;

3° Oui, ce projet de radicale transformation est *légitime* et *nécessaire* ;

4° Et oui, enfin, les plus récentes investigations de l'*Histoire* ne font que confirmer pleinement et puissamment, à ce sujet, les plus lointaines intuitions de ma *Philosophie.*

*
* *

L'exposé que je viens de faire n'a été que la méthodique et la systématique justification de ce *panégyrique fondamental.*

Mais, en regard de ce panégyrique fondamental, j'ai à dresser un *réquisitoire final,* — qu'il me reste à rapidement présenter.

Mon RÉQUISITOIRE contre la Révolution : mes QUATRE négations massives.

De même que j'ai commencé par *quatre affirmations massives*, de même je terminerai par *quatre négations non moins catégoriques*.

1° Ma première négation :

Non, il n'est pas vrai que la *Religion nouvelle* soit la *Religion de la Patrie*, comme a paru le croire, par exemple, un *Michelet*, ou même la *Religion de l'Humanité*, comme l'a cru, par exemple, un *Auguste Comte* ; il faut distinguer et préciser.

La *Religion nouvelle*, ou *renouvelée* et *rectifiée*, c'est le *Culte de la Cité*.

La *Patrie*, c'est le contenant, et la *Cité*, c'est le contenu.

La *Patrie*, ou la *terre des pères*, c'est le *sanctuaire*, où s'accomplit ce *mystère*, le *mystère de l'Association, de la Société, de la Cité*.

Car l'Association est *plus* que la somme de ses Individus. L'Association *tire le plus du moins*. L'Association *crée*.

C'est la *navette d'or qui tisse la tapisserie sans fin* de la *richesse matérielle* et *spirituelle*, de toute la *richesse nationale et sociale*, par l'entre-croisement de plus en plus serré des productions de plus en plus spécialisées, par la croissante et interdépendante assimilation de la croissante et interdépendante production.

C'est la baguette magique qui fait sourdre du rocher, ainsi que je viens de le dire, non seulement *toutes nos richesses matérielles*, ce que tout le monde sait, mais aussi *toutes nos richesses spirituelles*, ce que tout le monde paraît ignorer.

Oui, *tout notre capital d'idées et de sentiments*, c'est-à-dire NOTRE AME, c'est *un produit de la Cité et de la Civilisation*.

Je crois l'avoir pleinement démontré, il y a un quart de siècle, dans *La Cité Moderne*, et je crois être en mesure de renforcer encore et de confirmer ma démonstration.

Non, NOTRE AME n'est pas *tombée du ciel toute faite : elle s'est faite lentement sur la terre*, dans les laborieuses et douloureuses gestations de l'Histoire et de la Pré-Histoire.

Et c'est cette mystérieuse *genèse de l'Ame*, ou PSYCHO-GENÈSE, qui suscite et justifie le *Culte de la Cité*.

2° Ma deuxième négation :

Non, il n'est pas vrai que la *Religion nouvelle* soit la Religion :

a) De tel ou tel *Système politique,* — *République ou Monarchie*, gouvernement *direct* ou gouvernement *représentatif* ;

b) Ou de tel ou tel *Système économique,* — *Capitalisme ou Communisme* ;

c) Ou de tel ou tel *Système sexuel,* — *Monogamie ou Polygamie, Mariage indissoluble ou Union libre* ;

d) Ou de tel ou tel *Système international,* — *Cosmopolitisme ou Nationalisme, Bellicisme ou Pacifisme*.

Non, il n'est pas vrai que la *Religion nouvelle*

soit la Religion de tels ou tels *Systèmes outran-ciers et extrémistes*, dont elle aurait à subir toutes les fluctuations, les vogues éphémères et les rapides déclins.

Non, il n'est pas vrai que la *Religion nouvelle* soit la Religion de toutes nos mouvantes et flot-tantes *idéologies*.

Mais, sous ces *flottantes Idéologies*, il y a quelque chose de *stable et de permanent*, quelque chose qui *dure indestructiblement*, quelque chose qu'on retrouve *partout et toujours*, — et c'est :

la *Loi* !

la *Constitution* !

l'*Etat* !

Et c'est cela qui est l'objet, le légitime objet du *Culte nouveau ou renouvelé*.

Mais c'est cela aussi qui fait pour nous *toute la difficulté*.

C'est cela qui constitue une VÉRITÉ ESCARPÉE.

Et c'est cet *escarpement* que la *Chrétienté* aura de la peine à gravir.

Or, il faut qu'elle le gravisse pourtant, — sous peine de mort.

Un Newman a pu railler l'*Etat*, faute d'y rien comprendre...

Newman appelle *l'Etat...* une administration sans substance.

Mais un *Renan* a écrit, — et c'est le mot *le plus profond* de son œuvre et le seul peut-être qu'on n'ait pas cité pour son centenaire, — un Renan a écrit, en substance :

Tant que nous ne serons pas arrivés à dire

NOTRE SAINTE CONSTIQUTION, *nous serons en mortel danger* !

Oui, la *Loi*, la *Constitution*, l'*Etat*, sont intrinsèquement *des choses saintes*.

Et c'est bien à tort que nous opposons à cet égard la *Foi* et la *Loi*.

Rappelons-nous ces deux vers pleins et beaux :

> Législateur, ton œuvre est un acte de foi,
> Car un dogme toujours gît au fond d'une loi.

Ici encore, on le voit donc, la Religion nouvelle ne vise essentiellement que le *fait social*, et n'est autre chose que le *Culte de la Cité*, de l'éternelle Cité, laquelle survit à la chute non seulement de tous les *ministères*, mais de tous les *régimes*, à la chute de toutes les *Législations* et de toutes les *Constitutions* !

Et, peu à peu, l'*Etat*, ré-identifié avec l'*Elite*, sera *re-divinisé*, — même chez les Catholiques, comme il l'est déjà plus ou moins chez les Protestants, et comme il l'était chez les Romains, et comme il l'est chez les Germains (sous la réserve capitale qui sera plus loin présentée et développée).

Et voilà pour mes deux premières et importantes négations ; et j'arrive à mes deux dernières et encore plus importantes négations.

3° Ma troisième négation :
Non, il n'est pas vrai que la *nouvelle Religion*, ou *Culte de la Cité*, doive *exclure l'idée de Dieu* !

La *Cité et la Divinité* s'exclure nécessairement !
On croit rêver en entendant certains de nos

politiciens contemporains articuler comme une évidence de pareilles allégations.

Ces Messieurs n'ont-ils donc jamais entendu parler de *Sparte et de Rome*, et des *Cités antiques* ?

Où donc fut-il jamais plus fervent qu'à *Sparte et à Rome, le Culte de la Cité* ?

Et où fut-elle plus profonde, la *crainte des Dieux* ?

Ces Messieurs n'ont-ils donc jamais entendu parler de *Moïse et d'Israël* ?

Y a-t-il jamais eu au monde un *Législateur plus essentiellement laïque que Moïse* ?

Or, *Moïse* était-il *athée* ? Je ne l'ai pas entendu dire !

Y a-t-il au monde *un peuple plus foncièrement laïque qu'Israël*? Et, sans que personne au monde paraisse s'en douter, c'est là, précisément, ce qui fait *sa force incalculable...*

Or, Israël détruit-il ses Synagogues ? Je vois, au contraire, qu'il les multiplie partout avec une abondance et une magnificence inouïes !

Non, *laïciser* n'est pas *athéiser* ! Bien au contraire !

En quoi la *Cité terrestre*, avec son *prince*, exclut-elle la *Cité cosmique*, avec son *Dieu* ?

N'est-ce pas *Marc-Aurèle*, le *Prince de la Cité Romaine*, qui disait avec un *magnifique loyalisme cosmique* :

« Il ne faut pas être *un mécontent dans la cité de Jupiter* ! »

4° Ma quatrième négation :

Et non, enfin, il n'est pas vrai que le *Culte de*

la Cité doive *détruire et anéantir l'Eglise*, et ramasser dans les mains de l'Etat tout le *pouvoir spirituel* comme tout le *pouvoir temporel*.

Le *dédoublement du pouvoir* en *pouvoir spirituel* et *pouvoir temporel* est un événement d'une portée incalculable, comme l'a si bien vu *Auguste Comte* ; et, l'apparition de l'*Eglise* en face de l'*Etat*, c'est tout simplement *la plus grande création de l'Histoire.*

** * **

Telles sont les *quatre négations catégoriques* que j'oppose, les deux dernières surtout, à l'aveuglement de tout ou partie de nos historiens et de nos politiciens.

La Révolution
n'est pas une brutale DESTRUCTION
de la Religion et de l'Église;
mais une organique TRANSFORMATION.

Oui, donc, dirai-je, la Révolution a voulu *transformer la Religion* ; mais *non*, certes, *non*, elle n'a pas voulu la détruire !

Et ce ne sont pas les autorités qui me manquent.

Voyez *Mirabeau*, c'est-à-dire la *Révolution sous sa forme monarchique* : pour Mirabeau, la France a autant besoin de *Dieu* que de la *liberté*.

Voyez *Robespierre*, c'est-à-dire la *Révolution sous sa forme républicaine* : pour Robespierre, les *athées* sont des objets d'horreur qui méritent d'être flétris et proscrits.

Voyez *Napoléon*, c'est-à-dire la *Révolution sous*

sa forme consulaire ou impériale : pour Napoléon, *une nation sans religion, c'est un vaisseau sans ancre ni boussole*, sans boussole pour se diriger et sans ancre pour se fixer.

Mais il y a mieux encore.

Le plus grand champion du Catholicisme et de la Monarchie, *Joseph de Maistre lui-même*, a profondément senti et compris que la *Révolution française* est essentiellement une *Révolution religieuse*, qui porte dans ses flancs une *Religion nouvelle*, ou plutôt une *Religion renouvelée*, à savoir, dit-il textuellement (1797), *un Christianisme « extraordinairement renouvelé »*.

Le LAICISME ATHÉE de la IIIᵉ République n'est qu'une sinistre mais passagère DÉVIATION.

Tel est mon jugement sur la Révolution.

Et c'est de là que, dans la quatrième partie du présent livre, j'aurai à tirer une appréciation approfondie sur la *Politique religieuse et scolaire de notre Troisième République.*

Que faut-il penser de *notre Laïcisme* d'aujourd'hui, — si radicalement en désaccord avec la pensée, non seulement d'un *Joseph de Maistre*, mais avec la pensée des *Montesquieu*, des *Voltaire*, des *Rousseau*, et avec la pensée des *Mirabeau*, des *Robespierre*, des *Napoléon* ?

Ce laïcisme est affreux.

Et pourtant une réforme religieuse s'impose ! Certes.

Anticipons sur la quatrième *partie* du présent livre.

Voici le mot de l'énigme : il y a deux laïcismes !

1° Il y a un *Laïcisme d'erreur et de mort,* — qui *veut détruire la Religion et l'Eglise*, et c'est celui où s'est égarée notre *Troisième République,*

2° Et il y a un *Laïcisme de vérité et de vie,* — qui veut, non détruire la Religion et l'Eglise, mais au contraire *les rectifier pour les fortifier,* — et c'est celui auquel aspiraient ardemment les *Hommes de la Révolution.*

Et, depuis cinquante ans, nous sommes victimes de la plus effroyable équivoque, du plus sinistre malentendu.

** **

Qu'a fait la *Réforme* ?

Elle a mis surtout *l'accent sur la Cité.*

Et qu'a voulu faire la *Révolution* ?

Comme la Réforme, et encore plus que la Réforme, elle a voulu, elle aussi, mette *l'accent sur la Cité.*

Et, pas plus pour la *Révolution* que pour la *Réforme, cela n'implique nullement une négation de Dieu et de l'Eglise, mais, au contraire,* UNE SUPÉRIEURE AFFIRMATION !

Hâtons-nous donc, dirai-je, de mettre fin à cet *athéisme suicidaire* qu'impose aussi artificielle- ment que violemment à *notre IIIe République* un parti aveuglé et peut-être inconsciemment manœuvré par l'Etranger !

DEUXIÈME PARTIE

MA PHILOSOPHIE
DE L'HISTOIRE DE FRANCE

**Les deux grands drames de la France :
Le DRAME DU RHIN et le DRAME DU CHRIST**

PREMIÈRE SECTION

**Le DRAME DU RHIN.
La France et sa FRONTIÈRE NATURELLE :**

**1º les deux grands DÉ-MEMBREMENTS
DE SON CORPS**

2º et ses deux grands RE-MEMBREMENTS.

DEUXIÈME SECTION

**Le DRAME DU CHRIST.
La France et sa RELIGION NATURELLE :**

**1º les deux grands
DÉ-RACINEMENTS DE SON AME ;**

2º et ses deux grands RÉ-ENRACINEMENTS.

Les deux grands problèmes de la France.

Deux immenses problèmes dominent toute
notre Histoire, à savoir :

le problème *externe* et le problème *interne*,

le problème *physique* et le problème *métaphysique*,

le problème de notre *Frontière naturelle* et le problème de notre *Religion naturelle*,

le problème du *Rhin* ét le problème du *Christ*.

1° Oui, l'histoire *externe* de la France tient en un *mot* :

Depuis environ *mille ans*, la France s'acharna à retrouver sa *Frontière naturelle* ;

2° Et oui, pareillement, l'histoire *interne* de la France tient en un mot :

Depuis environ *deux mille ans*, la France s'acharne à retrouver la *Religion naturelle*.

Les deux grands partis qui se divisent la France, le *Bloc des droites* et le *Bloc des gauches*, le *Bloc national* et le *Bloc social*, ne peuvent absolument rien comprendre à notre terrible situation actuelle, extérieure et intérieure, si, d'un seul coup d'œil, ils *n'embrassent l'ensemble* et ne *pénètrent le fond* de ces deux immenses problèmes nationaux et sociaux.

Et, comme on le verra, ces deux problèmes sont étroitement connexes, ou plutôt n'en font qu'un.

La Solution de ces deux grands problèmes :
LE RHIN DÉSANNEXÉ,
LE CHRIST LAICISÉ.

Dés-annexer le Rhin, c'est faire aboutir, non pas seulement une *Guerre de Cent ans*, mais une

Guerre de Mille ans, de mille ans et plus, puisque cette guerre date au fond de 843 et du *Traité de Verdun*.

Laïciser le Christ, c'est faire aboutir, non pas seulement une *Révolution de Cent ans*, mais une *Evolution de Deux mille ans*.

Qu'est-ce que *désannexer le Rhin* ?

C'est *rétablir le juste équilibre entre la France et l'Allemagne*, — en mettant fin à *l'usurpation de l'Allemagne d'abord et de la Prusse ensuite, sur la Rive gauche du Rhin*, sur la rive celte ou celtisée, latine ou latinisée, usurpation qui, contre nature, fait de la Rhénanie une *Anti-France* !

Et qu'est-ce que *laïciser le Christ* ?

C'est *rétablir le juste accord entre la Religion et la Politique, entre la Religion et l'Etat*, — en achevant de mettre fin à la *Sécession* de l'Eglise, véritable *Emigration à l'intérieur* qui faisait jadis de l'Eglise un *Anti-Etat*.

Car c'est précisément en cela que consiste *le Laïcisme, le vrai Laïcisme*, — à savoir, dans *une réconciliation anthentique et organique, de Dieu et de la Cité, c'est-à-dire de l'Eglise et de l'Etat*.

Or, qu'entend-on, autour de nous, par *Laïcisme* ?

Chose insensée, on entend par là, au contraire, *la répudiation, la négation, la destruction de Dieu par la Cité* !

C'est tout simplement là un mortel accès de folie, contre lequel il n'est que temps de nous sauvegarder.

———————

CHAPITRE I

Le problème EXTERNE OU PHYSIQUE, ou problème de la FRONTIÈRE NATURELLE, ou PROBLÈME DU RHIN.

La théorie GÉOGRAPHIQUE ET HISTORIQUE de la France et L'ÉPINE DORSALE DE LA DIPLOMATIE, ou la juste CONSTRUCTION de notre TERRITOIRE et la juste CONSTRUCTION de notre HISTOIRE.

Nous avons, depuis cinquante ans, une faible et fausse *Politique*, parce que nous avons une faible et fausse *Histoire*, ainsi qu'une faible et fausse *Géographie*.

Pour donner à la France une POLITIQUE CONSTRUCTIVE, il faut vigoureusement la situer dans l'espace et dans le temps, dans le *système des continents* et dans *l'engrenage des siècles.*

Il faut lui fournir *une juste construction de son Territoire et une juste construction de son Histoire.*

Car, dans nos conceptions courantes, notre *Territoire* et notre *Histoire* sont horriblement mutilés, sinon hideusement estropiés.

Et, pour les rétablir dans leur pleine et puissante intégrité, il n'y faut rien moins que *deux Révolutions mentales*, à savoir, une Révolution dans *nos idées géographiques*, et une Révolution dans *nos idées historiques*.

Ces deux Révolutions peuvent se condenser en deux mots :

En *Géographie*, la France est le *Pays des quatre mers*, et non le *Pays des trois mers*, comme le disent presque tous nos géographes.

En *Histoire*, la France est la *Nation des quatre époques*, et non la *Nation d'une seule époque*, comme semblent le croire presque tous nos historiens.

Cette DOUBLE RECONSTRUCTION géographique et historique entraîne invinciblement UN IMMENSE REDRESSEMENT POLITIQUE, qui est seul capable de fournir *une épine dorsale à notre diplomatie d'Etat.*

Nos QUATRE GAULES GÉOGRAPHIQUES :

La France est le pays des QUATRE MERS et non des TROIS MERS seulement.

La France et son territoire

Au témoignage même de Strabon et de César, la vieille Gaule est encadrée entre des *frontières naturelles,* qui sont :

à l'Ouest, l'Atlantique ;
au Sud, les Pyrénées et la Méditerranée ;
au Nord, la Manche et la Mer du Nord ;
à l'Est, les Alpes et le *Rhin.*

La France est le pays des *quatre mers,* — ou des quatre versants maritimes, c'est-à-dire des *quatre bassins fluviaux,* à savoir :

1° Le bassin du *Rhin-Escaut,* ou versant de la *Mer du Nord* ;

2° Et le bassin du *Rhône,* ou versant de la *Méditerranée* ;

3° Le bassin de la *Seine,* ou versant de la *Manche* ;

4° Et le bassin de la *Loire-Garonne,* ou versant de l'*Atlantique.*

Si cette théorie est vraie, ne voit-on pas que la litigieuse question de la *Rive gauche du Rhin* se trouve, d'emblée, *de par la géographie même,* implicitement résolue *en notre faveur* ?

Quelle est, au contraire, la théorie courante ?

C'est que la France est le pays des *trois mers,* où des *trois versants maritimes,* c'est à dire des *trois bassins fluviaux,* à savoir :

1° Le bassin de la *Seine,* ou versant de la *Manche* ;

2° Le bassin de la *Loire-Garonne,* ou versant de l'*Atlantique* ;

3° Le bassin du *Rhône,* ou versant de la *Méditerranée.*

S'il n'est pas expressément démontré que cette théorie est radicalement faussé, ne voit-on pas que la litigieuse question de la *Rive gauche du*

Rhin se trouve d'emblée, de *par la géographie même*, implicitement résolue *contre nous* ? Et qu'au lieu d'*avancer jusqu'au Rhin*, nous devons être *rejetés sur la Somme* !

La France est adossée à l'*Atlantique*, pour soutenir toute la poussée de l'*Ancien Continent*.

Dans le second cas, elle n'a plus qu'un bouclier : l'*Argonne*.

Dans le premier cas, elle a deux boucliers : l'*Argonne* et le *Rhin*.

Nos QUATRE GAULES HISTORIQUES :
La France est la Nation des QUATRE ÉPOQUES et non d'UNE époque seulement.

Pareillement, en Histoire, la France est le pays des *quatre époques* :

1° L'époque *gauloise* ;

2° L'époque *gallo-romaine* ;

3° L'époque *gallo-franque* ;

4° L'époque *française*.

Si cette théorie est vraie, la *question du Rhin* est, *de par l'histoire même*, implicitement résolue *en notre faveur*.

Quelle est au contraire la théorie courante ?

C'est que la France est le pays d'*une seule époque*, à savoir, l'époque proprement *française*.

Et, s'il n'est pas expressément démontré que cette théorie est radicalement fausse, la *question du Rhin*, est, *de par l'histoire même*, implicitement résolue *contre nous*.

———

CHAPITRE II

Les deux grands DÉ-MEMBREMENTS
de la France :

par l'**ANGLETERRE** et par l'**ALLEMAGNE** ;
et ses deux grands **RE-MEMBREMENTS** :
par la **GUERRE DE CENT ANS,**
et par la **GUERRE DE MILLE ANS.**

Les deux grands DÉ-MEMBREMENTS
de la Gaule-France :

1° effectif dé-membrement à l'Est,
par le **TRAITÉ DE VERDUN** (843) ;
2° virtuel dé-membrement à l'Ouest,
par la **BATAILLE DE HASTINGS** (1066).

Or, qu'est-il arrivé, dans l'histoire,, à la Gaule-France ?

Il lui est arrivé deux effroyables aventures.

La France n'est pas un *annelé* qu'on puisse impunément sectionner : la France est un *vertébré* dont les quatre membres constituent *un tout* qu'on ne saurait amputer sans le déséquilibrer.

Et ces quatre membres, ce sont les *quatre Gaules* : la *Gaule-Belgique* et la *Gaule Celtique*, la *Gaule-Aquitanique* et la *Gaule Rhodanique*.

Eh bien ! coup sur coup, c'est le cas de le dire, aux *neuvième et onzième siècles* de notre Ere, la Gaule-France a reçu deux gigantesques coups de hache, par lesquels elle a été, à gauche et à droite, à l'Est et à l'Ouest, pourfendue de haut en bas, écartelée et démembrée.

Premier coup de hache :

En 843, par le *Traité de Verdun*, avec ses suites, c'est-à-dire par *le partage de l'Empire de Charlemagne*, la France a été pourfendue de haut en bas et démembrée, et il lui a été ainsi enlevé la *Lotharingie*, c'est-à-dire la vallée du *Rhin* et la vallée du *Rhône*, la *Rhénanie* et la *Rhodanie*.

En d'autres termes, elle a été, d'un seul coup, comme démembrée de son *épaule gauche* et de sa *hanche gauche* !

Second coup de hache :

En 1066, avec la *bataille de Hastings* (1066) et la conquête de l'Angleterre par *Guillaume de Normandie*, et la terrible suite de 1154, à savoir le re-mariage d'*Eléonore d'Aquitaine* avec *Henri Plantegenet*, roi d'Angleterre, la France s'est trouvée, à l'ouest, pourfendue et démembrée de haut en bas, puisqu'il lui a été ainsi enlevé la *Normandie* et l'*Aquitaine*.

En d'autres termes, elle a été alors démembrée de son *épaule droite* et de sa *hanche droite*, comme elle avait été démembrée auparavant de son *épaule gauche* et de sa *hanche gauche*.

Les deux grands RE-MEMBREMENTS
de la Gaule-France
par
JEANNE D'ARC ET NAPOLÉON.

**1º Total et définitif RE-MEMBREMENT,
contre L'ANGLETERRE,
par la GUERRE CENT ANS ;**

**2º Partiel ou passager RE-MEMBREMENT,
contre L'ALLEMAGNE
par la GUERRE DE MILLE ANS (qui dure
encore).**

Résultat pour la France :

Depuis environ mille ans, toute son *Histoire externe* se résume en deux efforts immenses :

1° Un immense effort pour de *re-membrer à droite* ; et c'est, contre l'Angleterre, la *Guerre de Cent ans* ;

2° Un immense effort, pour se *re-membrer à gauche* ; et c'est, contre l'Allemagne, la *Guerre de Mille ans*, — qui dure encore !

Car le premier effort a pleinement réussi, grâce à JEANNE D'ARC.

La *Normandïe* et l'*Aquitaine*, cette *épaule* et cette *hanche droite*, ont été rattachées au *tronc* gaulois.

Mais le second effort n'a pleinement abouti *qu'un moment*, avec NAPOLÉON.

De la *Rhénanie* et de la *Rhodanie*, cette *épaule* et cette *hanche* gauches, la *Rhodanie* se trouve bien totalement rattachée au corps de la France ;

mais en partie, en très petite partie seulement, la *Rhénanie* !

L'*Alsace* et la *Lorraine* sont bien revenues à la vieille Gaule, mais pas le *Luxembourg*, ni la *Belgique*, ni le *Palatinat*, ni le *reste de la Rhénanie*, si arbitrairement et si perfidement pseudo-prussianisée en 1815 !

D'où nos légitimes *revendications* et nos justes *appréhensions* !

L'effort sacré du RE-MEMBREMENT flétri du nom d'ESPRIT DE CONQUÊTE !

Cependant, en nous voyant si peu satisfaits de cet état de choses, encore si partiel, si précaire, et, pour ainsi dire, si négatif, en nous voyant constamment, malgré nous, tourner nos yeux *vers le Rhin*, que dit l'Europe ?

Par l'Europe, ou plutôt par l'Allemagne, elle-même aiguillonnée par des tiers, nous sommes inlassablement accusés et incriminés d'*inique et d'odieux impérialisme* !

Et, chez nous-mêmes, de déplorables historiens n'hésitent pas à flétrir... *l'esprit de conquête de nos rois* !

Pitoyable cécité ! ou criminelle lâcheté !

Eh quoi, s'efforcer de *rattacher au corps sacré de la Patrie son épaule gauche détachée du tronc par une horrible blessure, qui entr'ouvre son buste et laisse à nu son cœur,* c'est se faire accuser de coupable *ambition,* et de criminel *esprit de conquête,* et d'odieux *impérialisme* !

Et, s'en faire accuser par qui, je vous prie ? Précisément, par les plus âpres et les plus insatiables des impérialistes et des conquérants !

Vouloir récupérer *son bien à soi*, c'est se faire accuser de *brigandage* par les éternels envahisseurs *du bien d'autrui* !

Ressaissez-vous donc, Messieurs nos historiens ! Rendez le plus pieux, le plus fervent hommage au saint effort de nos grands rois, et faites rentrer en lui-même l'audacieux Etranger !

Mais, serrons de plus près encore la question.

CHAPITRE III

France et Allemagne :
LE CONFLIT GÉOGRAPHIQUE.

Géographiquement, les Allemands nous disent:
La vraie théorie, pour nous, ce n'est pas la théorie du *Rhin frontière d'Allemagne*, mais bien la théorie du *Rhin fleuve allemand*, c'est-à-dire allemand dans ses deux rives.

Géographiquement, nous répondons aux Allemands :

La vraie théorie, pour nous, c'est celle de *César* et de *Tacite*, dans les Temps antiques, et c'est celle de *Danton* et de *Napoléon*, dans les Temps modernes, à savoir, la théorie du *Rhin, frontière de Gaule*, et non pas d'ailleurs la théorie du *Rhin, fleuve gaulois*.

(Sous réserve d'ailleurs d'une possible *Rhéno-Westphalie autonome ou indépendante*, comprenant les *deux rives*.)

Et cela tout simplement, parce que la France est, non le *pays des Trois Mers* seulement : Manche, Atlantique et Méditerranée, mais bel et bien le pays des *Quatre Mers* : Manche, Atlantique, Méditerranée et... *Mer du Nord* !

Oui, la *Mer du Nord*, que vous oubliez, et dont, avant de mourir, *Vidal-Lablache*, dans son dernier livre, vient de nous rappeler à nous-mêmes l'*exceptionnelle importance française, européenne et planétaire* !

France et Allemagne :
Le CONFLIT HISTORIQUE.
Les PROFONDES RACINES du tronc gaulois.

Historiquement, les Allemands nous disent :

C'est de par le *Traité de Verdun*, de 843, que la *Rive gauche du Rhin* nous appartient.

C'est donc du *Traité de Verdun*, expressément, que nous nous réclamons.

Et c'est donc au *Traité de Verdun* qu'il faut que la France soit rigoureusement *ramenée*.

Historiquement, nous répondons aux Allemands :

Le *Traité de Verdun* a fait *trois parts* de l'*Empire de Charlemagne* en le divisant entre ses trois petits-fils, c'est-à-dire entre les *trois* fils de Louis le Débonnaire : Charles de Chauve, Lothaire et Louis le Germanique.

Mais les deux premières parts, celle de Charles le Chauve et celle de Lothaire, étaient taillées en plein territoire gaulois.

Et, quand la descendance du second héritier, *Lothaire*, s'est éteinte, sa part, la seconde part, c'est-à-dire la *Lotharingie*, devait revenir à la Gaule et non à la Germanie, — de même et encore plus que, dans le démembrement d'Ouest, *l'Aquitaine et la Normandie* !

Elle devait revenir à la branche de Charles le Chauve et non à la branche de *Louis le Germanique*, c'est-à-dire au fils de celui-ci, *Charles le*

Gros, et au neveu de ce fils, *Arnould*, et au fils naturel de ce neveu, *Swentibold* !

Et cela, non seulement au nom des *droits géographiques de la Gaule*, mais aussi au nom de ses *droits historiques*, au nom des *trois Epoques* antérieures.

Car, encore une fois, la France est, non pas le pays *d'une seule Epoque*, l'Epoque proprement *française*, mais, bel et bien, le pays *des quatre Epoques* :

l'Epoque *française*,
l'Epoque *gallo-franque*,
l'Epoque *gallo-romaine*,
l'Epoque *gauloise*.

Et ce sont *ces trois dernières Epoques* que vous oubliez, et qui constituent précisément LES PROFONDES ET PUISSANTES RACINES DU TRONC GAULOIS !

Le Rhin,
ou QUINZE CENTS ANS
d'EFFECTIVE POSSESSION CELTIQUE,
contre MILLE ANS de
FICTIVE POSSESSION GERMANIQUE.

Oui, laissons maintenant la *Géographie*, et insistons sur l'*Histoire*.

La France daterait-elle donc du *Traité de Verdun*, ou du connexe *Traité de Mersen*, c'est-à-dire des *neuvième et dixième siècles*, comme semblent le prétendre l'Allemagne et ses agents conscients ou insconscients ?

Quelle monstrueuse falsification d'état-civil, —
dont une démocratie à courte vue risque d'être
effroyablement dupe !

C'est cette immense *erreur d'optique* qui *fausse*
toute la *politique française,* surtout depuis environ cinquante ans, c'est-à-dire depuis le brusque
abaissement d'horizon qui semble avoir suivi
pour nous notre *Défaite de* 70.

Pas de plus périlleuse *erreur d'optique* !

Rétablissons donc la *juste vision rétrospective
des siècles* et le *juste équilibre des époques,* dans
nos vingt-cinq siècles d'histoire, si nous ne voulons pas voir se fermer peu à peu toutes nos
perspectives, et se clore bientôt nos destins, aux
portes mêmes des Terres promises de l'Avenir !

Non, la France ne date pas de *843,* et du *Traité
de Verdun,* c'est-à-dire de son *démembrement à
l'Est* !

Autant vouloir la faire dater aussi du *Traité
de Brétigny,* après les défaites de *Crécy* et de *Poi-
tiers,* ou du *Traité de Troyes,* après la défaite
d'*Azincourt,* — c'est-à-dire de son *démembrement à l'Ouest* !

Consentir à dater du *Traité de Verdun* ! Consentir à dater *de mille ans* !

Et nous laisser voler quinze cents ans d'histoire !

Déplorables historiens, encore une fois, que
ceux qui font ainsi le jeu de l'Etranger, en laissant scier au pied le *tronc* français pour le cou-
per de ses vastes et puissantes *racines* dans les
profondeurs du passé !

Car c'est exactement l'inverse qu'il faut faire.

C'est au nom de ces *quinze cents ans* d'AVANT *le Traité de Verdun,* qu'il faut protester contre ce Traité faussé, qui pèse sur nos *mille ans* d'APRÈS!

Car, à tout prix, il nous faudrait enfin une France *re-membrée à l'Est,* comme elle a été *re-membrée à l'Ouest* :

En tout cas, à tout prix, et sous peine de mort, il nous faut *refermer notre frontière ouverte.*

La Grande Guerre de 1914,
et la QUESTION DU RHIN,
ou
la QUESTION DE VIE OU DE MORT
pour la France du XXᵉ siècle :
ANNEXION OU DÉSANNEXION

Qu'est-ce à dire ? Et, contrairement à ses déclarations réitérées, tout au moins depuis le *Traité de Versailles*, la France veut-elle donc *annexer la Rive gauche du Rhin* ?

Je tiens à répondre catégoriquement, — et *quadruplement*.

Après la Grande Guerre de 1914, *annexer la Rive gauche du Rhin* ?

1° La France *le devait* !

2° La France *le pouvait* !

3° La Rive gauche du Rhin *s'y attendait* !

4° L'Europe et l'Amérique d'avance *y souscrivait* !

Mais... une *idée fausse* veillait, chez les Gouvernements de nos Alliés anglo-saxons, du moins chez les Anglais.

Et, avec d'inconscientes complicités françaises, par cette *idée fausse* uniquement, *l'annexion* a été empêchée.

Faute et malheur incalculables, qui risquent *de perdre la France et l'Angleterre avec elle* !

Et cette *idée fausse*, c'est que l'Angleterre s'obstine à redouter une *hégémonie française*, dont la France n'a ni les *moyens*, ni le *désir*, et à ne pas redouter une hégémonie allemande dont l'Allemagne a, tout ensemble, les *irrésistibles moyens* et le *frénétique désir*.

C'est, qu'en effet, l'Angleterre paraît ignorer que la situation générale de l'Europe et de la Planète est radicalement changée, et que, désormais, la France est et reste le seul et unique bouclier de l'Angleterre.

Eh bien, soit. Mais, si maintenant, l'*annexion* ne semble plus possible, que faire ?

Il ne reste donc plus qu'à chercher une *autre solution*, d'une valeur relative, sinon absolue.

Or, cette autre solution est connue.

Faute d'avoir su résoudre normalement la grande *Question d'Occident*, à savoir, la *Question du Rhin*, c'est-à-dire, faute d'avoir su S'ANNEXER UNE RIVE, *la* France se doit et doit au monde de LIBÉRER LES DEUX RIVES, en constituant soit un *Etat rhénan autonome dans le Reich*, soit un *Etat rhénan indépendant du Reich*, c'est-à-dire une *libre et souveraine Rhéno-Westphalie*.

Par *toute la largeur de cet Etat rhénan*, englobant les *deux rives*, la France et l'Allemagne pourraient se trouver peut-être encore bien plus séparées, encore bien plus écartées l'une de l'autre, qu'elles ne le seraient par la *simple largeur du Rhin*, si elles étaient installées *chacune sur l'une des deux rives*.

Et l'influence de la *civilisation celtique* pourrait ainsi se faire sentir sur la *rive gauche*, en même temps et au même degré peut-être que l'influence de la *civilisation germanique* sur la *rive droite*.

Il y aurait donc ainsi un *Rhin d'ouest, plus ou moins celtisé*, en face d'un *Rhin d'est, plus ou moins germanisé*.

Et ainsi, notre *frontière nord-est* serait relativement couverte. Ainsi, notre *reste de démembrement* serait relativement corrigé. Ainsi, notre *mortel danger* serait relativement conjuré.

En se rabattant sur ce *strict minimum*, la France donne une fois de plus la preuve de sa modération infinie.

Mais que ses gouvernants le sachent bien : ce *strict minimum* est une *condition sine qua non* : bien plus encore dans l'avenir que dans le passé, c'est là strictement pour la France une *question de vie ou de mort*.

Le cri d'alarme de Lamartine.

L'*Amérique* est couverte par l'*Atlantique*.
L'*Angleterre* est couverte par la *Manche*.
La *France* a besoin d'être couverte par le *Rhin*.
Certes, la *Manche* est moins large que l'*Atlantique* et le *Rhin* est moins large que la *Manche*.
Qu'importe ? C'est toujours un obstacle ! Et un obstacle auquel le maréchal Foch ne trouve rien d'équivalent !
La France a besoin de ne plus sentir l'*Etranger*

à quelques jours de marche de Paris ; elle a besoin de le reculer jusqu'au Rhin, de le rejeter derrière le Rhin.

Surtout depuis que l'Allemagne est *unifiée*, et depuis que sa population est *doublée* !

Car là est le mortel danger, à savoir, dans l'énorme écart, et toujours grandissant qui éclate entre les deux populations d'Allemagne et de France.

Et ce *mortel danger*, il y a bien longtemps déjà que Lamartine, poète philosophe, et poète homme d'Etat, l'a prophétiquement et puissamment signalé, en des termes qu'une Revue a eu récemment l'heureuse idée de rappeler et que voici :

« *L'unité de l'Allemagne* serait la *crise incessante* et le DANGER DE MORT PERPÉTUELS de la France.

» *Quatre-vingt millions d'Allemands* unis en une seule nationalité militaire, contre *quarante millions de Français*, quelle perspective de sécurité et de grandeur à offrir à la France !

» Je défie les ennemis les plus acharnés de la France de construire contre nous de plus redoutable machine de guerre... »

**A qui la faute,
si nous avons capitulé après la Victoire ?**

Voilà ce qu'a dit *Lamartine*, il y a déjà bien longtemps.

Et maintenant, une question se pose :

Au *Congrès de la Paix*, le *Gouvernement fran-*

çais a consenti à *renoncer à la frontière du Rhin.*

Et, — sauf quelques hommes lucides et courageux, comme *M. Louis Marin,* aujourd'hui ministre, — le Parlement français a cru devoir consentir à voter le *Traité de Versailles,* c'est-à-dire la *renonciation à la frontière du Rhin.*

Eh bien ! je le demande, si les *Pouvoirs publics,* c'est-à-dire le Gouvernement et le Parlement s'étaient sentis appuyés par un *immense et irrésistible mouvement de l'Esprit public,* en faveur de la frontière du Rhin, auraient-ils cédé ?

Assurément non !

Et pourquoi, cet *immense cri public* ne s'est-il pas élevé ?

Parce que la nation ne savait pas que c'était là pour elle UNE QUESTION DE VIE OU DE MORT !

Et pourquoi la Nation ne savait-elle pas ?

Parce que, depuis cinquante ou soixante ans, il ne s'est pas trouvé un seul ministre pour *faire afficher dans toutes les Ecoles de France et toutes les Mairies de France* cette simple parole de Lamartine, *cette parole de salut* !

On *oublie* d'aviser les peuples de leurs pires dangers de mort !

Et, ainsi, sans le savoir, les peuples sont conduits à l'abattoir !

Que fallait-il faire ?
Mille ans d'histoire condensés en sept traits.

Oui, que fallait-il faire ? Et qu'a-t-on fait ?

Rappelons d'abord les données du problème.

En voici *sept* qui contiennent tout.

1° Depuis *plus de mille ans* (depuis le *Traité de Verdun*, 843), nous luttons pour récupérer *la France de l'Est*, c'est-à-dire *la vallée du Rhône et la vallée du Rhin* ; et, par la *Monarchie* et la *Révolution*, nous y parvenons enfin ; et, pendant *une vingtaine d'années*, la France se trouve avoir reconstitué entièrement *le territoire de la vieille Gaule*, — délimitée par ses *frontières naturelles*, c'est-à-dire par la *dictature de la Géographie*, elle-même confirmée par *César* et par *Napoléon*.

2° Mais, aux *Traités de* 1815, l'Angleterre nous enlève le *Rhin, pour le donner à la lointaine Prusse*, et installer ainsi sur notre *frontière ouverte* un agresseur éventuel.

3° Pendant près d'un demi-siècle, tous les Français, de droite ou de gauche, ne cessent de *protester : Chateaubriand* et *Bonald*, aussi bien que *Blanqui, Barbès, Armand Carrel* et *Louis Blanc*.

4° La *Rhénanie* elle-même appelle et attend impatiemment son *retour à la France*.

5° La malheureuse *Guerre de* 70 nous arrache l'*Alsace-Lorraine*, qui, dans nos préoccupations, dès lors, laisse un peu au second plan la *Rhénanie*.

6° La *Grande Guerre victorieuse de* 1914 va nous rendre enfin, pensons-nous, non seulement l'*Alsace-Lorraine*, perdue en 70, mais aussi la *Rhénanie*, perdue en 1815 ; et elle nous rend en effet l'*Alsace-Lorraine*.

7° Mais *nos Alliés Anglo-saxons* s'obstinent à

nous refuser *la Rhénanie*, et à nous laisser ainsi toujours condamnés à une *frontière ouverte*, depuis 1815, et encore bien plus dangereusement ouverte depuis 1870, c'est-à-dire depuis la création de l'immense Empire bismarckien : depuis lors, en effet, nous sommes *constamment en péril de mort*.

Que fallait-il donc faire au Congrès de Versailles ?

Au nom de nos nécessités les plus vitales, et au nom de notre immense effort plus que millénaire, il nous fallait faire deux choses :

1° *Ouvertement, et hautement, et obstinément,* il nous fallait *réclamer pour la Rhénanie*, sinon *son annexion* à la France, du moins *sa désannexion* de la Prusse.

2° *Ouvertement, et hautement, et obstinément,* il nous fallait *prendre fait et cause pour les Rhénans*, soit *autonomistes*, soit *séparatistes*.

Et cette clameur d'un grand peuple couvert de sang et de gloire, cette clameur de la France, dans ses revendications géographiques et historiques, n'eût pas pu ne pas émouvoir la Planète.

Dès 1916, à eux seuls, nos quatre cent mille morts de Verdun nous avaient, et au delà, *gagné le Rhin,* — l'annexion du Rhin, ou, au moins, sa désannexion !

Qu'avons-nous fait, au contraire ?

Nous nous sommes, au contraire, déclarés *neutres sur le Rhin !*

Neutres entre les *Rhénans autochtones* et les *Prussiens immigrés* !

Neutres entre les *Rhénans*, d'une part, à demi-Celtes ou Celtisés, à demi-Latins ou Latinisés, nos amis et alliés naturels, et, d'autre part, les *Prussiens*, anti-Celtes et anti-Latins, nos ennemis naturels !

Neutres, enfin, entre les *Rhénans*, bouclier pour nous couvrir, et les *Prussiens*, épée pour nous percer !

N'y a-t-il pas là un *quiproquo sinistre* ?

C'est la *Rhénanie* qui doit être *neutre*.

Mais ce n'est *pas nous* qui pouvons et devons être *neutres*, sur la neutralité ou la non-neutralité de la Rhénanie !

Ce n'est pas nous qui pouvons être *neutres* sur une *question de vie ou de mort* !

Et il y a encore bien pis.

Quelle raison alléguons-nous pour justifier cette folle attitude ?

C'est que, disons-nous, nous ne voulons pas *nous immiscer dans la politique intérieure de l'Allemagne...*

Qu'est-ce à dire ?

Déclarer que *le mouvement autonomiste ou séparatiste rhénan* relève exclusivement *de la Politique intérieure de l'Allemagne*, n'est-ce pas déclarer que la Rhénanie *appartient* bel et bien au Reich ?

N'est-ce pas *reconnaître les odieux traités de 1815*, qui nous ont spoliés et démantelés ?

N'est-ce pas, d'un seul coup, et par prétérition, *répudier, renier tout un siècle* de protestation française ?

Que dis-je ?

N'est-ce pas *répudier, renier une protestation de mille ans* contre le démembrement de la Gaule par le funeste *Traité de Verdun,* en 843 ?

N'est-ce pas abandonner la *frontière naturelle de la Gaule,* possédée pourtant par nous pendant *quinze cents ans,* à l'*Epoque gauloise* et à l'*Epoque gallo-romaine* et à l'*Epoque gallo-franque,* contestée seulement depuis *mille ans,* c'est-à-dire perdue vers la fin de l'*Epoque gallo-franque* (843), mais partiellement récupérée à l'*Epoque proprement française,* notamment *par les Valois et par les Bourbons,* et,, un moment enfin, totalement ressaisie par *la Révolution et l'Empire* ?

N'est-ce pas infliger un scandaleux et désastreux *démenti à la Dictature de la Géographie,* constatée et confirmée par le verdict *des César et des Napoléon* ?

Naturellement, l'Allemagne n'a pas manqué de bondir sur cette thèse insensée, et de s'en saisir, et de la brandir, pour la retourner contre nous, et pour *nous sommer insolemment* de ne pas nous mêler de *ses affaires intérieures* à elle, Allemagne, et, par conséquent, d'abandonner à leur sort *les autonomistes ou séparatistes rhénans* !

C'est donc nous qui avons bénévolement fourni les verges pour nous fouetter, ou plutôt l'épée pour nous transpercer !

La Défaillance des **POUVOIRS PUBLICS** par la carence de **L'ESPRIT PUBLIC.**

Et pourquoi cette pitoyable dérobade ? Pourquoi cette lamentable abdication ?

Parce que nos Pouvoirs publics ne se sont pas sentis assez vigoureusement soutenus par un haut et ferme Esprit public, dans leur lutte contre la jalouse et aveugle obstruction de nos *Alliés* !

Le jeu insensé de l'Angleterre.

C'est qu'ici l'Angleterre est victime d'un aveuglement véritablement monstrueux et quasi pathologique.

Que prétend, en effet, l'Angleterre, traditionnellement ?

Elle prétend *maintenir l'équilibre européen.* Admettons cet euphémisme.

Quelles sont, en Europe, en ce moment, les deux principales forces en présence ?

1° D'une part, une *France* de moins de *quarante millions d'habitants,* qui n'est *impérialiste* ni de tempérament, ni de doctrine, qui est affligée d'une crise terrible de *sous-natalité,* et qui, d'ailleurs, vient de subir un *saccagement territorial* et une double saignée de sang et d'or, *une double saignée à blanc ;*

2° D'autre part, une *Allemagne* de plus de *soixante millions d'habitants,* qui a conservé un

sol et un sous-sol et un outillage intacts, qui a
une *natalité surabondante*, et pour qui la guerre
n'a été en quelque sorte qu'*une ecchymose*, et qui
est foncièrement et systématiquement *impérialiste de doctrine et de tempérament*, impérialiste
de son *quadruple impérialisme Fichtéen* : impérialisme *militaire* et *impérialisme* *économique*,
impérialisme *religieux* et impérialisme *scientifique*, — tous les quatre symbolisés par les
grands noms d'*Arminius* et de la *Hanse*, de *Luther* et de *Leibnitz* !

Entre ces deux blocs si terriblement iné-
gaux, l'équilibre est déja, par lui-même, impossible.

Eh bien, qu'imagine l'Angleterre ?

Pour mieux assurer l'*équilibre*, elle s'acharne
à affaiblir encore le petit bloc anémié, et à fortifier encore le grand bloc hypertrophié !

Qu'aurait dû faire l'Angleterre, au contraire ?

Bien plus qu'il y a un siècle, contre *la France
de Napoléon*, l'Angleterre, aujourd'hui, aurait dû
prendre de solides garanties contre *l'Allemagne
des Hohenzollern*.

Comme il n'y a que trop lieu de le redouter,
supposons que l'Allemagne arrive :

1° A *coloniser la Russie*, désormais pour elle
bien *sans maître*, vidée de sa dynastie, de son
aristocratie, de sa bourgeoisie ;

2° A *annexer l'Autriche*, écartelée et décapi-
tée ;

3° Enfin, à *subalterniser la France*, et à s'emparer *des ports de la Manche et de la Mer du Nord*, de Rotterdam et Anvers, à Calais et Dunkerque, à Cherbourg et Brest.

Alors, oui alors, que pourra l'Angleterre ?

Et ce formidable danger, l'Angleterre s'obstine à ne pas le voir !

Je n'hésite pas à le prophétiser, et je prends date :

Si la Prusse reste sur le Rhin, la France sera annexée

Et, alors, oui alors, que deviendra *la liberté de l'Europe et de la Planète ?*

* * *

Et voilà pour le premier des *deux grands Drames* de l'Histoire de France.

Voilà pour le *Drame du Rhin.*

Arrivons au *Drame du Christ.*

DEUXIÈME SECTION

LE DRAME DU CHRIST.

CHAPITRE I

LES SEPT RELIGIONS de la Gaule-France.

De même que, *depuis plus de mille ans*, la Gaule-France est vouée à la recherche, à la poursuite, à la re-conquête de sa *primitive frontière naturelle*, à savoir, le *Rhin celtique*, de même *depuis plus de deux mille ans*, la Gaule-France est vouée à la recherche, à la poursuite, à la re-conquête de *sa primitive religion naturelle*, à savoir, le *Dieu druidique*.

Et cet immense effort se déroule à travers les *sept religions* que, dans ses vingt-cinq siècles d'histoire, elle a successivement traversées !

I

LA RELIGION DRUIDIQUE
ou
notre PREMIÈRE Religion (sous les GAULOIS).

Le *Druidisme*, dira plus d'un sceptique, en souriant ?

Mais oui, le *Druidisme* !

Qu'est-ce que le *Druidisme* ?

Dans la vieille Gaule, les *fils des familles nobles* se partageaient les *deux grands rôles* de la nation, symbolisés par *l'épée de fer*, et *la faucille d'or*.

Les uns, *armés de l'épée de fer*, chefs de guerre, entraînaient et guidaient sur les champs de bataille, pour défendre le nom et le sol gaulois, la *partie combattante de la Nation*, c'est-à-dire, au témoignage même de César, le *quart* de la population !

Les autres, *armés de la faucille d'or*, chefs de la prière, éducateurs de la jeunesse, la guidaient dans les forêts sacrées, pour cueillir le *gui mystérieux*.

Le *noble guerrier*, accomplissait les exploits de la Gaule, et le *noble druide*, son frère, chantait les exploits de la Gaule, et transmettait aux générations nouvelles les fières annales d'un glorieux passé.

Qu'est-ce, en effet, que le *patriotisme*, a dit notre illustre maître Fustel de Coulanges ?

C'est, non pas tant *l'amour du territoire* que *l'amour du passé*, non pas tant *l'amour du sol* que la *piété envers les aïeux*.

Et là est, et là seulement, le ressort vital des individus et des peuples.

Là est, et toujours fut, la racine de la force, aussi bien, jadis, dans notre vieille *Gaule* qu'à *Sparte* et à *Rome*, où, aujourd'hui, chez les Nippons, dans l'héroïque *Empire du Soleil Levant*.

Les DIEUX, chez nos aïeux Gaulois.

Aux origines, *en Gaule*, il y avait une *multitude de divinités locales*, — comme dans le *culte primitif de la Grèce et de l'Italie*.

Chaque cité avait *son dieu* :

    dieu de la *source*,

      ou de la *montagne*,

        ou du *bois*...

Au-dessus, *quelques grands Dieux* commençaient à s'élever, représentant *les forces éternelles de la Nature*, ou *les grands principes de la Vie humaine*.

Teutatès était le plus grand...

Les DRUIDES,
d'après l'Ecole-historique
de FUSTEL DE COULANGES.

Il y avait, en *Gaule, deux classes dominantes :* le *Clergé*, la *Noblesse*.

Les *Druides* étaient un *Corps de prêtres* qui tenait le *premier rang* dans la vie publique et privée.

Ils INSTRUISAIENT LA JEUNESSE, et lui apprenaient, nous dit CÉSAR, « LE COURS DES ASTRES, LA GRANDEUR DU MONDE ET DES TERRES, LA FORCE ET LA PUISSANCE DES DIEUX. »

Ils lui enseignaient surtout que l'âme ne meurt point, mais qu'après la mort elle passe d'un corps à un autre. »

L'enseignement (se donnait) par DE LONGS POÈMES NON ÉCRITS.

Chaque année, les *Druides* tenaient, au *centre de la Gaule*, dans le *pays de Chartres*, de *véritables assises* pour *tous les procès publics et privés*, avec, au besoin, de *redoutables sentences d'excommunication*.

« *Cette domination du clergé a frappé beaucoup tous les écrivains anciens* qui se sont occupés de la Gaule.

Il n'y avait en ce moment RIEN DE SEMBLABLE DANS LE MONDE GREC OU ROMAIN.

L'Orient seul offrait, EN EGYPTE ET EN CHALDÉE, UNE CASTE SACERDOTALE AUSSI PUISSANTE QUE CELLE DES DRUIDES... »

(Nos historiens insistent.)

Chaque année, les Druides des Cités, c'est-à-dire *leurs représentants auprès des puissances divines*, se réunissaient, en *assises solennelles*, dans le *pays carnute*.

C'était les *Druides* qui *présidaient* le plus souvent à ces pensées et à ces relations communes :

leur *assemblée annuelle* chez les Carnutes,

les *dieux* qu'ils adoraient,

leur *organisation en Eglise*,

leur obéissance à un *pontife souverain*,

LES LEÇONS QU'ILS DONNAIENT SUR LES ORIGINES DE LA NATION, —

tout faisait d'eux *les représentants traditionnels et les gardiens de l'unité celtique*, comme le *clergé catholique* sauvegarde encore *l'unité chrétienne*.

Les *Druides* ne se bornaient pas à CONSERVER

les survivances religieuses de cette unité : ILS PRÉPARAIENT POUR L'AVENIR DES GÉNÉRATIONS CAPABLES DE COMPRENDRE, D'AIMER ET DE DÉFENDRE LE NOM GAULOIS.

Leur *enseignement* s'adressait à *tous les nobles, ils leurs apprenaient* LE PASSÉ DIVIN DE LA RACE, ils les excitaient *à combattre et à mourir* : et cette mort, ils ne la leur souhaitaient assurément *pas sur les champs de bataille des luttes civiles*, mais, au loin, dans la guerre glorieuse *contre l'étranger*.

PLUS QUE LES CHEFS DE LA SOCIÉTÉ CIVILE, LES PRÊTRES ÉTAIENT LES CHAMPIONS DU PATRIOTISME GAULOIS.

Ces ÉDUCATEURS DE LA JEUNESSE se trouvaient être les hommes qui maniaient le plus *les idées générales* : et c'est grâce à eux sans doute que, *malgré les querelles des peuples, elles reprenaient vigueur* à chacune des générations qu'ils formaient.

II

LE POLYTHÉISME HELLÉNO - LATIN,
ou
Notre DEUXIÈME Religion
(sous les GALLO-ROMAINS).

Or, qu'est-il arrivé à la Gaule ?

Il lui est arrivé ceci, qu'elle a été *conquise par les Romains* !

Et les Romains n'ont pas manqué de laisser

lentement s'éteindre ou d'aider sourdement à s'éteindre le *Druidisme* et la corporation des *Druides, ces prêtres ardents du nationalisme gaulois,* ces fervents mainteneurs de la sainte patrie !

Les Romains, dit expressément M. Camille Jullien ?

Ils SUPPRIMÈRENT OU LAISSÈRENT SE DISSOUDRE la *corporation des Druides,* dont ils redoutaient avec raison la PUISSANCE POLITIQUE et l'*influence populaire.*

Le Druidisme subsista *jusqu'au quatrième siècle,* mais ne forma plus que des devins ou des sorciers.

Et, peu à peu, le *polythéisme gréco-romain* s'est comme superposé, ou substitué au *polythéisme gaulois ;* le *Teutatès gaulois* a disparu, et le *Mercure* helléno-latin a eu son temple au sommet du Puy-de-Dôme.

Et, ainsi, peu à peu, la *fusion religieuse* a pu se faire entre le *peuple vainqueur* et le *peuple vaincu,* — avec relatif effacement de la personnalité morale et religieuse du peuple vaincu.

III

LE CULTE DE ROME ET D'AUGUSTE,
ou
notre TROISIÈME Religion
(sous les GALLO-ROMAINS).

Mieux encore, Rome elle-même évoluait.

D'une part, son *Polythéisme* gravitait vers le

Monothéisme, — comme les *Féodalités* gravitent vers la *Monarchie.* La différence du *Polythéisme* et du *Monothéisme,* ce n'est donc pas une différence d'*essence,* mais une simple différence de *phase.*

Mais, d'autre part, *son Empereur et son Empire* lentement se *divinisaient,* — et, pour ainsi dire, se substituaient aux *divinités célestes.*

D'où le *Culte de Rome et d'Auguste,* insensiblement organisé et insensiblement propagé et accepté d'un bout à l'autre du monde, et, notamment en *Gaule,* pour y être célébré à *Lyon,* au point de jonction de la Saône et du Rhône, à *l'Autel du Confluent,* — périodique rendez-vous du loyalisme cultuel des trois cents peuples gaulois !

Et, ainsi, la personnalité morale et religieuse de la *Gaule* était encore plus profondément fondue dans la personnalité du peuple *vainqueur.*

L'Autel de Rome et d'Auguste d'après M. Camille Jullian.

Le premier jour d'août, l'an 12 avant notre ère, Claude Drusus, beau-fils de César Auguste, gouvernait les Gaules, au nom de l'empereur.

Il venait d'achever les opérations du recensement ; et, de cette tâche toujours délicate, il n'était venu à bout qu'au prix de longs efforts.

Alors, comme pour effacer les *misères de la sujétion* par les beautés du nouvel Empire, le fils de l'empereur célébra à Lyon, au centre de la Gaule, et en présence de ses chefs et de ses foules, la cérémonie la plus émouvante qu'elle eût contemplée depuis la reddition à César d'Alésia et de Vercingétorix.

On avait dressé, au confluent de la Saône et du Rhône, un autel monumental destiné aux dieux dominateurs du monde et de la Gaule, la ville de Rome et l'empereur Auguste : *Romæ et Augusto*, disait, en une formule d'une grandiose simplicité, l'inscription de la dédicace.

C'était le *premier jour d'août*, de ce mois où le prince régnant avait ses plus glorieux anniversaires.

Autour de Drusus, le maître futur de la terre, se groupaient les représentants des soixante cités de la Gaule chevelue : aucune ne manquait de celles qui avaient formé autrefois les empires de Celtil et de Vercingétorix.

A la tête de l'assemblée, choisi par elle, se tient le plus noble des Eduens, la peuplade glorieuse et sainte entre les Celtes.

Et cela dût rappeler aux hommes du pays les temps, à peine anciens d'un demi-siècle, où les prêtres de toutes les cités de la Gaule allaient aux sacrifices nationaux sous la conduite du premier de leurs Druides.

Mais aujourd'hui l'autel où va sacrifier le pontife suprême de la Gaule a été élevé pour le peuple romain, et *le chef de l'église gauloise* s'appelle « *le prêtre de Rome et d'Auguste* ».

L'autel, comme on le pensait de tous les monuments de l'empire romain, avait été construit *pour l'éternité*.

Chaque année, à la même date, la Gaule devait

envoyer à Lyon son grand-prêtre et le Conseil de ses Députés, et communier avec *ses maîtres* au lieu saint du Confluent.

*
* *

Que de réflexions suggère cette œuvre nouvelle de l'Empire !

Il y a toujours danger, avait dit Jules César, à réunir des Celtes ensemble.

Si Auguste le permet maintenant, c'est qu'il est sûr de leur fidélité.

Loin de souffrir de cette réunion d'hommes, la puissance romaine retrempera dans leur accord son énergie sacrosainte.

Ils arrivent au Confluent en cortège de dévots et de prêtres, et leur devoir essentiel est une prière collective adressée, au nom de la Gaule, aux divinités de l'Empire.

Chez ce peuple CHEVALERESQUE ET RELIGIEUX, esclave de son serment, un hommage de ce genre de piété et non d'obéissance, deviendrait la garantie la plus forte de son dévouement.

Mais c'est aussi, d'ailleurs, devant l'autel du Confluent, un hommage rendu par les vainqueurs à la Gaule d'autrefois.

La voici qui reparaît, avec son assemblée de chefs, son concile de prêtres, son pontife suprême.

Elle a retrouvé le pouvoir de s'unir, d'échanger des paroles, d'avoir des pensées communes, et, en parlant du présent, de rappeler le passé.

Auguste, quinze ans auparavant, avait décidé

que le pays formerait trois provinces : par les mains de Drusus, il venait de restituer à la Gaule chevelue *l'aspect religieux d'une grande nation...*

Oui, l'historien a bien raison de le dire, oui, que de réflexions suggèrent de tels événements !

Oui, que faut-il penser de la *Conquête de la Gaule par les Romains,* et, plus tard, de *l'Invasion de la Gaule par les Germains* ?

Avec une *fervente piété nationale, Fustel de Coulanges* et ses disciples ont prouvé : 1° que *le vaste fond gaulois de population* (environ vingt millions d'âmes), n'avait pu être gravement modifié ni par *l'infiltration romaine,* ni par *l'irruption germaine ;* 2° mais que, par Rome, *l'évolution naturelle de la Gaule avait été plus ou moins déviée ou retardée.* (*Histoire de la Gaule,* t. IV, ch. I, § VII.)

Le Bien et le Mal de la Conquête romaine, d'après M. Camille Jullian.

Si Rome n'avait point étendu son empire sur la Gaule, il eût fallu, pour la transformer, compter par siècles et non point par années.

Mais le temps ne fait rien à l'affaire, *les progrès les plus rapides ne sont point les plus sûrs, et l'esprit humain gagne plus à s'acheminer peu à peu de lui-même vers des connaissances supérieures qu'à se les laisser imposer tout d'un coup par une volonté impérieuse.*

. . . .

... Assurément, cette *patrie* fût née plus tôt, si Rome avait laissé la Gaule à ses *rois* et à sa *liberté*.

Et pour cela, pour l'avoir empêchée de rester unie et forte, de se gouverner et de s'éduquer à sa guise, nous ne saurions trop *détester* l'impérialisme romain.

Il a *arrêté* l'œuvre à laquelle tant de siècles avaient déjà travaillé.

Il a *reculé* de centaines d'années le temps où il y aurait une *patrie française* à l'intérieur des limites tracées sur la terre.

*
* *

Mais le mal aurait pu être plus grand, si Rome avait voulu, coûte que coûte, supprimer le *mot de Gaule*, et faire oublier les sentiments que ce mot réveillait.

Je répète qu'elle ne le fit pas.

On fut Gaulois, comme par le passé, et l'on garda le sens de la fraternité morale et politique qui restait attachée *au nom de Gaule.*

Il arriva même ceci, sous la domination impériale, que cette fraternité gauloise accrut son domaine et l'étendit jusqu'aux frontières que la nature lui avait destinées.

C'est alors que la langue et les usages des Celtes CONQUIRENT OU RECOUVRÈRENT la *Rive gauche du Rhin, gravirent jusqu'à leurs sommets les Alpes et les Pyrénées.*

Ce CADRE PROVIDENTIEL *d'eaux et de montagnes,*

Rome le fortifia par l'appui de ses *garnisons* et par la sanction de son *gouvernement* (VI, VIII, VII).

... Si Domitius et César n'étaient point venus, une *grande patrie* aurait achevé de se former sur la terre, et elle y aurait pris une noble figure.

Il n'en fut point ainsi...

Les épopées des Druides, les hymnes des bardes sont sortis de la mémoire des hommes...

... Ces poèmes sacrés se sont tus pour toujours, plus rien ne nous les rendra.

Et Rome, après avoir privé la Gaule de *son existence nationale*, a aboli jusqu'aux œuvres et au souvenir de *son histoire*.

Elle l'a frappée dans son *présent*, elle l'a effacée dans son *passé*, elle l'a retardée dans ses *destins* naturels.

* *
* * *

Mais, la *nation* finit toujours par s'imposer aux *hommes*, et les morts par se rappeler aux *vivants*.

Rome n'avait pu détruire les énergies propres à la Gaule, ni celles que le sol y avait créées, et qu'il ravivait sans relâche, ni celles qu'y avait fondées le travail incessant des générations disparues.

Ces énergies vont se montrer et agir à nouveau lorsque l'Empire romain s'affaiblira à son tour. (Fin du VIᵉ volume).

IV

Le CHRISTIANISME
ou
notre QUATRIÈME Religion
(sous les Gallo-Romains).

Mais, à son tour, Rome elle-même va être moralement transformée.

Une *vague mystique*, partie de l'*Orient*, vient déferler sur *Rome* et l'*Occident*.

Cultes de l'*Egypte* et de la *Syrie* et de la *Palestine* et de la *grande Grèce* et de la *Perse*, c'est-à-dire Cultes d'*Isis*, et d'*Astarté*, et de *Jéhovah*, et de *Jésus*, et de *Cybèle*, et de *Mithra* : tous viennent concurremment frapper aux portes de la capitale du monde.

Et, finalement, c'est le *Christ* qui l'emporte dans toute l'étendue de l'Empire romain.

Et voilà donc, maintenant, la *Gaule*, elle aussi, qui devient *chrétienne*, et *Blandine* qui subit le martyre à Lyon, et *saint Martin* et *saint Denis* qui évangélisent Tours et Paris !

Et ainsi les Gaulois, déjà plus ou moins *dénationalisés*, et comme *dé-racinés de leur Gaule*, et noyés dans l'immensité de l'Empire romain, vont être maintenant plus ou moins *dé-racinés même de la terre* par le *chrétien détachement de la vie* et tournés vers les cieux !

Demi-détachement de la *Patrie*, suivi d'un demi-détachement de la *Cité* !

Polythéisme gréco-romain, puis *religion de l'Empire,* double *inter-nationalisme* ; et enfin *incivisme* !

Tels sont les *trois successifs assauts* sous lesquels *le Druidisme, ce nationalisme religieux de la Gaule,* n'a pu que succomber.

Ceci dit, bien entendu, sans méconnaître les *immenses apports* du Christianisme, — dont l'*incivisme* en question n'aura été, selon moi, que la passagère rançon.

Et le plus grand de ces apports du Christianisme, ç'a été l'indomptable distinction de *Dieu* et de *César.*

D'où est résulté cet *événement énorme,* l'indomptable distinction de l'*Eglise* et de l'*Etat.*

Certes, selon moi, encore, ces *distinctions* ont été établïes sur de *fausses bases* ; d'où la *lutte religieuse,* tour à tour chronique et aiguë, dont, depuis vingt siècles, n'a pas cessé d'être travaillé notre Occident.

Mais, sous réserve des nécessaires rectifications, que j'exposerai dans mon prochain livre, et quoi qu'en puisse dire une libre pensée à courte vue, cette distinction de l'*Eglise* et de l'*Etat* n'en est pas moins fondée pour toujours.

Après ces rapides indications générales, l'*établissement du Christianisme en Gaule* peut être esquissé en quelques mots.

Le Christianisme en Gaule :
Son installation a duré cinq cents ans.

Iᵉʳ. Siècle

Peut-être apparaît-il, dès le premier siècle, dès le temps de *Domitien*, sous la forme d'une petite Eglise, à *Marseille*, où on a trouvé une épitaphe chrétienne.

IIᵉ Siècle

Toutefois, la *première grande Eglise chrétienne* de notre pays fut celle de *Lyon*.

A Lyon, en effet, vivait une nombreuse colonie d'Asiatiques et de Syriens, industriels et négociants ; et, notamment, deux prêtres originaires de Smyrne, Pothin et Irénée.

C'est à Lyon, en 177, sous *Marc-Aurèle*, qu'a eu lieu la plus grave des *persécutions* en Gaule, et, notamment, le martyre de la jeune esclave *Blandine*.

Sous Marc-Aurèle ? Mais oui, sous Marc-Aurèle.

C'est qu'en effet, le *Christianisme* s'appuyait sur *des principes contraires à ceux de la société romaine*.

Etre chrétien, c'était essentiellement être LE COMPTEMPTEUR DE LA DIVINITÉ IMPÉRIALE ; sans oublier que c'était *être membre d'une société illicite*.

IIIᵉ Siècle

L'Eglise de Lyon était *grecque*.

Au milieu du iii° siècle, une *mission latine* part de *Rome*, pour convertir les *Gaules*.

D'où *Trophime*, à Arles ; *Martial*, à Limoges ; *Saturnien*, à Toulouse ; *Denys*, à Paris...

Presque tous, dit-on, périssent du dernier supplice, — sous *les Empereurs Décius, Valérien, Maximien*.

Ce sont les *martyrs du troisième siècle* ; d'où l'*épopée du Christianisme gaulois*.

IV° Siècle

C'est alors seulement qu'a lieu la proprement dite *Conversion des Gaules*, quand la *persécution* prend fin, sous *Constance Chlore*, et grâce à l'*Edit de Milan de Constantin*.

C'est *saint Martin* qui est le véritable *apôtre des Gaules*, — et qui est d'ailleurs aussi le fondateur de *Ligugé*, en Poitou, le premier monastère gaulois.

C'est la conversion de l'*aristocratie gallo-romaine*.

C'est alors aussi que les *fraternités démocratiques* font place à *une aristocratie de clercs au-dessus des laïcs et d'évêques au-dessus des prêtres : hiérarchie* tranquillement héritée de Rome par l'*Eglise* pendant tout le Moyen Age, — en attendant d'être sapée par les *Légistes*, évocateurs de l'antique *Etat romain*.

V° Siècle

Voici enfin l'*Invasion des Barbares*, la prépondérance des *Francs*, la bataille de *Tolbiac*, le Baptême de *Clovis* !

*
* *

Ainsi donc, avec *nos aïeux gaulois*, nous avons spontanément débuté par la RELIGION DRUIDIQUE.

Mais est survenue la *Conquête romaine*.

Et *notre Religion nationale, le Druidisme*, a été successivement battue en brèche et finalement supplantée par *trois successives Religions étrangères*, à savoir :

Le *Polythéisme gréco-romain*,

Le *Culte de Rome et d'Auguste*,

Le *Christianisme palestinien*.

D'où ce que j'appelle LE PREMIER GRAND DÉRACINEMENT DE L'AME GAULOISE.

Mais nous allons assister à UN PREMIER GRAND RÉ-ENRACINEMENT.

V

**La Religion de la MONARCHIE
ou Religion de REIMS ET DE SAINT-DENIS
ou
le 8e SACREMENT ou Sacrement de la Royauté ;
ou
notre CINQUIÈME Religion
(sous les GALLO-FRANCS ET LES FRANÇAIS)**

Mais après ce triple dé-racinement (Polythéisme gréco-romain, Culte de Rome et d'Auguste, Christianisme palestinien), voici le réveil du NATIONALISME et du CIVISME gallo-français.

Et sous des formes bien inattendues !

Les *Barbares* entrent en Gaule.

Et les *Francs* l'emportent sur les *Burgondes* et sur les *Wisigoths*.

Et, sous *trois dynasties* consécutives, les Mérovingiens, les Carolingiens, les Capétiens, voici que la *Gaule* se réorganise vigoureusement.

Et, peu à peu, de *Gauloise*, et de *Gallo-Romaine*, et de *Gallo-Franque*, elle devient proprement *Française*, elle devient FRANCE !

Désormais, la *Gaule-France* n'est plus dé-nationalisée par la conquête romaine et noyée dans un vaste Empire : elle a reconquis son indépendance et sa souveraineté !

Mais il y a bien plus et bien mieux.

Désormais, la Gaule-France n'est plus en quelque sorte *déracinée de la terre par la Religion Chrétienne* : sous l'égide même de ses *Evêques*, elle a fermement *repris pied sur le sol* et puissamment *repris goût à la vie* !

Ses prêtres, ses prélats, combattent à *Bouvines* !

Et ainsi, sous le couvert d'une *apparente religion de détachement terrestre*, elle récupère inconsciemment une *religion de fervent attachement à la terre, à la vie, à la Cité, à l'Etat, — au Roi* !

Oui, les *rois*, ces vaillants et patients constructeurs de la France, deviennent lentement l'objet d'un véritable *culte*.

Ils sont solennellement *sacrés* à la Cathédrale de *Reims*, et ils sont pieusement ensevelis dans l'Abbaye de *Saint-Denis*.

Sous l'égide supérieure du *Christianisme*, ce qui se fonde ainsi, c'est une véritable *religion nationale, la religion de Reims et de Saint-Denis, la religion de la Monarchie* !

*
* *

Pour nous édifier, à ce sujet, relisons une des plus belles pages qui aient jamais été écrites par *Renan*, et qui se trouve dans l'avant-dernier chapitre de son meilleur livre : *La Réforme intellectuelle et morale.*

« Aucune nation n'a jamais créé une *légende* plus complète que celle de *cette grande royauté capétienne*, SORTE DE RELIGION, NÉE A SAINT-DENIS, CONSACRÉE A REIMS PAR LE CONCERT DES ÉVÊQUES, AYANT SES RITES, SA LITURGIE, SON AMPOULE SACRÉE, SON ORIFLAMME.

» A toute *nationalité* correspond une *dynastie, en laquelle s'incarnent le génie et les intérêts de la nation* ;

» Une *conscience nationale* n'est fixe et ferme que quand elle a contracté un *mariage indissoluble avec une famille*, qui s'engage par contrat à n'avoir aucun intérêt distinct que celui de la nation.

» Jamais cette identification ne fut aussi parfaite qu'entre la maison Capétienne et la France.

» CE FUT PLUS QU'UNE ROYAUTÉ, CE FUT UN SACERDOCE : PRÊTRE-ROI COMME DAVID, LE ROI DE FRANCE PORTE LA CHAPPE ET TIENT L'ÉPÉE.

» DIEU L'ÉCLAIRE EN SES JUGEMENTS.

» *Le roi d'Angleterre* se soucie peu de justice ;
il défend son droit contre ses barons ; l'*empereur
d'Allemagne* s'en soucie moins encore. Il chasse
éternellement sur ses montagnes du Tyrol, pendant que la boule du monde roule à sa guise ; —
le roi de France, lui, est juste : entouré de ses
prud'hommes et de ses clercs solennels, avec sa
main de justice, *il ressemble à un Salomon.*

» *Son sacre, imité des rois d'Israël, était quelque chose d'étrange et d'unique.*

» La France avait créé un huitième sacrement qui ne s'administrait qu'a Reims, le sacrement de la royauté. (Le mot même de « *sacrement* » est employé pour le sacre de Reims :
Hist. littéraire de la France, t. XXVI, p. 122.)

» *Le roi sacré fait des miracles ; il est revêtu
d'un « ordre » ; c'est un personnage ecclésiastique de premier rang.*

» *Au pape, qui l'interpelle au nom de Dieu, il
répond en montrant son onction : « Moi aussi, je
suis de Dieu ! »*

» Il se permet avec le successeur de Pierre des
libertés sans égales.

» Une fois, il le fait arrêter et déclarer héré-
tique ; une autre fois, il le menace de le faire
brûler ; appuyé sur ses docteurs de Sorbonne, il
le semonce, le dépose.

» Nonobstant cela, son type le plus parfait est
un roi canonisé, Saint-Louis, si pur, si humble,
si simple, et si fort.

» Il a *ses adorateurs mystiques ;* la bonne

Jeanne d'Arc ne le sépare pas de saint Michel et de sainte Catherine ; cette pauvre fille vécut a la lettre de la religion de Reims.

» *Légende incomparable ! fable sainte !*

» C'est le vulgaire couteau destiné à faire tomber la tête des criminels qu'on lève contre elle !

» Le meurtre du 21 janvier est, au point de vue de l'idéaliste, l'acte de matérialisme le plus hideux, la plus honteuse profession qu'on ait jamais faite d'ingratitude et de bassesse, de roturière vilenie et *d'oubli du passé.* »

N'est-ce pas là une page émouvante ?

Combien Renan a vu profondément les choses!

Oui, qu'était-ce au fond que cette *Religion de la Monarchie,* sinon la *Religion de la Patrie,* — de la Patrie *incarnée et personnifiée dans son Roi* !

Ou plutôt, qu'est-ce, au fond, que cette *Religion de la Patrie,* sinon le *Culte de la Cité,* c'est-à-dire l'essence même de toute Religion, considérée soit dans l'antiquité classique, à *Sparte et à Rome,* soit dans notre *vieille Gaule,* soit dans le *Japon d'aujourd'hui* ?

Oui, qu'est-ce que le *Culte de la Cité,* sinon l'actuel *Shintoïsme japonais,* ou l'antique *Druidisme gaulois* ?

Et, ainsi, après maintes substitutions ou déviations, la Gaule-France retrouvait, sous des formes nouvelles, son *Culte primitif et foncier.*

VI

L'ULTRAMONTANISME
ou ANTI-PROTESTANTISME,
ou JÉSUITISME
ou RELIGION DE LOYOLA,
ou
notre SIXIÈME Religion (sous les FRANÇAIS).

Mais cet instinctif retour au *Culte de la Cité,* ce n'était encore là qu'une démarche empirique et pratique, qu'il restait à mettre d'accord avec la doctrine théorique profonde de l'Eglise primitive et médiévale.

C'était donc l'*Eglise* elle-même qu'il s'agissait de réformer, pour l'accorder avec les renaissantes aspirations de l'*Etat.*

Et c'est, en effet, la RÉFORMATION protestante qui éclate ainsi, préparée au XIVe siècle, en Angleterre, par *Wicleff* ; amorcée au XVe siècle, en Bohême, par *Jean Huss,* et déchaînée au XVIe siècle, en Allemagne et en France, par *Luther* et *Calvin.*

Mais, à son tour, ce *Protestantisme* va susciter un *Anti-protestantisme,* et cette *Réformation,* une *Contre-réformation* : *Calvin va susciter Loyola.*

Et telle est la grande crise religieuse du XVIe siècle, — qui, depuis quatre cents ans, déchire encore l'Occident.

Qu'est-ce que la **RÉFORMATION** ?
Une **DEMI-SYNTHÈSE** du Paganisme et du Christianisme.

Qu'est-ce, au fond, que la Réformation ?

Je l'ai expliqué dans la première partie du présent livre, et je me borne donc ici à quelques indications.

On connaît *mon hypothèse* : c'est le *Drame en trois actes de trois mille ans d'Histoire.*

Entendez : c'est la *synthèse* du *Paganisme antique* et du *Christianisme médiéval* dans l'*Esprit moderne.*

Et le Troisième acte lui-même est en trois scènes : *Renaissance, Réforme, Révolution.*

Au *XIV*ᵉ siècle, la *Renaissance*, et au *XVI*ᵉ siècle, la Réforme, et au *XVIII*ᵉ siècle, la *Révolution:* ces trois immenses mouvements d'esprit ne sont que les phases successives et progressives d'un seul et même mouvement.

Pour être bien compris, *les Luther et les Calvin et les Zwingle* de la *Réforme*, doivent être encadrés entre *les Dante et les Pétrarque et les Boccace* de la *Renaissance*, d'une part, et, d'autre part, *les Montesquieu et les Voltaire et les Rousseau* de la *Révolution.*

La *Renaissance*, c'est un *Néo-paganisme*, et, donc, en ce sens, un *Anti-christianisme.*

La *Réforme*, c'est une *demi-synthèse* (effective) du *Paganisme* et du *Christianisme.*

Et la *Révolution* en est, virtuellement, la *pleine et totale synthèse.*

La Réforme est une *demi-synthèse* du Paganisme et du Christianisme : sous son héroïque *Théologisme ultra-chrétien*, la Réforme est un pratique *Civisme crypto-païen*.

... Entendez : la *Réforme* est une instinctive et irrésistible tendance à rétablir le *Culte de la Cité*, dans ce qu'il a de foncièrement et indestructiblement légitime, à savoir, le culte des saines et saintes *institutions, domestiques, économiques, scientifiques, civiques...*

En d'autres termes, la *Réforme* est une instinctive et irrésistible tendance à répudier ce *faux ou faussé Christianisme d'une Eglise fausse ou faussée*, qui prêche et professe *le détachement de la Terre et de la Cité.*

Et, ainsi, *la Réforme* est une instinctive et irrésistible tendance à *réformer l'Eglise*, pour l'accorder *avec l'Etat*, qui est, lui, *le grand administrateur de la Terre et de la Cité.*

La *Réforme* est donc l'instinctive tendance à la *réconciliation* de ces deux puissances *faussement antagonistes*, l'Eglise et l'Etat.

L'ALTERNATIVE
posée par le PROTESTANTISME.
Qu'est-ce que l'ANTI-PROTESTANTISME ?

Or, au xvıᵉ siècle, les diverses *Eglises* des divers Etats européens sont toutes affiliées au *Saint-Siège*, — lequel paraît vouloir obstinément *maintenir le faux antagonisme.*

De toute nécessité donc, semble-t-il, il faut

rompre avec le *Saint-Siège,* c'est-à-dire, avec le *Chef de l'Eglise internationale,* pour pouvoir *transformer,* dans les diverses nations, les *Églises nationales,* et les *concilier* ou les réconcilier avec leurs respectifs *Etats nationaux.*

En d'autres termes, telle est bien, semble-t-il, l'alternative :

1° Ou renoncer à l'*Unité ecclésiastique internationale,* pour obtenir la *Réforme religieuse nationale ;*

2° Ou renoncer à la *Réforme religieuse nationale,* pour conserver l'*Unité ecclésiastique internationale.*

Qu'est-ce donc, au fond, que l'*Anti-protestantisme ?*

C'est la *Réforme religieuse nationale* sacrifiée à l'*Unité ecclésiastique internationale.*

C'est le *détachement ou demi-détachement de là Terre et de la Cité,* maintenue par *attachement au Saint-Siège.*

L'Allemagne opte pour la RÉFORME contre l'UNITÉ.

Devant cette alternative, comment se sont comportées respectivement la *France* et l'*Allemagne ?*

Elles se sont comportées *inversement :*

1° L'Allemagne a opté *pour la Réforme contre l'Unité ;*

2° La France a opté *pour l'Unité contre la Réforme.*

Laquelle des deux a raison ?

Il faut ici serrer de très près la question.

- Au premier abord, semble-t-il bien, c'est l'Allemagne qui a eu raison.

Et voici pourquoi.

Au Moyen Age, au moins théoriquement, les *Eglises nationales* sont englobées dans l'*Eglise internationale* personnifiée dans le *Pape*.

Et, pareillement, les *Etats nationaux,* au moins théoriquement, sont englobés dans l'*Etat international*, personnifié par l'*Empereur*.

D'où le vers fameux de Victor Hugo :

« *Ces deux moitiés de Dieu, le Pape et l'Empereur*[e]*!...* »

Or, depuis le quatorzième siècle surtout, mue par un instinct profond, l'Europe sourdement se sent victime d'*une fausse conception de l'Eglise, dans ses rapports avec l'Etat*, et irrésistiblement, tend à modifier cette conception.

Mais le Chef de l'Eglise universelle s'oppose obstinément à toute modification.

Que faire, sinon « *déchirer* la robe sans couture », — pour réaliser la modification, — sauf peut-être à *recoudre* après ?

Que faire, sinon rompre l'*Unité*, établie sur de fausses bases, pour, au besoin, la rétablir ensuite sur des bases rectifiées ?

C'est donc l'*Allemagne*, semble-t-il bien, qui a eu raison, et la *France* qui a eu tort.

La France opte
pour l'UNITÉ contre la RÉFORME.

Et pourtant, est-ce bien sûr ?

Voici mes deux arguments, qui, théoriquement, me paraissent appréciables.

1° En « déchirant ainsi la robe sans couture », *en rompant l'unité religieuse et morale de la Chrétienté*, la *Réformation*, comme n'hésite pas à le déclarer un nouveau sociologue britannique et *protestant*, a déchaîné en Europe *le conflit des nationalismes* et la *pire des anarchies*.

N'est-ce pas là un *mal*, un mal prodigieux ?

Et voici mieux encore.

2° Cette conception fausse ou faussée de la *nature de l'Eglise*, et, par conséquent, *des rapports de l'Eglise et de l'Etat*, la *Réformation* l'a-t-elle remplacée par une conception pleinement rectifiée, par une conception foncièrement vraie, c'est-à-dire par une Réforme véritablement organique ?

Nullement !

Le *Protestantisme* n'a accompli, de ce fait, qu'*une Réforme empirique*, ou, si l'on veut, qu'*une demi-Réforme*.

Ainsi que je crois être en mesure de le démontrer décisivement, la *fausse théorie médiévale des* RAPPORTS DE L'EGLISE ET DE L'ETAT était fondée sur la *fausse théorie médiévale des* RAPPORTS DE L'AME ET DU CORPS.

Or, la *Réformation* a prétendu TOTALEMENT

MODIFIER LA PREMIÈRE..., EN CONSERVANT TOTALE-MENT LA SECONDE !

La *contradiction* n'est-elle pas flagrante, criante, hurlante !

Pour rétablir, autre chose qu'un *Civisme tout empirique, pour rétablir un Civisme vraiment organique et doctrinal*, c'était donc la *fausse conception de l'Ame* qu'il fallait d'abord recti-fier et totalement changer, en faisant cette im-mense découverte, à savoir, que l'*Ame* est, non *pas tombée du ciel*, mais *fille de la Cité*.

Et c'est à quoi précisément s'est ingénié et évertué le *génie de la France*.

Et, selon moi, avec succès, ainsi que, je le répète, je crois être en mesure de le prouver à fond, après vingt-cinq ans d'enquête historique au Collège de France, *en dégageant l'inspiration métaphysique qui est latente dans la Philosophie du dix-huitième siècle et sous-jacente à la Révo-lution.*

Or, s'il en est ainsi, la France n'aurait donc pas eu peut-être si radicalement tort, au *XVI*ᵉ siècle, d'opter pour l'*Unité* contre la *Réforme,* alors que l'Allemagne optait pour la *Réforme* contre l'*Unité.*

Elle aurait instinctivement différé la *funeste rupture,* en attendant d'avoir *trouvé la solution de fond,* en se disant d'ailleurs qu'alors peut-être « *l'évidence solaire* » *de la solution* s'imposerait au Vatican lui-même, et qu'ainsi peut-être la rupture cesserait d'être une nécessité !

L'évidence s'imposant au Vatican lui-même ! Bien des lecteurs souriront...

Et, pourtant, pourquoi pas ? J'ose, moi, l'affirmer : *l'Eglise évoluera !*

Dès le cinquième siècle, en effet, *Vincent de Lérins* établissait la légitimité, non pas certes des évolutions *par le dehors,* mais si je puis dire, des évolutions *par le dedans,* la légitimité *du développement de l'enveloppé,* par lequel le *gland* devient *chêne,* la légitimité enfin des organiques et scientifiques *métamorphoses !*

Et c'est pourquoi moi-même, en ce vingtième siècles, j'ose dire qu'aux lieu et place de *désastreuses ruptures de l'Etat,* comme celle que nous avons vue chez nous en 1905, ce sont, prochainement et irrésistiblement, *de salutaires métamorphoses de l'Eglise qui s'accompliront,* et rendront possible et irrésistible *l'accord avec l'Etat,* — en vertu du mot de *Rivarol :* « *Entre l'Eglise et l'Etat, il y a un contrat éternel !* »

D'où, pour la France, un formidable « MANQUE A GAGNER ».

Quoi qu'il en soit, dans la grande crise religieuse du *XVI*ᵉ siècle, la France et l'Allemagne ont aiguillé différemment, sinon inversement.

D'où les conséquences incalculables, que je ne fais qu'indiquer ici.

Dans l'*Allemagne protestante,* toutes les *institutions civiques* (domestiques, économiques, scientifiques, etc.) sont RÉ-HABILITÉES.

Dans *la France catholique,* elles restent, au moins théoriquement, et plus ou moins pratiquement, DÉS-HABILITÉES, — en vertu d'une habitude d'esprit QUI DÉPRÉCIE LA VIE TERRESTRE et DÉPRIME L'ÉLAN VITAL.

D'où un formidable et peut-être irréparable *manque à gagner* !

En Allemagne, lentement, la *Société* et l'*Etat* sont *re-divinisés* ; en France, la *Société et l'Etat* sont et restent plus ou moins *dé-divinisés,* — une sorte de *temple désaffecté.*

De la *Réforme* à la *Révolution* et au *Concordat* de Bonaparte, par-dessus le *Gallicanisme de Bossuet,* c'est *l'Ultra-Mantanisme d'Ignace* qui, sourdement, n'a cessé de gagner du terrain.

A Dieu ne plaise que je méconnaisse ou que je sous-estime la valeur d'un *Ignace de Loyola* et de la *Compagnie de Jésus* !

Le recrutement, la méthode, et le but de la *Compagnie* sont choses remarquables :

     recrutement sélectionné ;

     méthode psychologique aiguë ;

     but impérial !

Ignace de Loyola et les siens ont surgi pour contre-battre *Martin Luther* et *Jean Calvin.*

Le *Jésuitisme* est essentiellement l'*Anti-Protestantisme.*

Ignace est par-dessus tout le *Gladiateur du Pape* et le *Champion de l'Unité.*

Et, au *Concile de Trente,* c'est le coup d'œil d'*Ignace* qui, par la dialectique de *Lainez,* fait triompher *l'anti-parlementarisme ecclésiastique* et sauve la *suprématie du Pape sur les Conciles.*

Mais quelle contre-partie ! C'est par la politique de *l'attachement au Saint-Siège* que va tendre à persister sourdement la philosophie du *détachement de la Terre et de la Cité,* ou le sourd *discrédit* des institutions.

C'est l'*Ultra-montanisme d'Ignace* qui tend, plus ou moins, à *évider l'Ame française de sa substance politique et économique et domestique, de sa sève familiale et sociale et nationale.*

L'*Ame française s'anémie,* par *inter-nationalisme* et *in-civisme,* tandis que, par ailleurs, l'*Ame allemande se densifie,* par *nationalisme* et *civisme.*

Et, sous les vaines apparences, tout au long de cette période qui va de la *Réforme* à la *Révolution,* et que j'appelle la *période Ultra-montaine* ou *Ignacienne,* voilà le *vide qui se creuse* dans l'*Ame française,* sans qu'on paraisse même aucunement s'en douter.

C'est sur un *Vide* croissant que se scelle l'*Unité* renforcée !

Et ce *vide moral,* chez les nations catholiques, signifie *quatre terribles choses,* que j'ai signalées ailleurs, et qu'il importe de rappeler ici :

1° Une sous-estimation de l'immense valeur de la *Vie terrestre* ;

2° D'où une sous-intensité de l'*effort vital individuel* ;

3° D'où un sous-rendement de l'*activité nationale* ;

4° D'où un sous-classement de la Nation dans les implacables *conflits internationaux*.

L'*Anti-Protestantisme* d'Ignace risque de nous coûter cher !

Après des siècles d'une *Religion monarchique*, sous les Capétiens directs, tendant à être une *Religion nationale et sociale*, une Religion à la fois de la *Patrie* et de la *Cité*, incarnée et personnifiée dans le *Roi*, c'est de nouveau *le divorce ou le demi-divorce* qui, sourdement, s'élabore ou se consomme, sous les Bourbons, entre la *Religion*, d'une part, et, d'autre part, *la Patrie et la Cité*.

Mon Jugement sur les Jésuites
ou
la FIN et les MOYENS
dans la Compagnie de Jésus.

Dans le livre qui résume les cours fameux de *Michelet et de Quinet*, au Collège de France, en 1843, sur *Ignace de Loyola* et la *Compagnie de Jésus*, on trouve deux choses :

Un portrait en pied de l'*homme*, et un jugement de fond sur l'*œuvre*.

Et on découvre que les auteurs, en somme, ne sont foncièrement hostiles ni à l'homme, ni à l'œuvre, dont ils ne peuvent méconnaître la redoutable grandeur.

Qu'est-ce qu'*Ignace* ?

Une personnalité étonnante : d'abord, un page, un gentilhomme d'épée, grand amateur de romans de chevalerie ; puis un chevalier de la Vierge, fervent liseur de la Légende dorée et de la Vie des Saints, un mystique ; et enfin, un profond et puissant politique, à la Machiavel !

Et qu'est-ce que la *Compagnie* ?

Une entreprise formidable.

Et c'est ici qu'il faut distinguer les *fins* et les *moyens.*

Disons-le d'emblée : les *fins* sont grandioses, et les *moyens néfastes !*

Grandioses, les *fins* ?

Mais oui. Jugez-en.

Que veut Ignace ?

Il veut AMENER *au christianisme d'Europe les Paganismes d'Asie et d'Amérique.*

Et il veut surtout RAMENER *le protestantisme germain au catholicisme romain,* c'est-à-dire *l'Europe du Nord à l'Europe du Sud.*

Il veut donc *refaire* l'Unité religieuse de *l'Europe, et faire* l'Unité religieuse du *Globe.*

Et, au sommet de l'Humanité tout entière, il veut maintenir envers et contre tous, renforcer et indestructiblement consolider le *trône du Pouvoir spirituel, la Chaire de Saint-Pierre, le Siège de Grégoire VII,* — le *Sinaï médiéval !*

*
* *

Et qui ne sent aujourd'hui la tragique carence et la suprême urgence d'un tel *Arbitrage international* ?

C'est un nouveau Sociologue britannique et protestant, s'il vous plaît, *M. Branford,* qui déplore qu'on ait *déchiré la robe sans couture* et qui ose dénoncer dans un récent livre ce qu'on peut appeler *Luther, père inconscient de la Guerre mondiale*, et ce qu'il appelle lui-même les *effets délétères du protestantisme*, ou encore, *le mortel revers de médaille de la Réformation !*

Non pas certes que notre nouveau Sociologue entende abjurer le protestantisme, et, comme un simple *Newmann*, revenir au catholicisme : bien loin de là !

Mais enfin, n'est-il pas vrai que *Révolutions* et *Invasions* sont déchaînées, et que nous sommes en proie à l'*Anarchie ?*

Rien donc pour lui de plus nécessaire et de plus urgent que *la création d'un nouveau Pouvoir spirituel,* car il considère l'ancien comme périmé !

*
* *

Entre l'angoisse d'un *Branford protestant,* au XXe siècle et l'angoisse d'un *Loyola catholique,* au XVIe, quelle différence essentielle y a-t-il donc ?

Aucune.

Mais voici l'abîme qui va se creuser.

Autant les *fins* sont *grandioses,* chez Loyola, autant les *moyens* apparaissent *néfastes.*

Et ici il paraît bien difficile de prouver que *Michelet et Quinet* se sont radicalement trompés.

Maintenir le *Sinaï médiéval* : voilà le *but.* Soit.

Mais, par quels moyens ? Par *tous* les moyens...

Au besoin, disent *Michelet et Quinet,* en brisant la *Famille* et la *Patrie,* la *Science* et l'*Etat !*

*
* *

Admettons-le.

Mais, si le *but* est intangible, les *moyens* sont-ils intangibles aussi ?

Nullement, à mon sens.

Et les moyens *néfastes* peuvent parfaitement être échangés contre des moyens *fastes.*

Et peut-être bien est-ce là tout simplement ce qui se produit en silence au sein de la *Compagnie de Jésus.*

En ce cas, quel rôle plus que jamais immense elle aurait à jouer avec ses trésors silencieux de souplesse et d'intrépidité !

*
* *

Il est vrai que bien des Protestants lui contesteront toujours la légitimité même du but.

Bien des Protestants en effet répudient violemment ce qu'ils appellent des *Religions d'autorité.*

Mais il y a là un malentendu, qui finira par se dissiper.

Il ne faut pas confondre *la vraie et la fausse autorité.*

Auctoritas, auctor, les mots viennent du verbe *augere,* qui signifie *augmenter.*

L'homme de vraie *autorité* est donc *celui qui m'augmente,* — en m'apportant soit de la *lumière dans mes ténèbres,* soit de la *décision dans mes timidités.*

Et on ne saurait trop donner *de majesté et de prestige à la vérité* pour lui permettre de s'imposer aux foules.

Et ce'st ainsi, par exemple, qu'on voit de nos jours le Protestantisme, si pulvérisé en sectes, s'efforcer de reformer un bloc !

Et c'est pourquoi le *but* d'Ignace reste valable, si ses *moyens,* illégitimes et illusoires, sont condamnés.

VII

La RELIGION DE ROUSSEAU ET DE LA RÉVOLUTION, ou RELIGION LAIQUE ou RELIGION CIVIQUE ou CULTE DE LA CITÉ
ou
notre SEPTIÈME RELIGION
(sous les Français).

Mais l'*Ame française* ne se résigne à l'*Anti-Réforme de Loyola,* ni à la *Réforme de Calvin.*

Et voici se préparer une *septième et peut-être suprême péripétie.*

La *Révolution* va éclater, pour entreprendre plus et mieux que la *Réforme,* — à savoir une *Réforme de la Réforme !*

En France, au *XVIIIe* siècle, vers 1750, éclate tout à coup une révolution psychologique ; les *Belles-lettres* tout à coup se muent en *Philosophie sociale* ; et, tout à coup, les *Littérateurs académiques* se changent en *Tribuns nationaux.*

Et cette *Révolution psychologique* a pour suite, en 89, une *Révolution religieuse politique et sociale*, où les *Députés des Assemblées* se posent à leur tour en *Dictateurs du Pays*.

Or,-je l'ai toujours pensé et déclaré, sous *son œuvre politique* proprement dite, la RÉVOLUTION FRANÇAISE EST ESSENTIELLEMENT UNE RÉVOLUTION RELIGIEUSE.

Que veulent-ils donc et que demandent-ils donc, ces *Philosophes-tribuns* et ces *Députés-Dictateurs* ?

Par la « RELIGION CIVILE » de *Jean-Jacques Rousseau*, et par la « CONSTITUTION CIVILE DU. CLERGÉ » de l'*Assemblée constituante*, ils veulent, ils demandent, ils appellent à cor et à cri une RELIGION NATIONALE ET SOCIALE !

Voilà le sens profond de la *Révolution française*.

Cela est largement expliqué, dans la première partie du présent livre, et je me borne ici à cette indication.

CHAPITRE II

Résumé
de
ma Philosophie de l'Histoire de France
Les Lois non écrites
de la COSMOLOGIE, de la BIOLOGIE,
de la SOCIOLOGIE.

Résumons cette rapide esquisse des vingt-cinq siècles de *l'Histoire externe et interne* de notre peuple et de notre pays, — à travers leurs quatre phases successives :

     1° La phase *gauloise*,

     2° La phase *gallo-romaine*,

     3° La phase *gallo-franque*,

     4° La phase *française*.

Que les Gouvernements le sachent ou l'ignorent, les Pays et les Peuples *ont leurs lois statiques et dynamiques, — de géographie et d'histoire.*

Et la *Sociologie* aussi a ses lois, comme la *Biologie* a ses lois, comme la *Cosmologie* a ses lois.

L'attraction universelle n'a pas attendu Newton pour agir ; et il n'en est pas autrement pour les *organismes sociaux* que pour les *corps animaux* et pour les *systèmes sidéraux.*

Tous ont *leurs lois,* leurs *lois non écrites,* leurs *lois antérieures et supérieures au savoir et au vouloir et au pouvoir des humains.*

C'est ainsi que, dès l'aube de son histoire, il y a vingt-cinq siècles, la Gaule a eu *ses deux fondamentales conditions d'existence*, à savoir :

1° Sa *Frontière naturelle*, c'est-à-dire *son Rhin celtique* ;

2° Sa *Religion naturelle*, c'est-à-dire *son Dieu druidique*.

Or, au cours de sa longue histoire, et en vertu même de l'entrechoc perpétuel des races et nations, la Gaule a vu plus d'une fois ces deux *fondamentales conditions de son existence* plus ou moins ébranlées ou chavirées par des *invasions d'hommes* ou des *invasions d'idées*.

Et toujours, instinctivement, elle s'est acharnée à les restaurer.

La FRONTIÈRE NATURELLE de la France. Les deux grands DÉ-MEMBREMENTS de son Corps, et ses deux grands RE-MEMBREMENTS.

Sa *Frontière naturelle* ?

Elle l'a perdue doublement, à l'est et à l'ouest, par la double usurpation anglaise et allemande, qui lui enlevaient, l'une *la Normandie et l'Aquitaine*, et l'autre, *le Rhône et le Rhin*.

Et, pour récupérer sa *Frontière naturelle*, elle a dû faire un double et gigantesque effort, à savoir :

1° *A l'ouest*, contre l'Angleterre, une *guerre de Cent ans* ;

2° *A l'est,* contre l'Allemagne, une *guerre de Mille ans,* — et qui dure encore.

Car, elle a atteint son but, à l'ouest, définitivement, avec JEANNE D'ARC ; mais, à l'*est,* elle ne l'a encore atteint qu'un moment, avec NAPOLÉON.

La RELIGION NATURELLE de la France
Ls deux grands DÉ-RACINEMENTS de son Ame
et ses deux grands RÉ-ENRACINEMENTS.

Sa *Religion naturelle* ?

Elle l'a perdue doublement, par l'invasion religieuse de la *Rome païenne* (le *Culte de Rome et d'Auguste*), et par l'invasion religieuse de la *Rome chrétienne* (la Religion du *détachement terrestre et de la mortification*), — lesquelles la déracinaient, l'une, du *vieux culte gaulois,* et l'autre, de la *vie terrestre elle-même.*

Et, pour récupérer sa *Religion naturelle,* elle a dû faire un double et gigantesque effort, à savoir:

1° D'abord, *contre le Paganisme et le Christianisme romains,* un effort de mille ans, par lequel elle a fondé la *Religion du Roi, incarnant la Patrie,* — *Religion Monarchique,* dont le point culminant est SAINT-LOUIS.

2° Ensuite, *contre le Catholicisme Romain et Ignacien,* un effort de deux cents ans, ou plutôt de quatre cents ans, puisqu'il est encore en cours, et qui s'emploie à restaurer plus profondément que jamais le *Culte de la Cité,* — *Religion civique* ou *Religion laïque,* dont le grand révélateur, si inconnu encore, ou si méconnu, *à cet égard*, parmi nous, est l'auteur du « Cinquième Evangile- », c'est-à-dire JEAN-JACQUES ROUSSEAU.

Plus largement encore, reprenons ceci, — en remontant cette fois le cours de l'histoire.

De **ROUSSEAU** à **SAINT-LOUIS** et de **Saint-Louis** à **VERCINGÉTORIX**, la **Gaule-France** remonte à sa source.

Par-dessus l'*Ultra-montanisme Ignacien*, qui, plus ou moins, tend à l'appauvrir et à la vider de *nationalisme* et de *civisme*, c'est-à-dire d'attachement intensif à la *nationalité* et à la *Cité*, la *Religion de la Révolution* n'est-elle pas un instinctif et obscur retour de la France à la *Religion de la Monarchie*, incarnant et personnifiant la *Patrie*, c'est-à-dire l'ensemble *des patrimoines et des foyers*, l'ensemble *des corporations et des métiers* ?

Et pareillement, par-dessus le *Christianisme extrémiste*, qui la *dé-racinait de la Terre* pour la *tourner vers les Cieux* ; et, par-dessus le *Culte de Rome et d'Auguste*, qui, pour ainsi dire, la *dé-racinait de la Gaule* et la *dé-nationalisait*, politiquement et moralement, en l'annexant à un vaste Empire circum-méditerranéen ; et enfin par-dessus le *Polythéisme gréco-romain*, qui la *dé-nationalisait*, au moins moralement, en lui ôtant plus ou moins ses dieux et ses prêtres indigènes ou nationaux, la *Religion de la Monarchie* elle-même, la *Religion de Reims et de Saint-Denis*, n'avait-elle pas été un instinctif et obscur retour de la France à sa Religion primitive et native, à sa Religion organique et authentique, un retour à l'antique *Druidisme gaulois* ?

Ainsi donc, à travers toutes les mutations ou substitutions plus ou moins artificielles, et à travers toutes les déviations plus ou moins accidentelles, un *instinct profond* subsiste et persiste chez la Gaule-France, au cours de sa longue histoire, à savoir : l'instinct de *sa vraie religion,* qui est au fond l'instinct de la *vraie religion.*

Et cette vraie religion, apparue d'abord en Gaule sous la forme de la RELIGION DRUIDIQUE, on la voit régner environ *cinq cents ans,* disparaître plus ou moins au cours des *cinq cents ans* suivants, sous trois nouvelles et successives Religions, pour reparaître ensuite sous une autre forme, sous la forme de la *Religion monarchique,* laquelle règne près de *mille ans,* disparaît à son tour, plus ou moins, au cours des *deux cents ans* suivants, et reparaît, elle aussi, sous une forme nouvelle et bien inattendue, à savoir, sous la forme de RELIGION CIVIQUE OU RELIGION LAÏQUE DE LA RÉVOLUTION, laquelle s'efforce de se dégager, au cours de nos derniers *deux cents ans,* — à travers maintes laborieuses approximations, comme, sous la Révolution, les *Cultes révolutionnaires,* et à travers maintes affreuses déviations, comme, sous la IIIe République, notre *Laïcisme d'erreur et de mort, ou l'Ecole sans Dieu et l'Etat sans Dieu* !

Les **SEPT RELIGIONS** de la France
et
les **SEPT RELIGIONS** de la Révolution.

Oui, au total *sept Religions*.

Au cours de sa longue Histoire, la France a passé par ces *sept Religions* successives :

1° Le Druidisme ;

2° Le Polythéisme gréco-romain ;

3° Le Culte de Rome et d'Auguste ;

4° Le Christianisme ;

5° Le Monarchisme de Reims et de Saint-Denis ;

6° L'Ultra-montanisme d'Ignace ;

7° La « Religion civile » de Rousseau et de la Révolution.

Et cette dernière des *sept Religions* de notre Histoire, la « *Religion civile* » *de Jean-Jacques Rousseau*, elle s'est opiniâtrement cherchée, mais en vain, jusqu'ici, semble-t-il, dans les *sept Religions de la Révolution*, qui sont :

1° La *Constitution civile* du Clergé ;

2° Le Culte de la *Raison* ;

3° Le Culte de l'*Être suprême* ;

4° Le Culte des *Théophilanthropes* ;

5° Le Culte *décadaire* ;

6° Le régime de la *Séparation* ;

7° Le régime du *Concordat*.

Et cette dernière des *sept Religions de notre Histoire*, qui s'est ainsi en vain cherchée dans les *sept Religions de la Révolution*, elle vient de s'égarer aveuglément ou criminellement, sous notre *III* République*, dans l'*abject Laïcisme athée* !

Mais ce *total égarement* n'est autre chose pour moi que le signe précurseur du *total redressement* et du *total aboutissement*.

Il suffit, en effet, d'y regarder d'un peu près, pour s'apercevoir que, des *sept Religions* de notre Histoire, *trois* sont principales, et, d'ailleurs, n'en font qu'une !

La Religion primordiale et finale c'est le CULTE DE LA CITÉ.

Oui, au total, *sept Religions*, dont *trois principales*, qui, au fond, ne sont qu'une *seule et même Religion*, et, d'ailleurs, la *vraie Religion* :

1° La *Religion druidique* de la vieille Gaule, — la Religion de *Vercingétorix* ;

2° La *Religion Monarchique* de Reims et de Saint-Denis, — la Religion de *Saint-Louis ;*

3° La *Religion civique, ou Religion laïque* de la Révolution, — la Religion de *Rousseau.*

Et la *deuxième* de ces trois religions n'était autre chose, au fond, qu'un instinctif et obscur retour à la *première.*

En doutez-vous ? Rappelez-vous donc le mot de *Joseph de Maistre,* si spirituel et si profond : « LES EVÊQUES, CES SUCCESSEURS DES DRUIDES...! »

Ah non ! l'Episcopat n'est pas près de périr...

Et la *troisième* n'est elle-même, au fond, qu'un instinctif et obscur retour à la *deuxième.*

Ne portons-nous pas tous le deuil de la *Cathé-*

drale de Reims ? Et notre *patriotisme,* notre *civisme* ou *laïcisme* enfin, qu'est-ce autre chose, au fond, qu'une *Cathédrale de Reims, momentanément désaffectée* ?

Dès que nous aurons pris conscience de ces profondes évolutions, nous serons bien près de toucher au port et d'aboutir.

Et j'ose le dire, ce *moderne « Culte de la Cité »,* que la *Révolution* porte dans ses flancs, est destiné à être encore bien plus profond que ne le fut *l'antique,* si puissamment évoqué de nos jours par notre illustre maître, *Fustel de Coulanges* ; plus profond même que n'a pu le soupçonner un *Aristote,* car la *psycho-bio-socio-logie* d'Aristote se trouve désormais, non pas infirmée certes, mais déjà prodigieusement dépassée par la science contemporaine.

Et, à plus forte raison, ce *moderne « Culte de la Cité »* est-il destiné à être bien autrement profond, demain, dans la *Religion de la Révolution,* qu'il ne le fut, hier, dans la *Religion de la Monarchie,* puisque, dans celle-ci, le relatif *accord entre l'Eglise et l'Etat* n'était encore qu'*empirique et pratique,* et nullement *organique et scientifique.*

Christ et César ne savaient pas encore ce que, dans mon prochain livre, je leur prouverai qu'ils sont, à savoir, CONSUBSTANTIELS..

Et c'est ainsi que, sous nos *apparents piétinements de surface,* s'élabore un *formidable progrès de fond.*

Deux Hymnes à la France
L'Hymne d'une Étrangère à la France.

Connaît-on assez en France, *l'Hymne à la France*, dont une voix d'outre-mer, une voix de femme, pendant la Grande Guerre, nous a lancé naguère les strophes passionnées, d'un continent à l'autre, par dessus vents et flots ?

A LA FRANCE

Une fois de plus, ô fille des dieux, tu te lèves !
Une fois de plus tu viens rayer les cieux d'orage
Avec l'éclair de feu, la lueur de phare de ton épée étince-
Une fois de plus tu tires de ton immortel trésor   [lante
Les bataillons de héros qui s'élancent pour moissonner
L'héritage sanglant du sommeil sans rêves !
Une fois de plus-tes lèvres de sirène exhalent un cri martial
Et renvoient aux échos : « Vaincre ou mourir ! »
O enchanteresse de l'univers, au charme éternel,
Dont la citadelle sans prix tient toujours hors d'atteinte,
Tu dresses au-dessus d'un flot de sang et de larmes
Tes plus belles visions au cours des années sans nombre.
Tes sanctuaires sont éclairés par les feux diaboliques de la
Tes villages sont des bûchers funéraires empourprés. [guerre,
A travers les champs et les jardins de la fierté
Pareils à la peste, les reîtres étrangers chevauchent.
Une fois de plus, ô fille des dieux, tu sors,
D'un bond, des apparences d'un sommeil nonchalant.
Ceins ton armure; noue tes cheveux flottants,
Romps la nuit farouche de tempête et de désespoir
Par la voix d'or de ta jeunesse immortelle :
« La vie n'est rien, la Liberté en est la vérité ».
Grande reine, radieuse, de tragique majesté,
Dieu fasse triompher ta bannière, belle, héroïque France !

Ainsi, pendant le cataclysme de la Grande guerre, ainsi montait vers la France ce divin chant de femme, ou cette pathétique adjuration à Dieu pour donner aux Français la victoire !

Et, en effet, la France a vaincu dans la Guerre. Mais, hélas ! elle a été presque vaincue dans la Paix !

Et elle est menacée dans son existence !

D'où la silencieuse angoisse qui étreint les cœurs de ceux qui savent...

Ah ! France, en ces mortels dangers, dépasse-toi toi-même ! France, surpasse-toi, — pour ne pas trépasser !

Mon Hymne à la France.

La France a vingt-cinq siècles d'histoire.

Or, depuis dix et vingt siècles, la France est en proie à un double drame, à vastes et profondes répercussions internationales, un double drame tour à tour latent ou patent, chronique ou aigu, à savoir, un *drame externe* ou *drame physique*, et un *drame interne* ou *drame métaphysique*, le DRAME DU RHIN et le DRAME DU CHRIST.

Mais, on l'oublie trop : pour les nations, les siècles sont des ans. Avec ses vingt-cinq siècles d'histoire, la France a donc vingt-cinq ans.

Et son double drame, bien loin d'être une *crise de décadence*, n'est autre chose, au fond, qu'une laborieuse, mais, si nous voulons, victorieuse *crise de croissance.*

Fille charnelle et légitime héritière de la *Gaule antique,* ou *Quadrilatère des Quatre Gaules* (la Gaule Celtique et la Gaule Belgique, la Gaule Aquitanique et la Gaule Rhodanique), la France moderne est une *guerrière* qui n'a pu encore *récupérer la pleine stature de son corps,* je veux dire *de sa terre et de sa frontière* !

Fille spirituelle de la *Gaule druidique,* et immémorialement animée de ses instincts divins, la France moderne est une *prêtresse* qui n'a pu encore *récupérer la pleine envergure de son âme,* je veux dire *de sa foi et de sa mission* !

*
* *

Double crise terrible d'ailleurs, double crise de vie et de mort, arrivée de nos jours à l'état aigu.

Cent fois la France a failli en périr.

Mais, si elle finit par en totalement triompher, quelles perspectives s'ouvrent devant elle !

Grâce à sa place exceptionnellement privilégiée et véritablement unique dans le système statique des pays et des continents et dans l'engrenage dynamique des races et des nations, et grâce à son inouïe élasticité de corps et d'âme, elle a devant elle un avenir sans limites, et, dans SON FRATERNEL RESPECT DES AUTRES PEUPLES, la promesse même et le gage de sa propre indestructibilité.

Alors, en effet, elle pourra se couvrir de sa *frontière naturelle* !

Alors, par conséquent, elle pourra s'acquitter de sa *mission surnaturelle* !

Alors enfin, mais alors seulement, elle pourra remplir tout son destin, — au plus grand profit de l'Europe et de la Planète !

*
* *

Car, elle a sonné l'heure décisive !

Aujourd'hui ou jamais, il s'agit de résoudre à fond cette double crise ; aujourd'hui ou jamais, il s'agit de faire aboutir ce double drame à son victorieux dénouement.

*
* *

Scrutons à fond et résolvons *le millénaire conflit de la Gaule et de la Germanie*, ou DRAME DU RHIN, — pour en dégager le logique et nécessaire dénouement, à savoir, respectivement sur les deux rives, l'occidentale et l'orientale, l'égale et respective influence des deux races et civilisations rivales, la Celtique et la Germanique, pour assurer la ré-équilibration de l'Europe, chavirée par l'usurpation allemande depuis le Traité de Verdun en 843, et plus particulièrement par l'usurpation prussienne depuis les Traités de Vienne en 1815 :

UN RHIN CELTIQUE, AXE DU MONDE !

*
* *

Et aussi, et surtout, scrutons à fond et résolvons le *bi-millénaire conflit du Paganisme et du Christianisme*, le *bi-millénaire conflit du Sacerdoce et de l'Empire*, le *bi-millénaire conflit du*

Trône et de l'Autel, le *bi-millénaire conflit de l'Eglise et de l'Etat,* ou DRAME DU CHRIST, — pour en dégager le logique et nécessaire .dénouement (qu'un quart de siècle d'enquête philosophique et un quart de siècle de contre-enquête historique me permettent de pronostiquer), à savoir, l'organique raccord de la *Cité moderne* à la *Cité antique,* par une merveilleuse métamorphose de l'Eglise (au sens où l'entendait au v° siècle un *Vincent de Lérins*), une métamorphose de l'Eglise se reconnaissant elle-même et se révélant enfin à elle-même et à nous, non plus hétérogène, mais au contraire homogène et intrinsèquement *consubstantielle à l'Etat,* bien que toujours et plus que jamais constitutivement *distincte* de lui, et hiérarchiquement *supérieure* à lui, comme est supérieure à la réelle et imparfaite *Cité des hommes* l'idéale et parfaite *Cité des dieux.*

Métamorphose qui s'accomplira par une nouvelle Réforme, ou *Réforme celtique,* approfondissement et redressement de la *Réforme germanique,* ou *Réforme de la Réforme,* c'est-à-dire par une vigoureuse reprise de l'*immense révolution religieuse latente dans la Philosophie du dix-huitième siècle et sous-jacente à la Révolution française,* entendez par une intime *sécularisation de l'Idée divine* qui habite au cœur du cœur de l'Univers !

Et, *sécularisation,* qui, à son tour, aura pour but et pour résultat de rétablir d'abord, et plus foncièrement encore, cette antique *unité interne* de l'Individu et, par conséquent, de la Cité, si puissamment fondée par le génie social des Hellènes et des Romains, au témoignage de notre illustre maître *Fustel de Coulanges,* et rompue depuis vingt-cinq siècles par l'obligatoire, mais transitoire, *sécession du Christ* ; et de rétablir ensuite, et plus œcuméniquement encore, cette moderne *unité externe* de la « Société des Nations », *si magnifiquement ébauchée par le Catholicisme médiéval,* au témoignage même du puissant fondateur du positivisme, *Auguste Comte,* et rompue depuis quatre siècles par l'obligatoire, mais transitoire, *insurrection des Luther et des Calvin* :

Un Christ laïque, arche du monde !

Désannexer le Rhin ! Laïciser le Christ !

Tel doit être notre double mot d'ordre, et qui n'intéresse pas seulement la France, mais le monde entier.

Car elle est pathétiquement apparue cette fois aux sinistres lueurs du récent cataclysme, *la grande solidarité planétaire.*

La civilisation tout entière est menacée d'un double danger, d'une double catastrophe, à savoir, l'universelle *invasion externe* et l'universelle *anarchie interne,* c'est-à-dire le pan-germanisme et le pan-bolchevisme, hypocritement ou cyniquement conjugués.

Si nous n'arrivons pas, au plus tôt, à rasseoir puissamment *la Religion* sur les bases de *la Rai-*

son, et à renforcer de la moderne *Autorité de la Science* l'antique *Empire de la Conscience*, nous ne serons pas maîtres des multitudes déchaînées par des illuminés sataniques.

SANS CHRIST LAÏQUE, PAS DE SALUT !

****

Et surtout, si nous n'arrivons pas d'urgence à contenir l'Allemagne entre de justes barrières, elle ne va pas tarder à se ruer de nouveau sur les nations.

Et alors, malheur à la France et aux Latins ! Malheur aux Slaves ! Et malheur aux Anglo-Saxons !

En Europe, en Asie, en Amérique, malheur aux libres et originales civilisations antiques ou modernes ! Malheur au cœur sacré des patries !

SANS RHIN CELTIQUE, PAS DE SALUT !

TROISIÈME PARTIE

Ma **PHILOSOPHIE DE L'HISTOIRE
DU CHRISTIANISME**
ou
L'Évolution du Chritianisme
en ses **TROIS PHASES** organiques
(construction, destruction,
RE-CONSTRUCTION)
ou
l'Avènement de l'**ESPRIT MODERNE**
en ses **TROIS RÉVÉLATIONS**
(Renaissance, Réforme, Révolution),
et
**L'IMMENSE RÉVOLUTION RELIGIEUSE
DU XX**e **SIÈCLE**
ou **RÉFORME DE LA RÉFORME**
en ses **TROIS ASPECTS**
(psychologique, métaphysique, ecclésiastique).

CHAPITRE I

Lente et inconsciente **CONSTRUCTION**
du Christianisme
en ses **TROIS** éléments constitutifs.
Construction du Christianisme
en son premier élément :
LE DÉGOUT DE LA TERRE.

Pourquoi le primitif Christianisme a-t-il été
une fuite aux cloîtres et aux déserts ?

Pourquoi cette répudiation de toutes les institutions sociales et de toute la vie terrestre ?

Pourquoi cette triple émigration :

hors de la Chair !

hors de la Cité !

hors du Cosmos !

Etait-ce là un pur et simple cas de folie ?

Pas le moins du monde.

L'explication est simple : *La Cité antique s'était affreusement corrompue.*

Or, selon le proverbe fameux, *il n'est rien de pire que la corruption du meilleur* !

Et l'horreur s'est trouvée particulièrement intolérable, pour tout ce que le monde antique, dans sa corruption générale, contenait encore de *nobles esprits et de généreux cœurs.*

Résultat : CHEZ CETTE ÉLITE, la répudiation du Foyer et de Cité, a déclenché la fuite au désert, la fuite aux solitudes, relatives ou absolues, cénobitiques ou monastiques, — tandis que les FOULES, dans leur torpeur, restaient encore plus ou moins apathiquement engluées dans le sang et la boue du siècle.

Qu'est-ce donc, intrinsèquement, que ce mouvement de répudiation de la Cité et d'émigration hors de la Cité, qui s'appelle le Christianisme ?

C'est un *mouvement de dégoût chez une élite,* — un mouvement de *dégoût* et de *répulsion* pour le *réel,* impliquant une *aspiration* vers l'idéal.

Une *répulsion-aspiration* : retenons bien ce premier trait : c'est le *premier et fondamental élément du Christianisme.*

Construction du Christianisme
en son deuxième élément :
LA VISION DU « CIEL »,
PATRIE DE L' « AME ».

On ne saurait vivre *à vide.*

Par quoi donc, maintenant, les « *faux* » *biens terrestres,* ainsi abandonnés, ainsi répudiés, ainsi rejetés, vont-ils être remplacés ?

Par l'ardent espoir des « *vrais* » *biens célestes.*

S'il n'y a rien à attendre *ici-bas,* il faut donc tourner les regards vers un *autre part,* vers un *ailleurs,* vers un *là-haut.*

Et sur quelle croyance vont se fonder cette espérance et cet appel aux *biens d'en haut* ?

Sur une double croyance :

1° Croyance en la *dualité de l'homme,* — composé d'un *corps* et d'une *âme* différente et indépendante du corps ;

2° Croyance en la *dualité du Monde,* — composé d'une *terre,* ici-bas, lieu de la *Cité terrestre* ou *Cité de César* ; et d'un « *ciel* », là-haut, différent et indépendant de la terre, et lieu de la *Cité céleste ou Cité de Dieu.*

Infailliblement, l'*Ame* est appelée et prédestinée à rejoindre *Dieu* !

Retenons bien ce second trait : C'EST LE SECOND ÉLÉMENT CONSTITUTIF DU CHRISTIANISME.

Construction du Christianisme
en son troisième élément : L'ÉGLISE.

Cependant, pour rester indéfiniment et immuablement ferme dans la répudiation des *pré-*

sents *biens terrestres*, et l'aspiration aux *futurs biens célestes*, il faut une puissance de sensibilité et d'imagination, et même une vigueur de caractère véritablement exceptionnelles.

Dispersés et livrés à eux-mêmes, bien des *fidèles* faibliraient.

Mais c'est ici qu'apparaissent les dizeniers et les centeniers, les *Chefs de la Prière*, c'est-à-dire les *ardents et les fervents*, par qui sont réchauffés et exaltés *les tièdes et les réfrigérés.*

Ainsi, se constituent des *groupes de fidèles, groupés autour d'un prêtre.* Ainsi se constituent de petites et multiples et éparses « *Chrétientés* », — qui, peu à peu, se relient en *un réseau.*

Et ces « Chrétientés », ainsi reliées, en un plus ou moins large réseau, s'étagent en une plus ou moins haute *hiérarchie* :

au-dessus des fidèles, les prêtres ;

au-dessus des prêtres, les évêques ;

et au-dessus des évêques, le pape.

D'un seul mot, c'est l'*Eglise* !

ET C'EST LE TROISIÈME ET SUPRÊME ÉLÉMENT CONSTITUTIF DU CHRISTIANISME.

Le DÉDOUBLEMENT du Pouvoir
en deux Pouvoirs divergents
ou
ANTAGONISME DE L'ÉGLISE ET DE L'ÉTAT

En face de l'*Etat*, avec ses solides *cadres de magistrats* encadrant ses immenses *troupes de citoyens*, voici donc l'*Eglise*, qui, de son côté, avec ses solides *cadres de clercs,* encadre ses immenses *troupes de laïcs.*

Mais, réfléchissons-y, cela ne constitue-t-il pas une nouveauté véritablement malheureuse, véritablement scandaleuse, véritablement monstrueuse ?

Dédoubler le Pouvoir, c'est-à-dire *diviser* le Pouvoir, cela ne constitue-t-il pas la pire erreur, le pire danger ?

Du coup, en effet, dans la Cité, le Pouvoir, qui, jusque-là, était strictement *unique,* va se trouver *dédoublé* en deux Pouvoirs : *Pouvoir spirituel* et *Pouvoir temporel,*

ou Pape et Empereur,
ou Trône et Autel,
ou Sacerdoce et Empire,
ou Eglise et Etat.

Et il y a mieux :

Ces deux Pouvoirs agissent *sur les mêmes hommes,* — et pas *dans le même sens* !

Ils agissent sur eux en sens différent et même divergent, *en sens inverse* !

L'un *tourne* les hommes vers les *biens de la terre* : l'autre les en *détourne* !

D'où nos vingt siècles de conflit entre l'Eglise et l'Etat.

Le bi-millénaire antagonisme de l'Église et de l'État est près de finir.

Ce régime de tiraillements et de déchirements est-il destiné à durer toujours ?

Nullement, bien au contraire : il dure depuis

vingt siècles, mais, à travers une série d'affaiblis-
sements successifs, et il va enfin bientôt finir.

C'est même *dès sa naissance qu'il a commencé
de finir.*

Car il est *contre nature.*

Mais c'est dans nos quatre derniers siècles
d'histoire (du 16ᵉ au 20ᵉ siècle) qu'il a reçu le
coup le plus grave.

Car, dans ces quatre derniers siècles, comme
on va le voir, *le conflit de l'Eglise avec la Science,*
est venu s'ajouter à l'ancien conflit, au bi-millénaire *conflit de l'Eglise avec l'Etat.*

Et c'est de la France, *de la France de la Révolution,* que, sans le bien savoir encore, il a récemment reçu le coup décisif, comme je crois être en
mesure de le *prouver* adéquatement.

CHAPITRE II

Lente DESTRUCTION du Christianisme en ses TROIS éléments constitutifs.

Récapitulons d'abord.

Comment le Christianisme a-t-il pu *se construire* ?

Par l'apparition de *trois* éléments successifs :

1° Le *dégoût* de la *Cité terrestre*, accidentellement et temporairement démoralisée et dénaturée ;

2° La *foi* en une *Cité céleste*, intensément espérée (« croire c'est désirer fortement »), et, doctrinalement accréditée par tout un *Système de dogmes*, lentement et profondément élaboré ;

3° *L'encadrement des fidèles par un clergé*, lentement et puissamment organisé.

Et maintenant, comment le Christianisme va-t-il *se détruire* ?

Par la ruine successive de ces trois éléments :

1° Par l'atténuation et la résorption du *dégoût;*

2° Par l'affaiblissement et l'évanouissement de *la foi* ;

3° Par la dislocation des *cadres.*

Assistons à cette triple et lente destruction.

Destruction du Christianisme
en son **PREMIER** élément :
LE DÉGOUT DE LA TERRE.

Dé l'effondrement du vieil Empire romain corrompu ont surgi, *la France en tête,* de jeunes et vivaces nationalités.

Et, sous l'accidentel *dégoût de la vie,* qu'avait inspiré l'accidentelle corruption de la Cité, et qui avait provoqué cette *émigration à l'intérieur,* qui s'appelle *le Christianisme,* voici *que le naturel et spontané goût de la vie* a lentement reparu et fait battre les cœurs, *et ramené les in-civiques à la Cité.*

En de jeunes et neuves nations, en de nouveaux et sains Etats, sous des Gouvernements justes, sous des dynasties bienveillantes et bienfaisantes, comme, en particulier, l'admirable dynastie française des Capétiens, voici que les peuples *ont repris* goût :

1° Au mariage et à la famille ;
2° Au travail et à la propriété ;
3° Aux lettres et aux sciences et aux arts ;
4° Aux armes et à la patrie ;
5° Aux magistratures enfin et à la Cité.

Et c'est ainsi que le *premier* des trois éléments constitutifs du Christianisme, à savoir, le *dégoût de la vie et de la terre,* s'est peu à peu dissipé et éliminé, amoindri et évanoui.

Et c'est dès la fin du XIIIᵉ siècle, dans la seconde partie du *Roman de la Rose,* que Jean de Meung déclare expressément et secrètement accompli ce retour de l'homme à la terre et à la Cité, à la vie et à la nature :

« *Trop est chose forte Nature !* »

De la persistance pourtant du Christianisme en son SECOND élément : la Foi au CIEL et à l'AME.

Oui, ainsi, peu à peu, était rentré sourdement dans les cœurs, comme l'envahissement d'une eau silencieuse et irrésistible, l'amour de la *Cité terrestre*, l'amour de la Vie, l'amour de la Terre et de la Nature.

Cependant, persistait encore, au fond des imaginations et des sensibilités, la vision de la *Cité céleste*, si suavement ou si puissamment évoquée, pendant des siècles, par les scènes peintes ou sculptées des porches et des verrières des cathédrales, par les fresques des cloîtres et les enluminures des missels, par les tendres accents des cantiques, et par le Verbe fervent des prédicateurs.

Toujours, plus ou moins, palpitait, au fond des yeux du rêve, *l'envol de l'Ame vers le « Ciel » ou Dieu.*

Toujours, plus ou moins, habitait au fond des cœurs la *nostalgie de Dieu et du Ciel.*

Après deux mille ans presque révolus, à la veille même du xxᵉ siècle, n'avons-nous pas entendu encore le plus sublime de nos poètes lyriques s'écrier :

> Que ne puis-je, porté sur le char de l'aurore,
> Vague objet de mes vœux, m'élancer jusqu'à toi !
> *Sur la terre d'exil pourquoi resté-je encore :*
> *Il n'est rien de commun entre la terre et moi !*

Vaine persistance pourtant !

« *Ame* » et « *Ciel* », ce second élément constitutif du Christianisme, nous allons voir comment il a été, à son tour, singulièrement réduit, sinon détruit, dans les Temps modernes, en deux fois, par un double assaut de la Science : le « *Ciel* » d'abord, par la Science *Géo-Cosmo-logique de la Renaissance*, et l' « *âme* », ensuite, par la Science *Bio-Socio-logique de la Révolution*.

Destruction du Christianisme
dans la première moitié de son second élément :
le CIEL.

Le « *Ciel* », d'abord.

C'est au XVI siècle, en 1521, que, pour la première fois, par *Magellan*, est accompli ce merveilleux périple, *le tour du globe*.

Et c'est ainsi qu'est démontrée la *sphéricité de la Terre, suspendue dans l'espace*.

Pareillement, c'est au XVI siècle, en 1543, que, par *Copernic*, est accomplie la prodigieuse découverte du véritable *Système du Monde*, entrevue par *Pythagore*, et perdue de vue par *Ptolémée*.

Et c'est ainsi qu'est démontrée *l'excentricité de la Terre, gravitant autour du Soleil*.

D'après ces deux découvertes *connexes*, que devient la *théorie dualiste du monde*, c'est-à-dire *l'opposition de la Terre et du « Ciel »* ?

La Terre est suspendue dans l'Espace, la Terre est dans le Ciel ; la Terre est un Astre, parmi d'autres Astres ; et, d'ailleurs, pas du tout un astre central, mais un simple satellite d'un astre infiniment éloigné, qui est lui-même satellite d'un autre astre encore plus effroyablement lointain.

Au surplus, ce qu'ont découvert les *Géographes* et les *Cosmographes*, les Navigateurs de l'Océan et les Explorateurs du firmament, les Physiciens ne vont pas tarder à le confirmer.

A la stupéfaction des humains, l'*analyse spectrale* ne va-t-elle pas bientôt révéler que les autres Astres sont composés exactement des mêmes minéraux que l'Astre terrestre :

« Eh quoi ! du fer, du zinc, du nickel, et du cuivre !... »

Mais oui, tout simplement.

Désormais donc, où est le « *Ciel* », où est le « *paradis* », où est *Dieu* ?

Destruction du Christianisme
dans la seconde moitié de son second élément :
l'AME.

L' « *Ame* », maintenant.

C'est au xixᵉ siècle que la *Biologie* a découvert que L'ANIMAL EST UNE SOCIÉTÉ, *une Société d'Animalcules appelées Cellules*, — c'est-à-dire une Unité hiérarchisant une multiplicité ; et que l'Ame animale, représentée par *la Tête ou Cerveau*, est une *Elite de Cellules*.

Et c'est aux xviii° et xix° siècles que la *Socio-logie* a découvert, ou redécouvert, que la Société est un Animal, un *Corps de Citoyens*, — c'est-à-dire une Multiplicité progressivement hiérarchisée par une Unité ; et que l'*Ame sociale*, représentée par le *Gouvernement ou Etat*, est (ou doit être) une *Elite de Citoyens*.

D'après ces deux découvertes, que devient l'*Ame-substance*, *strictement individuelle* ? Elle devient une *âme fonction collective*, et *même doublement collective*.

Produit conjuré du *Corps animal* et du *Corps social*, comment l'*Ame humaine* pourrait-elle se détacher de ces deux Corps, puisqu'elle ne pourrait exister sans eux et n'est qu'une *fonction d'eux* !

Comme au xvi° siècle, paraît s'être évanoui le « *Ciel* », ainsi aux xviii° et xix° siècles, paraît bien s'évanouir l'*Ame* (au sens ancien).

« *Ame* » et « *Ciel* », ce second élément constitutif du Christianisme, le voilà donc aussi, semble-t-il, réduit ou détruit.

Destruction du Christianisme en son troisième élément : l'ÉGLISE.

Reste le *troisième* élément constitutif du Christianisme, à savoir, *l'Eglise*.

Lentement, spontanément, l'*Eglise* s'était créée pour entretenir la foi en le « *Ciel* » et l' « *Ame* », lesquels constituaient le refuge, le port, et le salut, pour l'homme répudiant la *Terre et le Corps.*

Mais voici que l'homme a cessé de répudier la *Terre et le Corps*, et qu'il a donc de moins en moins besoin du « *Ciel* » et de l' « *Ame* », — que, d'ailleurs, la *Science géo-cosmo-graphique* et la *Science bio-socio-logique* semblent bien avoir détruits.

Comment donc aurait-il plus longtemps besoin de l'Eglise, qui n'avait pour fonction que de cautionner le « *Ciel* » et l' « *Ame* », pour remplacer la *Terre et le Corps* ?

Si les deux premiers éléments constitutifs du Christianisme ont disparu, à plus forte raison le troisième ne peut-il et ne doit-il que disparaître lui aussi.

Mesurons du regard, dans sa largeur et sa hauteur, la *puissante hiérarchie de l'Eglise*, à l'époque de sa splendeur :

1° En bas, les millions de *fidèles* ;

2° Au-dessus, en officiers de troupes, les milliers de *Prêtres* ;

3° Plus haut encore, en Etat-major, les centaines d'*Evêques* ;

4° Au sommet enfin, l'Unique Chef suprême et infaillible, le *Souverain Pontife*.

Et voyons maintenant en quels assauts successifs ce grandiose édifice a été saccagé, — par les schismatiques et par les hérétiques, par les agnostiques et par les athées.

Les *Catholiques romains*, maintiennent *tous* les étages de l'immense pyramide.

Mais les *Episcopaliens* abattent le Souverain Pontife, pour ne conserver que les Evêques et les Prêtres.

Mais les *Presbytériens* abattent aussi les Evêques, pour ne conserver que les Prêtres.

Mais les *Quakers* abattent tout, Pape, Evêques et Prêtres, — et réduisent ainsi l'Eglise aux *fidèles seuls*, débarrassés des *clergés*, et ne gardant que les *croyances*.

Or, *les fidèles sans le Prêtre*, n'est-ce pas un peu quelque chose comme les *citoyens sans le Magistrat*, comme les *soldats sans l'Officier*, comme les *ouvriers sans le Patron* ?

Et qu'est-ce là, sinon le *Soviet religieux et moral*, source du *Soviet politique et gouvernemental*, source du *Soviet militaire et naval*, source du *Soviet économique et social* ?

La *Réformation*, poussée jusqu'à ses réformes extrêmes, semble donc avoir été le *désencadrement religieux et moral* de la Société, en attendant que la *Révolution en soit le désencadrement politique et social*.

Mais ce n'est pas tout encore.

Plus loin, bien plus loin encore que les *Schismatiques et les Hérétiques*, vont aller les *Agnostiques et les Athées*.

On connaît la formule des *Libres penseurs* en général : Ni révélation, ni dogmes ! Ni prêtres, ni culte !

Schismatiques et Hérétiques disaient : Plus de *supra-structure* ou d'extra-structure ! Plus de *Clergés* !

Les Agnostiques et les Athées ajoutent : Et plus d'*infra-structure* ou d'intra-structure ! Plus de *Croyances* !

C'est la *table-rase*, et même plus que la table-rase : on ne se contente pas *de tout raser au ras du sol*, on *déracine tout dans le sous-sol.*

Et pourtant,
le Christianisme a-t-il succombé ?

Ainsi, le Christianisme semble bien avoir été anéanti.

En tant que tendance à la *désertion des foyers et des ateliers*, à la désertion de la Cité, il était, *depuis vingt siècles*, en conflit chronique et irréductible avec *l'Etat.*

En tant que croyance à une « *Ame* » *séparable du Corps* et à un « *Ciel* » *séparé de la Terre et de la Nature*, il était, *depuis quatre siècles*, en conflit aigu et irréductible avec *la Science.*

A l'*Etat*, interdisant *la fuite, l'exode, l'émigration*, était venu se joindre la *Science*, supprimant *l'abri, l'asile, le refuge* !

Ainsi, pris entre deux feux, il fallait bien, semble-t-il, qu'il succombât.

Et pourtant, le Christianisme a-t-il succombé ?

CHAPITRE III

Lente RE-CONSTRUCTION du Christianisme en ses trois éléments constitutifs. L'impossible destruction.

Cette totale *destruction* du Christianisme, en ses *trois* éléments constitutifs, est-elle *réelle* ?

Elle n'est qu'APPARENTE ! et nous allons assister à la plus prodigieuse et la plus émouvante des *reconstructions* !

Voilà bien, semble-t-il, d'abord, le *Christianisme* à peu près totalement détruit, en ses trois éléments constitutifs.

Et c'est ce triple ravage ou saccage qui fait exulter et délirer de joie la prétendue « *libre pensée* », au cours des *Temps modernes*.

Et pourtant, est-il vraisemblable, est-il admissible que cet immense et formidable mouvement qui s'appelle le *Christianisme*, qui remplit les vingt siècles de notre Ere, en plongeant d'ailleurs ses racines au fond des vingt siècles précédents, est-il vraisemblable et même possible que ce mouvement qui suscite et met en marche, à travers quatre ou cinq mille ans, les Patriarches et les Prophètes, Moïse et Jésus, les Apôtres et les Evangélistes, les Pères de l'Eglise, les Docteurs de la Scolastique et les Inspirés de la Mystique, les grands Fondateurs d'Ordres monastiques et des centaines de Souverains Pontifes, est-il vraisem-

blable, dis-je, et même possible que cet immense
et formidable mouvement se trouve n'être, en fin
de compte, aux yeux de la raison et de la science,
que *vide et néant* ?.

Non ! C'est totalement invraisemblable, et
même totalement impossible !

Qu'est-ce donc que cette prétendue *destruction du Christianisme*, en ses trois éléments constitutifs, qui remplit nos siècles modernes ?

*Une apparence, selon moi, une apparence tout
simplement.*.

Et, je le répète, nous allons assister à la plus
prodigieuse et à la plus émouvante des *reconstructions*.

**C'est une crise de transformation ;
d'où le sujet de mon prochain livre :
LA MÉTAMORPHOSE DE L'ÉGLISE
ET L'ACCORD
D'ISRAEL ET DE LA CHRÉTIENTÉ**

Regardons-y donc de plus près.

Qu'est-ce que ces *trois* éléments constitutifs
du *Christianisme* dont nous venons de parler ?

C'est :

1° Un *état d'âme*, à savoir, une *répulsion-aspiration* ;

2° Un *double dogme*, à savoir, l' » Ame » et
« Dieu » ;

3° Une *institution*, à savoir, l'*Eglise*.

Et c'est l'*état d'âme* qui engendre le *double
dogme*, et, par conséquent, l'*institution*.

Tout porte donc sur ce fondamental *état d'âme*, c'est-à-dire sur cette *répulsion* pour le *réel* et sur cette *aspiration* vers l'*idéal*.

Or, on en conviendra, cette *invincible répulsion*, ou cette *incoercible aspiration*, qui soulève et transporte des centaines de millions d'hommes, et, au besoin, leur fait braver et supporter avec allégresse les pires formes de la mort, cela, en tout cas, ne saurait être considéré comme *vide et néant*.

Cela, au contraire, c'est la forme incalculable, c'est la force mystérieuse et prodigieuse, c'est la force *sacrée* qui anime l'histoire et soulève le monde.

Et *cela* donc, dans son *principe* et ses *conséquences*, ne saurait être *pauvre et vide* qu'en apparence, et, sous les apparences, ne saurait être que *riche et plein* en réalité, — comme je vais le montrer.

Selon moi, *l'apparente* DESTRUCTION *du Christianisme, en ses trois éléments constitutifs, n'est, au fond, que sa totale* TRANSFORMATION, *sa totale* TRANSFIGURATION, *sa totale* MÉTAMORPHOSE, *et, d'ailleurs, sa totale et difinitive consolidation.*

Selon moi, la *crise du Christ* n'est qu'une *crise de métamorphose*, en vertu de laquelle le *Christianisme* va dépouiller sa *forme* ou son *apparence*, pour dévoiler son *fond* ou sa *réalité*.

D'où le sens profond de ces trois immenses et connexes mouvements d'esprit : la *Renaissance*, la *Réforme*, la *Révolution*, — qui ne sont autre chose que l'*Avènement de l'Esprit moderne*, en *ses trois révélations* successives.

D'où :

1° mon *Eloge* de la *Renaissance* ;

2° mon *Panégyrique* de la *Réforme* ;

3° mon *Apologie métaphysique* de la *Révolution française.*

D'où le sujet et le titre de mon prochain livre, « *La Métamorphose de l'Eglise* ou *l'accord d'Israël et de la Chrétienté* », où sera esquissée ma théorie de *l'immense Révolution religieuse du vingtième siècle,* considérée comme une *Réforme de la Réforme,* et comme un approfondissement et un *accomplissement de la Révolution,* et se subdivisant elle-même en *trois Révolutions complémentaires* :

1° *La grande Révolution psychologique* du xx° siècle :

Totale transformation du *premier* élément constitutif du *Christianisme,* à savoir, cet *état d'âme,* le *dégoût de la Cité,* ou l'*In-civisme.*

Ma découverte fondamentale :

Le *Christianisme* approfondi n'est nullement un *In-civisme,* mais un *Sur-civisme.*

2° La grande *Révolution métaphysique* du xx° siècle :

Totale transformation du *second* élément constitutif du *Christianisme,* à savoir, ce double dogme : l' « *Ame* » et « *Dieu* ».

Ma découverte capitale :

a) Ma théorie *biologique* de l' « *Ame* » (ou *Ame sociale,* ou *Elite,* ou *Etat*) ;

14

b) Ma théorie *bio-sociologique* de « Dieu » (ou *Ame de la Nature,* et *Gouvernement de l'Univers*) ;

3° La grande *Révolution ecclésiastique* du xx° siècle :

Totale transformation du *troisième* élément constitutif du *Christianisme,* à savoir, cette *institution, l'Eglise.*

Ma découverte centrale, ou ma théorie *biologique* de l'Eglise.

L'Eglise, c'est l'organe, non de l'*Emigration à l'intérieur,* mais de la *Croisade à l'intérieur.*

Vue d'ensemble.

Pour situer adéquatement ce tableau, qu'on veuille bien se rappeler mon hypothèse primordiale, qui englobe et domine tout.

Pour moi, on le sait, notre *Civilisation d'Occident,* c'est un Drame métaphysique, c'est le *Drame en trois actes de Trois mille ans d'Histoire* :

Antiquité, ou *Paganisme* ;

Moyen Age, ou *Christianisme* ;

Temps modernes, ou...

Dès ma jeunesse, j'ai dressé ce tableau, dans mon *Introduction* à ma traduction des *Héros* de *Carlyle,* intitulée *Le Crépuscule des dieux.*

Et, dès lors, j'ai laissé *en blanc* le troisième nom !

Pourquoi ?

Parce que, selon moi, le *Paganisme* et le *Chris-*

tianisme cherchent leur synthèse dans *l'Esprit moderne*.

Parce que, ce *troisième acte* lui-même, ou acte de *l'Esprit moderne, c'est un acte en trois scènes:*

1° *Renaissance,* ou *anti-thèse* du Paganisme et du Christianisme ;

2° *Réforme,* ou *demi-synthèse* (empirique) du Paganisme et du Christianisme ;

3° *Révolution,* ou *pleine synthèse* (doctrinale) du Paganisme et du Christianisme.

Et parce que, enfin, cette *troisième scène du troisième acte,* à savoir, la *Révolution,* est encore *en cours.*

Non, le *dénouement* n'a pas encore eu lieu, mais il approche.

Et pourquoi ne le dirai-je pas ? C'est ce dénouement doctrinal d'un immense Drame métaphysique que moi-même, après une première *enquête philosophique* d'un quart de siècle et une seconde *enquête historique* d'un autre quart de siècle, j'oserai entreprendre d'esquisser.

Oui, j'oserai entreprendre de dégager l'Idée profonde, l'Idée sublime, l'Idée auguste qui est *latente et sous-jacente* dans la triple crise des Temps modernes.

Oui, j'oserai entreprendre d'articuler le verbe ardent et obscur, le verbe mystérieux de la *Renaissance,* de la *Réforme* et de la *Révolution.*

Et ce sera l'objet du livre qui suivra celui-ci.

Si j'échoue, j'aurai au moins le mérite d'avoir tenté.

Et j'applaudirai à ceux qui feront mieux.

QUATRIÈME PARTIE

MA PHILOSOPHIE DE L'HISTOIRE
de la IIIᵉ RÉPUBLIQUE
ou
la sinistre DÉVIATION du LAICISME et le nécessaire REDRESSEMENT RELIGIEUX

CHAPITRE Iᵉʳ

MES DEUX LAICISMES,
ou
LAICISME DE MORT et LAICISME DE VIE.

Je livre *trois combats* contre « *l'erreur française* » !

***

PREMIER COMBAT

D'abord, contrairement à l'opinion courante, je soutiens que la *politique intérieure* et la *politique extérieure*, c'est-à-dire que la *vérité religieuse et morale interne* et la *force politique et militaire externe* sont étroitement connexes, ou même ne font qu'un.

En effet, selon moi, une *réforme de l'Eglise*,

aussi profonde et même plus profonde encore que la *Réforme protestante,* c'est-à-dire *une Réforme de la Réforme,* est absolument nécessaire, pour nous procurer *cette union organique de l'Eglise et de l'Etat,* cette *synergie de la Cité,* qui seule peut permettre à la France de donner son plein d'effort au dedans et au dehors, pour se maintenir intacte et intangible dans les durs et croissants conflits internationaux.

C'est seulement sur un sain et salubre *organisme social* que peut se fonder un sain et juste *intégrisme national.*

La *Réforme religieuse de la France* est la condition *sine qua non* de son *salut collectif sur la terre,* — précédant ou remplaçant *le salut individuel dans les cieux.*

** **

DEUXIÈME COMBAT

De plus, contrairement encore à l'opinion courante, je soutiens que cette *Réforme de la Réforme* relève du *Laïcisme,* certes, mais qu'*il y a deux Laïcismes,* absolument différents, et même opposés et inverses !

Je combats *notre Laïcisme actuel,* qui est pour moi un *Laïcisme d'erreur et de mort.*

Et, par là, je risque de déchaîner *la fureur des athées,* c'est-à-dire de tous ces *faux libres penseurs* de nos jours qu'un illustre écrivain aime à nommer tout bas de *vrais pense-petit.*

Et je « championne » un *nouveau Laïcisme,* un *Laïcisme de vérité et de vie* !

Et par là, je risque de déchaîner *la fureur des cléricaux.*

Mais c'est là une double fureur dont on peut prendre son parti.

Car, au fond, *athéisme* et *cléricalisme*, ce sont là deux sectes ou deux fractions sans véritable force substantielle.

Pour moi, en effet, au fond, *il n'y a pas de problème social* : il n'y a que d'artificielles et superficielles querelles de *mauvais riches* et de *mauvais pauvres.*

Et, de même, au fond, pour moi, *il n'y a pas de problème religieux* : il n'y a que d'artificielles et superficielles querelles de *faux savants* et de *faux dévôts.*

**

TROISIÈME COMBAT

Enfin, et toujours et plus que jamais contrairement à l'opinion courante, je soutiens qu'*un vrai et vital Laïcisme*, quoiqu'en partie et pour l'instant dangereusement et inversement faussé, hier et aujourd'hui, est virtuellement amorcé chez les Allemands, — tandis qu'*un faux et mortel Laïcisme* sévit effectivement chez les Français.

Oui, un vrai et vital Laïcisme est ébauché en Allemagne, c'est-à-dire une vraie conception de la nature de l'Eglise (quoiqu'accidentellement faussée), et, par conséquent, une organique conjugaison de l'Eglise et de l'État.

D'où, virtuellement, en Allemagne, l'*Unité mé-*

taphysique de l'Eglise et de l'Etat, sous-jacente à l'*Unité physique* des Etats !

Et c'est ce que j'appelle l'*autre* et bien plus profonde *Unité allemande*, — et désormais indestructible, celle-là ; et que l'Allemagne possède « éminemment », mais qu'il dépend de nous d'acquérir et d'égaler et de surpasser, d'autant plus que c'est à nous-mêmes, au fond, qu'elle a été empruntée.

Osons voir la vérité !

Il ne faut ni mé-connaître, ni sous-estimer les forces de l'adversaire, si l'on prétend le maîtriser.

* *
* *

Il n'est donc que trop vrai : je livre trois combats contre l'« *erreur française* », et trois fois, coup sur coup, je brave l'opinion !

C'est que l'heure est venue des grandes épreuves, — et qu'il n'est que temps, pour la France, de *se ré-arc-bouter à Dieu* !

Le Conflit
DE L'IDÉE CHRÉTIENNE
ET DE L'ESPRIT LAIQUE
et le mot de l' énigme.
IL Y A DEUX LAICISMES :
1º UN LAICISME D'ERREUR ET DE MORT ;
2º UN LAICISME DE VÉRITÉ ET DE VIE.

Au point de vue philosophique, au point de vue métaphysique et moral, au point de vue religieux enfin, depuis des siècles, une immense lutte est déchaînée en France, entre l'Esprit médiéval et l'Esprit moderne, entre l'Ancien régime et la Révolution, entre le Catholicisme et le Laïcisme.

Et, depuis 150 ans, surtout, il y a, chez nous, deux France !

*
* *

Catholicisme et Laïcisme ! Voilà le conflit. Ce conflit est-il insoluble ? Disons-le tout de suite : Non !

Après un quart de siècle d'enquête philosophique, condensée dans ma thèse de doctorat, *La Cité moderne*, ou *Métaphysique de la Sociologie*, et après un quart de siècle d'enquête historique, constituée par mon cours du Collège de France, sur la *Philosophie du XVIIIe siècle*, et les *Idées-mères de la Révolution*, j'ose dire que voici enfin le mot de l'énigme, le mot de l'obsédante et redoutable énigme : Il y a deux Laïcismes, — absolument inverses, radicalement opposés ! Et depuis cinquante ans, nous sommes dupes de la plus effroyable équivoque, du plus sinistre malentendu !

*
* *

Gardons-nous bien, d'ailleurs, de méconnaître le péril clérical !

Anticléricalisme ! Laïcisme ! Ces mots, paraît-il, commenceraient à détonner... En ce moment même, bien d'aimables voix vont disant : L'anticléricalisme est « passé de mode »... c'est « une niaiserie qui n'a plus cours ! »

Une niaiserie, la question des rapports de l'Eglise et de l'Etat !

Une niaiserie, le plus grand problème des temps modernes, et le problème fondamental de l'Europe depuis deux mille ans !

Une niaiserie, la maîtresse pièce de toute l'organisation nationale et sociale !

Une niaiserie, la triple crise de la Renaissance, de la Réforme, de la Révolution, c'est-à-dire l'immense crise de transformation religieuse de l'Occident, de laquelle dépend le salut même de la Chrétienté !

En vérité, il y a là une légèreté de jugement qui est bien faite pour épouvanter. Et il y a là aussi un récent revirement d'opinion qui paraît bien fait pour déconcerter.

Mais, par ailleurs, je m'empresse également de le déclarer, ce revirement d'opinion n'est que trop explicable et même que trop justifié.

On a monstrueusement faussé le Laïcisme !

Ou plutôt, ainsi que je viens de le dire, il y a deux Laïcismes, radicalement inverses, absolument opposés :

1° Il y a un faux et mortel Laïcisme, un *Laïcisme d'erreur et de mort*, et c'est celui qui a pour but ou pour résultat de nier ou d'ignorer, d'opprimer ou de supprimer *la Religion et l'Eglise*.

2° Et il y a un vrai et vital Laïcisme, un *Laïcisme de vérité et de vie* ; et c'est celui qui a pour but, non de détruire la *Religion et l'Eglise*, mais, au contraire, de les purifier pour les fortifier, et de les accorder, et de les conjuguer, avec ce qu'il y a de foncièrement et d'authentiquement légitime *dans la Politique et dans l'Etat.*

Ou, si l'on veut, le Laïcisme est vrai dans son principe, mais il a été dévié et faussé dans ses applications. D'où la nécessité d'un *redressement,* — un redressement religieux, pour remonter des bas-fonds de l'athéisme d'hier, sans rouler aux bas-fonds d'un cléricalisme de demain.

Il y a un Laïcisme d'antithèse et d'antagonisme. Et c'est celui qui dit : 1° *La Politique et l'Etat,* ceci, c'est la réalité ; 2° Mais la *Religion et l'Eglise,* cela, c'est la chimère. Or, la réalité doit balayer la chimère !

Et il y a un Laïcisme de synthèse et de synergie. Et c'est celui qui dit : 1° *La Politique et l'Etat,* ceci, c'est une réalité, — la réalité temporelle ; 2° Mais la *Religion et l'Eglise,* cela aussi, c'est une réalité, — et quelle réalité !... la réalité spirituelle.

Or, les deux réalités doivent nécessairement trouver les voies et moyens pour s'accorder et se conjuguer ! D'où le mot magnifique de Rivarol, récemment cité par M. de la Gorce : A travers conflits et ruptures, « *entre la Politique et la Religion, il y a un Contrat éternel.* » !

LAICISME
L'AUDACIEUSE FALSIFICATION DU MOT.

Laïcisme ! Sur ce mot, depuis cinquante ans, je le répète, nous sommes victimes de la plus effroyable équivoque, du plus sinistre malentendu.

On donne frauduleusement au mot laïque le sens d'irréligieux ou d'areligieux. Et, insidieusement, on habitue ainsi les Français à croire que, pour une Nation, pour une Société, pour un Etat, il est naturel, il est normal, il est légitime, il est satisfaisant d'être athée ! Véritable et odieux abus de confiance !

Oui, on a odieusement surpris la bonne foi du pays, pour, insidieusement, l'engager dans cette voie de l'athéisme, qui, pour les individus et les peuples, est la voie de perdition.

L'auteur des *Rêveries d'un païen mystique*, le génial Louis Ménard, n'a-t-il pas solennellement formulé ce verdict : « *Les Religions sont l'âme des Sociétés : un peuple qui a renié ses dieux est un peuple mort !* »

*
* *

Il s'agit donc de rétablir l'authentique sens du mot *Laïcisme*. Dans l'Eglise, le *laïc* est au *clerc*, ce que, dans l'armée, le *soldat* est à l'*officier*.

Supposez que le soldat ait à demander une réforme, — dans son régime d'instruction militaire. Est-ce à dire par là qu'il prétende nier et répudier *l'armée et la Patrie* ? Nullement : officiers et soldats ont également une Patrie, et la même Patrie.

Pareillement : supposez que le laïc ait à demander une réforme, — dans son régime d'éducation morale. Est-ce à dire par là qu'il prétende nier et répudier *la Religion et l'Eglise et Dieu* ? Pas du tout : clercs et laïcs ont également un Dieu, et le même Dieu. C'est pourtant à cette criminelle folie qu'on prétend nous pousser !

* * *

Veut-on un exemple ? Reportons-nous à une des plus décisives péripéties de la grande guerre.

Après sa foudroyante victoire d'Orient, dit-on, le général Franchet d'Espérey reçoit de Paris l'ordre de dériver son armée vers Constantinople et la Russie. Le général répond à Paris : « L'Armée ne veut pas entendre parler d'un tel ordre ; elle se refuse à se laisser ainsi détourner vers les horizons lointains et les espaces sans fond de l'Orient et de l'Asie ; et elle n'admet rien d'autre que de se rabattre joyeusement vers l'Occident, vers la France ; pour prendre ses ennemis à revers, en tombant sur la Hongrie et l'Autriche et la Bavière, sur Berlin et Vienne et Munich. »

Que faut-il penser pourtant de cette prétention, de cette réclamation, de cette intimation des soldats ? Etait-ce là nier *l'Armée et la Patrie* ? Pas du tout, bien au contraire ! Eh bien, il en est tout à fait de même de la réclamation portée de nos jours devant les clercs par la foule immense des laïcs.

Ils disent : Qu'on nous ramène donc vers le vrai et éternel Dieu, — *le Dieu de la Nature et de la Cité,* au lieu de nous entraîner toujours et encore vers le faux Dieu, intérimaire, — *le Dieu de l'anti-Nature et de l'anti-Cité* !

Que faut-il penser cependant de cette intimation des laïcs ? Est-ce là nier et répudier l'*Eglise et la Religion et Dieu* ? Nullement ; bien au contraire ! Non, non, l'Esprit moderne, l'Esprit laïque, c'est-à-dire, au fond, l'Esprit civique, ce n'est pas du tout LA NÉGATION DU DIVIN ! Selon ma formule de toujours, l'immense Révolution mentale et morale des Temps modernes, C'EST LA TRANSPOSITION DU DIVIN. On avouera que c'est bien différent !

** **

Le vrai Laïcisme, c'est le *Culte de la Cité*. Or, le Culte de la Cité, est-ce par définition l'athéisme? Quelle aberration! Demandez plutôt à Rome et à Sparte : leur civisme légendaire était-il athée ?

Le Culte de la Cité, c'est l'Etat divinisé, vient de dire lui-même, moins encore, j'imagine, par hégélianisme que par atavisme, un Mussolini. Et c'est le même Mussolini qui s'est empressé de simultanément faire rétablir dans les Ecoles les effigies de son Dieu et de son Roi !

LAICISME
L'A MONSTRUEUSE DÉVIATION DE L'IDÉE.

Sous le Paganisme gréco-romain, il n'y avait en scène, dans l'univers, que deux puissances : au Ciel, là-haut, *Dieu*, chef de la *Nature*, et, ici-bas, sur Terre, ce lieutenant de Dieu, l'*Etat*, chef de la *Cité*.

Sous le Christianisme a surgi une troisième puissance, *l'Eglise*.

Or, dès l'origine, et toujours depuis lors, les rapports de l'Eglise et de l'Etat n'ont cessé d'être terriblement orageux.

Pourquoi ? Parce que ces deux puissances se croient antagonistes, alors qu'elles sont, de toute éternité, prédestinées à collaborer ! Et tout l'effort de la Pensée moderne c'est précisément de procurer ce laborieux passage de l'antagonisme à la collaboration.

Et c'est cet effort immense qui constitue le fond même de la *Réforme* et de la *Révolution*, — et qui, de nos jours, avec d'immenses différences, d'ailleurs, s'appelle, en France, le combat pour le laïcisme, et, en Allemagne, le Kulturkampf.

*
* *

Mais de nos jours, précisément, sous notre IIIe République, il se trouve que cet effort a subi la plus incroyable et la plus effroyable déviation, une déviation véritablement et étymologiquement *in-ouïe*.

Sous notre IIIe République, en effet, les Laïcistes prétendent nier et répudier, abolir et anéantir non seulement la bi-millénaire Eglise, mais aussi l'éternel Dieu ! Prétention, je le répète, véritablement monstrueuse et inouïe !

Car, on le sait, il n'y a rien de pire que la corruption du meilleur ! Et, de là, ma distinction radicale, et mon cri d'alarme : « LAÏCISME DE VIE ET LAÏCISME DE MORT ! »

Autant le *vrai Laïcisme* est un *principe de vie et de salut,* autant le *faux Laïcisme* est un *principe de mort et de perdition.* Le faux Laïcisme est une folie suicidaire !

***

Croire en Dieu, c'est croire au salut. Mais il y a deux conceptions, de Dieu et du salut.

1° Croire au *Dieu immanent du Paganisme,* c'est-à-dire croire au salut dans et par la Nature et la Cité, c'est la foi positive, source de force infrangible, et gage de succès certain.

2° Croire au *Dieu transcendant du Christianisme,* c'est-à-dire croire au salut hors et sans la Nature et la Cité, c'est une foi chimérique, certes, et pourtant une foi encore, et un relatif réconfort.

Mais ne croire à aucun Dieu, c'est ne croire à aucun salut !

L'immense mouvement de l'*Esprit moderne,* ainsi que je l'ai dit, c'est le Génie du vrai Laïcisme dans *la Renaissance, la Réforme et la Révolution,* — lequel tend à faire passer la *Race blanche,* la *Civilisation d'Occident,* en un mot, la *Chrétienté,* du Dieu et du Salut transcendants d'un Christianisme extrémiste, au Dieu et au Salut immanents d'un Paganisme rectifié. Et c'est précisément là ce que j'appelle le divin ramené du Ciel sur la Terre, ou l'HEUREUSE TRANSPOSITION DU DIVIN.

Or, sous notre *Troisième République,* un parti aveuglé, et peut-être manœuvré, s'acharne à jeter

la France dans l'absolue négation du divin, —
c'est-à-dire dans le désespoir et la mort !

N'est-il pas plus que temps de démasquer ce
Laïcisme suicidaire, violemment imposé à notre
généreuse et malheureuse Patrie !

UN LAÏCISME D'ERREUR ET DE MORT
DANS LA FRANCE D'HIER,
Oui, contrairement à l'opinion
des révolutionnaires
il y a un Laïcisme d'erréur et de mort,
Et c'est celui qui veut anéantir la Religion
et l'Église.

La Religion ! quel mot « plus riche que Gol-
cönde », s'est écrié un jour le grand Thomas
Carlyle !

Qu'est-ce que la Religion, la Religion en général ?

La Religion, c'est la foi en Dieu, c'est-à-dire en
un *Gouvernement de l'Univers*, dont les Gouvernements de la Terre ne sont que la répercussion
ou l'écho, — comme le pouls est l'écho du cœur.

Un génial penseur du dernier siècle, déjà cité
plus haut, l'auteur des *Rêveries d'un païen mystique*, M. Louis Ménard, n'a-t-il pas écrit ce mot
décisif :

« *Les Religions ne sont autre chose que l'expression idéale des Sociétés...* »

Prétendre supprimer la Religion, c'est donc
une insigne folie !

La Religion, ou l'Idée de Dieu, c'est-à-dire avec

ou sans révélation extra-naturelle, la foi native et instinctive, la foi naturelle et rationnelle en un Gouvernement de l'Univers, n'est-ce pas la pierre fondamentale des Cités, la base même de la vie pour les peuples et les individus ?

Aristote l'a dit, il y a vingt-cinq siècles :

Non, l'Univers n'est pas une collection d'épisodes, mais un tout bien lié.

Entendez : il y a un principe d'ordre dans l'Univers ; et c'est ce que les temps modernes ont magnifiquement prouvé, en découvrant les lois profondes de la Cosmologie, de la Biologie, de la Sociologie, et en faisant éclater ainsi, dans ce triple empire des sciences, un universel système de lois, c'est-à-dire, au double point de vue abstrait et concret, l'universelle Législation de l'universel Législateur.

Triple révélation scientifique d'où doit surgir lentement une preuve nouvelle, une preuve originale, une preuve inédite, expressément scientifique et objective celle-là, destinée à sceller le faisceau des traditionnelles et soi-disant subjectives preuves de l'existence de Dieu.

Il y a un Gouvernement de l'Univers !

Pour le tremblant cœur humain, quelle sécurité que cette certitude, quel invincible réconfort !

La foi religieuse est le ressort vital des individus et des peuples.

Pourquoi ?

Parce que si l'humanité croit se sentir vivre dans un Univers consubstantiel à elle, c'est-à-dire pénétré de raison et de justice, elle est pleine de confiance, elle a le cœur dilaté, elle respire à pleins poumons.

Si, au contraire, l'humanité croit se sentir vivre dans un Univers de forces aveugles et brutales, dans un Univers sans entrailles, dans un Univers sourd et muet, elle a le cœur serré, et sombre lentement dans le désespoir.

*
* *

Voilà pour la *Religion en général.*

Qu'est-ce maintenant que la *Religion chrétienne* en particulier ?

Je n'en veux retenir ici qu'un seul trait.

Le Christianisme, c'est la Religion qui a, notamment, introduit dans la Cité cet incalculable progrès qui s'appelle *le dédoublement du Pouvoir, — en Pouvoir spirituel ou Eglise, et Pouvoir temporel ou Etat.*

*
* *

Qu'est-ce que *l'Eglise* ?

L'Eglise, c'est la Religion organisée.

C'est la foule des laïcs (laoï), encadrée, pour l'instruction morale et le combat contre le péché, par une élite de clercs (cleroï), — comme les troupes de soldats sont encadrées, pour l'instruction militaire et le combat contre l'étranger, par une élite d'officiers.

Et ce sont précisément ces deux bien suprêmes qui ont si cruellement manqué aux religions antiques, à savoir, un corps de doctrines et un corps de docteurs !

L'Eglise ! cette première et grandiose ébauche

d'un Pouvoir spirituel sur la terre, destiné à contrôler le Pouvoir temporel !

L'Eglise ! ce contrôle d'en haut, par des sélections et des traditions millénaires, qui a précédé de si loin nos Parlements, ce contrôle d'en bas, par des élections et des illusions populaires !

N'est-ce pas là, de l'aveu même d'un Auguste Comte, la plus merveilleuse et la plus précieuse création de l'histoire ?

Répétons-le donc : prétendre supprimer la Religion et l'Eglise, c'est bien tout simplement une insigne folie.

*
* *

Quel est le rapport de l'Eglise et de l'Etat ?

L'Eglise, disait récemment une grande affiche de *L'Action Française*, placardée sur les murs de Paris, — « l'Eglise, c'est la patrie mystique de l'immense majorité des Français ».

En admirant comme il convient cette belle parole, je demande la permission d'introduire une précision qui est toute une révolution ou mieux toute la Révolution :

L'Eglise, dirai-je à mon tour, la « plus profonde » Eglise, c'est *la Cité construite dans les cœurs,* — laquelle constitue l'armature interne de *l'Etat,* qui est, lui, *la cité construite dans les lois.*

Et c'est pourquoi Louis Ménard le disait si profondément tout à l'heure : « Les Religions ne sont autre chose que l'expression idéale des Sociétés. »

Et c'est pourquoi, je le répète, Rivarol, récemment cité par M. de la Gorce, l'a si magnifiquement dit :

« Entre la Politique et la Religion, il y a un Contrat éternel ! »

Peut-il donc y avoir séparation entre l'Eglise et l'Etat ?

Le mot séparation est équivoque.

Oui, certes, au point de vue matériel, oui, il peut, et même il doit y avoir séparation entre l'Eglise et l'Etat, — c'est-à-dire indépendance financière de l'Eglise, afin d'assurer à l'Eglise sa pleine et entière personnalité civile, sa pleine et entière liberté spirituelle, sa pleine et entière souveraineté.

Mais non, certes, au point de vue moral, non, il ne saurait y avoir de séparation entre l'Eglise et l'Etat, en ce sens que l'Etat ignorerait l'Eglise.

Car tout Gouvernement de la Terre implique une théorie de l'Univers, c'est-à-dire une philosophie, une métaphysique, une théologie.

En un mot, toute Politique implique une Religion.

Et c'est ce qu'au dernier siècle a lapidairement formulé un poète du peuple, en deux vers pleins et beaux, qu'aimait à répéter un très populaire prélat gentilhomme, le Cardinal de Rovérié de Cabrières, récemment disparu :

> Législateur, ton œuvre est un acte de foi,
> Car un dogme toujours gît au fond d'une loi...

**

Il est donc bien vrai que la Religion et l'Eglise sont les fondements nécessaires de la Politique et de l'Etat, et que le Laïcisme, qui prétend détruire la Religion et l'Eglise, n'est autre chose qu'un faux et mortel Laïcisme, un Laïcisme d'erreur et de mort, un Laïcisme suicidaire.

UN LAICISME DE VÉRITÉ ET DE VIE POUR LA FRANCE DE DEMAIN.

Mais oui aussi, contrairement à l'opinion des réactionnaires, il y a un laïcisme de vérité et de vie.

Et c'est celui qui veut, non pas anéantir la religion et l'Église, mais, selon l'esprit de la Réforme et de la Révolution, les accorder et les conjuguer avec les authentiques droits de la Politique et de l'État.

Prétendre supprimer la Religion et l'Eglise, ai-je dit, quelle insigne folie !

Mais, voici la contre-partie.

Depuis des siècles, et même, au fond, depuis vingt siècles, il y a toujours eu, plus ou moins, lutte, conflit, antagonisme, entre l'Eglise et l'Etat.

C'est là un fait positif, matériel, brutal, qui ne se laisse ni ignorer, ni écarter.

Vouloir nier ce bi-millénaire conflit, ou prétendre passer outre, n'est-ce pas là une égale sinon pire folie ?

Et c'est ici qu'il faut recourir à *ma théorie des deux Laïcismes.*

Il y a, ai-je dit, un faux et mortel Laïcisme, un *Laïcisme d'erreur et de mort*, qui veut détruire la Religion et l'Eglise.

Et c'est ce Laïcisme qu'avec horreur il faut rejeter.

Mais, me suis-je empressé d'ajouter, il y a un vrai et vital Laïcisme, *un Laïcisme de vérité et de vie*, qui, dans la Religion et l'Eglise, veut purger de son alliage d'erreur humaine leur pur métal de vérité divine.

Et c'est ce Laïcisme qu'il faut énergiquement exiger, sous peine de verser dans le *Cléricalisme*, qui est la contre-partie de l'*Athéisme*, — et qui n'est pas moins dangereux que lui !

Le véritable esprit religieux ne saurait être ni clérical ni athée.

Le véritable esprit religieux est un équilibre entre deux chutes, une cime entre deux abîmes.

*
** ***

En ce moment même, le retour qui se dessine en faveur de la *Religion* peut sembler s'altérer d'un retour au *Cléricalisme*.

En ce moment même, je le répète, bien d'aimables voix vont disant :

« L'anticléricalisme est passé de mode » ; « c'est une niaiserie qui n'a plus cours » !...

Encore une fois, est-il possible de prendre pour de vaines querelles d'un jour un conflit fondamental qui plonge au fond des siècles, et dont la France, âme et corps, est le tragique enjeu ?

Est-il possible de ne pas voir que le grand problème des temps modernes, c'est le problème des rapports de l'Eglise et de l'Etat, puisque, de la bonne ou de la mauvaise solution de ce problème, dépend la bonne ou mauvaise structure interne des cités, c'est-à-dire leur degré d'unité intime, donc leur degré de faiblesse ou de force, en un mot, leur chance de mort ou de survie, dans l'implacable lutte des races pour la vie ?

Est-il possible, par conséquent, de ne pas sentir qu'entre clercs et laïcs, entre clériciste et laïcistes, il s'agit bien d'un combat de fond, qui exige une authentique et organique solution ?

Eh bien ! oui, donc, contre l'Eglise, il y a un authentique, il y a un grave, il y a un bi-millénaire grief de l'Etat !

En effet, si l'on dresse le bilan de l'immense révolution religieuse qui a fait passer notre Occident de la Religion et de la Civilisation païennes à la Religion et à la Civilisation chrétiennes, j'ose dire que ce bilan comporte un merveilleux et essentiel actif, certes, un actif divin, mais aussi un dangereux et d'ailleurs accidentel passif, un passif humain.

J'ose dire que le Christianisme a excellé dans les fins, mais qu'il a paru errer dans les moyens.

J'ose dire que le Christianisme a eu le sens le plus aigu du but, du but idéal, mais qu'il a paru plus ou moins méconnaître le moyen, le moyen social.

J'ose dire que, si le Christianisme a eu la grâce de s'élever à la plus neuve et à la plus sublime intuition de la Divinité, il a eu la disgrâce de paraître se laisser induire en la plus aveugle répudiation de la Cité.

Or, voici la grande vérité enfin retrouvée, voici la cardinale et capitale vérité : la Divinité ne saurait être entrevue et poursuivie, sinon saisie et possédée, que dans et par la Cité.

Robinson Crusoé, jeté dans une île déserte, se reconstitue, à lui tout seul, dit-on, un milieu de civilisé.

A lui tout seul ? En vérité ! Dites, avec la collaboration de l'humanité tout entière, dont il est l'héritier intellectuel, car il a abordé dans son île avec tout un « navire d'idées » !

Et c'est pourquoi, ainsi expliqué par un directeur d'école de Paris, M. Emile Bocquillon, d'après une indication géniale de J.-J. Rousseau, le *Robinson Crusoé* est devenu, tout récemment, le plus merveilleux livre de lecture que l'on puisse mettre aux mains des cinq millions d'enfants du peuple français.

Même explication pour cet immortel chef-d'œuvre qu'est l'*Imitation de Jésus-Christ*.

Au fond du cloître, loin du siècle, c'est le dialogue mystique de l'*Ame fidèle* avec le *Christ*. Mais que verse-t-elle aux pieds du Christ, l'Ame fidèle, sinon les richesses spirituelles héritées par elle de ses millions d'aïeux, sinon la fleur de cœur et d'esprit élaborée pour elle par cinquante mille ans de civilisation ?

Et l'erreur immense du primitif Christianisme, c'est d'avoir cru, précisément, ou paru croire le contraire, à savoir, qu'avant tout et par-dessus tout, il fallait ignorer, écarter, éliminer la Cité, interposée comme un odieux écran entre l'Ame et Dieu !

Et la vérité immense du Laïcisme, c'est de tendre, au contraire, à réhabiliter la Société, la Cité, l'Etat.

C'est ce qu'a commencé de faire la Réforme, et c'est ce qu'achèvera de faire la Révolution.

La Cité, c'est la vraie source, non seulement de nos richesses matérielles, mais aussi et surtout de nos richesses spirituelles ; c'est la vraie source des idées et des sentiments, c'est-à-dire de *l'âme.*

Oui, la *Cité* est l'authentique et auguste mère de *Psyché* !

Et c'est pourquoi, il y a un quart de siècle, j'ai écrit *La Cité moderne,* pour prouver cela précisément, à savoir, que l'AME EST FILLE DE LA CITÉ, de la terrestre Cité.

Et c'est pourquoi j'ose le dire, quand *ces sept mots* seront bien compris, toute notre Pensée d'Occident, depuis vingt siècles, sera inversée, et sa suprême révolution mentale consommée.

*
* *

Comment toutefois peut-on expliquer une telle aberration du primitif Christianisme : la répudiation de la Cité ?

Très facilement.

Dans l'antiquité païenne, la Religion et l'Eglise étaient plus ou moins immanentes, et comme diffuses et confuses, dans la Politique et l'Etat.

En vertu même de la Révolution chrétienne, la Religion et l'Eglise se sont nettement différenciées de la Politique et de l'Etat.

Elles se sont différenciées, séparées, opposées. Elles se sont posées — en s'op-posant.

Oui, l'Eglise s'est posée en s'opposant à l'Etat, aux deux grandes séries d'institutions de l'Etat.

1° L'Eglise s'est posée en s'opposant..., au mariage et à la famille, aux unions domestiques et aux fécondités familiales ;

2° L'Eglise s'est posée en s'opposant..., aux professions et aux carrières, aux fonctions publiques et aux prospérités sociales.

Et ainsi l'Eglise a paru se dresser : comme une sécession sociale, comme une grève civique, comme une émigration à l'intérieur, comme une fuite aux cloîtres et aux déserts, comme une répudiation de la terre et une aspiration au « ciel », enfin comme une épidémie d'incivisme !

Véritable crise pathologique, semble-t-il, à raison de laquelle la Religion et l'Eglise n'ont pas pu ne pas être combattues par la Politique et l'Etat.

Certes, cette épidémie d'incivisme n'a jamais entraîné et n'entraîne aujourd'hui surtout qu'une infime partie de nos multitudes d'Occident.

Le mal reste pourtant bien plus grand qu'on ne pense.

Plus ou moins secrètement, plus ou moins obscurément, le désenchantement de la vie et le détachement de la terre, c'est-à-dire un latent et inconscient désespoir, habitent les cœurs de ceux-là même qui restent dans le « siècle ».

Et, de ce fait, la déperdition d'énergie pour la Cité est énorme.

Et, si j'ose employer une expression technique, en comparaison des Cités restées ou redevenues païennes, le manque à gagner des Cités chrétiennes est, à coup sûr, de plus de cinquante pour cent !

Or, voilà ce qu'à tout prix les Cités chrétiennes doivent changer, pour avoir chance de survie dans l'implacable lutte des races pour la vie.

Voilà ce qu'en partie a changé l'Allemagne.

Comparée à la France, l'Allemagne tire moitié plus de son sol, certainement plus pauvre (environ 30 quintaux de blé par hectare, au lieu de 15, et 150 quintaux de pommes de terre, au lieu de 75 !), et moitié plus de sa race, peut-être moins douée !

Et pourquoi cela ?

Pourquoi ? Parce que, de nouveau, comme Antée, elle a touché la terre !

Pourquoi ? Parce qu'elle a retrouvé l'ivresse de vivre, et, selon la parole shakespearienne, « la chaude frénésie de la vie ».

L'immense valeur de la vie terrestre, de la vie naturelle et sociale, de la vie physique et civique, voilà ce qu'à tout prix, et d'urgence, et à fond, il faut réapprendre à la Chrétienté en général et à la France en particulier.

Et c'est cela qui est le vrai et vital Laïcisme, *le*

Laïcisme de vérité et de vie, — à savoir, le *Civisme,* ou, mieux encore, le *Culte de la Cité,* de la saine et sainte Cité !

LES DEUX LAÏCISMES ET LES DEUX CLÉRICISMES.

1° Contrairement à l'opinion des révolutionnaires, il y a un CLÉRICISME DE VÉRITÉ ET DE VIE, QUI EST UN ENCADREMENT DES LAICS PAR UN CORPS DE CLERCS, OU « OFFICIERS DE MÉTAPHYSIQUE ET DE MORALE ».

2° MAIS, CONTRAIREMENT A L'OPINION DES RÉACTIONNAIRES, il y a un CLÉRI-CISME D'ERREUR ET DE MORT, QUI EST UN DÉFAITISME MÉTAPHYSIQUE ou sourde DÉSERTION CIVIQUE, OU SOUS-ESTIMATION DE L'IMMENSE VALEUR DE LA VIE.

Qu'est-ce que le Laïcisme ?

J'ai répondu : Il y a *deux Laïcismes.*

Et maintenant, tout s'éclaire.

Il y a *le faux et mortel Laïcisme,* et c'est celui qui prétend saccager et ruiner, abolir et anéantir la Religion et l'Eglise, ces fondements de la Cité et de l'Etat.

Et il y a *le vrai et vital Laïcisme.*

Et c'est celui qui veut, au contraire, les redresser pour les renforcer.

Et ce vrai et vital Laïcisme, c'est tout l'effort de pensée de l'Esprit moderne ; c'est l'effort de l'élite des Laïcs pour accentuer et accélérer, pour généraliser et universaliser, chez les Clercs encore attardés, ce grand revirement du primitif et chimérique *In-civisme*, vers le définitif, vers le positif et intensif *Sur-civisme*.

*
* *

Et qu'est-ce, à son tour, que le Cléricisme ? Je réponds : il y a *deux Cléricismes*.

Il y a *le vrai et vital Cléricisme* ; et c'est celui qui, étymologiquement, institue des Clercs, en face des Laïcs, c'est-à-dire « championne » le dédoublement du Pouvoir en Pouvoir spirituel ou Eglise et Pouvoir temporel ou Etat.

Dédoublement qui constitue une révolution incalculable.

Dédoublement *établi* jadis par le *Droit médiéval*, et passagèrement *désétabli*, de nos jours, par le prétendu et aveuglé *Droit moderne*, et qui sera *rétabli* demain et pour toujours par le *Droit éternel* !

Et c'est celui qui soutient énergiquement l'existence et la prérogative des Clercs et du Clergé, et qui, enfin, même au simple point de vue naturel et séculier, considère comme la plus sublime création de l'Histoire l'établissement de l'Eglise en face de l'Etat.

Mais il y a *le faux et mortel Cléricisme.*

Et c'est celui qui, chez bien des Clercs encore,

et chez la foule immense de leurs ouailles, en
France ou à l'Etranger, s'oppose au revirement
de l'*In-civisme* au *Sur-civisme*, et s'obstine passivement dans un conscient ou inconscient *In--
civisme,* dans un conscient ou inconscient *détachement de la Terre et de la Cité.*

*
* *

Or, il faut l'oser dire, un tel Cléricisme est
funeste, aussi funeste peut-être à la Cité que le
pur Athéisme.

Dans l'implacable lutte des races pour la vie,
il faut *l'acharné vouloir vivre,* et non pas seulement *le noble savoir mourir.*

Aux peuples païens ou néo-païens, c'est-à-dire
aux peuples qui ont su conserver ou retrouver le
goût, l'amour, la passion, la « frénésie de la vie »,
de la vie terrestre, c'est-à-dire le Culte de la Cité,
de la terrestre cité, quelle résistance pourra opposer demain une secrètement mélancolique, une
sourdement désenchantée « Chrétienté » ?

Certes, je sais comment les Chrétiens et les Catholiques, Clercs ou Laïcs, se sont comportés
dans la Grande Guerre, et quelle bravoure ils ont
déployée.

Mais, encore une fois, il ne s'agit pas seulement
du noble savoir mourir : il s'agit aussi et surtout de l'acharné vouloir vivre !

Oui, je le répète, dans les futurs conflits inter-
ethniques et inter-continentaux, la « Chrétienté »
risque fort d'être handicapée par son propre et

inconscient état d'âme, c'est-à-dire par *son secret
défaitisme terrestre,* — lequel peut se résumer en
quatre mots :

1° Une sous-estimation de l'immense valeur de
la vie terrestre ;

2° D'où une sous-intensité de l'effort vital individuel ;

3° D'où un sous-rendement de l'activité nationale ;

4° D'où un sous-classement de la nation dans
les implacables conflits internationaux.

Oui, il faut qu'elle le sache enfin :

Si elle ne change d'âme, par le grand revirement ci-dessus indiqué, toute la Chrétienté, entendez par là toute la Race blanche, — îlot presque encerclé par les pullulantes Races de couleur, risque fort d'être déracinée et balayée de la
surface du globe par des ruées de peuples plus
ardemment épris de la vie réelle et plus qu'elle
enflammés d'amour pour la Terre et pour la Cité.

Chrétiens ! Craignez, craignez d'être des Curiaces, de ces nobles et mélancoliques Curiaces
qu'exterminent implacablement les Horace, — les
Horace fanatisés par la vision de leur Rome terrestre et de ses grands destins !

Le vrai Laïcisme, c'est le *Culte de la Cité* ; et le
Culte de la Cité, c'est le *secret de la force.*

Voyez plutôt Sparte et Rome, dans « *La Cité
antique* », de notre illustre maître Fustel de Coulanges !

Voyez surtout Israël, — qui est le plus foncièrement laïque de tous les peuples, et, du même coup, le plus incoerciblement vivace, et, en ce sens, notamment, le plus fort de tous.

Le vrai Laïcisme est la maîtresse-pièce de la *Défense nationale* et de la *Lutte pour la vie.*

Le vrai Laïcisme, c'est du *Darwinisme transcendantal.*

LE VRAI LAICISME
OU LA SOURCE INCONNUE DE LA FORCE ALLEMANDE, A SAVOIR,
SON UNITÉ MÉTAPHYSIQUE DE L'ÉGLISE ET DE L'ÉTAT, SOUS-JACENTE A SON UNITÉ PHYSIQUE DES ÉTATS, OU L'AUTRE ET PLUS PROFONDE UNITÉ ALLEMANDE.

Le coefficient de vitalité » de l'Allemagne, d'après un Ingénieur de l'Ecole Centrale

Osons voir la vérité.

Il ne faut ni méconnaître ni sous-estimer les forces de l'adversaire, quand on prétend le maîtriser.

Un ingénieur de l'Ecole Centrale, M. Victor Cambon, grand voyageur en Allemagne, vient de publier un nouveau livre intitulé : *L'Allemagne nouvelle.*

M. Victor Cambon veut attirer notre attention sur l'extraordinaire « *coefficient de vitalité* » de l'Allemagne.

C'est, dit-il avec raison, la question capitale.

Or, ajoute-t-il, de cette question capitale personne ne s'occupe : *ni les diplomates, ni les militaires, ni les financiers !*

N'est-ce pas fantastique ?

Et, de cette extraordinaire vitalité, il nous donne des preuves véritablement saisissantes.

L'Allemagne *vaincue*, dit-il, semble s'être ressaisie bien plus rapidement que ses *vainqueurs.*

Six semaines seulement après l'Armistice, en fin décembre 1918, le *pangermanisme* avait déjà repris pied !

Et le voilà de nouveau lancé dans les plus gigantesques entreprises, dont voici quatre principales :

1° Trois ou quatre ans seulement après la guerre, *Hambourg* est déjà presque redevenu le premier port du monde.

Et à ce premier miracle, *Hambourg* se propose d'en ajouter un second, encore plus grand.

Hambourg songe à englober les villes voisines et à se développer sur les deux rives de l'Elbe, jusqu'à la mer, de façon à constituer *un port d'environ cent kilomètres de long !*

2° Le *Reich*, reprenant le *rêve de Charlemagne et de Napoléon*, est en train de réaliser le *canal du Rhin au Danube*, pour relier la *Mer du Nord à la Mer Noire*, et desservir et asservir ainsi dix nations tributaires, et créer ainsi la *Mittel-Europa*, et s'ouvrir ainsi la *Russie* et l'*Asie*, en contournant les *Détroits !*

3° L'Allemagne *vaincue* achève de constituer *la plus vaste industrie chimique* du monde, capable de fournir la terre entière *d'engrais et... d'explosifs* !

4° L'Allemagne *vaincue* prétend créer, avec son *Aéro-Lloyd*, le plus vaste réseau aérien du monde, de façon à commander, commercialement et militairement, toutes les routes internationales, comme, par exemple, *la ligne Kœnisberg-Moscou-Turkestan*, — qui n'est autre chose qu'une superbe mainmise sur la Russie !

Et c'est pourquoi la *Deutsche Tageszeintung* n'a pas pu s'empêcher de pousser ce cri de joie :

« Désormais, la Russie est irrémédiablement perdue pour la France ! »

» *Toutes les têtes de pont sur le Rhin* ne sauraient compenser pour elle cette perte irréparable ! »

Certes, une Russie *perdue pour la France*, comme *alliance*, c'est déjà infiniment grave : c'est l'Allemagne désormais sans contrepoids en *Europe*, et la France menacée d'écrasement.

Mais une Russie *gagnée pour l'Allemagne*, non pas seulement comme *alliance*, mais comme *colonie*, C'EST LE DÉSÉQUILIBRE VITAL DE LA PLANÈTE, que ne voit pas venir *l'Angleterre aveuglée* !

Or, c'est ce qu'annonce tout simplement l'*Echo de Paris* du 23 janvier 1924, sous la signature de *Pertinax*, à propos de la mort de *Lénine*, d'après les Mémoires même du *général allemand Hoffmann*.

C'est l'Allemagne qui a jeté Lénine sur la Russie :

« Mais il existe un autre aspect de l'œuvre de Lénine qu'il ne faut point négliger. Ce qui s'est accompli dans le grand empire slave, sous l'action de sa pensée, ne fut, à l'origine, qu'*un dessein mûrement délibéré de l'état-major allemand. Lénine fut jeté sur la Russie* par la même stratégie qui répandit les gaz asphyxiants sur les lignes des Alliés et dans le même esprit. Le général Hoffmann, sauf erreur, l'a déclaré sans vergogne dans ses mémoires. »

C'est à l'heure même où elle a voulu s'arracher à *deux siècles de germanisation* que la Russie risque d'être *sur-germanisée* :

« Edifiée peu à peu, en deux siècles, par une dynastie et une bureaucratie profondément germaniques, *la Russie, en se portant contre Berlin, tendait à asseoir définitivement son indépendance nationale*. La voilà brusquement transformée en un *latifundium* où de nouveau peut s'exercer l'effort colonisateur du voisin occidental. »

Lénine aurait donc été dupe ou complice des Hohenzollern !

« On ne peut donc dire de Lénine qu'il fut un grand destructeur désintéressé, — il ne manquerait point de gens qui l'admireraient à ce titre et le qualifieraient volontiers de titanesque. En dernière analyse, il fut soit le complice, soit la dupe des Hohenzollern. »

*
* *

Le Pangermanisme

ou

LA CHAINE DES SEPT CHAINONS

D'où vient cependant un si extraordinaire « *coefficient de vitalité* » ?

Un professeur de l'Université de Toulouse, M. Hippolyte Loiseau, qui a beaucoup voyagé en Allemagne, a répondu à cette question dans un opuscule extrêmement riche et dense, et qui mérite d'être rapproché des quatre admirables volumes in-octavo de M. Andler, sur le *Pangermanisme.*

Si l'on systématise les données de ces écrivains, l'énergie de l'Allemagne résulte de sept idées rigoureusement enchaînées, à savoir :

1° Sa foi indestructible en sa *double supériorité, matérielle et spirituelle, physique et métaphysique.*

2° D'où sa foi indestructible en sa *mission providentielle.*

3° D'où sa foi indestructible en son irrésistible *expansionisme* européen et planétaire.

4° D'où sa foi indestructible en sa nécessaire *hégémonie* universelle.

5° D'où sa foi indestructible en sa nécessaire *réorganisation militaire.*

6° D'où sa foi indestructible en la nécessaire *restauration des Hohenzollern,* cette clé de voûte de son Impérialisme.

7° D'où son indestructible foi en le nécessaire

anéantissement de la France, ce dernier obstacle à son triomphe définitif.

Telles sont les *sept idées* qui constituent l'*Impérialisme allemand*.

Et il nous faut *un briseur de chaînes*, pour rompre *cette chaîne aux sept chaînons*, — sinon, dit expressément M. Victor Cambon, *nous n'aurons fait que retarder de quelques années l'hégémonie allemande et nos quinze cent mille morts ne nous auront valu qu'un simple répit !*

Mais ce n'est pas tout encore, et il faut encore creuser plus avant.

D'après le Cégétiste Griffuelhes, l'Allemagne sera maîtresse de l'Europe PARCE QU'ELLE A UNE PHILOSOPHIE.

Depuis la Grande Guerre, le mot le plus profond sur les Allemands a été dit, en février 1920, à l'Hôtel dés Sociétés Savantes, par le citoyen Griffuelhes, ancien secrétaire de la C. G. T., récemment disparu, d'ailleurs, dans l'été, je crois bien, de 1922.

Le citoyen Griffuelhes a dit en substance : « Dans vingt ans, les Allemands seront maîtres de l'Europe ! »

Et cela, non pas seulement parce qu'ils sont en effet passés maîtres en matière d'organisation politique et militaire, et en matière d'organisation économique et financière, mais aussi et surtout parce qu'ils ont une *philosophie*.

Voilà le mot décisif.

Oui, les Allemands ont une philosophie — religieuse, politique et sociale — dont ils nous ont d'ailleurs emprunté le principe ; une philosophie par la pénétration de laquelle ils ont virtuellement résolu chez eux le problème fondamental, c'est-à-dire virtuellement réformé et transformé les rapports de l'Eglise et de l'Etat.

Et c'est cette profonde et puissante philosophie qui constitue leur force mentale et morale, leur force spirituelle, laquelle est la véritable et secrète source de cette redoutable force matérielle dont ils menacent d'écraser le monde entier.

Car on se trompe, ou on nous trompe, cruellement, quand on nous dit que l'Allemagne n'est qu'une force matérielle et mécanique, tandis que la France serait, elle, une force morale et spirituelle.

La vérité vraie, c'est que la force de l'Allemagne est *mécanique* au dehors, *organique* au dedans, *mystique* au centre et au cœur !

Le LAICISME RELIGIÉUX de l'Allemagne.

Tout le monde le sait : en Prusse, en 1788, en plein déchaînement de la libre pensée germanique et européenne, Frédéric-Guillaume II promulgue l'*Edit de religion*, pour expressément rappeler à tous ses sujets que *la Religion et l'Eglise* sont et restent les bases mêmes de *la Politique et de l'Etat*.

Et autant, d'ailleurs, en pensaient, au fond, en France, les hommes de la Révolution française; les hommes de 1789.

Mais, qu'ont dit et qu'ont fait les premiers inspirateurs de notre Troisième République française ?

Exactement le contraire de ce qu'ont dit et voulu faire à ce sujet les hommes de la Révolution !

Les premiers inspirateurs de la Troisième République se sont acharnés à soutenir que la Religion et l'Eglise n'ont rien à voir dans les affaires de la Politique et de l'Etat.

Ainsi, il saute aux yeux que la Révolution morale et mentale, la Révolution philosophique et politique des Français, telle du moins qu'elle a été interprétée par les premiers inspirateurs de notre Troisième République, se trouve être devenue exactement l'opposé, exactement l'inverse de l'Evolution morale et mentale, de l'Evolution philosophique et politique des Allemands.

Effectivement ou virtuellement, l'Evolution allemande, canalisée par l'Edit de 1788, c'est la conjonction des deux plus profonds et plus puissants instincts de l'homme, à savoir, l'instinct religieux et l'instinct social, l'instinct mystique et l'instinct civique.

Source de force incalculable !

Au contraire, la Révolution française de 1789, non par son orientation originelle, mais par sa désorientation ultérieure et artificielle, c'est la disjonction de nos deux instincts fondamentaux.

Source de faiblesse insondable !

*
**

D'où les deux Laïcismes inverses que nous savons.

En Allemagne, ce qui s'élabore, c'est la conjonction d'une *Eglise laïcisée* et d'un *Etat divinisé*, ou, plus exactement, c'est la multiplication de ces deux Pouvoirs l'un par l'autre.

Or, multipliez dix par dix : vous avez cent, — une force centuplée !

Et telle est l'œuvre du *Laïcisme de vérité et de vie* !

En France, au contraire, ce qui s'élabore, c'est la disjonction, c'est l'opposition d'une *Eglise cléricalisée* et d'un *Etat athéisé*.

Or, opposez dix à dix : ils s'annulent, et vous avez zéro ! Et telle est l'œuvre du *Laïcisme d'erreur et de mort* !

Et voilà la clef du mystère ! Voilà le secret de la force et de la faiblesse respectives des Allemands et des Français.

Non, certes, d'une faiblesse qui serait naturelle aux Français, mais d'une faiblesse tout artificielle, c'est-à-dire déterminée par artifice, artificiellement obtenue et artificiellement maintenue!

La force de l'Allemagne, ce n'est donc pas une sépériorité ethnique, mais tout simplement une avance historique, une avance toute provisoire, dans l'œuvre de synthèse, — doublée peut-être d'une manœuvre occulte chez nous !

Comme il avait hier sur nous l'avance de ce terrible engin de force physique, l'artillerie lourde, le Pangermanisme a encore bien plus sur nous l'avance de cet encore bien plus terrible engin de

force morale, la philosophie « lourde », l'anthentique et organique Laïcisme de fond, ou intime
accord de l'*Eglise laïcisée* et de l'*Etat divinisé,* ou
synergie de la Cité.

Non seulement donc on n'a pas laissé faire à
la France sa révolution religieuse, mais on la lui
a fait faire *à rebours* !

Quand un mauvais fermier est renvoyé par ses
maîtres, il arrive parfois qu'il se venge de la
façon suivante : il scie aux trois quarts, entre
deux terres, les arbres du parc. L'horrible blessure est invisible et silencieuse ; mais les beaux
arbres dépérissent, en attendant de mourir iné-
luctablement. Ainsi en est-il advenu pour la
France.

Sous prétexte de *raison et de science,* sous prétexte de *lumière et de progrès,* sous prétexte de
*libre pensée et de laïcisme, d'agnosticisme et de
neutralité,* la France, comme un arbre scié entre
deux terres, a été en partie coupée de Dieu, j'entends en partie coupée de sa racine, de sa vitale
et divine racine. Et aussitôt, elle a commencé de
languir.

Et ce n'est pas la Révolution française, ici, qui
est responsable, c'est, sous la Troisième République française, un parti aveuglé, et peut-être manœuvré.

Et, chose inouïe, les Français ne comprennent
rien, ne voient rien. D'où leur absolue incompréhension de l'Allemagne. En 1918, après leur

incomplète victoire, ils ont cru l'Allemagne non
seulement battue, mais abattue, effondrée. De
hauts personnages m'ont dit à moi-même, avec
une sincérité passionnée : « Il n'y a plus d'Allemagne ! Il n'y a plus d'Allemagne ! » Tragique
illusion !

Et pourquoi cela ? Parce que les Français
ignorent radicalement la différence infinie qu'il y
a entre l'Etat allemand et l'Etat français.

Le Français est resté dualiste. Pour lui, il y a
deux domaines essentiellement séparables, sinon
toujours pratiquement séparés : d'une part, la
Religion et l'Eglise, et, d'autre part, la Politique
et l'Etat. Entendez : pour lui le levain est toujours plus ou moins à séparer de la pâte.

Pour *l'extrémiste clérical*, la vraie devise, au
fond, c'est : le levain sans la pâte, ou *Dieu sans
la Cité*. Et, pour *l'extrémiste athée*, la vraie
devise, au fond, c'est : la pâte sans le levain, ou
la Cité sans Dieu !

Et voilà, précisément, sur la question fondamentale, le fond du fond de l'erreur...

Pourtant, le plus humble bon sens et le plus
sublime génie s'accordent sur une troisième et
seule vraie devise, à savoir, le levain dans la pâte,
ou *Dieu dans la Cité*.

Un Etat, où *l'instinct civique* est doublé de
l'instinct mystique, c'est un acier si bien trempé
que, ni guerres étrangères, ni guerres civiles ne
le sauraient briser.

Au contraire, un Etat où *l'instinct civique* est
vidé de *l'instinct mystique*, c'est un château de

cartes qu'une défaite militaire ou qu'une émeute
de rues, abat.

Les Français, demi-vainqueurs, se sont radicalement trompés sur l'Allemagne: Quelque *phy-
siquement* grande et puissante qu'ils l'aient
reconnue par ailleurs, ils l'ont, et de beaucoup,
métaphysiquement, sous-estimée, — parce qu'ils
n'ont pas encore soupçonné l'immense révolution morale et mentale, l'immense révolution
interne, silencieuse et invisible, en un mot, l'immense révolution philosophique, qui a fait sourdre en elle des forces triplées, décuplées, centu-
-plées !

J'ai entendu aussi d'éminents écrivains catholiques me dire, en toute sincérité : « Mais où est-
elle donc, cette nouvelle philosophie allemande ?
Où donc la voit-on ? On ne la voit, en effet, totalement et pleinement nulle part. On ne la voit ni
dans Luther-et Mélanchton, ni dans Grotius, propagé par Puffendorff, ni dans Boehme, ni dans
Leiznitz ou Wolff ou Mendelssohn, ni dans Les-
sing, ni dans Kant, ni dans Fichte ou Schelling
ou Hegel, ni dans Schleiermacher, ni dans Scho-
penhauer ou Max Stirner, ni dans Nietzsche...

On ne la voit nulle part, parce qu'elle est partout. Les arbres nous cachent la forêt.

*
* *

M. Victor Cambon nous signalait tout à l'heure
l'extraordinaire vitalité de l'Allemagne.

D'où vient donc une telle *vitalité* ? Savoir la
voir, c'est déjà beaucoup : tant de Français ne la

voient pas ! Mais il ne suffit pas encore de la constater : il faut aussi et surtout l'expliquer.

Eh bien, je l'explique, moi, par *la double révolution religieuse* des Allemands :

1° Par leur *révolution ecclésiastique* du xvi° siècle, d'abord, qui a détaché l'Eglise allemande de l'Eglise universelle romaine, et qui, sous réserve de ses immenses inconvénients, secondaires d'ailleurs et ultérieurement réparables, a eu l'immense avantage fondamental de libérer la pensée allemande ;

2° Et, ensuite, par leur *révolution philosophique* du xviii° siècle, qui a résulté de cette libération, et qui, à l'intérieur même de la patrie allemande, a foncièrement transformé les rapports de la Religion et de la Politique, et, du même coup, laïcisé l'Eglise et divinisé l'Etat.

Et cette explication n'est que l'esquisse de tout un livre, qu'il faudrait intituler : *Un Laïcisme de vérité et de vie*, ou *La source inconnue de la force allemande* !

***

Certes, je le répète, la révolution ecclésiastique du xvi° siècle, la révolution protestante, la rupture avec Rome, a eu d'immenses inconvénients.

Elle a *déchiré la robe sans couture* ; elle a rompu l'*Unité de la Chrétienté*.

Et, malgré Calvin, *les Eglises nationalisées* sont plus ou moins devenues *serves de leurs Etats respectifs*.

Et l'*anarchie internationale* a fait rage, et l'*impérialisme pangermanique* a été déchaîné.

Mais, sous ce *mal* passager, si affreux soit-il, se cache pourtant un *bien* durable : sous ces désordres *physiques* de surface se cache un progrès *métaphysique* de fond.

Heureux, les peuples qui, assez à temps, sauront en faire leur profit !

LE FAUX LAICISME
ou
LA SOUCE MÉCONNUE
DE L'AFFAIBLISSEMENT FRANÇAIS
ET LE DOUBLE DISCRÉDIT DE LA FRANCE
A L'ÉTRANGER
comme à la fois CLÉRICALE ET ATHÉE.

Considérons nos deux grands partis politiques, notre parti modéré et notre parti avancé, notre parti clérical et notre parti athée.

Tous deux ne sont-ils pas également et follement extrémistes ?

L'un, *le parti révolutionnaire*, ne semble-t-il pas irréductiblement voué à cet extrémisme d'une laïcité théoriquement neutraliste, mais pratiquement athée, et qui fait donc violemment table rase de toute Eglise et de toute Religion ?

Soit, *la Cité sans Dieu* !

Et l'autre parti, *le parti réactionnaire*, ne semble-t-il pas irréductiblement voué à cet autre extrémisme de la stagnation anti-réformiste, ou de l'intangible cléricalisme, ou de l'intangible superstition ?

Soit, au besoin, *Dieu sans la Cité* !

Et n'y a-t-il pas là, je le répète, deux extrémismes inversement, mais également insensés ?

* *
*

On ne nous permet donc que d'osciller périodiquement, tous les vingt ou trente ans, de cléricalisme en athéisme et d'athéisme en cléricalisme !

Et c'est ainsi que l'Etranger peut nous bafouer sans fin, sans fin nous discréditer et nous disqualifier, en nous dénonçant, tour à tour ou tout ensemble, à l'opinion universelle, soit comme un misérable peuple *de superstitieux et de cléricaux,* soit comme un odieux peuple *d'impies et d'athées.*

En général, d'un côté, les *Continentaux catholiques,* les Rhéno-Danubiens (Autrichiens, Bavarois, Alsaciens, Belges, etc.), nous redoutent comme *athées.*

Et c'est ce qui ne facilite pas précisément notre politique continentale.

Et, en général, d'un autre côté, les *Insulaires protestants,* les Anglo-Américains, nous méprisent comme *Cléricaux* !

Et c'est ce qui nous a si cruellement desservis, récemment, dans les grands Congrès internationaux.

Et ainsi, de part et d'autre, côté Continent et côté Océan, côté Catholiques et côté Protestants, les sympathies risquent fort de nous échapper.

* *
*

Bien mieux, chez les Insulaires protestants, chez les Anglo-Américains, nous réussissons à détenir le record des deux simultanés et connexes discrédits !

En veut-on une preuve éclatante ?

France et **ALSACE**

Tout le monde sait comment, au *Congrès de la Paix*, le puritanisme, soit de M. Lloyd George, soit de M. Wilson, a paru s'acharner à brimer la catholique France et la catholique Belgique, la catholique Pologne et la catholique Autriche, précisément en tant que nations catholiques, c'est-à-dire, pour eux, « *cléricales* ».

Mais, par contre, nombre de publicistes, et, notamment, dans *L'Œuvre* du 5 mai 1921, M. Aristide Rieffel, n'ont-ils pas signalé la violente campagne menée aux Etats-Unis contre la France, considérée comme *athée* ?

Dans un implacable réquisitoire général contre la France, sur neuf chefs d'accusations, c'est le seul que je me borne à relever.

Voici le texte exact de M. Rieffel (que je n'entends citer que sous toutes réserves) :

« Dès 1880, le Vatican (?) s'est appliqué à montrer au monde qu'une « nation sans Dieu » est châtiée.

» Il a donc puissamment travaillé à réaliser le châtiment divin, en suscitant contre la France, par toute la terre, le plus de mépris possible.

» En conséquence, tout Irlandais d'Amérique reçut ce mot d'ordre : dénoncer la France aux Yankees, comme persécutant le Christianisme. »

Et voici ce qui est plus grave encore.

Voici comment les Irlandais essaient de nous rendre odieux en Alsace :

« Avant 1871, l'Alsace était un centre de libre pensée ; mais la bourgeoisie alsacienne ayant émigré, l'Alsace est redevenue très religieuse.

» Les Prussiens ont établi l'école obligatoirement confessionnelle, et ils ont donné aux curés des traitements énormes ; rabbins, pasteurs et curés lutteront aujourd'hui pour le maintien du régime allemand.

» Et les Irlandais se chargent de crier aux Américains que les Alsaciens, sous le gouvernement de la France impie, sont bien malheureux ! »

Ce texte n'est-il pas du plus haut intérêt ?

Sus à la *France cléricale* ! Et sus à la *France athée* !

Ainsi, la France est toujours prise entre deux feux, entre deux batteries de calomnies alternantes ou conjuguées.

N'est-il pas plus que temps d'arracher la France à ces feux meurtriers ?

N'est-il pas plus que temps de désaveugler et de désenvoûter nos deux grands partis politiques, inversement, mais également extrémistes, qui nous perdent de réputation dans le monde entier ?

Etat ATHÉISÉ ? Ou Eglise LAICISEE ?

N'est-il pas plus que temps de faire entendre la vraie voix de la Nation, qui n'est autre que la vraie voix de la Raison ?

Or, cette voix de la Raison et de la Nation, elle

tient en deux mots : *Laïciser n'est pas athéiser !*
Bien au contraire.

Il faut *laïciser l'Eglise,* au lieu d'*athéiser l'Etat* !

Pour pouvoir détourner nos *partis révolutionnaires* de l'*Athéisme,* il faut savoir amener nos *partis réactionnaires* au *Laïcisme,* — au Laïcisme de fond.

Nos partis modérés, ou plutôt attardés, sont aussi responsables de nos maux et de nos dangers, sinon plus responsables encore, peut-être, que nos partis avancés, ou plutôt dévoyés.

Il nous faut une profonde et totale transformation, une profonde et totale métamorphose de l'Eglise.

Fermer à la Religion la porte de l'Ecole, ce n'est point là du tout une solution organique : ce n'est là qu'une aberration suicidaire.

Il ne s'agit point d'ôter le lait divin à l'enfant (Ecole) : *il s'agit d'assainir et d'enrichir encore le lait de la Mère* (Eglise) !

On avouera que c'est bien différent !

N'avais-je donc pas raison de le dire, que depuis cinquante ans, nous sommes dupes et victimes de la plus effroyable équivoque, du plus sinistre malentendu ?

Le paysan ivre sur son âne.

Eh bien ! il s'agit de le dissiper enfin, ce malentendu effroyable !

Il s'agit de proclamer plus hautement que jamais l'évidence de ce que j'appelle l'invincible Laïcisme et l'impossible régression.

Mais il s'agit aussi et surtout d'écarter décisivement le *Laïcisme d'erreur et de mort*, pour se rallier vigoureusement au *Laïcisme de vérité et de vie* !

Depuis plus d'un siècle, en Politique, la France semble destinée à osciller sans fin de l'anarchie au despotisme et du despotisme à l'anarchie.

Et c'est pourquoi Mme de Staël, qui a jeté à la France ce salut immortel : « O Terre de gloire et d'amour ! », n'a pu s'empêcher pourtant de laisser tomber aussi ce mot de génie, si mélancolique et si profond :

« *Les Français ont traversé la liberté !* »

Pareillement, depuis plus d'un siècle, en Religion, la France semble destinée à osciller sans fin du cléricalisme à l'athéisme et de l'athéisme au cléricalisme.

Et c'est pourquoi j'ose dire, à mon tour : *Les Français ont traversé la vérité !*

Eh quoi ! nous aurions traversé la liberté et la vérité, et nous prétendons vivre !

Est-ce donc à la France surtout qu'il faudrait appliquer la parole célèbre :

L'Humanité est un paysan ivre sur son âne. Il tombe d'un côté. Vous le relevez. Il tombe de l'autre !

En vérité, il n'est que temps pour nous de retrouver enfin l'équilibre et de rester en selle, si nous ne voulons pas risquer d'être bafoués, et ensuite piétinés et balayés.

* *
*

Et pour cela que faut-il ?

Il faut dissiper le plus sinistre des malentendus.

Il faut rentrer dans le grand courant central de *l'Esprit moderne.*

Et il faut retrouver le sens de la vraie pensée française et européenne.

Qu'ont voulu, en effet, pour l'Eglise, *la Réforme et la Révolution* ?

Qu'ont voulu, pour l'Eglise, *les Luther et les Calvin, les Rousseau et les Napoléon* ?

Ils ont voulu, non l'affaiblir pour l'abolir, mais, au contraire, la rectifier pour la fortifier, la redresser pour la renforcer.

Après cinquante ans d'un faux et mortel Laïcisme, si des hommes nouveaux osent ainsi relever *le vrai drapeau de la Réforme et de la Révolution,* follement abattu par des égarés, dupes ou complices de l'Etranger, j'ose à mon tour leur prédire qu'ils auront rempli la plus haute mission nationale, et qu'ils auront attaché leur nom à un *redressement philosophique de la France,* seul capable, avec le *redressement épique de la Marne,* de sauver la Patrie.

L'ÉGLISE CATHOLIQUE ET SA GRAVITATION LENTE VERS LE VRAI LAICISME.

Mais, chez nous, en France, comment donc s'y prendre pour amorcer *le vrai Laïcisme,* pour opérer dans l'Eglise ce juste redressement ?

S'agit-il de saccager sa Théologie, ou sa Hiérarchie, ou sa Liturgie ?

Nullement. Il ne s'agit de toucher à rien. Non
à rien ! Ni à un dogme, ni à un rite !

Il s'agit ici uniquement et exclusivement d'une
pure et simple *révolution mentale,* par où les
anciens dogmes seront éclairés d'un jour nouveau.

Il s'agit purement et simplement, pour l'Eglise,
de descendre encore plus au fond d'elle-même,
c'est-à-dire de prendre conscience de son moi le
plus profond.

Et c'est là mon appel au *plus profond Christianisme,* — d'où doit organiquement résulter,
au grand sens d'un Vincent de Lérins, une métamorphose de l'Eglise, ou, selon le mot de Carlyle, « une renaissance en plus grand et en
mieux ».

Or, dcéouverte capitale, c'est précisément là
ce qui se fait déjà, spontanément et silencieusement, dans l'Eglise même, au moins depuis mille
ans.

Esquissons à grands traits cette étonnante et
subconsciente révolution.

*
* *

Il saute aux yeux qu'il y a, dans l'Eglise, au
moins en apparence, une contradiction fondamentale.

Oui, dans l'Eglise, il y a contradiction entre
son Christianisme primitif et son Catholicisme
médiéval.

Par un aveuglement de désespoir, les Apôtres et les Pères des premiers siècles, se sont jetés hors de la Cité, — hors de la Cité odieusement faussée et dénaturée.

Mais, inversement, par un instinctif revirement de génie, les grands Papes du Moyen Age ont tendu impérieusement à prendre la tête de la Cité.

En d'autres termes, alors que le Christianisme primitif prêchait la désertion de la Cité, le Catholicisme médiéval en assumait la dictature.

En d'autres termes encore, le Christianisme primitif, c'est l'*In-civisme*, qui répudie la vie terrestre, fasciné qu'il est par la vision du Ciel.

Et, au contraire, le Catholicisme médiéval, plus ou moins inconsciemment, tend à devenir un *Sur-civisme*, destiné à sanctifier et à sublimer la terrestre Cité.

*
* *

Que penser de cette contradiction

Cette contradiction entre un primitif Christianisme de désertion et un médiéval Catholicisme de dictature est-elle irréductible ?

Nullement.

Cet *In-civisme* du Christianisme primitif, qui a révolté l'esprit des philosophes païens de l'antiquité, les Celse, les Porphyre, les Julien, et des philosophes néo-païens de la Renaissance et des Temps modernes, les Machiavel, les Voltaire, les Rousseau, — cet In-civisme, dis-je, n'a jamais été qu'une apparence ; et, au fond, il n'existe pas !

LA HAINE N'EST AU FOND QUE DE L'AMOUR TRAHI.

Et, de la part des plus nobles esprits et des plus généreux cœurs d'il y a vingt siècles, ce geste désespéré de violente exécration de la Cité n'a jamais été au fond que l'envers et l'aveu de la plus fervente adoration, rebutée et révulsée, et, pour ainsi dire, chavirée par un spectacle d'horreurs.

Et la preuve en est, précisément, le revirement dont je parle, ce revirement d'en-haut, en vertu duquel les grands Papes du Moyen Age ont si hardiment pris la tête et assumé la dictature de la Cité.

Le CIVISME semble changer de camp.

De nos jours, cependant, ce revirement d'en-haut, s'est-il maintenu ?

Je crois bien ! Il s'est même étendu à tel point que l'*In-civisme* semble parfois avoir changé de camp !

A tel point, qu'entre l'Eglise et l'Etat d'aujourd'hui, les rôles, parfois, semblent totalement intervertis !

En effet, qui est-ce qui sauvegarde aujourd'hui *le mariage et la famille*, les conjugalités et les fécondités ?

L'Eglise.

Et qui est-ce qui, au contraire, semble parfois les laisser odieusement compromettre et péricliter ?

L'Etat.

Qui est-ce qui sauvegarde aujourd'hui les droits inverses, mais également sacrés, *du Travail et du Capital* ?

L'Eglise.

Et qui est-ce qui, au contraire, semble parfois les laisser odieusement compromettre et péricliter ?

L'Etat.

Qui est-ce qui, enfin, sauvegarde aujourd'hui *la Patrie, l'Armée, le Drapeau* ?

L'Eglise.

Et qui est-ce qui, au contraire, a failli, parfois, semble-t-il, les laisser odieusement compromettre et péricliter ?

L'Etat.

En vérité, je vous le dis, les rôles semblent parfois intervertis, les rôles semblent parfois inversés.

Et aujourd'hui, c'est l'Eglise, cette apparente Ecole d'*In-civisme*, qui se trouve être, au contraire, un foyer de *Sur-civisme*, — un ardent foyer, où l'Etat, s'il lui arrive encore de se sentir lui-même corrompu et dégénéré, pourra donc et devra donc, encore une fois, se purifier et se régénérer !

Nécessité
d'une RÉVOLUTION MÉTAPHYSIQUE

N'ai-je donc pas bien raison de le prétendre ?

Rien de plus inconnu ou de plus méconnu chez nous que l'Eglise !

L'Eglise, au fond, gravite vers le vrai Laïcisme.

Cous le faux et mortel Laïcisme d'Etat, qui est, artificiellement et violemment en cours d'exécution, depuis environ cinquante ans, il y a un vrai et vital Laïcisme d'Eglise, qui est, spontanément et silencieusement, en voie de réalisation, au moins depuis mille ans.

Ce mouvement d'ailleurs est et reste encore *tout empirique*, obscurément déterminé qu'il est, soit par l'instinct profond de la nature humaine chez les clercs eux-mêmes, soit par l'irrésistible poussée générale de l'Esprit moderne.

D'où ses multiples hésitations, variations, contradictions, régressions.

Pour s'affermir, il lui manque une mise au point doctrinale.

Disons mieux : pour s'affermir, il attend une adéquate *révolution métaphysique* dans nos conceptions de l'*Ame* et de *Dieu*, — révolution dont, je le répète, je crois entrevoir les voies et moyens, et qui sera précisément l'objet de mon prochain livre.

DANS UNE FRANCE DÉSAVEUGLÉE ET DÉSENVOUTÉE

et par une Métamorphose de l'Église :

1º Vers le Culte de la Cité, qui est le secret de la Force ;

2º Et vers la fondamentale Unité de Religion, qui est la seule base possible de la Société des Nations.

Je rappelle ma vue d'ensemble.

Nos trois mille ans d'histoire sont un drame métaphysique, un drame en trois actes : le *Paga-*

nisme, le *Christianisme*, et leur virtuelle synthèse dans l'*Esprit moderne*.

L'*Esprit moderne* est grand, en ses trois déferlements successifs, qui s'appellent : *Renaissance, Réforme, Révolution*.

En surface, ces torrents peuvent charrier une écume d'erreurs et d'horreurs ; mais la coulée de fond est saine et sainte : elle descend des hauts lieux.

Non, non, l'Esprit moderne n'est pas athée ! Bien au contraire.

Mirabeau disait : La France a autant besoin de Dieu que de la liberté.

Napoléon disait : Un Etat sans religion, c'est un Etat sans ancre ni boussole, — sans boussole pour s'orienter, sans ancre pour se fixer.

** **

Mais il y a bien mieux !

Un *Joseph de Maistre*, le plus altier champion du Catholicisme et de la Monarchie, un Joseph de Maistre lui-même l'a pleinement deviné et catégoriquement affirmé :

La Révolution Française n'est *satanique* qu'en apparence : vue en profondeur, elle fait œuvre *divine...*

Elle porte dans ses flancs une religion nouvelle ou renouvelée !

Et ainsi, *Joseph de Maistre* lui-même se rencontre avec ce prophétique *Joseph Salvador* qui, dans le verbe profond de la *Révolution Française*, a su reconnaître la voix même de Moïse, ou plutôt, *la voix du Sinaï*, la voix de l'Eternel.

***

Tout le destin de la France tient donc en trois mots :

1° Entre l'*Ancien Régime* et la *Révolution,* ainsi que l'a fort bien vu Mgr Baunard, l'historien du Cardinal Lavigerie, le vrai conflit, ce n'est pas du tout le conflit politique (*République ou Monarchie*), mais le conflit religieux (*Christianisme ou Anti-Christianisme*).

Disons mieux : *Christianisme ou Néo-Christianisme.*

2° Or, selon Joseph de Maistre lui-même, la Révolution porte dans ses flancs une religion nouvelle, ou plutôt un *Christianisme renouvelé,* « extraordinairement renouvelé ».

3° Et, selon moi, c'est précisément ce Christianisme renouvelé qui est destiné à restaurer le *Culte de la Cité,* source de force et de salut terrestres, et à refaire ainsi organiquement l'unité de l'Ame française, en comblant l'abîme psychique entre Catholiques et Protestants, et qui plus est, entre Chrétiens et Juifs !

Que dis-je ?

C'est ce Christianisme renouvelé, transformé, métamorphosé, qui est destiné à amorcer la synthèse de nos divers et sublimes *Christianismes d'Europe-Amérique* et des divers et grandioses *Paganismes d'Asie-Afrique,* et à fonder ainsi, pour l'essentiel, l'*Unité de Religion,* seule base possible de la *Société des Nations.*

CHAPITRE II

L'ACCUEIL FAIT
A MES « DEUX LAICISMES »
PAR LES TROIS CLERGÉS :
protestant, juif, et catholique.

Mon opuscule
« LAICISME DE MORT ET LAICISME DE VIE »
apprécié par un rédacteur protestant
« du TEMPS » (24 juillet 1923).

Quelles sont les *causes profondes*, se demande *Le Temps*, et quelle est la *solution organique* de la grande crise que traverse la France ?

« Tandis que les partis politiques se disputent âprement la prééminence, souvent par des arguments mesquins et à coups de quelques vieux petits principes — dont la solidité ne paraît pas absolument certaine, même au regard de ceux qui s'en servent vaille que vaille, — il y a, pour l'honneur de la France, et aussi pour la sauvegarde de l'avenir, quelques esprits qui méditent sur les causes plus profondes de la grande et incessante bataille politique, où nous sommes tous engagés, essayent d'en dégager la philosophie et de nous enseigner comment elle peut heureusement finir.

Car il faut bien que tout finisse, et nous sommes, nous Français, assez las de ces luttes pour écouter avec intérêt et espoir ceux qui nous disent de quelle façon on pourrait les déterminer. »

Contre les **CLÉRICAUX** et contre les **ATHÉES**.

L'auteur de l'opuscule combat aussi violemment les *cléricaux* que les *athées* : il veut les accorder dans une idée supérieure.

Peut-il aboutir ? On se le demande avec « *anxiété* ».

« C'est le cas, qu'il semble utile de signaler ici, de M. Izoulet, professeur de philosophie sociale au Collège de France, l'auteur d'une *Cité moderne* bien connue qui, dans un opuscule intitulé : *Laïcisme de mort et laïcisme de vie*, brosse à grands traits *le tableau de notre histoire politique depuis trois mille années,* en décrit plutôt ce qu'il appelle *le drame,* et nous invite à en assurer au plus vite le dénouement, d'une voix qui est plus encore de commandement que de conseil et dont, je le crains, les accents un peu durs susciteront quelques révoltes.

» D'ailleurs, la thèse qu'il soutient s'oppose elle-même violemment à toutes les théories politiques courantes, et son promoteur, alors même qu'on ne se rendrait pas à toutes ses idées, mérite du moins l'estime de tous les esprits libres pour son grand courage à combattre tous les partis sans exception et à les renvoyer pour ainsi dire dos à dos, car, avant qu'il ait pu les vaincre, il va les avoir tous contre lui.

» Il veut aller jusqu'au fond même des choses, et sa thèse, appuyée sur de larges considérations historiques, c'est que *cléricalisme* d'une part et *laïcisme* de l'autre, au moins le *laïcisme* qui a prévalu parmi nous depuis un quart de siècle, sont également funestes à la vie de la nation, et qu'il faut assurer celle-ci en mettant un terme définitif à un combat où chacun des adversaires ne lutte que pour une moitié de la vérité et en s'élevant, en les forçant à s'élever eux-mêmes, à un *laïcisme supérieur*, qui est la vérité totale et qui sera la réconciliation des vieux ennemis.

» Si un tel dessein pouvait aboutir, les Français, qui rêvent de paix civique seraient tous bien heureux de ce succès et en auraient au savant professeur un gré infini. Mais, peut-il aboutir ? C'est là précisément le point d'interrogation que je pose avec quelque anxiété. Car il ne me paraît pas certain qu'il soit possible de dévier et de faire désormais couler ensemble dans un même lit les divers courants d'opinion et de passion qui ont débordé, violents, à travers le pays et heurtent souvent les unes contre les autres leurs eaux troubles et désordonnées. »

La question religieuse renaît éternellement.

La *question religieuse* est au fond de toutes les autres questions. Et rien n'a pu l'apaiser, ni la *neutralité,* ni la *séparation,* — pas plus que la loi du *divorce* n'a mis fin aux *crimes passionnels.* Elle renaît éternellement. Que faire ???

« Que la question religieuse soit au fond de toutes les autres et pour ainsi dire les empoisonne toutes, on serait tenté de le croire en constatant que, malgré la séparation totale de l'Eglise et de l'Etat, elle réapparaît constamment et se dresse entre les partis, toujours insoluble et les faisant irréductibles les uns aux autres.

» Nous nous imaginions le conflit vidé par la neutralité de l'Etat. Mais il renaît à chaque instant : l'ambassade française au Vatican, l'autorisation à accorder à certaines congrégations, la constitution, quoique parfaitement légale, d'associations cultuelles catholiques, le moindre achat d'immeubles par l'Eglise, les moindres, et les plus obscures souvent, des paroles du pape, et c'en est assez pour soulever des polémiques furibondes.

» Nous n'avons certes pas la paix religieuse aussi complète que l'on pourrait le souhaiter, et nous ne voyons plus trop par quels moyens nous pourrions l'obtenir, puisque ceux-là mêmes qui nous semblaient les meilleurs parce qu'ils étaient les plus justes, n'ont, à l'usage, produit aucune pacification réelle des esprits. »

Il faut LAICISER L'ÉGLISE au lieu d'ATHÉISER L'ÉTAT.

Pour l'auteur de l'opuscule, l'accord ne peut se faire que par *la synthèse du Paganisme,* ou Culte de la Cité terrestre, et du *Christianisme,* ou Culte de la Cité céleste ; laquelle synthèse est en train de se réaliser dans *l'Esprit moderne*, en ses trois efforts successifs et progressifs : *Renaissance, Réforme, Révolution.*

Plausibilité de cette hypothèse.

Si, en effet, on pouvait *laïciser l'Eglise*, au lieu *d'athéiser l'Etat*, le problème serait bien près d'être résolu.

« Faut-il donc admettre, comme veut nous le persuader le philosophe social du Collège de France, que nous n'atteindrons à la synthèse pacificatrice des deux thèses rivales que lorsque auront fusionné le paganisme, avec son amour de la cité terrestre, et le christianisme, avec son rêve de la cité céleste, ou pour mieux dire lorsque le christianisme aura définitivement intégré dans sa doctrine et dans son action les droits de la cité ?

» Peut-être. Il y aurait sans doute bien des réserves de détail à faire au sujet des vues historiques de M. Izoulet. Pour l'ensemble, il reste vrai que, tandis que le paganisme a tout subordonné, même la religion, à la cité, le christianisme, au moins durant des siècles, l'a non seulement méconnue, mais encore démolie, a sous-estimé la vie terrestre, l'activité nationale, les fonctions publiques, l'organisation sociale, et pratiqué longtemps à l'égard de cette vie terrestre un véritable défaitisme.

» Il reste vrai que la Renaissance a été une réaction vigoureuse du paganisme, refoulé mais toujours vivant dans les âmes, et, qu'à sa suite la Réforme et la Révolution elle-même ont été des tentatives de restaurer la cité, mais en essayant de la relever sans lui supprimer le sol même sur lequel elle peut être solidement bâtie, à savoir la vie religieuse. Car, la Révolution, bien loin d'être athée, prétendant purifier le christianisme ou, à défaut, s'efforçait de le remplacer par d'autres formes religieuses.

» Il paraît également vrai que, si l'on pouvait réellement *laïciser* l'Eglise, au lieu d'*athéiser* l'Etat, selon la formule même de notre auteur, c'est-à-dire faire de l'Eglise le soutien même de la patrie terrestre dans son plein épanouissement de libre et prospère vie physique, sociale et nationale, le problème qui nous divise serait bien près d'être résolu. »

LA FAILLITE DE L'ATHÉISME.

La *politique athée* ne pouvait « qu'*échouer lamentablement*, et elle en est à son *suprême naufrage* ».

« Car les faits ont déjà démontré que l'Etat athée, destructeur de cet instinct religieux qui est au fond de l'âme humaine, est une irréalisable chimère. Il peut y avoir, et il y a des individus athées, et, à certaines époques, leur nombre peut considérablement grossir, mais une nation athée, introduisant dans ses lois, dans sa morale publique, dans son organisation judiciaire, administrative même un athéisme conséquent, qui est, à vrai dire, la négation même de la conscience humaine, — ainsi que l'a parfaitement démontré

ce grand et logique et si admirable athée que fut
le professeur Le Dantec, — cela ne se conçoit
même pas.

» *La politique suivie depuis quelques années
par certains partis politiques momentanément
maîtres du pouvoir, pour le triomphe du laïcisme
athée et l'extermination de l'idée religieuse, ne
pouvait qu'échouer lamentablement, et elle en est
à son suprême naufrage.* »

L'Église peut-elle SE DÉ-CLÉRICALISER ?

Mais, s'il est peut-être possible *pour l'Etat* de
répudier *son athéisme,* est-il possible *pour
l'Eglise,* de répudier *son cléricalisme* ?

Un civisme non irréligieux ? Peut-être.

Mais *une religion vraiment civique* ? C'est bien
douteux...

« Mais si l'on peut persuader peut-être les laïques de renoncer à l'athéisme d'Etat, on ne voit
guère la possibilité de convaincre l'Eglise de
répudier son mauvais cléricalisme et de faire à la
cité terrestre la place que nous réclamons pour
celle-ci dans l'Eglise elle-même, une place d'honneur et de liberté.

» Un civisme qui ne fût pas irréligieux, voilà
qui conviendrait fort à beaucoup de Français,
mais une religion qui fût vraiment civique, voilà
sans doute ce qu'il est malaisé d'obtenir du catholicisme qui, à l'heure actuelle, accepte bien la
cité, mais pour l'englober dans sa domination
autoritaire et absolue. »

LA GUERRE DES AMES
aussi funeste que la GUERRE DES CANONS.

Quels sont les voies et moyens du salut ?

Le conflit politico-religieux est une « sorte de *guerre civile chronique* ».

« La *guerre des âmes* est aussi destructrice à la longue que la *guerre des canons*. »

« La thèse de M. Izoulet reste très digne d'occuper les méditations de ceux qui cherchent la solution d'un conflit permanent et ruineux pour la France, mais l'auteur n'a pas indiqué les moyens vraiment pratiques d'aboutir, en fait, aux beaux résultats que préconise la théorie. Il n'est pas défendu de suppléer à cette lacune.

» Que les bons citoyens, désireux de reconstituer la France dans son unité morale et politique, s'ingénient donc à découvrir les chemins, encore inconnus, par où nous pourrions conduire notre pays hors du conflit politico-religieux qui l'affaiblit lui-même et l'use dans ses forces vives. Etant d'ailleurs une sorte de guerre civile endémique, la guerre des âmes est aussi destructrice à la longue que celle des canons. — *L. L.* »

Mon opuscule apprécié de nouveau
par le même rédacteur du « TEMPS »
(4 septembre 1923).

L'*Esprit moderne*, c'est la *synthèse* du *Paganisme* et du *Christianisme*, — du *Culte de la Cité terrestre* et du *Culte de la Cité céleste*.

La *Renaissance*, la *Réforme*, la *Révolution* sont les successives ébauches de ce travail, — qu'il faut mener à bonne fin, « *en faisant, en quelque sorte, rentrer Dieu dans la Cité* ».

« M. Izoulet, professeur de philosophie sociale au Collège de France, a accordé une bienveillante attention à l' « Opinion de Province » qui a signalé son opuscule sur les deux laïcismes. Il veut bien me remercier d'en avoir parlé, par une *lettre* que le *Temps* me communique et dont les lecteurs du journal me sauront gré, sans doute, de leur donner l'*essentiel*. Le savant professeur est, en effet, de ceux qui élèvent le problème politique bien au-dessus des banalités courantes, qui essayent de le saisir dans ses données les plus essentielles, et le rendent, par là même, intéressant aux esprits réfléchis, un peu las de la répétition quotidienne des mêmes menues polémiques.

» On sait qu'il soutient, avec une remarquable puissance d'argumentation, que la *question politique est commandée par la question religieuse*. L'esprit moderne est, d'après lui, en travail depuis *cinq siècles*, pour faire la *synthèse* entre le paganisme, qui est le culte de la *cité terrestre*, et le christianisme, qui est l'aspiration trop exclusive vers la *cité céleste*. Le Renaissance, la Réforme et la Révolution sont les successives *ébauches* de ce travail, qu'il faut maintenant achever, pour ramener la paix, l'ordre dans la patrie, lui rendre la sécurité et la force, en faisant, en quelque sorte, rentrer Dieu dans la cité. »

UN DIEU LAIQUE !

Dieu, mais *un Dieu laïque*, donné par la simple *révélation interne* :

« Dieu, mais *un Dieu laïque*. Car M. Izoulet professe la même horreur, si l'on peut dire, pour le cléricalisme sous toutes ses formes que pour l'athéisme.

» Il y a, nous dit-il dans sa lettre, un Dieu
» donné par la *révélation interne,* toute *naturelle*
» et *rationnelle,* sans l'aide d'aucune *révélation*
» *externe, extra-naturelle* et *extra-rationnelle,*
» par *miracles et prophéties.* Il y a un Dieu con-
» forme à la raison, ami de la raison, révélé par
» la raison. »

Qu'est-ce que la FOI ?

Qu'est-ce que *la Foi* ?

Admirable réponse du *pasteur Wagner* :

« La foi, c'est la confiance en Dieu », c'est la confiance en « *la solidité de l'univers* ».

« Et pour connaître ce Dieu-là, il faut s'abandonner au sens intérieur et spontané de l'âme. Avec le pasteur Wagner, notre correspondant laisse volontiers de côté « tout l'arsenal classique des preuves de l'existence de Dieu ». Il s'approprie ces paroles de l'éminent écrivain qui, par sa pénétration des mystères de l'âme humaine, avait su trouver l'accès de tant d'âmes diverses : « *La foi, c'est la confiance en Dieu. L'homme de peu de foi, c'est celui qui se méfie de la solidité de l'univers et de son organisation. Il n'a qu'une médio-*

cre, confiance dans le résultat... Ravir sa foi à son semblable est pire que de lui voler son argent ou sa maison, pire que de lui prendre la vie. C'est détruire le toit sur sa tête, le sol sous ses pieds. Vous tremblez à l'idée que vos enfants se trouveront un jour dans la vie sans nourriture et sans abri. Comment peut-on supporter l'idée qu'ils soient sans foi ? Celui-là seul qui ne croit pas à sa destinée est véritablement sans feu ni lieu. »

Croire en Dieu, c'est croire à la victoire ; et *la vraie Religion, c'est la Religion du « poilu »* :

« Et voici l'éloquent commentaire que M. Izoulet nous donne de ces suggestives et belles paroles : « L'acte de foi en Dieu est tout simplement
» un acte de confiance en l'univers et la destinée.
» Si on ne croit pas à la vie, comment avoir le
» goût et la force de vivre ? Et s'il n'y a pas un
» gouvernement de l'univers, c'est-à-dire une
» sagesse et une justice et une puissance pour
» gouverner l'univers, comment croire à la
» valeur de la vie ? Dans cette lutte éternelle du
» Bien contre le Mal, qui remplit non seulement
» l'histoire de la terre, mais, selon la grandiose
» religion de l'Iran, l'histoire de l'univers entier,
» si on ne croit pas à la victoire finale du Bien,
» comment avoir le courage d'agir ? Croire à la
» victoire, voilà, partout et toujours, le fond de
» tout. Eh bien, donc, croire en Dieu, c'est
» croire a la victoire. Et la vraie religion, au
» fond, c'est la religion du *poilu*... Qu'est-ce, en
» effet, pour le *poilu* que croire à la victoire ?
» C'est avoir la conscience de la force et la certi-

» tude du droit. Celui qui croit à la victoire a
» bien raison d'y croire, puisqu'il la crée, puis-
» qu'il la fait. Et celui qui en doute a bien raison
» d'en douter, puisqu'il la défait. Pareillement,
» croire au désordre dans l'univers, ou, en tout
» cas, douter de l'ordre, n'est-ce pas, d'avance,
» décourager, briser l'effort ?...

» La foi en Dieu, ainsi comprise, voilà donc
» bien le roc sur lequel seul peut se fonder la
» vie de l'humanité. *Et voilà donc mon Dieu
» laïque ! Voilà ma foi ! Humble et sublime foi
» qui se borne à croire à la solidité de l'univers,
» à la loyauté de la création et à la valeur de la
» vie.* En quoi cette loi laïque offense-t-elle la
» raison et l'Etat ? Et pourquoi voudrait-on l'ar-
» racher de nos cœurs ? »

C'est cette *croyance obscure* qui subsiste plus
ou moins *au fond de toutes les incroyances.*

C'est la condition même du *salut collectif.*

Le *salut de la France* est dans la *solution du
problème religieux.*

« Cette ardente confession de foi d'un philosophe valait d'être tirée de l'ombre. Elle ne fait
d'ailleurs qu'exprimer la foi simple qui subsiste,
à travers toutes les incroyances, au fond de la
plupart des cœurs. Cette foi reste celle de beaucoup de libres penseurs.

» Insuffisante au regard des croyants de toutes
religions, qui ont besoin de concrétiser leur foi,
trop abstraite pour devenir la force de leur vie
aussi longtemps qu'elle n'est qu'une philosophie,
dans le dogme et le rite, et même de la personna-

liser dans un homme ou un Dieu, Mahomet, le pape ou Jésus-Christ, elle n'en est pas moins pour eux-mêmes la substance première de leurs croyances, la base même sur laquelle celles-ci reposent. Il ne paraît donc pas trop chimérique de rêver la réconciliation du plus grand nombre d'entre noûs dans la commune foi au Dieu laïque de M. Izoulet. Mais encore faut-il ajouter que ces émouvantes affirmations ne nous conduisent guère au delà de ce déisme, ou, si l'on veut, de ce théisme qui n'a jamais fait la conquête des masses, étant demeuré presque toujours la religion de quelques esprits distingués, alors même, comme nous venons de le dire, qu'elle soit à l'état inconscient la religion obscure de la plupart.

» Ce qui peut seulement donner à cette foi naturelle une nouvelle puissance de propagande — et ce qui constitue d'ailleurs l'originalité de la pensée et de l'action du professeur de philosophie sociale, — c'est qu'il en démontre la nécessité, non pas seulement au point de vue individuel, mais surtout au point de vue collectif, et prouve, par des arguments qui nous semblent difficiles à réfuter, que la vie d'un peuple ne peut être assurée que par elle, bref qu'on ne tirera la politique du chaos où elle se débat, des luttes fratricides et destructrices de la cité elle-même où elle est engagée depuis tant d'années, qu'en élevant le problème jusqu'à sa plus haute et plus simple expression, en cherchant sa solution dans la solution même de la question religieuse. »

L'ATHÉISME, C'EST L'ANARCHISME D'EN HAUT ; ET

L'AGNOSTICISME, C'EST LE DÉFAITISME TRANSCEN-
DANTAL :

« L'*athéisme*, nous dit encore M. Izoulet, c'est
» l'*anarchisme suprême*, et l'*agnosticisme*, c'est
» le *défaitisme transcendantal*. La mystique de
» l'univers n'est pas d'une autre essence que la
» mystique de la patrie, et les énergies d'en bas
» ont l'impérieux besoin de se sentir consub-
» stantielles aux énergies d'en haut. »

« La force vive de la cité sera donc la foi en
la victoire générale du Bien sur le Mal, par conséquent en la victoire du Dieu juste et sage de
l'univers. Il faut à la cité, pour vivre, la foi en un
Dieu, le Dieu laïque de la nature et de l'âme
humaine. Sans cette foi, le défaïtisme civique
triomphera inévitablement. »

La sinistre équivoque du mot NEUTRALITÉ·

Il faut démasquer la sinistre équivoque du
mot *neutralité*

Neutralité entre les *diverses formes de gouvernement*, et neutralité entre les *diverses formes de
religion*, — oui !

Mais neutralité entre *le gouvernement et le
non-gouvernement*, et neutralité entre *la religion et l'irréligion*, — jamais de la vie !

« C'est pourquoi aussi notre correspondant
conclut contre une certaine neutralité, qui lui
paraît désastreuse. Il veut que l'Ecole soit neutre
entre les diverses formes de religion, catholique,
protestante, juive. « *Mais neutre entre la religion*

et *l'irréligion, neutre entre la croyance et l'incroyance, neutre entre la foi et l'athéisme*, s'écrie-t-il, *non, non, mille fois non !* »

» Il veut aussi qu'elle soit neutre entre les diverses formes de gouvernement, puisqu'il y a en France des royalistes, des impérialistes, des républicains. « *Mais neutre entre le gouvernement et le non-gouvernement, neutre entre l'archie et l'anarchie, jamais de la vie !* »

» Autant *vouloir être neutre entre l'affirmation et la négation, entre l'ordre et le désordre, entre la vertu et le vice, entre le bien et le mal ! Autant vouloir être neutre entre la santé et la maladie, entre la vie et la mort !* »

Ces idées touchent le *fond des choses* :

« Ce sont là non seulement de nobles accents, mais encore des idées qui méritent d'être examinées avec la plus sérieuse attention. Car il faut bien reconnaître qu'elles nous mènent au fond même du problème politique, qui est celui de la vie de la nation. »

Est-ce à dire qu'il faille *persécuter l'athéisme ?* Allons donc !

« Elles soulèvent néanmoins, du point de vue pratique, de nombreuses objections. Si peu nombreux que soient les vrais athées, on ne peut pourtant les exclure de la cité, autrement qu'en les convertissant à la foi, et nous n'accepterions pas, ni M. Izoulet sàns doute, que l'athéisme fût persécuté. »

(Non, certes, je n'accepterais pas la persécution! Sans compter que, comme je le dis moi-même ailleurs, et comme l'a montré, dans un remarquable livre, M. Wilfred Monod, s'il y a *un mauvais athéisme*, il peut y avoir aussi *un bon* athéisme, il peut y avoir un *fervent athéisme*, qui n'est autre chose que la *négation des faux dieux*, c'est-à-dire, implicitement *l'affirmation des vrais dieux* !)

Mais, pour que ces *idées* deviennent *lois*, il y faut une ardente propagande :

« Avant que les idées de M. Izoulet s'expriment dans les faits et revêtent une forme légale, il faut d'ailleurs qu'elles aient conquis le consentement presque universel des Français. Et nous sommes à cet égard assez loin de compte. C'est une affaire de propagande. Le distingué philosophe du Collège de France, qui a une âme d'apôtre, est capable de mener cette propagande avec énergie. Nous lui souhaitons, pour notre part, un plein succès. — *L. L.* »

**Mon opuscule apprécié
par M. LE PASTEUR LOUIS LAFON,
directeur du journal « ÉVANGILE ET LIBERTÉ»
sous ce titre : « LES DEUX LAICISMES »
(25 juillet 1923).**

Cet opuscule, consacré à *la question religieuse*, est « une de ces pierres d'angle sur lesquelles on peut et on doit reconstruire *la théorie politique* » :

« L'étude, que vient de publier *Foi et Vie*, de M. Izoulet, professeur de philosophie sociale au Collège de France, sur *Laïcisme de mort et Laï-*

cisme de vie, mérite plus que la simple allusion que nous y avons faite la semaine dernière. Ce court opuscule, de 80 pages, contient plus de choses que sa petitesse n'en laisserait soupçonner. Il est, à mes yeux, comme *une de ces pierres d'angle sur lesquelles on peut et on doit reconstruire la théorie politique*. Et quelles que soient les réserves qu'il y ait à faire sur quelques points d'histoire et aussi à propos de quelques rêves d'avenir, il semble qu'il n'y ait pas un protestant qui n'ait à faire un sérieux profit des vues exposées avec force, avec ardeur, et quelquefois virulence, avec une sainte passion, par l'auteur de *La Cité moderne.* »

**La Cité terrestre, la Cité céleste,
et leur synthèse.**

**Le grand Drame en trois actes
de nos trois mille ans d'histoire :
Paganisme, Christianisme, Esprit moderne.
Et les trois scènes du troisième acte :
Renaissance, Réforme, Révolution.**

« La cité, plus simplement la patrie organisée dans sa vie physique, morale, sociale, politique, c'est encore le sujet traité avec amour par le savant professeur.

» Pour le *paganisme*, la cité, c'était tout, et la religion, qui en faisait partie, la soutenait puissamment.

» A cette cité terrestre, le *christianisme* opposa la cité céleste, et son triomphe fut la *destruction de la cité antique*.

» La *Renaissance* ressuscita le *paganisme*, et, avec lui, retrouva la théorie et la pratique de la *cité*.

» A sa suite, la *Réforme*, et particulièrement Calvin, auquel M. Izoulet rend un respectueux hommage, essaya et commença de faire la juste conciliation entre les deux cités. Mettre la religion à la base de l'ordre social, ce fut sa tentative, couronnée à bien des égards de succès.

» La *Révolution* voulut continuer et achever cette œuvre de la Réforme, car elle fut, elle aussi, religieuse, avant de dévier dans le sang et les passions violentes.

» Voilà les péripéties du grand drame historique, qu'il s'agit d'amener à son dénouement, en reconstituant la cité moderne sur le fondement religieux. »

Mais, sous la IIIe République, sinistre déviation du Laïcisme vers l'Athéisme. Et Athéisme « insensé » des républicains.

« Malheureusement, sous la Troisième République, la lutte contre le cléricalisme a développé le laïcisme athée, qui est ce laïcisme de mort dont s'épouvante M. Izoulet. Proscrire toute religion, ce fut l'effort insensé des républicains. »

Lourde responsabilité du Protestantisme français

Il n'a pas su barrer la route au *Laïcisme de mort*, et se réclamer du *Laïcisme de vie* de M.

Izoulet, — à la fois anticlérical et religieux, — et qui peut seul sauver le pays.

Etablir la Cité française sur un fondement religieux : cet appel de M. Izoulet doit être entendu par nous.

« Ici, ouvrons une parenthèse. Notre auteur ne dit pas, *mais nous, nous devons dire, avec regrets et repentance, que le protestantisme français, par quelques-uns de ses fils les plus éminents et du consentement de la masse protestante,* qui ne vit dans les combats engagés qu'une bataille à livrer contre le catholicisme et une victoire à remporter sur lui, *n'a que trop donné les mains à ce laïcisme-là.*

» Sans se rendre compte exactement du but poursuivi, le protestantisme a été l'électeur souvent des laïcistes athées. Il a marché avec eux, a suivi leurs inspirations, a applaudi à leurs succès. Il n'a pas su réclamer ce laïcisme de vie que préconise M. Izoulet, ce laïcisme, anticlérical et religieux à la fois, qui, seul, peut sauver notre peuple.

» Ce laïcisme de vie, le savant professeur veut le créer, et le mobiliser. SON APPEL DOIT ÊTRE ENTENDU PAR NOUS. Etablir notre cité française sur le fondement de la foi en Dieu, ce doit être là notre tâche. »

Tâche difficile !

Le Catholicisme voudra-t-il se dé-cléricaliser ?
Mais qu'importe ? Avec lui, ou sans lui !

« Tâche difficile, plus peut-être que ne le croit M. Izoulet, parce qu'il semble bien qu'il faille désespérer d'amener l'Eglise catholique à se *décléricaliser* assez pour accepter un laïcisme vivant. Mais, avec elle ou contre elle, l'effort doit être fait. »

Supériorité du Protestantisme actuel sur l'ancien.

Il est plus avide de *réaliser sur la terre le royaume de Dieu.*

N'est-ce pas la synthèse de la *Cité terrestre* et de la *Cité céleste* ?

« Le protestantisme actuel est, plus que l'ancien, pénétré de l'ambition de réaliser sur la terre le royaume de Dieu. C'est là vraiment fondre dans l'unité la cité terrestre et la cité céleste. »

Mais il faut « rompre résolument » avec le Laïcisme athée :

« Mais pour aboutir, il lui faut rompre résolument avec les partis laïques de la présente République, qui ne sont que des groupements d'athées. Telle est, me semble-t-il, la principale conclusion pratique que nous ayons à tirer de la belle étude qui nous est offerte. »

Il faut revenir à l'orientation de *Calvin*, mais « *en ayant les yeux sur de plus vastes horizons* » *que les siens :*

« Il nous faut reconstruire notre politique, j'ose dire à la mode de Calvin, sans imitation servile, et en ayant les yeux sur de plus vastes hori-

zons que ceux qu'il pouvait de son temps con-
templer. De notre meilleure tradition tirons un
meilleur avenir.

». Louis LAFON. »

N'est-ce pas là une déclaration véritablement
sensationnelle, et qui peut être une date dans
l'histoire ?

Car, qu'est-ce là autre chose qu'un *Calvinisme
élargi et approfondi* ?

Et cela ne fait-il pas songer à *un grand écrivain catholique*, Joseph de Maistre, faisant appel,,
pour son compte, à *un Christianisme «, extraordinairement renouvelé* » ?

Mon- opuscule apprécié de nouveau
par M. LE PASTEUR LOUIS LAFON,
dans son journal « ÉVANGILE ET LIBERTÉ »
(17 octobre 1923),
sous ce titre : LE LAÏCISME DE LA FOI.

Le laïcisme de la foi

» Il n'est pas inutile sans doute de proposer
aux réflexions de nos lecteurs quelques-unes des
paroles que M. Izoulet, professeur de philosophie
sociale au Collège de France, l'auteur des *Deux
Laïcismes*, a fait entendre récemment aux lecteurs du *Temps*.

·» Le vrai laïcisme, pour lui, le *laïcisme de vie*,
c'est celui qui croit en Dieu. « L'acte de foi en
» Dieu, écrit-il, est tout simplement un acte de
» confiance en l'univers et la destinée. Si on ne

» croit pas à la vie, comment avoir le goût et la
» force de vivre ? Et s'il n'y a pas de gouverne-
» ment de l'univers, c'est-à-dire une sagesse et
» une puissance pour gouverner l'univers, com-
» ment croire à la valeur de la vie ? Dans cette
» lutte éternelle du bien contre le mal, qui rem-
» plit non seulement l'histoire de la terre, mais,
» selon la grandiose religion de l'Iran, l'histoire
» de l'univers entier, si on ne croit pas à la vic-
» toire finale du bien, comment avoir le courage
» d'agir ? Croire à la victoire, voilà partout et
» toujours le fond de tout. Eh bien ! donc, croire
» en Dieu, c'est croire à la victoire. Et la vraie
» religion, au fond, c'est la religion du *poilu*...
» Qu'est-ce, en effet, pour le *poilu*, que croire à
» la victoire ? C'est avoir la conscience de la force
» et de la certitude du droit. Celui qui croit à la
» victoire a bien raison d'y croire, puisqu'il la
» crée, puisqu'il la fait. Et celui qui en doute a
» bien raison d'en douter, puisqu'il la défait. Pa-
» reillement, croire au désordre dans l'univers
» ou, en tout cas, douter de l'ordre, n'est-ce pas,
» d'avance, décourager, briser l'effort ?... La foi
» en Dieu, ainsi comprise, voilà donc bien le roc
» sur lequel peut se fonder la vie de l'humanité.
» Et voilà donc mon Dieu laïque ! Voilà ma foi !
» Humble et sublime foi, qui se borne à croire à
» la solidité de l'univers, à la loyauté de la créa-
» tion et à la valeur de la vie. En quoi cette foi
» laïque offense-t-elle la raison et l'Etat ? Et
» pourquoi voudrait-on l'arracher de nos
» cœurs ? »

» Et encore : « L'athéisme, c'est l'anarchie
» suprême, et l'agnosticisme, c'est le défaitisme
» transcendantal. La mystique de l'univers n'est
» pas d'autre essence que la mystique de la
» patrie, et les énergies d'en bas ont l'impérieux
» besoin de se sentir consubstantielles aux éner-
» gies d'en haut. »

LA FAILLITE
DE LA MORALE INDÉPENDANTE.

» Voilà de fortes paroles, qui mettent de la joie
aux cœurs des croyants. Elles jugent définitivement cette fameuse morale indépendante, cette
morale dite laïque, qui, sans nier Dieu positive-
ment, professent à son égard une sorte d'agnosticisme pratique, a prétendu pouvoir se passer de
lui. »

M. FERDINAND BUISSON
COMBAT ENCORE,
MAIS C'EST UNE CAUSE PERDUE.

« Dans le *Christianisme Social* de juillet-août,
on a pu lire la plus récente apologie de cette
morale, sous la plume du plus vénérable de ses
apôtres, M. Ferdinand Buisson. Celui-ci soutient
une fois de plus qu'elle suffit à engendrer des
hommes qui obéissent à la raison et à la conscience, à produire, en somme, « l'homme nouveau, cellule constitutive de la société nouvelle ».
Ce sont là les dernières cartouches du vieux
soldat qui, malgré toute sa vaillance, succombe,

pour une cause perdue. Car enfin les faits renversent la théorie, si séduisante qu'elle soit. Où sont, après tant d'années d'éducation populaire par la morale laïque, les hommes libres, l'homme nouveau ? Où est-elle, cette société nouvelle, constituée par ces hommes nouveaux ? Certes, la conscience française n'est pas morte. Mais elle ne se soutient que là où est restée quelque croyance en Dieu. Partout où cette croyance a été extirpée on ne voit que scepticisme moral, et recherche égoïste de l'intérêt personnel, sous la forme de la jouissance, de l'argent, du pouvoir, le mépris de la pureté, de la fraternité, de tous les devoirs sociaux. L'école laïque, n'en déplaise à M. Buisson, malgré toutes les circulaires de ses fondateurs, a glissé de la morale laïque à l'incroyance, à l'athéisme. Selon le mot célèbre d'un des représentants les plus connus du gouvernement des laïcisateurs français, elle a « éteint toutes les étoiles du ciel ». Et les faits les plus certains donnent raison à M. Izoulet : « les énergies d'en bas ont l'impérieux besoin de se sentir consubstantielles aux énergies d'en haut », faute de quoi elles s'affaiblissent et finalement se dissolvent. »

« L'ÉTRANGE FOLIE DE SUICIDE »
par laquelle les PROTESTANTS appuient
le LAICISME DE MORT.

« Ce sont là des vérités qui nous sont familières, à nous, chrétiens, qui savons bien que Dieu seul est le roc sur lequel la conscience comme la raison peuvent trouver un refuge assuré. Mais alors, il faudrait nous demander pourquoi, et par quelle inconséquence, et par quelle étrange folie de suicide, nous avons prêté la main et nous la prêtons encore au *laïcisme de mort*, à la morale qui, sans Dieu, s'aigrit forcément en athéisme pratique, à tous ceux qui ont travaillé et travaillent à détruire dans les âmes et dans la société non seulement la foi chrétienne, mais encore la foi élémentaire et instinctive en un Dieu quelconque. »

Voici les PROTESTANTS AU PIED DU MUR

« La neutralité de l'Etat entre les diverses confessions religieuses, à la bonne heure ! Mais il y a une neutralité qui est une complicité. Et comme M. Izoulet a encore raison de s'écrier : « Neutre » entre la religion et l'irréligion, neutre entre la » croyance et l'incroyance, neutre entre la foi et » l'athéisme, non, non, mille fois non ! » Et, descendant sur le terrain de la vie sociale : « Neutre entre le gouvernement et le non-gouver- » nement, neutre entre l'archie et l'anarchie, ja- » mais de la vie. Autant vouloir être neutre entre » l'affirmation et la négation, entre l'ordre et le » désordre, entre la vertu et le vice, entre le bien » et le mal ! Autant vouloir être neutre entre la » santé et la maladie, entre la mort et la vie ! » » A de tels accents, il n'est pas un chrétien protestant, sans doute, qui ne se sente ému !

Mais l'émotion n'est rien, si l'action ne la suit. Et quelle doit être notre action ? Nous voici au pied du plus capital et du plus difficile des problèmes qui soient aujourd'hui posés devant la conscience de nos Eglises !

« Louis LAFON. »

Mon opuscule apprécié
par M. EUG. RÉVEILLAUD
(protestant, ancien sénateur)
Dans « LA RÉFORME DES CHARENTES »
(24 août 1923)
sous ce titre :
LAICISME DE MORT ET LAICISME DE VIE.

Première impression sur l'opuscule.

« C'est le titre d'une étude que vient de publier la Revue *Foi et Vie*, bien connue dans nos cercles protestants, mais aussi lue et appréciée en dehors de ces cercles, dans les milieux de la haute pensée intellectuelle et philosophique. L'auteur en est M. Jean Izoulet, professeur de philosophie sociale au Collège de France, bien connu lui-même par ses cours et par ses écrits, dont le plus célèbre, inspiré de celui qui a fait la gloire de Fustel de Coulanges, porte ce titre : *La Cité moderne.*

» Avant d'indiquer, très sommairement, le contenu de cette étude, qui paraîtra sans doute dans un opuscule séparé, mais qu'on peut déjà se pro-

envie de la lire et désir de la répandre — que nous y voyons, dans l'ordre de la philosophie politique, la publication la plus notable du premier quart de ce xx⁰ siècle, et qu'elle peut avoir, en France, en Belgique et par tous pays (car l'opuscule vaut d'être traduit en toutes langues des pays civilisés), la portée d'un événement, comme il en fut pour là première édition de l'*Institution Chrétienne*, de Calvin.

» Il s'agit, en effet, comme pour l'*Institution*, d'un manifeste d'école, écrit d'une main magistrale — dans une langue dont on peut, il est vrai, critiquer l'excès des néologismes — par un maître de la pensée, supérieurement qualifié dans ces questions de philosophie sociale, dont il a fait jusqu'à présent l'objet spécial de ses recherches. »

Résumé de la thèse soutenue :

Venons-en maintenant à l'exposé des principales thèses de notre auteur :

« Nos trois mille ans d'histoire, écrit-il, sont
» un drame en trois actes : 1° la thèse du *Paga-*
» *nisme* ; 2° l'antithèse du *Christianisme* ; 3° la
» synthèse de l'*Esprit moderne.*

» Et l'Esprit moderne lui-même est un acte
» (un troisième acte) en trois scènes : 1° la *Re-*
» *naissance* ; 2° la *Réforme* ; 3° la *Révolution,*
» le tout constituant ce que M. Izoulet appelle,
curer aux bureaux de la Revue qui l'a publiée,
nous voulons dire tout de suite — pour donner

» dans ses cours et conférences : « le *génie du* » *Laïcisme* ».

» La « thèse du Paganisme », qui fut celle de la « Cité antique », c'était « le culte de la Cité terrestre », comportant la foi dans les institutions sociales de cette Cité : 1° l'amour et le mariage, la famille et le foyer domestique ; 2° le travail, la profession et la carrière, la propriété, la richesse, les honneurs civiques ; 3° la pensée, la raison, la sagesse, les lettres, les sciences et les arts ; 4° la vaillance et l'héroïsme, l'armée et la patrie ; 5° les chefs de la Cité, chefs des terres et chefs des guerres ; et, 6° comme complément, la foi en l'ordre de la nature et le gouvernement de l'Univers.

La « thèse du Christianisme », prise, il est vrai, sous la forme catholique « extrémiste », et considérée comme l'antithèse de la précédente, serait : « le culte de la Cité céleste », comportant : « le dégoût, l'horreur, la répudiation de tous ces objets de l'antique foi que nous venons d'énumérer, de tous ces six objets, sauf un. Ce serait donc (d'après notre auteur) : « la répudiation du mariage et de la famille ; la répudiation des professions et carrières civiles ; la répudiation des lettres, des sciences et des arts ; la répudiation de la guerre, des armées et des patries ; la répudiation intime des magistrats et de César. Quintuple répudiation — pour une triple évasion hors des trois prisons : 1° du corps ; 2° de la cité ; 3° de la nature ; triple évasion et triple « libération » pour s'élancer en Dieu !

» Mais « l'Esprit moderne » et le « Génie du laïcisme », qui datent de la *Renaissance*, de la *Réforme* et de la *Révolution*, auraient fait la synthèse de cette thèse et de cette antithèse. »

LE PLUS BEL HOMMAGE PEUT-ÊTRE, qui ait été rendu jusqu'ici A LA RÉFORME, et spécialement à la RÉFORME FRANÇAISE.

« ... La *Réforme* — et singulièrement la *Réforme calviniste*, — n'est pas ce qu'un vain peuple pense...

» Demandez à l'homme dans la rue : Qu'est-ce que le Protestantisme ? il vous répondra : « C'est un prêche morose dans un local nu... » Mais, si l'on pénètre du dehors au dedans, il est la solution de « la question jusqu'alors inscrutable et inscrutée » : celle de savoir « quelle est, essentiellement, la nature de l'Eglise, et quelle est, essentiellement, la nature de l'Etat, et quels sont donc, quels doivent donc être, les justes et organiques rapports de l'Eglise et de l'Etat ».

Citons ici ce passage, qui est le plus bel hommage peut-être qui ait été rendu jusqu'ici à la Réforme et spécialement à la Réforme française :

« Oui, c'est la Réforme qui a réhabilité la vie terrestre et la vie sociale, qui a réhabilité la Cité, et, par conséquent, l'Etat, en qui se personnifie la Cité...

» Mais, tout en réhabilitant l'Etat..., la Réforme, plus sage que la Renaissance, n'a pas commis la faute immense de paraître dés-habiliter l'Eglise... La Réforme a eu la sagesse de retenir à la fois la donnée fondamentale du Paganisme et l'apport essentiel du Christianisme.

» Et là est précisément le mérite de ce Jean Calvin, qu'on a pu appeler « le second Moïse », si exceptionnellement grand que son cas est unique dans notre histoire, puisqu'il est à la fois un génie de pensée et un génie d'action et, mieux encore, à la fois un génie d'Eglise et un génie d'Etat.

» Oui, là fut le mérite de ce Jean Calvin, dont la vigoureuse et impérieuse pensée a étendu progressivement son action sur la France, l'Alsace, la Suisse, le Palatinat, la Hollande, l'Ecosse, l'Angleterre et les Etats-Unis, et, — décrivant, en quatre siècles, un magnifique circuit circum-atlantique, — est revenu à son point de départ, à l'issue de la Grande Guerre, en apportant à Genève l'honneur d'être la capitale de la « Société des Nations ».

» Et c'est ce mérite de Jean Calvin qui a été magistralement dégagé par son plus récent et son plus grandiose historien, M. Emile Doumergue. M. Doumergue, en effet, a mis expressément en lumière, le « Duumvirat-modèle » de l'Ancien Testament, le fameux Duumvirat Saül-Samuel, — c'est-à-dire la nécessité de l'exacte distinction et de l'intime collaboration des deux pouvoirs : le Spirituel et le Temporel, pour la bonne santé et l'authentique prospérité des sociétés humaines...»

Les Idées personnelles
de M. LE SÉNATEUR RÉVEILLAUD
d'après son très important livre :
« LA SÉPARATION DE L'ÉGLISE
ET DE L'ÉTAT ».

« On aura noté dans ce passage ce que l'auteur dit de la nécessité de la *distinction*, comme dè la *collaboration*, des deux pouvoirs, le spirituel et le temporel.

» L'erreur de la Cité antique avait été de les confondre. Comme je l'ai rappelé dans mon discours de discussion générale de la loi de Séparation des Eglises et de l'Etat, « les sociétés antiques ont toutes uni, jusqu'à les confondre, l'idée de l'Etat et de la religion. Chaque Cité avait sa ou ses divinités protectrices. Montrer de l'indifférence ou du mépris pour les dieux de la Cité, c'était commettre une trahison, le plus grand des crimes de lèse-patrie. Dans la cité antique, il fallait avoir la religion de la Cité, de l'Etat, ou s'en exiler.

» C'est seulement avec la venue du Christ qu'une ère nouvelle s'est ouverte pour l'humanité. C'est lui qui, le premier, a apporté au monde la notion d'une religion « en esprit et en vérité » qui n'est pas limitée par des frontières, d'un culte spirituel qui n'est pas localisé dans le temple de Jérusalem, ou sur la montagne de Garizim, — sur l'acropole d'Athènes, ou sur le Capitole (ou la *cathedra* de Saint-Pierre) de Rome, — mais qui, élevant l'adoration de Dieu, Père de tous les hommes, au-dessus de toutes les divisions de tribus et de peuples, adresse à tous les hommes de toute race, langue ou nation, l'appel à la fraternité humaine qui découle de la paternité divine.

» A cette conception si nouvelle des rapports de la Divinité et des hommes se rattachent, dès ce moment, l'affranchissement, les droits des consciences individuelles, la séparation des deux domaines : religieux et civil. C'est déjà, dans son germe, la doctrine avant de devenir la loi, de la séparation de l'Eglise et de l'Etat. » (Eug. Réveillaud, *La Séparation des Eglises et de l'Etat*. Un fort volume de 620 pages. Chez Fischbacher, Paris, 10 francs.)

» Malheureusement, quand l'Eglise chrétienne (primitive), victorieuse des religions païennes, par la supériorité de son principe (et les chrétiens diront : par l'action de l'Esprit de sainteté et de vérité), s'est muée, après sa victoire, au temps de Constantin, en Eglise catholique, puis (pour notre Occident) en Eglise *romaine*, et quand l'évêque de Rome, le « pape », devenu le chef de cette Eglise, a pu soumettre à son obédience les rois et princes de l'Occident, la confusion des deux pouvoirs, le temporel et le spirituel, s'est, de nouveau, refaite dans le sens d'une nouvelle théocratie (ou plutôt *clérocratie*), l'ecclésiastique voulant dominer le séculier. Et c'est encore l'esprit de la Réforme qui a sauvé de cette absorption et de cette confusion l'Etat, la Cité moderne, et, du même coup, le peuple chrétien et la liberté laïque, ferment et ciment des démocraties de notre temps.

» Sauvée par ce retour à son principe : l'enseignement du Christ et de « la parole de Dieu », la Cité moderne, — ainsi que la Démocratie, qui, sous l'action de ce ferment, est devenue la forme la plus commune de son gouvernement, — ne saurait devenir infidèle à son Dieu-sauveur, sans péricliter à nouveau et risquer de périr de nouvelles convulsions, aboutissant à l'anarchie ou à la tyrannie.

» Car, sans une foi « profonde » et agissante, « la foi qui sauve », les peuples, comme les individus, sont en péril d'impuissance, de stérilité et de mort, ou, de ce qui est pire que la mort, la servitude ; le mot d'Alexis de Tocqueville étant aussi vrai que jamais : « Si un peuple ne croit pas, il faut qu'il serve. »

» Tout l'effort de la Pensée moderne, pour consolider les bases de la Cité libre et démocratique dans laquelle nous avons l'honneur et la dignité de vivre, doit donc tendre à procurer, entre les deux puissances jusqu'ici rivales et souvent ennemies ou asservies l'une à l'autre, « le passage de l'antagonisme à la collaboration. »

L'EFFROYABLE DÉVIATION DU LAICISME
Un véritable CRI D'ALARME

« Mais, de nos jours, écrit M. Izoulet, et précisément sous notre IIIe République, il se trouve que cet effort a subi la plus incroyable et la plus effroyable déviation, une déviation véritablement inouïe... Nos « Laïcistes » prétendent nier et répudier, abolir et anéantir non seulement la bimillénaire Eglise, mais aussi l'Eternel Dieu. Prétention, je le répète, véritablement monstrueuse et inouïe...

» Car, on le sait, il n'y a rien de pire que la corruption du meilleur. Et, de là, ma distinction radicale et mon cri d'alarme : « Laïcisme de vie et Laïcisme de mort ! »

» Autant le *vrai Laïcisme* est un principe de vie et de salut, autant le *faux Laïcisme* est un principe de mort et de perdition. Le faux Laïcisme est une folie suicidaire. »

» Tout le reste du manifeste du savant professeur au Collège de France affermit et complète cette démonstration et répercute puissamment ce cri d'alarme. Puisse-t-il être entendu de tous les Français et, pour commencer, de tous nos professeurs et instituteurs laïques, de tous ceux qui ont en mains, avec l'enseignement de la jeunesse, la direction de l'avenir et des destinées de notre Patrie.

» Puisse-t-il retentir comme le cri de Pierre l'Ermite au début de la première Croisade : « Dieu le veut ! »

» Eug. Réveillaud. »

Mon opuscule apprécié
par un PASTEUR PROTESTANT
dans le JOURNAL DE GENÈVE
(25 novembre 1923).

[Comme pour les cas précédents, malgré de trop flatteuses paroles à mon endroit, je crois devoir donner l'article *in extenso*, pour faire entièrement le tour de la question.

Je me borne également à le découper par des sous-titres qui articulent objectivement l'enchaînement des idées.]

LAICISME ET RELIGION

« M. Jean Izoulet, professeur de philosophie au Collège de France, est connu pour la remarquable indépendance de sa pensée. Catholique de naissance et d'éducation, patriote français, il s'est trouvé amené, par ses études, à éprouver de la sympathie pour la civilisation anglo-saxonne et même pour la culture allemande. Il se lance dans la mêlée comme un paladin antique, frappe à droite et à gauche d'estoc et de taille, emploie souvent, et en même temps, le mode sibyllin, et, vertu suprême, ne craint pas de se compromettre pour ce qu'il estime être la vérité.

» Depuis sa célèbre thèse sur la *Cité moderne* et son éblouissante préface à la plus récente traduction des œuvres de *Carlyle* — pensez donc ! un philosophe français, encore vivant, qui s'éprend de *Carlyle*, cet Anglais germanophile, cet ultra-protestant ! — M. Izoulet n'avait pas écrit de pages plus osées que celles qu'il vient de consacrer à la réintroduction de la religion dans la vie civile et politique de la France. »

LA THÈSE SOUTENUE :

a) Il faut *faire rentrer la Religion dans la Cité ;*

b) Mais il faut *laïciser la Religion,* — selon l'*Esprit moderne,* c'est-à-dire selon l'esprit de la *Renaissance,* de la *Réforme* et de la *Révolution.*

« Il prétend que le problème religieux tressaille au fond même de la vie d'une nation ; que, tant que ce problème n'est pas résolu, suivant l'esprit de la *Renaissance,* de la *Réforme* et de la *Révolution* française, et sans qu'un seul de ces « mouvements » soit séparé de l'autre, la nation est en proie à l'anarchie morale, économique et politique; que « l'Eglise » (comme M. Izoulet l'entend) doit rester unie à l'Etat, et qu'enfin la religion doit devenir laïque, et le laïcisme *religieux* !

» On croit lire des pages de Quinet rajeunies de quatre-vingts ans, sur lesquelles, par moments, passe un souffle de Gobineau, d'Auguste Sabatier, et même de Calvin. »

PANÉGYRIQUE DE LA RÉFORME.

La *Réforme* est une *réhabilitation de la Terre et de la Cité :*

« La Réforme, selon notre philosophe, a réhabilité la vie terrestre et la vie sociale et, par suite, la Cité, « et, par conséquent, l'Etat en qui se personnifie la Cité. »

UN PORTRAIT DE CALVIN,
CE « SECOND MOISE »

La *quadruple grandeur* de Calvin.

Calvin et les sept pays de son obédience, ou sa virtuelle *Heptarchie*. Calvin et ses quatre siècles de *circuit circum-atlantique*, ou *Genève capitale de la Société des Nations.*

« Ecoutez ceci :

« Et là est précisément le mérite de ce *Jean*
» *Calvin* qu'on a pu appeler le second Moïse, si
» exceptionnellement grand du moins que son
» cas est unique dans notre histoire, puisqu'il est
» et reste à la fois un génie de pensée et un
» génie d'action, et, mieux encore, à la fois, un
» génie d'Eglise et un génie d'Etat.

» Là est le mérite de ce *Jean Calvin*, dont la
» vigoureuse et impérieuse pensée a étendu pro-
» gressivement son action sur la France, la
» Suisse, le Palatinat, la Hollande, l'Ecosse, l'An-
» gleterre et les Etats-Unis, et, décrivant, en qua-
» tre siècles, un magnifique circuit circum-Atlan-
» tique, est revenue à son point de départ, à l'is-
» sue de la grande guerre, en apportant à Ge-
» nève l'honneur d'être la capitale de la *Société*
» *des Nations.* »

» C'est en lisant les études calviniennes de M. Emile Doumergue que M. Izoulet a trouvé une nouvelle confirmation de sa philosophie sociale.»

Mais *la Réforme n'est pas achevée,* tant s'en faut ! C'est dans la *Révolution* française que la *Réforme* doit trouver son approfondissement et son accomplissement.

PANÉGYRIQUE DE LA RÉVOLUTION :

Panégyrique de la *Révolution* :

« D'ailleurs, il ne s'arrête nullement à la Réforme comme à un définitif *terminus,* et voit, dans la Révolution de 1789, une révolution essentiellement religieuse, issue de la Réforme, mais qui la prolonge et la perfectionne. »

C'est la thèse même de *MM. Maurras et Daudet,* — mais *retournée.*

« C'est exactement la thèse de MM. Maurras et Daudet. Mais au lieu de la condamner, le professeur au Collège de France la glorifie. »

IL Y A DEUX LAICISMES

Pour sauver la France, il faut rejeter le faux Laïcisme, le *Laïcisme d'erreur et de mort,* le Laïcisme suicidaire, en un mot, le Laïcisme athée, — pour se rallier au Laïcisme religieux, au *Laïcisme de vérité et de vie :*

« Bref, pour sauver la France, il faut réintroduire chez elle la foi en Dieu, et combattre avec acharnement le laïcisme incrédule et défaitiste, « le laïcisme suicidaire, qui prétend détruire la Religion et l'Eglise ».

20

Mais il y a aussi un laïcisme de vie, — « c'est celui qui veut, non pas anéantir la *Religion et l'Eglise*, mais, selon l'esprit de la Réforme et de la Révolution, les accorder et les conjuguer avec les authentiques droits de la Politique et de l'Etat ».

» Que pensez-vous de ce retour d'un philosophe non protestant, vers un calvinisme idéalisé, ou vers un « christianisme renouvelé » ?... »

Le Chritianisme primitif était-il ou non un Incivisme ?

« Nous ne reprendrons pas une à une les affirmations hasardées ou même historiquement fausses qui, par instants, échappent à la plume de l'éloquent écrivain, comme par exemple son assertion touchant le caractère antiterrestre, incivique du christianisme primitif. »

Le rapport du clerc et du laïc est-ce le rapport de l'officier et du soldat ?

Irréductible dualité du *naturel* et du *surnaturel*, dans l'Eglise catholique, — d'après le *Concile de Trente*, commenté par *Bellarmin* :

« Vous nous direz peut-être : M. Izoulet n'est pourtant pas un enfant. Il sait fort bien que la constitution et la doctrine même de l'Eglise catholique s'opposent radicalement à une notion et à une pratique de la « religion » indépendante d'un clergé surnaturel. Comment donc peut-il espérer faire prévaloir sa religion laïque dans un pays essentiellement catholique ?...

» Nous relevons seulement sa définition du laïc et du clerc. « Dans l'Eglise, dit-il, le *laïc* est au *clerc* ce que le *soldat* est à l'*officier*. » M. Izoulet se sert du mot « Eglise » sans rigueur théologique ou historique. Soit. Mais ne voir dans le clerc, ou le prêtre, qu'un « officier de métaphysique et de morale », séparé du laïque ou du soldat que par un grade ou une technique supérieure, c'est aller à l'encontre de la constitution de l'Eglise catholique romaine, qui est une constitution révélée et surnaturelle.

La grâce ne se communique aux laïques que par l'entremise miraculeuse du prêtre. Entre le prêtre et le laïque, entre cet « officier » et ce « soldat », subsiste un abîme que seul le miracle peut combler. Si vous lisez le *De Gratia primi homicis*, du cardinal Bellarmin, commentaire autorisé des décisions du Concile de Trente, vous y trouverez admirablement exposée la distinction fondamentale que nous indiquons.

Nous ne pouvons ici entrer dans les détails. Mais le dualisme entre l'élément naturel et l'élément religieux, entre le laïcisme de mort, comme dit M. Izoulet, et la « Religion et l'Eglise », qui nous frappe si douloureusement dans les pays de tradition catholique, là où précisément laïque est synonyme d'irréligieux, — voyez même la définition du mot « laïque » dans Littré ! — ce

dualisme irréductible se trouve à l'origine même
du dogme catholique de l'Eglise et du sacerdoce. »

La nécessité pour l'Église d'une totale métamorphose :

« D'ailleurs notre philosophe pressent si bien
que là est le point faible de son argumentation,
ou, si vous voulez, le point laissé dans l'ombre,
qu'il parle en sa dernière page d'une métamorphose nécessaire de l' « Eglise » et d'un « Néo-
christianisme » !

UN CRI DE GUERRE CONTRE L'ATHÉISME.

» N'importe. Le cri de guerre de l'auteur de la
Cité moderne, contre le laïcisme irréligieux pour
la défense et la victoire d'un laïcisme croyant
constitue un fameux acte de courage et de raison dans la France de 1923. Tous ceux qui ont à
cœur la rénovation morale et politique de mon
pays l'applaudiront.

Ils pourront aussi méditer ces paroles qu'Auguste Sabatier écrivait en 1882 : « La religion
ne saurait rester isolée au sein de la vie humaine comme un clergé s'isole au sein de la société. C'est un ferment qui, pour manifester sa
puissance, doit être mêlé à la pâte ; isolé, il perd
sa vertu et se corrompt ».

» Paris, novembre.

» J.-E. R. »

Mon opuscule apprécié par M. PAUL DUDON, dans la REVUE CATHOLIQUE « ÉTUDES » (nº du 5 février 1924), sous ce titre général : BULLETIN D'HISTOIRE RELIGIEUSE CHEZ LES PROTESTANTS, et avec ce sous-titre : VERDICT DE M. JEAN IZOULET, Professeur au Collège de France, contre le LAICISME DE LA IIIe RÉPUBLIQUE.

« Le nom, le caractère, la *Cité moderne* de M. Jean Izoulet sont connus. Ses cours au Collège de France attirent un public nombreux. Les Parisiens applaudissement volontiers ce professeur, qui, debout, avec des gestes énergiques et un accent chaleureux, articule des formules de bataille. »

Rapide exposé de la Doctrine.

« Dans le cahier de juillet de *Foi et Vie*, — revue protestante bien connue des lecteurs de mes bulletins, — M. Izoulet a écrit un petit opuscule sur le laïcisme où on retrouve tout entière sa hardiesse.

« *La France, dit-il, est « aveuglée et envoûtée »*
» *par quatre antinomies* : autorité et liberté, ca-
» pital et travail, patrie et internationalisme,
» science et foi. On lui a fait accroire que ces
» antinomies sont réelles, tandis que ces termes

» sont « complémentaires », quoique « inver-
» ses », et « s'incluent », loin de s'exclure.

» On oublie que la politique commande l'éco-
» nomique, et la métaphysique la politique. Si
» on s'en souvenait, on saurait que « le premier
» article de la défense nationale est de résoudre
» le problème religieux ». « *Religion d'abord !* »
» ce doit être le mot d'ordre de tous ceux qui
» veulent « *le salut national* ».

» Historiquement, ni la cité antique, selon le
» paganisme, ni la cité moderne, selon la Ré-
» forme ou la Révolution, ne sont athées.

» Depuis cinquante ans, chez nous, les doc-
» teurs du laïcisme habituent les Français à
» croire que, pour la cité moderne, il est « légi-
» time et satisfaisant » d'être athée. Comme l'a
» écrit Louis Ménard, dans ses *Rêveries d'un*
» *païen mystique* : « Les religions sont l'âme des
» sociétés, *un peuple qui a renié ses Dieux est un*
» *peuple mort.* » Donc, le laïcisme des Ferry et
» des Paul Bert est « *une folie suicidaire* ».

» La cosmologie, la biologie et la sociologie le
» disent : *il y a un gouvernement de l'Univers.*
» L'histoire le dit : le christianisme « a introduit
» dans la cité cet incalculable progrès » qui est
» le « *dédoublement du pouvoir* », en spirituel et
» en temporel ; et l'Eglise, organe du pouvoir spi-
» rituel, a procuré au monde « ces deux biens
» suprêmes, qui ont si cruellement manqué aux
» religions antiques : *un corps de doctrines et un*
» *corps de docteurs* ». D'où tenir, en principe,
» que l'Etat doit ignorer Dieu et l'Eglise, ou ne

» les connaître que pour les exterminer de la
» cité, est une erreur fatale, un « laïcisme de
» mort ».

» La vérité et la vie exigent qu'on distingue
» deux laïcismes et deux cléricismes ; que l'Etat
» abandonne son *laïcisme antireligieux*, et que
» l'Eglise renonce à toute *religion incivique*.

» Il faut que l'Etat prenne son parti de l'exis-
» tence et de l'indépendance du pouvoir spiri-
» tuel : qu'il considère l'Eglise « comme *la plus
» sublime création de l'histoire* » ; qu'il s'inter-
» dise « de toucher à sa théologie, à sa hiérar-
» chie, à sa liturgie » ; qu'il admette « sa pleine
» et entière personnalité civile, sa pleine et
» entière souveraineté ».

» Dans sa conception extrémiste, le christia-
» nisme primitif a été une « désertion de la
» cité ». Heureusement, « par un revirement
» de génie », le christianisme médiéval a assumé
» « la dictature de la cité ». Et à travers les
» siècles, depuis mille ans, ce mouvement s'est
» maintenu. Aujourd'hui, qu'est-ce qui sauve-
» garde « le mariage et la famille, les droits
» inverses du capital et du travail, la patrie, l'ar-
» mée, le drapeau » ? C'est l'Eglise. L'Etat les
» « laissait odieusement compromettre et péri-
» cliter ». Il faut « que ce mouvement indé-
» niable aboutisse à *une synthèse supérieure du
» mysticisme et du civisme* », qui, seule, est
» capable d'assurer à la nation la paix et la
» force.

» Malheureusement, ce mouvement est « empi-

» rique » ; il lui manque « une mise au point
» doctrinale », laquelle ne saurait avoir lieu que
» par « *une adéquate révolution métaphysique*
» *dans nos conceptions de l'âme et de Dieu* ».

» En attendant cette « révolution supérieure »,
» que l'exemple de l'Allemagne instruise. Des
» esprits superficiels la considéraient comme
» finie, après la débâcle de 1918. Quelle erreur !
» *L'Allemagne a un extraordinaire* « *coefficient*
» *de vitalité* », *qui tient à* « *l'unité métaphy-*
» *sique* », *en elle, de l'Eglise et de l'Etat*, et aux
» sept articles de son *Credo* civique : foi indes-
» tructible en sa supériosité matérielle et spiri-
» tuelle, en sa mission providentielle, en son
» expansion mondiale, en sa prochaine hégémo-
» nie, en sa nécessaire réorganisation militaire,
» en la nécessaire restauration des Hohenzol-
» lern, en le nécessaire anéantissement de la
» France. »

**Sur le point fondamental il y a accord
entre les PROTESTANTS, les CATHOLIQUES
et (on va le voir) les JUIFS.**

« Dans cet opuscule de M. Izoulet, ce ne sont
pas, comme on voit, les formules paradoxales
qui manquent, ni les vérités amères. Les unes et
les autres ne doivent point passer inaperçues.

» LA DÉNONCIATION DU « LAÏCISME DE MORT »,
DE SON INEPTIE ET DE SES RAVAGES, PLAIT AUX
LUTHÉRIENS ET AUX CALVINISTES...

(Voir *Le Témoignage*, 7, 14, 21 août 1923 ; *Le*

Christianisme au XX° Siècle, 13, 27 septembre ;
Evangile et Liberté, 25 juillet.)

» ELLE NOUS PLAIT AUSSI.

» Elle doit plaire à tous ceux qui n'ont pas les yeux fermés aux claires leçons de l'histoire universelle. »

Réserves

« Les luthériens ont fait la grimace aux pages de M. Izoulet, sur l'Allemagne ; sans se prononcer sur leur exactitude ils les ont déclarées désagréables.

» Peut-être pourrait-on observer que l'analyse de M. Izoulet s'est attardée, à tort, à l'édit de religion de 1788. Actuellement, l'Eglise est séparée de l'Etat. Mais, dans le statut même de cette séparation, qui date de 1919, M. Izoulet aurait trouvé sans peine un argument efficace pour sa thèse ; *cette séparation s'est faite dans un esprit de respect et de bienveillance,* ainsi que j'en ai donné la preuve dans mon précédent bulletin. (*Etudes,* 20 mars 1923, p. 714.)

» Dans les sept articles de la doctrine pangermaniste, M. Izoulet aperçoit un puissant et « vital laïcisme » ; j'y verrais plutôt des microbes de mort mêlés aux microbes de vie. Est-ce que ce n'est pas cette doctrine précisément qui a jeté l'Allemagne dans une superbe rare et une violence insensée, dont le châtiment a été l'universelle colère des peuples contre elle ?

» En s'expliquant sur la Réforme, M. Izoulet a loué vivement Calvin, et, par surcroît, son

« grandiose historien », M. Doumergue. Les huguenots auront lu ces pages avec plaisir. Et il est indéniable que Jean Calvin a conçu, voulu, réalisé très fortement la « conjonction » de la religion et de la politique. Mais cette « conjonction » est-elle l'essence de la Réforme ?

» Même remarque au sujet de la Révolution... Par-dessus les phénomènes contradictoires du culte décadaire, du culte de l'Etre suprême, du culte de la raison, et de la religion formulée dans la constitution civile du clergé, M. Izoulet aperçoit un effort pour aboutir à un culte de la cité, encore plus vrai et plus profond que celui dont rêvait Calvin. Et il nous annonce un « *christianisme renouvelé* », un « néo-christianisme », qui comblera « l'abîme psychique entre catholiques et protestants, et même entre chrétiens et juifs ». Pour aboutir à ce « néo-christianisme », il suffira de « relever le vrai drapeau de la Réforme et de la Révolution, abattu par des égarés, dupes ou complices de l'étranger ». Et « les hommes nouveaux », qui oseront tenter ce recommencement, feront un « redressement philosophique » du pays; qui, avec le « redressement épique » de la Marne, le sauvera...

» Certains protestants entendent tout cela avec inquiétude. Les catholiques, encore une fois, seront, je pense, unanimes à prier M. Izoulet de déchiffrer lui-même ses dogmes prophétiques. Jusque-là, ils ne retiendront de lui que ses anathèmes, courageux et justifiés, au « laïcisme de mort » des Ferry et des Paul Bert. »

Une Lettre doctrinale de
M. LE GRAND RABBIN EMMANUEL WEILL
à M. le Professeur Jean Izoulet.

Paris, le 29 août 1923.

Monsieur le Professeur Jean Izoulet,

Monsieur le Professeur,

J'ai lu et médité longuement votre très intéressant travail, « *Laïcisme de mort et Laïcisme de vie* », que vous m'avez fait l'honneur de m'adresser.

Laissez-moi vous en remercier sincèrement, et, comme vous vous y attendiez peut-être, vous dire ce que j'en pense.

***
** **

En thèse générale, je partage vos idées, et estime que LA FRANCE AURAIT FORT A GAGNER *en renonçant à ce que vous appelez laïcisme de mort, irréligion ou areligion, et en adoptant un laïcisme de vie à base de religion.*

Ce Laïcisme de vie, pensez-vous, s'inspirerait de l'Eglise, non de l'*Eglise primitive*, qui ne rêvait que d'une *cité céleste*, mais de l'*Eglise actuelle*, qui semble admettre une *cité terrestre*, et qui est la religion de *la majorité des Français*, Eglise *admirablement organisée*, et QUI APPORTERAIT A L'ETAT UNE FORCE CONSIDÉRABLE.

***
** **

Je partagerais cet avis si, en incorporant (?) en quelque sorte l'Eglise à l'Etat, il s'agissait de lui associer *uniquement le dogme fondamental de*

CETTE *Eglise et de* TOUTE *Eglise,* LA CROYANCE EN DIEU.

Mais, me trompé-je, je crois bien qu'en parlant d'Eglise, vous entendez parler exclusivement (!) d'Eglise chrétienne, catholique, peut-être protestante aussi.

Et, par là, j'ai bien peur que vous ne vous heurtiez à des difficultés sérieuses.

- La France, certes, est loin d'avoir renoncé à ses antiques croyances chrétiennes ; mais, depuis le dix-huitième siècle, depuis la Révolution surtout, les esprits ont avancé ; et beaucoup s'insurgeraient contre la domination de l'Etat par l'Eglise, domination à laquelle l'Eglise catholique surtout aspirerait, prétendrait presque fatalement.

Si donc l'Etat doit s'inspirer de l'Eglise, l'associer au gouvernement de la Nation, il ne devra pas être question d'une Eglise particulière avec ses dogmes et avec ses pratiques, mais *de l'Eglise en tant seulement que professant le dogme qu'elle a* EN COMMUN *avec toutes les religions reconnues en France, je veux dire :* LA CROYANCE EN DIEU.

Que l'Etat observe, dans toute la mesure du possible, le respect absolu de tous les dogmes particuliers à chaque religion y existantes, qu'il observe ce respect tant que la manifestation de ce respect accordé à l'une d'elles ne heurte pas le respect qu'il doit aux autres, rien de mieux ; mais, aller au delà, ce serait s'exposer à des froissements certains et dangereux pour la paix des consciences.

* *

Un exemple, à l'appui de mon opinion :

UNE CÉRÉMONIE PATRIOTIQUE A LIEU.

IL SERAIT REGRETTABLE, A MON AVIS, QUE LA RELIGION EN FUT TENUE ÉLOIGNÉE.

Mais elle y figurerait, non sous les auspices de l'*un* des cultes reconnus seulement, mais de *tous* ces cultes.

Et cela est parfaitement pratique.

Les représentants de ces cultes y seraient convoqués également.

Une *prière* doit-elle y être dite ?

Que cette prière soit conçue de telle sorte qu'elle puisse être récitée par le représentant de *l'un quelconque* des différents cultes, mettons de préférence par le plus âgé d'entre eux.

ET CETTE PRIÈRE DEVRA S'ADRESSER A DIEU SEUL, SANS AUTRE DÉSIGNATION.

Ainsi se passent les choses en *Amérique,* où il n'est pas rare de voir un *rabbin* dire cette prière commune, avec, à ses côtés, *prêtres catholiques et protestants,* qui ne songent pas pour cela à avoir à faire violence à leurs croyances particulières.

Que s'il convenait au Corps de l'Etat de *célébrer quelque événement qui intéresse la nation entière,* dans l'*une des Eglises* : Que cela se fasse à la condition qu'il se transporte ensuite pour le même objet dans *les Eglises des autres cultes.*

C'est ainsi que, sous l'Empire, à l'occasion de la fête de l'Empereur, le 15 août, j'ai vu le *préfet de*

Colmar, M. de Cambacérès, à la tête du Conseil de Préfecture, et accompagné d'un bataillon de soldats d'infanterie, se rendre successivement à la *Cathédrale*, au *Temple protestant*, à la *Synagogue*.

** **

Mais ce n'est pas seulement, dans les *cérémonies publiques, patriotiques ou autres*, que l'Etat devrait manifester son respect de la Religion ; c'est aussi dans les *mesures administratives* qu'il est appelé à prendre, et où il devrait se tenir de garde d'offenser gratuitement sans nécessité les convictions religieuses d'une partie des citoyens.

Pas plus qu'il ne viendra à l'idée d'un ministre avisé de fixer la date d'une fête nationale *un mercredi des cendres ou un vendredi saint*, il ne devrait fixer la rentrée des classes un jour sacré entre tous pour les Israélites : tel le *Jour du Grand Pardon*.

Le fait est arrivé, l'année dernière.

Il n'était certainement pas voulu, mais regrettable cependant, et dont beaucoup d'Israélites se sont plaints à juste titre.

** **

En résumé, JE SOUHAITE QUE DIEU CESSE D'ÊTRE IGNORÉ PAR L'ETAT.

Mais que ce soit *Dieu professé par les croyants de toute religion*, et que ne récuseront pas toujours même les incroyants, n'appartenant à AUCUNE RELIGION PARTICULIÈRE, mais admettant *l'idée d'une Divinité directrice et providence du monde.*

Que cette idée soit rendue familière a nos enfants, a nos jeunes gens dans les Ecoles, non par le moyen d'*emblèmes*, tel la *croix*, ou d'une *effigie*, tel le *crucifix*, mais par des *inscriptions*, des *sentences* appropriées, ou par la *parole des maîtres* n'appréhendant plus de commettre une hérésie en parlant de Dieu.

Très judicieusement, Monsieur le Professeur, vous proposez en exemple le *Paganisme*.

Le *Paganisme* sans doute admettait la *pluralité des dieux*.

Il n'en écartait d'ailleurs aucun.

Il leur accordait à tous une place au *Panthéon*.

Celui de *Moïse* seul n'y figurait pas, — pour cause.

Mais, dit-on, *il y aurait eu une image de Moïse sous la multiplicité de ses dieux*.

Le Paganisme entrevoyait certainement la Divinité, le Dieu un, qu'il jugeait indispensable au bon gouvernement du monde.

Que la France se pénètre de ce sentiment, et je crois qu'elle y gagnerait en force et en dignité.

Que Monsieur le Professeur excuse ma mauvaise écriture, j'ai la main très fatiguée, et qu'il veuille agréer l'expression de mes sentiments respectueux et dévoués.

Emm. Weill,
Grand Rabbin.

Résumé de la **LETTRE DOCTRINALE** de **M. LE GRAND RABBIN EMMANUEL WEILL**

Cette importante lettre de M. le Grand Rabbin Emmanuel Weill ne contient que *deux idées,* mais *les deux idées capitales,* et *chacune des deux répétée quatre fois* !

Première idée :

Il faut que la *Religion* rentre dans l'*Etat.*

M. le Grand Rabbin y revient à quatre reprises.

a) « J'estime que LA FRANCE AURAIT FORT A GAGNER en renonçant à ce vous appelèz *laïcisme de mort,* IRRÉLIGION OU ARELIGION, et en adoptant un *laïcisme de vie* A BASE DE RELIGION. »

b) « ... l'Eglise actuelle est admirablement organisée, et APPORTERAIT A L'ETAT UNE FORCE CONSIDÉRABLE. »

c) « Quand une cérémonie patriotique a lieu, IL SERAIT REGRETTABLE, A MON AVIS, QUE LA RELIGION EN FUT TENUE ÉLOIGNÉE. »

d) « En résumé, JE SOUHAITE QUE DIEU CESSE D'ÊTRE IGNORÉ PAR L'ETAT. »

Seconde idée :

Mais il faut que *l'Etat se borne au seul et unique dogme de la foi en Dieu.*

M. le Grand Rabbin y revient *à quatre reprises.*

a) « ... *Uniquement le dogme fondamental de toute Eglise, la croyance en Dieu.* »

b) « Si donc l'Etat doit s'inspirer de l'Eglise..., (c'est) de l'Eglise *en tant seulement que professant le dogme qu'elle a en commun avec toutes les religions reconnues en France, je veux dire : la croyance en Dieu.* »

c) « Cette prière devra s'adresser *à Dieu seul, sans autre désignation.* »

d) « Que ce soit (le) *Dieu professé par les croyants de toute religion...* »

Réponse de M. le Professeur JEAN IZOULET
à la lettre doctrinale de
M. LE GRAND RABBIN EMMANUEL WEILL

Paris, ce lundi 10 septembre 1923.

Monsieur le Grand Rabbin,

Je vous suis infiniment reconnaissant d'avoir bien voulu prendre la peine de m'adresser, en dix feuillets, votre appréciation sur mon opuscule.

J'ai le vif plaisir de me voir pleinement approuvé par vous sur la thèse de fond, à savoir, *la légitimité et la nécessité absolue de l'idée religieuse.*

Et j'ai le non moins vif plaisir de me trouver pleinement d'accord avec vous sur les justes réserves, à savoir, *la non moins absolue nécessité du réciproque respect des religions les unes par les autres.*

Oui, certes, « *la France aurait fort à gagner* » à ne pas répudier l'idée religieuse.

Mais, oui aussi, *l'Etat doit s'en tenir à l'unique dogme fondamental et commun à toutes les religions,* « *la croyance en Dieu* ».

21

C'est même là, littéralement, le libellé de la thèse que je soutiens.

Ce *double accord* m'est infiniment précieux ; et je serais heureux de pouvoir faire état de cette double déclaration, en l'insérant dans une publication, — et en vous nommant, si vous le permettez... (autorisation pleinement accordée).

Veuillez, Monsieur le Grand Rabbin, agréer l'expression de mes plus distingués et dévoués sentiments.

J. Izoulet,
*Professeur de Philosophie sociale
au Collège de France.*

PASTEURS, JÉSUITES et RABBINS
approuvent donc MON LAICISME !

Deux grands articles du *Temps*, par un rédacteur *protestant* ;

Deux articles du journal *Evangile et Liberté*, par l'éminent *pasteur Louis Lafon* ;

Un article, dans la *Réforme des Charentes*, par *M. Eug. Réveillaud*, ancien sénateur, auteur d'un ouvrage de sept cents pages sur la *Séparation de l'Eglise et de l'Etat* ;

Un article de tête du *Journal de Genève*, par *un pasteur protestant* très en vue ;

Un article dans la la *Revue des Jésuites*, les « Etudes », par *M. Paul Dudon* ;

Une Lettre doctrinale de *M. le Grand Rabbin Emmanuel Weill* : —

Tels sont les jugements principaux qui ont été portés sur mon opuscule « *Laïcisme de mort et*

Laïcisme de vie », par des représentants qualifiés de *nos trois principales. Eglises* (*catholique,
protestante et juive*).

Plusieurs autres publications encore, journaux
ou Revues, ont bien voulu consacrer à mon opuscule, soit un article, soit une série d'articles.

Et j'ai reçu, en outre,. environ cent cinquante
lettres, dont quelques-unes. si belles et émouvantes que j'aurais été heureux d'en faire état,
avec la gracieuse autorisation de leurs signa-
taires, si elles n'avaient été si flatteuses, — plus
flatteuses encore que les articles plus haut cités,
qui le sont déjà trop !

Mais j'ai dû citer ces articles, — pour tirer de
là *une leçon capitale* !

Et cette leçon, la voici.

D'éminents *pasteurs protestants*, la grande Revue *des Jésuites*, un *Grand rabbin* de Paris :
voilà des représentants qualifiés de nos trois
principales Eglises de France qui me disent :

Oui, vous avez raison !! *Meure* le Laïcisme de
mort ! Et *vive* le Laïcisme de *vie* !

Il est donc prouvé que nos trois principales
Eglises peuvent s'entendre sur le point fondamental !

N'est-ce pas là une constatation d'un intérêt
capital ?

IMITONS DONC LE Dʳ HUYPER !

Voici donc ma suggestion.

Tout le monde connaît le cas *du docteur Kuyper en Hollande*.

En ce temps-là, qui n'est pas très ancien, il y avait, comme il y a encore et toujours, en Hollande, *trois partis* :

1° les *Protestants*,

2° les *Catholiques*,

3° les *Socialistes, Matérialistes athées*.

Et les *Protestants* étaient les alliés des *Matérialistes athées*.

Et les affaires du pays allaient mal.

C'est alors que le *docteur Kuyper* prit la parole.

Il dit aux *Protestants* et aux *Catholiques* :

« Certes, bien des choses vous éloignent et vous séparent ; mais, par contre, bien des choses vous rapprochent et vous unissent, et de bien grandes choses, et notamment la chose *fondamentale*, à savoir, *la foi en Dieu*, — alors que, sur ce point capital, vous êtes, les uns et les autres, irréductiblement en opposition avec les *Socialistes matérialistes et athées*.

» Pour les *Protestants*, il est donc contre-indiqué de lier partie avec les *Athées*, et tout indiqué, au contraire, de lier partie avec les *Catholiques*, — pour assurer *la Défense sociale et nationale*. »

Ce discours fut entendu.

Résultat . le *docteur Kuyper* fut invité à échanger sa *Chaire de dogme* contre la *Présidence du Conseil.*

Et, du coup, en Hollande, la pyramide se trouva replacée sur sa base, — *sur sa base de saine et juste conservation sociale !*

Eh bien ! je le demande : pourquoi les *Protes-*

tants de France n'auraient-ils pas la même inspiration que les *Protestants de Hollande* ?

Il y a aujourd'hui, en France, *un million de Protestants* sur *quarante millions de Français.*

Placé entre le *Bloc des droites* et le *Bloc des gauches*, ce *million de Protestants* est l'arbitre de la situation.

Il incline toujours à se porter *à gauche.*

Il suffirait qu'il se portât *à droite* pour assurer la *stabilité* du pays.

Le fera-t-il ?

Peut-être non.

Mais ses responsabilités seront lourdes.

Il commet, en effet, *une gigantesque erreur...*

En Allemagne, le *Protestantisme* tend à verser dans l'*Ultra-nationalisme militaire.*

En France, le *Protestantisme* tend à verser dans l'*Ultra-démocratisme révolutionnaire.*

Deux *inverses*, mais *égales* erreurs !

Ne parlons ici que du *Protestantisme français.*

Quelle est donc son erreur fondamentale ?

Un de ses siens le lui a dit, — un de ses siens, qui est l'interprète fidèle de *Calvin*, à savoir, *M. le doyen Doumergue.*

M. le doyen Doumergue a dit en substance :

« En *Politique*, il y a deux dogmes qu'il faut soigneusement distinguer :

1° Le *dogme fondamental*, — *l'autonomie de l'Etat* ;

2° Et un *dogme secondaire*, — *la souveraineté du Peuple.*

Or, LE FONDEMENT DU MONDE MODERNE, tel que

l'ont dégagé *les Luther et les Calvin*, c'est, *non pas la souveraineté du Peuple*, mais *l'autonomie de l'Etat* !

C'est là une parole d'une portée incalculable.

Que *les douze cents pasteurs de Paris et de France* veuillent bien seulement la rappeler à leurs fidèles ! -

Et que, silencieusement, *notre million* de Protestants français avise à se déplacer légèrement sur l'échiquier politique !

Et, d'emblée, par ce simple mouvement à la *Kuyper*, voilà notre France équilibrée et *stabilisée* !

Je sais bien. Plus d'un Protestant dira : c'est vouloir sombrer dans la pire réaction, religieuse et politique.

Mais ce n'est là qu'un vain épouvantail.

Et j'ai déjà répondu, dans mon opuscule, en affirmant, en connaissance de cause, ce que j'appelle : « *l'invincible Laïcisme* et *l'impossible régression* » !

CHAPITRE III

L'ATHÉISME D'ÉCOLE ET D'ÉTAT
ou
LE SUICIDE MÉTAPHYSIQUE DE LA FRANCE

BISMARCK ET GAMBETTA
d'après M. Léon DAUDET

La nature, selon moi, inverse
du **KULTURKAMPF ALLEMAND**
et du **KULTURKAMPF FRANÇAIS.**

Comment rendre à la France *son élan vital* ?

Je l'ai dit : en lui révélant que *deux immenses problèmes* dominent toute son histoire ; en lui rappelant les crises tragiques et en lui ouvrant les grandioses perspectives de ce double drame, qu'on lui a masquées, au contraire, comme pour « *rapetisser son cœur* » ; en lui montrant les lumineuses issues de ces deux immenses et obscurs labyrinthes, où elle erre sans fin, aveuglée, meurtrie et découragée, à savoir :

1° Le problème *externe*, le *problème physique*, le *problème du Rhin* ;

2° Le problème *interne*, le *problème métaphysique*, le *problème du Christ.*

Malheureusement, nous n'avons pas assez d'*historiens de génie*, sachant vigoureusement dégager, de l'insondable chaos des faits, les grands linéaments du *Drame de la Patrie physique*, qui constituent toute *la figure et toute l'ossature de notre Histoire externe*.

Heureuse, au contraire, *l'Angleterre*, pour qui jadis un *Shakespeare* a su dresser, en avant de son œuvre, « *la colonnade de ses dix magnifiques tragédies historiques*, sans modèles ni semblables, faisant figure d'*épopée nationale* » !

Et, pareillement, nous n'avons pas assez de *philosophes de génie*, sachant vigoureusement dégager, de l'insondable chaos des idées, les grands linéaments du *Drame de la Patrie mystique*, qui constituent *toute la figure et toute l'ossature de notre Histoire interne*.

Heureuse, au contraire, l'*Italie*, pour qui jadis un *Dante*, en sa vision des *Trois Mondes*, a su traduire, aux yeux de l'imagination fascinée, toute l'*épopée métaphysique* de la médiévale « Chrétienté » !

Eh bien ! me suis-je dit, résignons-nous à nos faibles moyens ; et tentons d'ébaucher cette double entreprise, ne fût-ce que pour fournir quelques matériaux bruts aux chefs-d'œuvre futurs.

Et tel a été l'objet de la *deuxième partie* du présent livre, à savoir, *Ma Philosophie de l'Histoire de France*.

Je l'ai dit d'emblée :

1° Pour résoudre le *problème externe ou physique*, pour retrouver notre FRONTIÈRE NATURELLE, du moins moralement, sinon matériellement, il faut DÉSANNEXER LE RHIN.

2° Et pour résoudre le *problème interne ou métaphysique,* pour retrouver notre RELIGION NATURELLE, il faut LAÏCISER LE CHRIST.

Et, qu'on le sache ou non, ces deux problèmes sont étroitement *connexes* et, au fond, n'*en font qu'un* !

LA SINISTRE DÉVIATION DU LAICISME

Qu'est-ce, au juste et au fond, que laïciser ?
Je l'ai expliqué plus haut *théoriquement* ; et je vais ici l'expliquer *historiquement.*

Il y a vingt siècles, dans l'Empire romain, *la Société ou la Cité* s'était si effroyablement corrompue que tout ce qu'elle contenait encore *de nobles esprits et de généreux cœurs,* n'eut plus qu'une idée, à savoir, *fuir la Cité, déserter la Cité, renier la Cité,* c'est-à-dire *répudier les mariages et les carrières, les foyers domestiques et les fonctions civiques,* — pour *se réfugier dans le célibat et dans la prière, aux cloîtres ou aux déserts* !

Et c'est cette *sécession,* c'est cette *désertion,* c'est cette *émigration* à l'extérieur ou à l'intérieur qu'on appelle le *Christianisme.*

A défaut du *bonheur* ou du *salut, pendant la vie,* et *sur la Terre,* le *Christianisme* a espéré et escompté un autre *bonheur,* un autre *salut, après la mort,* et *dans les Cieux* !

Et, par-dessus les *Corps* et toute la *Nature,* les Docteurs du Christianisme ont construit toute une *Métaphysique*, pour introniser dans *un Sé-jour de félicité éternelle les Ames et Dieu* !

Mais, un jour est venu où, sous la poussée des *Invasions barbares*, le *vieil et putride Empire romain* s'est écroulé.

De *jeunes et vivaces Nations* ont surgi, *amantes de la Terre et de la Vie*, éprises de toutes les vérités et prospérités *domestiques et civiques*.

Qu'est-ce que le *Laïcisme*, en fait et en droit ?

C'est la constatation et la consécration de ce renversement.

EN FAIT, le *Laïcisme*, c'est un *renversement d'Idéal.*

Ou plutôt, c'est un *déplacement d'Idéal* ; c'est une *transposition du divin* ; c'est un *rapatriement terrestre du divin.*

En fait, le *Laïcisme*, c'est une *fin de Sécession;* c'est un *retour d'Exode* ; c'est un *rapatriement après l'Emigration.*

En fait, le *Laïcisme*, c'est la *rentrée de l'Ame dans la Cité*, dans la Cité *purifiée* ; la rentrée de l'Ame dans le *Temple social*, longtemps *désaffecté*, mais de nouveau *consacré*, et où l'Ame va donc pouvoir retrouver *Dieu* !

Et, EN DROIT, le *Laïcisme*, c'est le consécutif *inversement de Métaphysique* nécessité par cet instinctif *renversement d'Idéal.*

Mais ce *renversement pratique*, et cet *inversement théorique* ne pouvaient être réalisés d'emblée par toute la *Chrétienté*, — laquelle s'est donc coupée en deux : *Catholiques et Protestants.*

En face du *Catholicisme traditionnel,* le *Catholicisme réformé,* ou *Protestantisme,* s'est dressé en DEMI-LAÏCISME.

Et, en face de ces *deux Christianisme,* le traditionnel et le réformé, le non laïque et le demi-laïque, le *Judaïsme* se trouve représenter un PRÉLAÏCISME TOTAL !

D'où, en France, trois *Religions principales,* Catholicisme, Protestantisme, Judaïsme, — lesquelles trois Religions, comme c'est bien naturel et bien légitime, ne sont pas précisément vues du même œil par l'Etat, avide de pleine et entière *Laïcisation.*

D'où, en France, le conflit de l'*Etat* avec la première de ces trois Religions, à savoir, le *Catholicisme.*

D'où, ses *lois de combat,* — *ecclésiastiques et scolaires.*

Mais, en voici bien d'une autre !

Faute de savoir ou de pouvoir *ré-former* ou *trans-former,* de gré ou de force, UNE *Religion,* la *Religion catholique,* l'Etat français s'est avisé de nier et renier, ou, tout au moins, de laisser nier et renier TOUTES *les Religions,* et de s'avouer volontiers lui-même *Agnostique ou Athée !*

Cela se passe en deux étapes.
D'abord, la première étape.
Entre *les trois principales religions* pratiquées

en France, l'Etat français dit : J'entends rester *neutre*, strictement et absolument *neutre*.

Soit. Encore qu'il y ait là une flagrante hypocrisie ; car, au fond, bien naturellement et bien légitimement d'ailleurs, l'Etat français a beaucoup plus de sympathie consubstantielle pour le *Protestantisme* et pour le *Judaïsme* que pour le *Catholicisme*.

Mais, voici la seconde étape.

Ce n'est plus seulement *entre les diverses religions* que l'Etat français, explicitement ou tacitement, entend rester *neutre*, mais ENTRE LA RELIGION ET L'IRRÉLIGION.

Et c'est ici que, véritablement, nous sautons à pieds joints en pleine folie !

Transportons-nous par exemple de la *Religion* dans la *Politique* ; et ici aussi supposons deux étapes.

Première étape.

L'Etat peut dire :

Entre les trois principales formes de Gouvernement, tour à tour pratiquées en France, la *République*, l'*Empire*, la *Monarchie*, j'entends que l'Ecole reste *neutre*.

Soit. Encore que l'Etat ne puisse guère parler de la sorte, même pour ménager des susceptibilités.

Mais l'Etat osera-t-il dire que l'Ecole doit rester *neutre, entre le Gouvernement et le non-Gouvernement*, NEUTRE ENTRE L'ARCHIE ET L'ANARCHIE ?

Jamais de la vie !

Or, le *Gouvernement spirituel* est la base même du *Gouvernement temporel.*

Vouloir être *neutre* entre le Gouvernement et non-Gouvernement temporel, *entre l'Archie et l'Anarchie,* et surtout vouloir être *neutre* entre le Gouvernement et le non-Gouvernement spirituels, *entre la Religion et l'Irréligion,* c'est vouloir être neutre :

Entre la *vérité* et l'*erreur,*
Entre le *bien* et le *mal,*
Entre la *santé* et la *maladie,*
Entre la *mort* et la *vie* !

La *fausse Neutralité religieuse* n'est autre chose qu'*un Suicide métaphysique.*

L'ÉCOLE LAIQUE ET L'ÉCOLE LIBRE,
ou
GAMBETTA et BISMARCK
d'après M. LÉON DAUDET
et M. EDMOND DU MESNIL.

D'où, sous notre *Troisième République,* cinquante années de lutte acharnée pour ou contre *l'Ecole laïque.*

Le plus récent épisode de cette lutte est celui du 8 février 1924.

Il s'agissait des *origines du Laïcisme,* du *Laïcisme athée.*

A la *tribune de la Chambre,* et dans *L'Action Française,* M. *Léon Daudet* a soutenu sa thèse habituelle, qui peut se résumer en deux traits :

La funeste *Ecole laïque* est une *importation*

allemande, qui a été imposée à *Gambetta* par Bismarck... *A bas l'Ecole laïque !*

A quoi, *M. Edmond du Mesnil, directeur du « Rappel »,* a répondu le 13 février :

L'Ecole laïque est l'œuvre du grand patriote *Jules Ferry.* Et *l'Ecole libre,* au contraire, est l'œuvre du *Vatican... A bas l'Ecole libre !*

LE BLOC NATIONAL
et LE BLOC DES GAUCHES
ou les DEUX POLITIQUES SCOLAIRES.

Au sens large, la politique scolaire de *M. Léon Daudet* est celle du *Bloc National,* et la politique scolaire de *M. Edmond du Mesnil* est celle du *Bloc des Gauches.*

Que faut-il penser de ces deux politiques, qui divisent la France, et qui, plus violemment que jamais, vont s'affronter et s'entre-choquer aux prochaines élections ?

A mon avis, les deux partis ont *également tort et également raison* l'un et l'autre.

Et qu'on ne croie pas que ce soit là de ma part un compromis, une cote mal taillée, pour m'être ni chair ni poisson, pour ménager la chèvre et le chou !

Je vais prouver ce que j'avance.

En quoi le BLOC NATIONAL a raison
et en quoi il a tort.

M. *Léon Daudet* est un ardent patriote, qui, dans la crise terrible que nous traversons, se sent adéquat à une dictature, dont il a l'envergure et l'impavidité.

Et, comme un Mussolini, il commence par poser *l'absolue nécessité de l'Idée religieuse.*

Il a mille fois raison !

L'auteur des *Rêveries d'un païen mystique,* le poète-philosophe *Louis Ménard,* l'a magnifiquement dit :

« Les *Religions* sont l'âme des sociétés...

« *Un peuple qui a renié ses dieux est un peuple mort.* »

Qu'est-ce que la *foi,* se demandait hier encore le pasteur Wagner ?

« La *foi,* c'est *la confiance en Dieu.*

» *L'homme de peu de foi,* c'est celui qui *se méfie de la solidité de l'univers* et de son organisation.

» Il n'a qu'*une médiocre confiance* dans le résultat...

» Celui-là seul *qui ne croit pas à sa destinée* est véritablement sans feu ni lieu. »

Oui, dirai-je, croire en Dieu, c'est *croire à la victoire finale du bien sur le mal. Et, cette foi,* c'est le *secret de la force* et la *condition du salut.*

M. Léon Daudet a mille fois raison de le proclamer et même, au besoin, de le clamer !

Mais, par ailleurs, combien *M. Léon Daudet* se trompe, quand il ne voit dans le *Laïcisme* qu'une perfide suggestion allemande ! Quelle colossale erreur !

M. Edmond du Mesnil lui répond avec raison :

Jules Ferry n'a pas attendu la guerre de 70 et le Traité de Francfort, et les suggestions de Bismarck pour arrêter *son plan de Laïcisme.*

Il l'exposait déjà en 1869 ; et surtout il l'a exposé le 10 avril 1870, dans sa Conférence de la *Salle Molière*, sous les auspices de la *Société pour l'Instruction élémentaire.*

Et ce *plan Ferry* n'était d'ailleurs que la suite du dessin laïque de *Victor Duruy*, le célèbre ministre du Second Empire.

Et ce dessein *Ferry-Duruy,* à son tour, dérivait du programme d'*Hippolyte Carnot*.

Et le *programme Carnot* était emprunté lui-même au *Comité d'Instruction publique de la Convention.*

Et le *Comité de la Convention* enfin s'inspirait enfin plus particulièrement des idées de *Condorcet.*

A cet enchaînement incontestable, rappelé par *M. du Mesnil*, il conviendrait d'ajouter d'autres noms encore, notamment ceux d'*Edgar Quinet* et d'*Auguste Comte*, dont étaient disciples les *Gambetta* et les *Ferry.*

Et voilà donc la généalogie des Pères du Laïcisme ; voilà la liste des grands laïcisateurs : *les Gambetta, les Ferry, les Quinet, les Duruy, les Comte, les Carnot et les Condorcet* !

Une telle liste suffit, je pense, pour enlever à Bismarck la paternité du *Laïcisme.*

Et pourtant, combien tout cela est insuffisant encore, selon moi !

Qu'est-ce au fond que le *Laïcisme* ?

Je l'ai sommairement expliqué dans le chapitre précédent.

Le *Laïcisme*, c'est le drame en trois actes de trois mille ans d'histoire : Antiquité, Moyen Age, Temps Modernes.

Le *Laïcisme*, c'est l'*Esprit moderne*.

Et l'*Esprit moderne*, c'est la *Synthèse* du *Paganisme antique* et du *Christianisme médiéval*, — sous l'action profonde et puissante du *Mosaïsme éternel*.

Et cette *Synthèse*, c'est le troisième acte du grand drame métaphysique qui se joue depuis trente siècles.

Et ce *troisième acte* lui-même est un acte en trois scènes : *Renaissance, Réforme, Révolution*.

Et la *Renaissance*, hellénisante, c'est la résurrection de la *Cité antique*, c'est-à-dire le *Primat de la Cité*, relevé en face du *Primat de l'Individu*.

Et la *Réforme, judaïsante*, c'est le *Salut collectif terrestre*, plus ou moins inconsciemment réintégré sous le *Salut individuel céleste*.

Et la *Révolution*, enfin, c'est l'approfondissement et l'accomplissement de la *Réformation*.

A telles enseignes que le *Collège de France*, ou *Collège des Trois langues* (latin, grec, hébreu), ou Collège des Trois religions et des Trois civilisations, le Collège de France, dis-je, fils de la *Renaissance*, frère de la *Réforme* et filleul de la *Révolution*, a pu et dû apparaître à son historien, M. Abel Lefranc, comme le GRAND INSTRUMENT DE LAÏCISATION DE LA FRANCE !

Et voilà ce que c'est que le *Laïcisme* ! Voilà quelles sont ses origines prochaines et lointaines! Voilà comment il plonge ses racines au fond de trois mille ans !

On voit combien il est loin d'être simplement une perfide suggestion de Bismarck à Gambetta !

Et c'est là, on en conviendra, une première rectification qui est d'importance.

Et en voici une seconde, qui est plus importante encore.

Quel est le but du *Laïcisme* ?

Contrairement à l'opinion courante, le *Laïcisme* n'a nullement pour but d'affaiblir et d'anéantir *la Religion et l'Eglise*, mais, au contraire, de les rectifier pour les renforcer, en les accordant organiquement avec ce qu'il y a d'authentiquement légitime dans les revendications *de la Science et de l'Etat*.

Car si *l'Eglise est divine*, l'Esprit moderne et (notamment) la Réformation nous ont appris ou réappris que *l'Etat aussi est de droit divin*.

Et, d'autre part, la *Science*, la saine et authentique *Science*, n'est-elle pas *Fille de la Raison*, qui est elle-même *Fille de Dieu* ?

N'est-ce pas un grand prélat américain qui a dit cette magnifique parole : *Toute vérité est orthodoxe* !

Et, n'est-ce pas un très grand prélat-gentilhomme français, François de Salignac de la Motte-Fénelon, archevêque de Cambrai, qui s'est écrié un jour : *Raison, raison, n'es-tu pas le Dieu que je cherche* !

Si donc l'*Eglise*, la *Science*, la *Cité* sont toutes trois *divines*, comment, en fin de compte, ne trouveraient-elles pas le moyen de s'entendre et de s'accorder dans leur *consubstantialité* ?

En quoi le BLOC DES GAUCHES a raison et en quoi il a tort.

De *M. Léon Daudet*, accusateur de Gambetta et de Bismarck, arrivons à *M. Edmond du Mesnil*, qui se présente en défenseur de *Jules Ferry*.

« J'atteste, dit-il, que jamais homme d'Etat n'eut le sentiment plus profond de la politique française et de l'*Etat français*.

« Ses réformes de l'*Enseignement*, sa longue lutte *contre les Congrégations*, ses *lois laïques*, ne furent inspirées que par le seul souci de défendre l'*Etat français*, de poursuivre contre les empiètements de la *Théocratie romaine* la longue résistance *de nos Parlements, de nos Chanceliers, de nos Rois* ».

On le voit, *M. du Mesnil* se dresse en champion de l'*Etat français* contre le *Théocratisme romain* ; et il se réclame nettement de l'*Ancien Régime* lui-même.

Cela n'est-il pas infiniment légitime et infiniment nécessaire ?

C'est *une moitié de la vérité* qui est ainsi proclamée par *M. du Mesnil*, à savoir, *les droits de l'Etat*.

Mais, à son tour, *M. du Mesnil* n'oublie-t-il pas *l'autre moitié de la vérité*, à savoir, *les droits de Dieu*, — comme *M. Daudet*, en défendant *les droits de Dieu*, paraît plus ou moins sous-estimer *les droits de l'Etat* ?

Certes, l'*Etat*, personnification de la *Cité*, a ses *droits* : il est *autonome* dans la Nature, *autonome* dans l'Univers, — comme il a été récemment si bien répliqué à *M. Gaëtan Bernoville*, par *M. Guy-Grand*.

Autonome, oui ; mais INDÉPENDANT, non pas ! Et voilà où *M. Guy-Grand* se trompe.

L'Etat DÉPEND des lois de la Nature, des lois de l'Univers, — de l'Univers personnifié en *Dieu*.

M. Edmond du Mesnil ne voit qu'*une moitié de la politique de l'Ancien Régime*, à savoir, *sa résistance aux abus humains de l'Eglise de Dieu*.

Oui, certes, l'*Ancien Régime* rejettait les *abus humains* ; mais rejettait-il aussi l'*Etre divin* ? *Saint-Louis*, quand il fallait, résistait à *l'Eglise*, mais niait-il *Dieu* ?

Bien au contraire, il se réclamait humblement de lui ; car il savait que les *Gouvernements de la Terre* ne sont qu'un écho du *Gouvernement de l'Univers*, — comme le pouls est l'écho du cœur.

Les deux partis ont également raison et également tort.

Ainsi, *M. Léon Daudet* extrême aile marchante du *Bloc national*, et *M. Edmond du Mesnil*, radical patriote du *Bloc des gauches*, ont, chacun de leur côté, *également raison et également tort*.

C'est que chacun d'eux ne veut voir qu'*une moitié de la vérité*.

La belle *comtesse d'Agoult*, qui fut en littérature la brillante *Daniel Stern*, aimait les esprits « *sphériques* » : il plaît à *MM. Léon Daudet et Edmond du Mesnil* de n'être encore jusqu'ici, sur cette question que des esprits « *hémi-sphériques* »... Mais je suis bien loin de croire qu'ils aient dit leur dernier mot !

L'Etat est la personnification des *Cités de la Terre*, et *Dieu* est la personnification de la *Cité de l'Univers*.

Théoriquement égale, ou du moins pratiquement équivalente est l'erreur de ceux qui *affirment Dieu* en *niant l'Etat*, et de ceux qui *affirment l'Etat* en *niant Dieu*.

Reste à démasquer
le traquenard du FAUX LAICISME.

Et pourtant, au fond, c'est *M. Léon Daudet* qui peut et doit finir par l'emporter sur un point capital, à savoir, que l'embûche allemande, la mortelle embûche allemande, peut bien exister réellement.

L'embûche allemande, en effet, peut consister en ceci que, par personnes interposées, dupes ou complices de l'Etranger, on ait réussi à faire accroire à la France que le *Laïcisme,* ou instinct et aspiration des *laïques* (des *laïcs* en face des *clercs*), consiste à rejetter de la Religion et de l'Eglise, non pas seulement l'accidentel « *plomb vil* » d'erreur humaine, mais aussi l'essentiel « *or pur* » de vérité divine !

En ce cas, que penser et que dire d'une si perfide et si monstrueuse suggestion ?

N'est-ce pas le plus grotesquement sinistre guet-apens dans lequel un pays puisse jamais tomber !

Et j'arrive à un sensationnel *document allemand*.

Un document suggestif :
La Lettre du prince de Bismarck au comte d'Arnim.

Nous allons voir, en matière de *politique religieuse française*, les instructions données par le *prince de Bismarck* à son ambassadeur en France, le *comte d'Arnim*, par sa *Lettre du* 16 *novembre* 1871, citée au *Sénat* par M. Gaudin de Villaine, dans la *séance du 6 avril* 1911, quarante ans après la guerre de 70.

Voici d'abord le texte de la Lettre :

« ... Nous devons enfin désirer *le maintien de la République en France*, pour une dernière raison, qui est majeure.

» La *France monarchique* était et serait *catholique* : sa politique *catholique* lui donnerait une grande influence en Europe, en Orient, et jusque dans l'Extrême-Orient.

» Un moyen de contrecarrer son influence, au profit de la nôtre, c'est d'*abaisser le Catholicisme et la Papauté qui en est la tête*.

» Si nous pouvons atteindre ce but, la France est à jamais annihilée.

» La *Monarchie* nous entraverait dans cette tentative : la *République* nous aidera.

» J'entreprends *contre l'Eglise catholique* une guerre qui sera longue et peut-être terrible. On m'accusera de persécution, et j'y serai peut-être conduit.

» Mais il le faut pour achever d'abaisser la France et établir notre suprématie religieuse et diplomatique comme notre suprématie militaire...

» Eh bien, je le répète, ici encore, les *Républicains* nous aideront ; ils jouent notre jeu : ce que j'attaque *par politique*, ils l'attaquent *par fanatisme anti-religieux*. Leur concours nous est assuré !...

» Entretenez, dans des *feuilles radicales françaises à notre dévotion*, la peur de *l'épouvantail clérical*, en faisant propager *les calomnies ou les préjugés* qui ont fait naître cette peur...

» Faites aussi souvent parler dans ces feuilles *des dangers de la réaction ! des crimes de l'absolutisme !! des empiétements du clergé !!!*

» Ces *balivernes* ne manquent jamais leur effet sur les *masses ignorantes*...

» Oui, mettez tous vos soins à entretenir cet échange de services mutuels entre les *Républicains* et nous : *c'est la France qui en paiera les frais...* »

Ah ! Comme il faut savoir lire une telle Lettre ! Et nous sommes encore bien loin de la comprendre !

L'auteur paraît, de deux choses l'une :

1° Ou *ne pas connaître* lui-même *le vrai fond* de l'immense débat entre le *Catholicisme* et l'*Esprit moderne* ;

2° Ou plutôt, *cacher volontairement sa pensée de fond* à un correspondant avec lequel il ne sympathise pas, et avec lequel précisément il va bientôt avoir les démêlés les plus retentissants.

Or, *le vrai fond du débat*, le voici :

En Allemagne, les *Catholiques* sont considérés comme *des Allemands de seconde zone.*

Pourquoi ?

C'est ce qu'on ne peut s'expliquer qu'en scrutant le tréfonds du débat entre *Catholiques et Protestants,* — ce qui est encore bien loin d'être définitivement fait.

La nature, selon moi, inverse du KULTUR KAMPF ALLEMAND et du KULTUR KAMPF FRANÇAIS.

En Allemagne, aux yeux du *Protestant*, le *Catholique* a le vice rédhibitoire de relativement *sous-estimer l'Etat*, c'est-à-dire la *Société civile* incarnée dans et par l'Etat ; c'est-à-dire les *Institutions sociales*, telles que :

le mariage et la famille,
le travail et la propriété,
la raison et la science.

C'est là une *sous-estimation* de *l'immense valeur de la vie terrestre.*

D'où une *sous-intensité* de *l'effort vital individuel.*

D'où un *sous-rendement* de *l'activité nationale.*

D'où un *sous-classement de la nation* dans
les implacables conflits internationaux.

L'Allemagne voudrait donner à ses *vingt millions de catholiques* cette PLUS-VALUE réalisée
chez ses *quarante millions de protestants.*

Et voilà la raison profonde *du vrai Kulturkampf allemand,* que le prince de Bismarck semble ici méconnaître ou négliger, pour ne se pla--
cer qu'au point de vue superficiel du *prestige
diplomatique international.*

Mais, peut-être le prince dissimule-t-il ici
volontairement sa pensée profonde. Peut-être
a-t-il à cœur de ne pas laisser soupçonner aux
Français *la nature du vrai Laïcisme.* Peut-être
est-il enchanté de les voir s'enferrer dans *le faux
Laïcisme,* et même tout disposé, au besoin, à les
y aider.

Quel *abîme,* en effet, entre le *Kulturkampf
allemand,* et le *Kulturkampf français* ! Le second
n'est-il pas *absolument l'inverse* du premier !

En Allemagne, ce sont des *Protestants,* c'est-à-
dire des *Croyants,* d'une Croyance estimée supérieure, qui voudraient *élever* à cette *Croyance
supérieure* une *minorité catholique,* qui, selon
eux, s'attarde dans les bas-fonds d'une *Croyance
dépassée.*

En France, au contraire, ce sont des *Incroyants*
(Agnostiques ou Athées) qui prétendent *abaisser*

à leur *Incroyance* une *immense majorité catholique*, c'est-à-dire une *immense majorité de Croyants.*

En France, il ne s'agit donc pas d'amener les *Catholiques français* à une *religion réformée,* à une religion socialisée et rationalisée, c'est-à-dire à une religion rectifiée et améliorée, et, par conséquent, à une religion *source de force ou de plus grande force,* interne et externe.

Bien au contraire !

Il s'agit de les amener à... *pas de religion du tout !* C'est-à-dire à l'*Agnosticisme* ou à l'*Athéisme,* c'est-à-dire encore à un *faux Laïcisme,* qui ne peut être qu'une *source de faiblesse, de décadence et de mort.*

Ma découverte des DEUX LAICISMES : LE VRAI LAICISME DE CONSOMMATION ; et le FAUX LAICISME D'EXPORTATION.

Eh bien oui, voilà le mot de l'énigme : *Il y a deux Laïcismes !*

Il y a un *Laïcisme de vérité et de vie,* Et il y a un *Laïcisme d'erreur et de mort.*

Et c'est le *Laïcisme de mort* qui est en vigueur chez nous !

Ce *Laïcisme de mort ne* serait-il pas d'importation étrangère ? Et ne serait-ce pas l'Allemagne qui, par personnes interposées, par intermédiaires conscients ou inconscients, se serait ingéniée et évertuée, depuis cinquante ans, à nous l'inoculer ?

Le point capital, c'est donc de bien distinguer le *vrai Laïcisme* du *faux Laïcisme*.

Il y a un *vrai et vital Laïcisme*, qui perfectionne et fortifie la Religion ; et c'est celui que l'Allemagne considère comme *excellent pour sa consommation personnelle.*

Mais il y a un *faux et mortel Laïcisme*, qui ruine et anéantit la Religion et l'Eglise ; et c'est celui que l'Allemagne peut et doit considérer comme *excellent pour l'exportation* !

Le SALUBRE Laïcisme ANTI-CLÉRICAL et le DÉLÉTÈRE Laïcisme ANTI-RELIGIEUX.

Et je crois bien qu'en effet, le prince de Bismarck est tout à fait conscient du *mal* qu'on peut ainsi faire à la France.

Un mot qui lui échappe nous découvre sa pensée :

« Je le répète, dit-il, les républicains de France jouent notre jeu : ce que j'attaque PAR POLITIQUE (pour deux raisons, avons-nous dit, l'une de surface et avouée, et l'autre de fond et dissimulée), ils l'attaquent PAR FANATISME ANTI-RELIGIEUX. »

Vous entendez bien : l'*Etat allemand* professe et pratique un salubre Laïcisme, c'est-à-dire un LAÏCISME ANTI-CLÉRICAL.

Et il se réjouit de voir que l'*Etat français* professe et pratique un délétère et meurtrier Laïcisme, c'est-à-dire un LAÏCISME ANTI-RELIGIEUX.

Il n'en faut pas douter : l'Allemagne applaudit à notre *faux Laïcisme* qui ne peut que nous affaiblir.

De là à le favoriser, il n'y a qu'un pas, que sa loyauté bien connue ne l'a peut-être pas empêchée de franchir.

Et, en ce sens, les soupçons et les appréhensions de *M. Léon Daudet* ne paraissent que trop justifiés.

L'Allemagne a tout intérêt à maintenir en France une lutte acharnée entre *deux extrémismes irréductibles*, à savoir, un *extrémisme clérical* et un *extrémisme athée*, et à empêcher à tout prix une heureuse pacification dans *un juste équilibre religieux*.

Les choses se passent comme s'il avait été tendu à la France un véritable et effroyable traquenard.

La France, toujours confiante, s'est avancée vers l'*appât* du *vrai Laïcisme*. Mais le ressort s'est déclanché, et la mâchoire d'acier du *faux Laïcisme* s'est abattue sur elle pour lui casser les reins !

LA SUPER-FOI
et
l'ANTI-FOI.

Les deux grands partis qui se divisent la France se trompent donc également tous les deux et affaiblissent également la France, — au plus grand profit de l'Allemagne !

1° Les *partis de gauche* se trompent en « championnant » un *Laïcisme d'erreur et de mort*, approuvé, sinon suggéré et appuyé, par l'*Etranger* ;

2° Les *partis de droite* se trompent en rejettant un *Laïcisme de vérité et de vie*, sorti des profondeurs de l'*Esprit moderne* en général et de *Pensée française* en particulier.

Ainsi, l'Allemagne pratique, pour son compte le LAÏCISME ANTI-CLÉRICAL, c'est-à-dire la FOI RECTIFIÉE, principe de santé et de force, que j'appelle la SUPER-FOI.

Mais, par personnes interposées, elle appuie, chez nous, le LAÏCISME ANTI-RELIGIEUX, principe de maladie et de débilité, ou l'ANTI-FOI.

L'Allemagne vient de *séparer l'Eglise de l'Etat*, en 1919 ; mais, comme *aux Etats-Unis*, c'est une *Séparation* pleine de bienveillance pour l'Eglise.

Nous avons la *Séparation de haine*, et ils ont la *Séparation d'amour* !

Ainsi, *bien* ou *mal* compris, le *Laïcisme* peut engendrer soit la *vie*, soit la *mort*.

Répétons-le donc, avec le non suspect *païen mystique* Louis Ménard : « *Un peuple qui a renié ses dieux est un peuple mort...* » !

Depuis un demi-siècle, notre *faux Laïcisme*, ou *Laïcisme athée*, s'ingénie et s'évertue sourdement et patiemment à instiller aux cinq millions d'enfants du peuple de France la goutte de curare qui fait cesser de battre le cœur des nations.

Ainsi, la France se détruit elle-même.

Car l'*Idée de Dieu* est le *principe vital des Cités* ; et ce que j'appelle *un suicide spirituel*, un *suicide métaphysique*, c'est précisément ce *faux Laïcisme scolaire*, ou *Athéisme d'Etat*.

DU SUICIDE MÉTAPHYSIQUE
au SUICIDE PHYSIQUE.

Et ce *Suicide métaphysique* entraîne nécessairement le *Suicide physique* !

Qu'est-ce que la terrible crise de *dé-natalité* qui est en train de vider la France de sa population française, au profit (pour commencer) d'un million de métèques ou d'immigrés ?

C'est la conséquence d'un *secret et inconscient désespoir*, d'une « *non-confiance en la solidité de l'Univers* », d'une « *non-foi en Dieu* » !

Pour *propager la vie*, il faut *croire en la vie* !

La *dé-population* est, très évidemment, fille de *l'in-croyance*.

Je prie qu'on veuille bien relire ma *Préface*, et l'écrasant verdict de *Jean-Jacques Rousseau*.

L'ATHÉISME D'ÉTAT,
c'est l'ANTI-FRANCE au cœur de la France.

Ce *faux et mortel Laïcisme*, ce *Laïcisme d'erreur et de mort*, ou, en d'autres termes, cet *Athéisme d'Ecole et d'Etat*, par qui a-t-il été fabriqué de toutes pièces et artificiellement imposé à *la France*, qui, plus ou moins inconsciemment, le vomit, — au plus grand profit de *l'Etranger*, qui, sarcastiquement, l'applaudit ?

Par qui ?

Par des enfants perdus du *Protestantisme* et du *Judaïsme*, plus ou moins renégats de Moïse et de Calvin, et désavoués au fond, je le sais, par l'immense majorité de leurs coreligionnaires, qui sont et restent profondément *croyants* !

Par cet *Athéisme d'Etat*, c'est l'*Etranger* lui-même qui tient garnison au cœur du cœur de la France !

C'est donc cette *citadelle centrale de l'ennemi* qu'il faut faire voler en éclats, pour que, de nouveau, la France puisse respirer et vivre !

L'*Athéisme d'Etat*, c'est le *principe de vie de la fausse République*, mais c'est le *principe de mort de là vraie France* !

Le PROBLÈME DU RHIN et le PROBLÈME DU CHRIST : NOS DEUX FAUSSES NEUTRALITÉS.

Notre *fausse Neutralité sur le Rhin*, et notre *fausse Neutralité à l'Ecole* sont donc également insensées.

Le *reniement de Dieu*, c'est le *Suicide métaphysique*. Et le *reniement du Rhin*, c'est le *Suicide physique global*.

De *Neutralité en Neutralité*, c'est-à-dire de *reniement en reniement*, nous marchons donc de *Suicide en Suicide* !

Qui nous réveillera d'un pareil cauchemar ?

CHAPITRE IV

LA FRANCE TRAHIE

**Cinquante ans de LAICISME ATHÉE
ou de BOLCHEVISME MÉTAPHYSIQUE
systématiquement inculqués
au peuple et à la bourgeoisie**

**Le secret du FLAMINGANTISME BELGE
et le secret du LAICISME FRANÇAIS**

I

**La France aveuglée et envoûtée,
au quadruple point de vue :**

1º politique : **AUTORITÉ ET LIBERTÉ;**
2º économique : **CAPITAL ET TRAVAIL ;**
3º international : **PATRIE ET ÉTRANGER ;**
4º religieux : **SCIENCE ET FOI.**

La France est aveuglée et envoûtée par *quatre sophismes suicidaires* dans les *quatre problèmes fondamentaux,* — par *quatre fausses et meurtrières antithèses.*

Oui, la France est systématiquement aveuglée

et envoûtée, aux quatre points de vue que voici :

1° Au point de vue *politique,* on lui fait accroire que, nécessairement, *autorité et liberté* s'excluent, et qu'entre ces deux forces il faut donc nécessairement choisir !

2° Au point de vue *économique,* on lui fait accroire que, nécessairement et pareillement, *capital et travail* s'excluent !

3° Au point de vue *international,* on lui fait accroire que nécessairement et pareillement, *patrie et humanité* s'excluent !

4° Au point de vue *religieux,* on lui fait accroire que, nécessairement et pareillement, *religion et raison* s'excluent !

Cynique et sinistre folie ! Car voici la vérité élémentaire : *autorité et liberté, capital et travail, patrie et humanité, religion et raison,* — ainsi pris deux à deux, ces éléments couplés s'impliquent nécessairement. Ils sont inverses et complémentaires. Loin de s'exclure, ils s'incluent.

Au premier abord, en effet, ils semblent s'exclure, dans une antithèse simpliste. Mais, pour peu qu'on y réfléchisse, ils s'incluent, dans une synthèse supérieure.

Règle générale : *les foules* sont naturellement d'esprit simpliste ou antithétique ; *les élites,* au contraire, sont d'esprit complexe et synthétique.

La France, en éliminant ou en discréditant *ses élites,* s'est condamnée au simplisme des antithèses, c'est-à-dire à *l'éternelle erreur des foules.*

Et l'Etranger ne le sait que trop, pour bien des raisons ; et c'est pourquoi il appelle volontiers les Français : *one sided men*, des hommes qui ne voient jamais à la fois qu'un seul côté des choses !

Et c'est d'après ce précis et précieux diagnostic psychologique que l'Etranger a tranquillement escompté notre asservissement.

*
* *

Et les résultats sont véritablement merveilleux.

Au moment d'imprimer ces pages, je vois que, dans son récent livre, *L'Indépendance politique*, *M. Léonce Juge* a saisi le fait avec acuité :

« Une fois, dit-il, la France lancée dans l'absolu révolutionnaire (entendez : dans l'*absolu des quatre prétendues irréductibles antithèses*), une fois admise par elle l'*opposition factice*, entre les *extrêmes traditionnels* et les *extrêmes démocratiques*, PEU IMPORTE LEQUEL TRIOMPHERA DE CES EXTRÊMES.

» Par le fait seul qu'ils ne se concilieront pas, notre idéologie sociale est en déroute ; et toute lutte à laquelle elle nous conduit dessert nos intérêts nationaux, nuit à notre développement national, et favorise par là les intérêts et les développements adverses ! »

N'est-ce pas merveilleux, — pour l'Etranger ? *A tous coups, il gagne !* Oui, quelle que soit la question qui se pose en France (politique, économique, internationale, religieuse), aussitôt, le redoutable cliché de l'antithèse correspondante entre en scène et joue automatiquement, — contre la France, et pour l'Etranger !

Et, comme le dit encore M. Léonce Juge, c'est ainsi, pour ainsi dire, automatiquement, que sont écartées les *personnalités* ou les *collectivités* qui prétendent servir la France. Elles sont automatiquement et abstraitement écartées, par le seul fait qu'elles se trouvent en opposition avec les *absolus antithétiques du credo révolutionnaire.*

Oüi, décidément, c'est bien là un merveilleux mécanisme qui, pour le plus grand profit de l'Etranger, soumet systématiquement la France à *quatre sophismes suicidaires* dans les *quatre problèmes fondamentaux,* — et tout cela d'ailleurs, sans que la France paraisse même s'en douter !

Ah ! il a beau jeu, l'Etranger, à voir ainsi éternellement s'entrechoquer et s'entre-déchirer chez nous : *autoritaires et libertaires, capitalistes et travaillistes, patriotes et cosmopolites, croyants et athées !*

* *
* *

Et on ne sait lequel de ces quatre conflits est le plus violent. Ou plutôt oui, on le sait fort bien : le plus violent, le plus virulent de tous, c'est *le conflit religieux.*

Et voilà pourquoi c'est le *conflit religieux* surtout que l'Etranger tient en réserve, pour les époques décisives où il a besoin de nous paralyser. Et voilà pourquoi, comme on va pouvoir en juger, par les exposés qui vont suivre, c'est sur le *conflit religieux* surtout que l'Etranger nous a voulus et nous a obtenus le plus incurablement aveuglés et envoûtés.

Oui, ce qui manque le plus à la France, c'est de soupçonner à quelle profondeur elle est manœuvrée par l'Etranger.

Dans ma jeunesse, je lisais les romans de Benjamin Disraéli, juif de Venise, psychologue aigu, qui, sous le nom de Lord Beaconsfield, a été premier Ministre d'Angleterre et a posé la couronne impériale des Indes sur la tête de la Reine Victoria.

Or, que dit-il, Benjamin Disraéli ?

Il dit, en substance : « Le monde serait stupéfait s'il savait par quel infiniment petit nombre d'hommes il est gouverné ! »

Dans la vie des nations, le *Pouvoir spirituel* commande le *Pouvoir temporel.*

Pour l'Etranger, s'il est sans foi ni loi, il s'agit de tarir ou d'empoisonner les sources mêmes de la vie des nations. Or tarir ou empoisonner les sources de la *Vie temporelle, ou physique,* c'est bien certes ; mais tarir ou empoisonner les sources de la *Vie spirituelle, ou métaphysique,* combien mieux !

De ce point de vue, on va pouvoir admirer par quel double et savant effet une étrange fatalité a pu jusqu'ici : 1° Faire fleurir *le vrai et vital Laïcisme* chez les Etrangers ; 2° Faire sévir *le faux et mortel Laïcisme* chez les Français !

La France trahie à la troisième puissance
ou
les trois degrés possibles de la trahison :
la trahison MILITAIRE,
la trahison POLITIQUE,
la trahison MÉTAPHYSIQUE

Tranchons le mot : la France est *trahie*, inconsciemment trahie, d'une trahison singulière et inouïe.

Oui, la France est victime de la plus subtile, de la plus secrète et de la plus sinistre des trahisons, — d'une trahison plus meurtrière cent fois que la *trahison militaire,* ou même que la *trahison politique,* à savoir, la *trahison métaphysique*!

Tout pays a ses *criminels de droit privé* : tout pays peut avoir ses *criminels de droit public.*

Un écrivain l'a dit tout récemment : Ce que les Allemands haïssent le plus dans la France, c'est ce qu'il y a de plus intime en elle, à savoir, *sa pensée* ; et, mieux encore, ce qu'il y a de plus intime dans sa pensée, à savoir, *sa religion.*

Est-il donc exorbitant de croire qu'ils visent surtout à nous atteindre dans ce dernier repli de ces intimités suprêmes, dans ce *cœur du cœur,* qui s'appelle le sentiment religieux ?

Le légendaire « *libéral* » haussera les épaules en déclarant : Il est impossible que cela soit ! A quoi je réponds tranquillement : Il est invraisemblable que cela ne soit pas !

Infortuné *Descartes* ! Pauvre, pauvre *critérium cartésien* ! Chacun a l'*évidence* qu'il mérite:

d'où, sur la même question, l'*évidence* simulta-
née du *oui* et du *non*, à la mesure des esprits !

Ainsi peut se perpétrer l'œuvre infernale de
métaphysique trahison.

Une poignée de libres penseurs vulgaires,
mieux nommés les pense-petit, élabore dans l'ombre un *faux credo philosophique,* — que les sub-
tils agents de l'Etranger s'empressent de faire
largement et puissamment propager, jusqu'à lui
conférer artificiellement l'apparence d'une *évidence* rationnelle et la force d'un *grand courant*
d'opinion, d'un *grand mouvement* de l'esprit public, et, pour ainsi dire, d'un véritable *cri national* !

Et le tour est joué ! Le pense-petit n'a pas
trahi consciemment et volontairement : il a sans
doute cru bien faire. Mais, par une intrusion
occulte de *l'Etranger,* sa *reptation de larve* a été
artificiellement muée en *vol d'aigle,* et sa *déraison d'estropié cérébral* en *credo, de génie.*

Et voilà la France trahie, de la plus subtile et
de la plus nocive des trahisons, — la trahison
métaphysique ! Voilà la trahison de fait, sinon
d'intention.

Quant à l'Etranger, on m'objectera peut-être :
Que savez-vous de lui ? A-t-il avoué ?! Et a-t-il
signé son aveu ??!!

Eh bien, soit.

Bornons-nous donc à dire, si l'on veut : Les
choses se passent *comme si...*

II

La Belgique TRAHIE
ou
le secret du FLAMINGANTISME BELGE

Il y a plusieurs mois que j'ai écrit ce qui précède.

Et voici qu'aujourd'hui j'en trouve une confirmation singulièrement précieuse, dans la *Petite Gironde,* citée, au *Courrier de la presse,* par *l'Action Française* du 10 novembre 1923.

Le journal de Paris dit en substance :

On se rappelle quels graves troubles la question de *la « flamandisation » de l'Université de Gand* a jetés dans la vie politique belge :

Un ministère renversé...

L'unité du royaume presque menacée...

Après avoir, deux fois, failli mourir empoisonné par cette question, le ministère Theunis a décidé que *l'enseignement à l'Université gantoise serait, pour presque chaque chaire, bilingue.*

Or, quels ont été les résultats, sur les 197 inscriptions d'étudiants ?

1° Pour les *chaires françaises,* 193 inscriptions ;

2° Pour les *chaires flamandes,* 4 !

Universelle stupeur !

L'éclatante leçon de POLITIQUE INTÉRIEURE
tirée du FLAMINGANTISME BELGE
par M. LOUIS MADELIN

C'est M. Louis Madelin qui, dans le journal de Bordeaux, tire, de cette grave affaire, l'éclatante leçon de *Politique intérieure*.

« Cette histoire, dit-il, donne à réfléchir.

» Elle se trouve belge en ce moment. Elle n'est pas d'essence exclusivement belge. Tous les pays la peuvent connaître à leurs dépens. Et notre France l'a plus d'une fois connue. »

En d'autres termes, c'est une manœuvre utilisable en plus d'un pays : c'est une manœuvre passe-partout.

Et voici en quoi consiste la manœuvre :

« Qu'*autour d'une idée spécieuse*, faite pour flatter certains *amours-propres*, certains *intérêts*, ou certaines *passions*, des tribuns échauffés et des politiciens bons manœuvriers créent une *agitation artificielle*, cela s'est vu partout.

» L'*Idée* soudain est *magnifiée*.

» C'est la grande pensée du siècle.

» D'elle tout doit sortir ; par son application, tout doit se renouveler... »

Qu'on veuille bien se rappeler mes propres paroles de tout à l'heure : c'est *une reptation de larve* muée en *vol d'aigle* ; c'est *une déraison d'estropié cérébral* transformée en *credo de génie* et en *cri national*.

Et ainsi se produisent *l'aveuglement et l'envoûtement*.

» Qu'importe qu'à en disputer des haines se créent, *qui compromettent l'intérêt national, l'avenir peut-être d'un pays* !

» Bientôt les *meneurs,* eux-mêmes ALIÉNÉS *par leur propre passion,* ne voient plus que cette idée: sincèrement, ils la tiennent pour *si capitale que tout doit lui être sacrifié.* »

Ici, le mot « *aliénés* » est véritablement un mot de génie : il faut bien que de tels meneurs soient des *fous lucides,* pour ne pas être des *assassins conscients* !

Mais que va-t-il arriver ?

Il va arriver *de deux choses l'une* :

1° Ou que l'œuvre de mal réussira à plein ;

2° Ou que l'œuvre de mal sera circonscrite et limitée, sinon totalement empêchée.

Premier cas :

« Si, par malheur, on se laisse impressionner, si UN PEUPLE ABUSÉ suit, si les adversaires intimidés se rendent, L'IDÉE TRIOMPHE, et, DES SIÈCLES PARFOIS, un pays souffre *d'une chimère* qui s'est imposée, à laquelle il a subordonné, en les y contraignant, la loi et les mœurs. » -

Ainsi donc, l'auteur en convient, UN PEUPLE ENTIER peut être abusé, trompé, égaré, dévoyé.

Et il peut *en souffrir,* pendant DES SIÈCLES, et même, ce que l'auteur ne dit pas, *en périr* !

Second cas :

« Si, prudemment, on fait ce qu'a fait le Gouvernement belge, si, avant de tout bouleverser, des traditions, des mœurs, des lois, de la politique et de la culture, on obtient *un essai restreint,* que voit-on ?

» *La fameuse « Idée »,* qui, au dire des tribuns,
était « *l'expression des vœux du peuple* », eh bien,
« elle est *par la nation tout entière dédaignée
dans son application,* et elle ne tarde pas à *tomber à plat, réaction mort-née, ballon dégonflé.* »

Mais, dit le commentateur de M. Madelin, cette
expérience ne se fait *pas toujours* en vase clos,
sur un petit champ d'essai, hélas !

Je crois bien !

Et, d'ailleurs, un échec ne corrige guère.

« Et, dans une foule de cas, *l'avortement* n'est
pas assez manifestement *imputable à la misère
de la conception elle-même* pour que la *passion*
ne puisse *en appeler à une autre expérience.* »

Oui, comme disent les forains, « on garde les
mêmes, *et on recommence* », — jusqu'à ce qu'enfin *mort s'ensuive !*

Car, derrière le *sot infatué,* M. Madelin oublie
de nous montrer *l'aigrefin masqué.*

Derrière *l'erreur nationale,* il oublie de nous
montrer *la manœuvre de l'Etranger.*

L'éclatante leçon
de POLITIQUE EXTÉRIEURE
tirée du FLAMINGANTISME BELGE
par M. EUGÈNE LAUTIER

M. Madelin a tiré, de cette grave affaire, l'éclatante leçon de *Politique intérieure.*

Mais c'est *M. Lautier* qui va en tirer une encore plus éclatante leçon de *Politique extérieure*.

***

Veut-on la bien voir ici, *la manœuvre de l'Etranger*, précisément dans cette question de *l'Université de Gand* ?

En apparence, il n'y a là strictement *qu'une question belge, qu'une question de politique intérieure belge*.

En réalité, c'est *tout le conflit franco-allemand*, et aussi tout *le conflit franco-anglais*.

En réalité, c'est *toute l'intrigue européenne*, c'est *tout le drame occulte de l'Europe*, et, par conséquent, de la planète.

Qu'on en juge,

1° D'après l'article de *M. Eugène Lautier*, dans *L'Homme Libre* du mercredi 7 novembre 1923 ;

2° Et d'après la *Lettre d'un Hollandais*, publiée, à l'appui de son article, par *M. Eugène Lautier*.

M. Eugène Lautier complète heureusement *M. Louis Madelin*.

L'article, intitulé « *L'amitié belge* », est écrit à propos du récent geste de la Belgique chassant d'Aix-la-Chapelle les *Séparatistes rhénans* :

« Presque toute la presse française, dit M. Lautier, voile d'un pieux silence l'attitude de la Belgique à notre égard...

» N'avons-nous donc rien fait pour la Belgique ?

» Nous lui avons donné d'enthousiasme *le Luxembourg*, qui aurait préféré autre chose.

» En lui concédant *la priorité dans les réparations*, nous lui avons permis de soutenir, parfois très mollement — et moins encore — nos intérêts les plus légitimes et les plus évidents.

Or,

« Elle ne nous a pas épargné certains froissements cruels, j'allais dire : certains procédés odieux, — comme *la transformation de l'Université de Gand dans l'intérêt de l'Allemagne, et selon la formule imaginée par le général von Bissing, pendant l'occupation.*

» La France a paru se désintéresser de *ce coup de force*, dont le sens hostile éclate maintenant aux yeux qui s'étaient fermés, par *paresse* ou par *faux calcul* (ou, ajouterai-je, par *suspecte cécité*).

» La statistique de la rentrée des élèves à l'Université de Gand nous montre que *cette cynique entreprise de germanisation* a été réalisée seulement *pour quatre élèves flamingants* !

» J'aime à croire que, dans les conversations diplomatiques, à Bruxelles ou à Paris, ceux qui ont mission de parler au nom de la France, auront souligné ce chiffre si ridicule, en regard de l'excessive complaisance des autorités belges pour nos ennemis. »

Ici, et pour cette dernière phrase, je demande à faire des réserves, car, selon moi, les gouvernants belges peuvent et doivent avoir été *dupés* eux-mêmes de l'audacieuse et savante manœuvre montée chez eux par l'Etranger.

M. Lautier continue :

« Et voici maintenant que *l'intrigue anglo-belge* se développe contre la thèse française, à propos du *Comité des experts* !...

» Il est évident que la Belgique a trompé notre ambassadeur, et, par ce canal, notre Président du Conseil...

» La Belgique jette le masque et change de camp, comme les Saxons à Leipzig...

» L'attitude de la Belgique est illustrée enfin par *l'incident scandaleux d'Aix-la-Chapelle*, où, tendant la main à la Prusse, *nos alliés* (!), à qui nous ne savons rien refuser, ont déclaré la guerre aux Rhénans en lutte pour leur indépendance.

» *La main à la Prusse ! Le pied à la Rhénanie !* Le bon La Fontaine... me souffle : « Le coup de pied de l'âne »...

» Fi ! »

Je fais mes réserves sur ces paroles amères. Mais mon angoisse n'est pas moins grande que celle de M. Lautier.

Quand donc la Belgique aura-t-elle un homme d'Etat assez sagace et vigoureux pour réaliser avec nous *l'Union douanière* ?

En se séparant, la Belgique et la France *se perdent toutes deux.*

En s'unissant, elles *se sauvent ensemble* !

****

En post-scriptum, M. Lautier ajoute :

« L'article qu'on vient de lire était écrit lorsque j'ai reçu d'un de mes lecteurs et amis de Hollande la lettre qu'on va lire et qui se rapporte au même sujet.

« Je n'hésite pas à la publier... »

Voici la lettre.

Elle peut se décomposer en trois idées :

1° Le *mouvement flamingant*, c'est une *systématique délatinisation de la Belgique*, entreprise par l'*Allemagne* et l'*Angleterre*, contre la sécurité de la *France*.

Utrecht, le 3 novembre 1923.

« Cher monsieur,

» «Calamo properante », je me permets d'attirer votre attention sur un fait *extrêmement grave* : Sous la pression *des Flamingants, vos ennemis jurés*, sous les menaces de cette *Angleterre* qui ne veut toujours pas que la France puisse vivre tranquille et à l'abri d'une *nouvelle invasion*, le gouvernement belge vient de désavouer le *mouvement séparatiste* à Aix-la-Chapelle et de lui faire subir un échec peut-être mortel.

» Ouvrez, je vous prie, le *Standaard*, de Bruxelles, un journal anglais, un des journaux proboches d'Amsterdam ou de La Haye, un journal allemand. Lisez ce que craignent vos ennemis. Ils ont peur :

» *a*) Que votre influence dans une Rhénanie enfin délivrée du joug prussien ne mette fin à *la*

*systématique délatinisation de la Belgique, pour-
suivie avec tant de succès par les Flamingants* ;

» *b)* Que la belle *porte d'invasion* qu'est la
bande de terre entre le Limbourg hollandais et le
Rhin ne soit fermée aux armées de la revanche
allemande (BEAUCOUP PLUS PROCHAINE
QUE VOUS NE LE PENSEZ). »

2° Depuis une génération, notamment, *la langue française recule* terriblement, en Rhénanie,
en Hollande, en Belgique :

« Il y a seulement une génération, l'aristocratie à *Cologne* et à *Aix-la-Chapelle* parlait votre
langue, qui, en *Belgique*, régnait en maîtresse.
Tout le monde vous y aimait, comme d'ailleurs
en Limbourg et en Brabant hollandais, où une
partie de la bourgeoisie et toute l'aristocratie se
servaient du français. Et maintenant, quelle différence énorme !

» « Colonisée » par Bismarck, qui y envoyait
des sans-travail et des fonctionnaires, toute la
Rhénanie vit sous la domination de Berlin ; votre
langue est bannie ; ceux qui vous restent fidèles
sont l'objet d'une continuelle persécution.

» Votre influence à *Maëstricht* et à *Bois-le-Duc*
est nulle ; *la Hollande se prussianise de plus en
plus.*

» *La Belgique, minée par le flamingantisme,*
devient une alliée *peu sûre*. Avec elle, malgré les
sentiments francophiles des classes dirigeantes,
vous allez avoir, vous avez déjà, des désillusions
terribles. »

3° Le *Séparatisme rhénan*, combattu par la *Prusse*, par l'*Angleterre*, et par les *Flamingants*, est et reste le seul *espoir de salut* pour la *France*, la seule et unique occasion de *fermer la porte aux Invasions* :

« Survient le séparatisme rhénan. Ces populations du Rhin se tournent vers vous, attendent de vous appui et amitié. Allez-vous vous détourner d'elles, en disant : « Vous êtes pour nous des Boches comme les autres » ? Ce serait vraiment trop odieux ; ce ne serait pas français.

» Appuyez le mouvement rhénan ; appuyez-le *malgré et contre la Prusse, l'Angleterre et les Flamingants*. C'est votre devoir et c'est votre intérêt que le monde entier comprend, mais que seule la France semble ignorer. Déjà, *grâce aux intrigues flamingantes*, le mouvement est très compromis en zone belge. Allez-vous abandonner vos amis ? Ou allez-vous utiliser enfin *l'occasion unique qui vous est offerte de retrouver votre sécurité menacée* ?

» Voilà ce que nous nous demandons avec angoisse. Les colons de Bismark ont eu des fils et des petits-fils ; ils se dressent contre ceux qui veulent libérer la patrie rhénane. Epargnez à ces derniers l'amertume d'être trahis par cette France que Bismarck lui-même n'a pu leur faire oublier !

» Recevez, chef monsieur, l'expression de mes sentiments les plus distingués et dévoués. »

RÉSUMÉ
DE LA QUESTION DU FLAMINGANTISME

Veut-on me permettre de résumer la question ?

Elle se présente sous deux aspects.

1° Premier aspect de la question :

EN APPARENCE, c'est une question réellement *existante* et réellement *importante*.

Songez donc : ce sont, paraît-il, environ *quatre millions de Flamands* qui ne veulent plus être brimés par *trois millions de Wallons.*

N'est-il pas odieux, nous dit-on, de voir ces trois millions de *Wallons corrompus* brimer ces quatre millions de *braves et honnêtes Flamands* ?

Les quatre millions de Flamands en ont assez de voir leur *Université de Gand* condamnée à *ne parler que le français* et à p*r*oscrire *le flamand.*

D'où un immense effort politique, long et tenace, pour, sinon supprimer les *chaires françaises* de l'Université de Gand, du moins les doubler de presque autant de *chaires flamandes.*

L'effort aboutit enfin, et la double série de chaires est créée.

Résultat :

Sur *197* inscriptions d'étudiants, *193* inscriptions pour les chaires françaises, et *4* pour les chaires flamandes !

Traduction :

EN RÉALITÉ, les Flamands n'en voulaient donc pas de cette *Université flamande* !

Et c'était donc *une immense mystification,* forgée sur leur dos !

2° Second aspect de la question :

En apparence, le *flamingantisme*, c'est là, non seulement une question réellement existante et réellement importante, mais, aussi et surtout, c'est là une pure et simple question *de politique intérieure belge*, un pur et simple débat *entre Flamands et Wallons*, et qui ne regarde qu'eux strictement, et où personne d'autre qu'eux n'a absolument rien à voir.

En apparence, c'est-à-dire, aux yeux du grand public, aux yeux de la *majorité* des citoyens, aux yeux de l'*opinion* !

Car, par définition même, *l'apparence, cette évidence du pauvre*, est la *reine de l'opinion* !

Mais, en réalité !

En réalité, c'est-à-dire, pour le *petit nombre* de ceux qui savent, pour la *minorité* avertie et informée, c'est bien autre chose, comme on va voir.

En réalité, le *flamingantisme*, c'est une formidable et sinistre entreprise de l'*Etranger*, pour *nuire à la France*, en *disloquant la Belgique* !

Le point de départ, c'est peut-être quelque billevesée de politicien belge.

Mais la billevesée va être savamment et puissamment reprise et orchestrée, charpentée et machinée par l'*Etranger*, — entendez par l'*Allemagne* d'abord, et ensuite par l'*Angleterre*.

Que veut l'Allemagne ?

Le *Germanisme* veut refouler le *Celtisme*, et *germaniser* à fond non seulement toute la Rhénanie, mais aussi la Hollande et la Belgique, et

même toute *la France du Nord elle-même*, —
pour s'emparer des ports de la *Mer du Nord* et de
la *Manche*, de Rotterdam à Anvers, de Calais à
Brest !

D'où son acharnement à disloquer la Belgique !

Et que veut l'Angleterre ?

L'Angleterre, aveuglée, ne voit pas, ne veut pas
voir l'énorme poussée germanique, et elle ne
songe qu'à paralyser la France, en la laissant
toujours sous la menace d'une *Rhénanie prus-
sianisée* et toujours ouverte à *toutes les invasions.*

D'où son irréductible opposition à l'*Indépendance rhénane.*

Tels sont les deux aspects de la question du
flamingantisme.

1° L'*importance intérieure* de la question ? En
apparence, elle est *tout* ; et, en réalité, elle n'est
rien !

2° L'*ingérence extérieure* dans la question ? En
apparence, elle n'est *rien* ; et, en réalité, elle est
tout !

« La Politique est l'art de tromper les peuples », — tandis que, sous l'invisible approche de
la mort, les peuples se bercent complaisamment
dans leur rêve enchanteur de *Souveraineté.*

Tel est le secret du flamingantisme belge.

La *langue*, et la *religion* sont les deux plus
puissants leviers pour soulever les peuples.

Et c'est pourquoi le flamingantisme est mi-partie *linguistique* et mi-partie *religieux*, et c'est pourquoi mi-partie *linguistique* et mi-partie *religieux* se trouverait être également un *autonomisme alsacien*, si jamais il venait à se déclarer.

C'est de ce même levier que, demain, à *Strasbourg*, comme hier, à *Bruxelles*, pourrait se servir l'Etranger.

III

La France TRAHIE

ou

le secret du LAICISME français

Le conflit du CATHOLICISME et du PROTESTANTISME, en France, arme terrible aux mains de l'Etranger

Mais, pour la France entière et depuis bien plus longtemps, l'Etranger a su trouver combien mieux !

On va en juger.

Au xvi° siècle, une immense révolution religieuse, la *Réforme*, coupe l'Europe en deux : l'Europe du Centre et du Nord devenant *protestante*, et l'Europe du Sud restant *Catholique*.

En France, *Catholiques et Protestants* se font une guerre atroce ; et la victoire reste aux *Catholiques*.

Mais la minorité *protestante* d'abord *tolérée*, pour un siècle, puis persécutée et *expulsée*, pour un siècle, et enfin *rappelée,* est et reste, non sans raison, terriblement ombrageuse.

Quelle situation tentante à exploiter pour l'Etranger !

Ce conflit profond et chronique, en France, quelle arme, aux mains de l'Etranger, pour intervenir sourdement et puissamment dans toute notre politique !

Quelle arme aux mains de l'Europe protestante, pour paralyser la France, en inquiétant subtilement nos Protestants encore et toujours si inquiets !

Aux mains de l'Europe protestante, la question religieuse, en France, c'est « l'anneau douloureux » dans le naseau du buffle, — par quoi on le mène où l'on veut.

Et cela, en Politique extérieure, comme en Politique intérieure.

**Le conflit religieux
en POLITIQUE EXTÉRIEURE
ou
le RHIN DEUX FOIS PERDU**

C'est par là que *l'Europe protestante* et notre *prussophile Encyclopédisme français* ont fait échouer le fameux *renversement d'alliances* préconisé par *Louis XIV* lui-même, l'année de sa mort, et repris sous *Louis XV,* par le *cardinal de Bernis,* mais rejeté par la *prussophile Révolution française.*

Et c'est ce qui nous a fait *perdre le Rhin une*

première fois en 1815, — au bénéfice de la Prusse !

Et c'est par là que l'*Europe protestante* et notre *prussophile Second Empire français*, contrairement à nos intérêts les plus vitaux, ont laissé faire *Sadowa* contre la catholique Autriche ; d'où la guerre de 1870, qui nous a fait perdre l'*Alsace-Lorraine*, et qui a préparé la *Grande Guerre de 1914*, laquelle, malgré notre victoire, a abouti au *Traité de Versailles*, où la *protestante Angleterre* et la *protestante Amérique* ont fait briser l'Unité du *catholique Empire Austro-Hongrois*, et confirmer au contraire l'Unité du *protestant Empire Allemand*, — et nous ont ainsi *fait perdre le Rhin une seconde fois*.

D'autant que les *Protestants de France* n'auraient pas vu sans inquiétude le rattachement à la France de la *catholique Rhénanie* ; tandis que la *catholique Rhénanie* elle-même n'aurait pas vu sans inquiétude son rattachement à une *France athée* !

Le conflit religieux
en POLITIQUE INTÉRIEURE
ou
la RÉFORME DEUX FOIS MANQUÉE

C'est par là que l'Etranger a fait effroyablement dévier, *au point de vue religieux*, d'abord notre *Révolution de 89*, et ensuite notre *Troisième République de 1870*.

Deux siècles et demi après la *Réforme*, la France a fait sa Révolution de 89, qui n'était autre chose au fond qu'une reprise approfondie de la Réforme, pour transformer l'Eglise, sans ébranler l'Etat, et, au contraire, pour le renforcer.

Or, l'Etranger a su profiter de nos discordes religieuses au point de nous faire faire précisément le contraire de ce que nous voulions :

1° Au point de nous faire, en fin de compte, maintenir telle quelle l'*Eglise* que nous voulions réformer et transformer ;

2° Au point de nous faire renverser de fond en comble la *Monarchie* que nous voulions conserver !

Enfin, sous la Troisième République, la tentative de *réforme ou de révolution religieuse* a été encore une fois reprise, — mais, comme on va voir, pour être plus effroyablement que jamais déviée et faussée, puisque le projet d'*amélioration* de la Religion a été remplacé par un violent effort de *suppression* !

Le primitif CHRISTIANISME
ou
Dieu ÉMIGRÉ

Qu'on en juge.

Ni sous l'*Ancien Régime*, ni sous la *Révolution*, la France n'avait pu faire sa *Révolution religieuse*.

En quoi donc exactement devait-elle donc consister cette révolution religieuse ?

Le voici :

Epouvantée par les *Néron* et par les *Caligula*,
par tous les monstres de l'Empire romain, l'Humanité d'Occident s'était *jetée avec son Dieu hors
de la Cité,* — avec son Dieu, c'est-à-dire avec son
trésor spirituel, son idéal, son viatique, sa foi.

Sécession sublime d'un tragique désespoir, —
d'ailleurs *intenable* à la longue...

Cependant, quand le monstrueux Empire
romain se fut écroulé, et qu'aussitôt, à sa place,
de jeunes et saines nations eurent surgi, qu'avait
à faire l'Humanité ?

Naturellement, elle n'avait, *avec son Dieu, qu'à
rentrer dans la Cité.*

Et c'est précisément ce qu'elle a fait ou ce
qu'elle a commencé à faire, ou ce qu'elle est en
train d'achever de faire, plus ou moins lentement, plus ou moins complètement, un peu partout dans notre Occident.

Et c'est ce qu'on appelle la *Réforme,* cette
DEMI-RENTRÉE, qui a *réussi,* et la *Révolution,*
cette PLEINE ET ENTIÈRE RENTRÉE, qui a provisoirement *échoué.*

La *Sécession, ou Christianisme,* c'était *Dieu
sans la Cité* : il fallait bien partir, hélas ! il y a
deux mille ans !

Le *Retour, ou Protestantisme,* c'est, naturellement, *Dieu dans la Cité* : naturellement, l'*Humanité peut et doit rentrer avec son Dieu.*

C'est ainsi du moins que partout les choses se sont passées, ou tendent à se passer.

LE FAUX LAÏCISME de la IIIe République
ou
Dieu EXILÉ

Partout, — sauf en France, pourtant, *sous la III° République* !

En France, l'Humanité est arrêtée aux portes ; et, au nom d'un faux et insensé *Laïcisme*, on prétend l'obliger à rentrer *seule* dans la Cité, — à rentrer seule *sans son Dieu* !

De sorte qu'en France, le *réformé protestant*, petite *minorité* française (un million sur quarante), est et reste *croyant et religieux* ; mais le *réformé laïque*, immense *majorité* française, se trouve forcé d'être *incroyant et athée* !

A l'*extrêmisme* involontaire et douloureux du *primitif Christianisme*, à savoir, *Dieu sans la Cité*, on a prétendu répondre par l'*extrêmisme* arbitraire et odieux de l'*actuel Laïcisme*, à savoir, la *Cité sans Dieu* !

N'est-ce pas là le plus effroyable des crimes ?

Eh quoi, vous osez arracher à un peuple entier son *trésor spirituel*, son *idéal*, sa *foi* !

Après quoi, hypocritement, il vous plaît de le *convier à vivre* !

Quelle féroce dérision !

N'est-ce pas à son insu le condamner à la *mort lente*, à défaut de la *mort violente* !

N'est-ce pas à son insu l'emprisonner comme sous une *immense cloche pneumatique*, pour lui

soutirer lentement *la foi, l'amour et l'espérance,
la force et la vie* !

N'est-ce pas là un gigantesque meurtre sournois, un hypocrite et sinistre assassinat moral !

La grande voie de la RÉFORME ET DE LA RÉVOLUTION : la France DÉVOYÉE

Eh voilà pourtant ce que nous subissons depuis bientôt un *demi-siècle* !

Comment cela s'est-il pu faire ?

On va le voir.

L'exode de *Dieu* hors de la *Cité*, et l'érection de l'*Eglise* en une sorte d'*anti-Etat*, tout cela s'était appuyé sur un *Bloc dogmatique* et sur un *Droit canonique*, plus ou moins artificiel.

La rentrée de *Dieu* dans la *Cité*, ou du *Christ* chez *César*, cela exigeait donc toute une *révolution métaphysique*, à savoir, comme on le verra dans mon prochain livre, une *totale transformation des idées d'Ame et de Dieu*, et une *totale et vitale métamorphose de l'Eglise*, — pour raccorder organiquement *la Religion et l'Eglise* avec les légitimes exigences de *la Science et de l'Etat*.

Et c'est à quoi, depuis la fin du *Moyen Age*, travaille l'*Esprit moderne* ou le *Génie du Laïcisme*, dans ces grands mouvements d'esprit qui s'appellent *Renaissance, Réforme, Révolution*.

La *Renaissance italienne* n'avait guère été que l'*antithèse du Paganisme et du Christianisme* ; et la *Réforme germanique* n'en avait été qu'une *demi-synthèse* : la pleine et entière synthèse, c'est de la *Révolution française* qu'on l'attendait.

Et c'est ainsi qu'après avoir médité en son temps la pensée *des Dante et des Pétrarque et des Boccace de la Renaissance*, et après avoir médité en son temps la pensée *des Luther et des Calvin et des Zwingle de la Réforme*, l'Esprit moderne, de nos jours, méditait la pensée *des Montesquieu, et des Voltaire et des Rousseau de la Révolution*.

Et cela c'était le profond et puissant sillage des plus hauts génies au grand soleil de l'Histoire.

Mais, de nos jours aussi, parallèlement à cette voie royale et impériale, cheminait dans l'ombre une mince équipe de *négateurs* qui, bien loin de chercher à ACCORDER la *Religion et l'Eglise* avec la *Science et l'Etat*, s'étaient avisés qu'il était plus expéditif de radicalement LES ABOLIR ET LES ANÉANTIR.

Et voici qu'à la fin du Second Empire, et au début de la III° République, cette mince équipe de *négateurs* a surgi.

C'était la doctrine *d'athéisme et d'anarchie*, c'était la doctrine de *négation et de mort*, tout à coup dressée devant la grandiose doctrine d'*affirmation et de vie*, laquelle s'élaborait dans les profondeurs de l'Histoire moderne par la collaboration des plus hauts Génies.

A coup sûr, c'est cette dernière doctrine qui devait infailliblement *en France* rallier l'assentiment profond du pays.

Mais..., l'*Etranger* veillait !

La main de l'ÉTRANGER

Et, soudain, l'*Etranger* est intervenu !

Résolument, il a pris parti pour la *fausse doctrine*, pour la doctrine de négation et de mort ; et, par personnes interposées, sans doute inconsciemment interposées, il a su en faire savamment orchestrer et puissamment machiner la mise en scène éclatante et la propagande acharnée.

Méthodiquement et systématiquement, de puissants journaux ont eu mission de faire le siège de l'esprit public chez le peuple et chez la bourgeoisie.

Et soudain, comme dit M. Madelin, VOILA L'IDÉE MAGNIFIÉE : *c'est la grande pensée du siècle !*

Et, sincèrement, les meneurs eux-mêmes ou pseudo-meneurs, peu à peu échauffés, surexcités, et « aliénés par leur propre passion », la tiennent pour si capitale que tout lui doit être sacrifié !

Telle est, sous notre III° République, l'humiliante et **véridique histoire** de notre *Laïcisme athée* !

Si jamais **la France en réchappe**, si jamais la France arrive à *se désaveugler et à se désenvoûter*, combien ses vrais pensants n'auront-ils pas à rougir de honte d'avoir ainsi laissé les Français tomber dans un tel piège, et de les y avoir, cinquante années durant, laissés naïvement s'enorgueillir d'eux-mêmes, — tandis qu'ils étaient secrètement la risée ou la pitié de l'Etranger !

Quand donc, pour leur salut, les peuples apprendront-ils enfin la vérité profonde ?

Selon l'immémoriale *philosophie de l'Iran*, le monde est le théâtre d'une lutte éternelle, — la *lutte du Bien et du Mal*.

Et le tragique mystère de la Création, c'est que toujours les *forces du Bien* et les *forces du Mal* sont PRESQUE A ÉGALITÉ !

De sorte que, à toutes les minutes du Temps et de l'Eternité, l'*Etre*, en frissonnant d'horreur, côtoie l'abîme du *Néant* !

D'où le drame poignant et constant de la Terre et de l'Univers.

Or, c'est ce que savent à merveille *les secrets meneurs des peuples*, qui œuvrent sourdement dans la Politique et l'Histoire.

Ils savent que toute Nation est presque toujours *en état d'équilibre instable, suspendue entre le Bien et le Mal, entre la Vie et la Mort*, et qu'il n'y a donc, au bon moment, qu'à introduire un léger et décisif appoint du mauvais côté, pour chavirer un monde !

Et voilà dévoilé tout le secret de notre *faux Laïcisme*, de notre *Athéisme d'Etat* !

Puisse donc la France de la IIIe République, enfin désaveuglée et désenvoûtée, se ressaisir, revenir de son égarement, redresser sa *déviation* d'un jour, reprendre l'authentique tradition de la *Réforme* et de la *Révolution*, et rejeter loin d'elle le *faux Laïcisme*, le *Laïcisme d'erreur et de mort*, et s'orienter enfin vers le *vrai Laïcisme*, vers le *Laïcisme de vérité et de vie*.

———

CHAPITRE V

L'ERREUR INVERSE des Catholiques
et des Laïcistes

d'après
$$\begin{cases} A. & \text{— Un LIVRE} \\ B. & \text{— Une REVUE} \\ C. & \text{— Un MANIFESTE} \end{cases}$$

Ma SOLUTION théorique et pratique
du conflit
par la **DISJONCTION DES DOGMES,**
ou distinction des **DEUX RELIGIONS :**
1º La Religion du **SALUT COLLECTIF
TERRESTRE,**
ou **CULTE DE LA CITÉ,**
ou **RELIGION PUBLIQUE ;**
2º La Religion
du **SALUT INDIVIDUEL CÉLESTE,**
ou **CULTE DE L'ANTI-CITÉ,**
ou **RELIGION PRIVÉE.**

Le Conflit
entre le **CHEF DU BLOC NATIONAL**
et le **CARDINAL-ARCHEVÊQUE DE PARIS.**

Tout le monde le sait : au point de vue philosophique, au point de vue métaphysique et moral, au point de vue religieux, depuis plusieurs siècles, une immense lutte est déchaînée en France,
entre l'*Esprit médiéval* et l'*Esprit moderne,*
entre l'*Ancien régime* et la *Révolution,*
entre le *Catholicisme* et le *Laïcisme.*

Et, pendant ce dernier demi-siècle, la Troisième République a forgé contre l'Eglise tout un formidable arsenal de lois, qu'on appelle *les lois laïques*.

Or, en ce moment même, voici exactement comment se présente le conflit.

1° Pour les *Elections d'après guerre (novembre* 1919), le *chef du Bloc national* a déclaré :

« LES LOIS LAÏQUES SONT INTANGIBLES. »

2° Par contre, en vue des prochaines *élections de* 1924, le plus haut représentant de l'Eglise de France, son Eminence le *Cardinal-Archevêque de Paris* a déclaré, le 7 octobre 1922 :

« SAUF LES LOIS DIVINES, IL N'Y A PAS DE LOIS INTANGIBLES... »

Voilà donc bien le conflit aigu, et, en apparence au moins, irréductible.

Voilà bien, en perspective, encore une fois, la pire des guerres civiles, à savoir, la *guerre religieuse*.

Le conflit est-il insoluble ?
Nullement.

Est-il possible de conjurer un tel malheur ?

Oui, j'en suis sûr.

Et comment ?

Par ma distinction des deux Laïcismes :

1° Le *Laïcisme d'erreur et de mort*, qu'il faut répudier ;

2° Le *Laïcisme de vérité et de vie*, qu'il faut exiger.

A. — Un livre « SUR LA PAIX RELIGIEUSE », ou la « SEMAINE DES ÉCRIVAINS CATHOLIQUES » de 1922 ; et la TRANSACTION proposée par les CATHOLIQUES aux LAICISTES : A défaut de la RELIGION RÉVÉLÉE, au moins la RELIGION NATURELLE !

A l'occasion de l'avant-dernière *Semaine des Ecrivains Catholiques* (1922), dans un très intéressant volume, intitulé « *Sur la paix religieuse* », deux principaux controversistes sont campés face à face : le *laïciste*, M. Guy-Grand, et le *catholique*, M. Gaëtan Bernoville.

Aux *laïcistes*, dit M. Guy-Grand, les *catholiques* proposent une transaction et parlent ainsi.

Soit ! Eliminons de l'Ecole toutes les Religions *surnaturelles ou révélées*, toutes les Religions *positives ou confessionnelles*.

Dais retenons-y et maintenons-y rigoureusement la *Religion naturelle* ou Religion rationnelle, ou Religion du double dogme philosophique : *Dieu et Ame*, — c'est-à-dire la double croyance à *l'Existence de Dieu et à l'Immortalité de l'Ame*.

Ainsi, dans l'Ecole, *l'essentiel* sera assuré à l'enfant.

Après quoi, hors de l'Ecole, c'est-à-dire *dans la famille, au foyer*, comme aussi dans le *sanctuaire* (église, temple, synagogue ou mosquée), les *parents* et les *prêtres* (curés, pasteurs, rabbins, imans), auront toute liberté de compléter l'*instituteur*, et d'ajouter à ce fond de *Religion naturelle*, commun à tous les hommes, tel ou tel emprunt fait à une *Religion surnaturelle*, particulière à tel ou tel groupe humain.

Et ainsi, il n'y aura pas opposition, il n'y aura pas contradiction, entre l'*Ecole*, d'une part, et, d'autre part, le *Sanctuaire* ou le *Foyer* : il y aura un *premier fond obligatoire* et un *supplément facultatif*.

La transaction est rejetée :
La Religion dite NATURELLE est une Religion PSEUDO-NATURELLE.

Comment cette transaction, proposée, dit-on, par les *Catholiques*, est-elle acceptée par les *Laïcistes* ?

Ah ! les Laïcistes la rejettent absolument, et persistent à vouloir éliminer de l'Ecole toute *Religion quelconque*, non seulement toute *Religion surnaturelle*, mais même la « *Religion naturelle* », réduite à *l'Ame et à Dieu*.

Et pourquoi cette intransigeance des *Laïcistes*?

Parce que les *Laïcistes* estiment que la prétendue *Religion naturelle et rationnelle* n'est nullement une Religion naturelle et rationnelle !

Et, là-dessus, les *Catholiques* de s'indigner et de fulminer contre les *Laïcistes*.

LA SOLUTION DU CONFLIT
par ma DISTINCTION des DEUX RELIGIONS.

Tel est l'état actuel du conflit.

Dans ce débat immense, qui a tort ou raison ?

Après une vie entière de réflexion sur cette question fondamentale, je crois être en mesure de me prononcer.

Et voici mon avis.

Catholiques et *Laïcistes* ont également tort et également raison !

On connaît l'histoire de ces deux corps de troupes qui se battaient et s'entr'exterminaient pour la couleur d'un fanion : il est *rouge,* disaient les uns..., il est *vert,* disaient les autres...

Or, le fanion était *rouge* d'un côté et *vert* de l'autre !

Ainsi en est-il de nos deux partis, les *Catholiques* et les *Laïcistes* se battant pour la couleur de la *Religion* « *Dieu et Ame* » : elle est *naturelle,* disent les premiers ; elle est *extra-naturelle,* disent les seconds.

Or, selon moi, et c'est ma découverte, et c'est un point décisif dans l'évolution religieuse du Genre humain, la Religion en question est *naturelle* d'un côté et *extra-naturelle* de l'autre !

En effet, la Religion en question est composée de deux dogmes, *Dieu et Ame* ; et *ces deux dogmes vont, pour ainsi dire, toujours ensemble.*

Or, ces deux dogmes sont loin d'être de même nature et de même valeur ; et il importe d'opérer radicalement ce que j'appelle la DISJONCTION DES DOGMES.

Il importe à l'Etat d'écarter et le *Catholicisme extrémiste* qui dit : *Dieu et Ame* ! et surtout le *Laïcisme extrémiste* qui dit : *Ni Dieu ni Ame* !

La solution du conflit et la pacification des esprits est, j'ose le dire, suspendue à *ma distinction*.

Et la solution organique peut se formuler ainsi :

Disjonction des dogmes, ou *dédoublement* de la prétendue « *Religion naturelle* » en deux Religions différentes :

1° La *Religion de l'Existence de Dieu*, ou *Religion naturelle et rationnelle, et Religion obligatoire et publique* ;

2° La *Religion de l'Immortalité de l'Ame*, ou *Religion extra-naturelle et extra-rationnelle*, ou simple *Religion facultative et privée*.

La Religion de l'IMMORTALITÉ DE L'AME ou des Sanctions EXTRA-TERRESTRES IGNORÉE PAR L'ÉTAT et rétrogradée au rang de simple RELIGION PRIVÉE.

Commençons par le dogme de l'*immortalité de l'âme*.

Scrutons-en d'abord le sens et la portée.

Une voix retentit au fond de la conscience, une voix inextinguible, qui ne saurait couvrir le fracas des vicissitudes de l'histoire, invasions ou révolutions.

Et cette voix crie : sois *juste* et tu seras *heureux* !

C'est l'indomptable affirmation *du bonheur par la justice* !

Et cette voix, ce n'est pas le vague murmure du timide désir, c'est « la clameur de l'absolu ».

Or, à cette inlassable voix de la conscience, l'histoire de l'humanité semble donner un inlassable démenti, un radical et total démenti.

Non, le *juste* n'est pas *heureux* !

Non, le *juste* n'est pas *récompensé*, et l'*injuste* n'est pas *châtié* !

Qu'est-ce à dire, sinon que la *justice n'est pas de ce monde* ?

Qu'est-ce à dire, sinon que la *société humaine* ne porte pas dans ses flancs les nécessaires et suffisantes *conditions de son existence* ?

Qu'est-ce à dire, sinon que la *Cité ne se suffit pas* à elle-même et ne possède pas sou *autonomie*, sa *souveraineté*.

Résultat :

L'*Humanité* se *détourne* de la *terre* et se *tourne* vers le *Ciel*.

Le dégoût et la haine de la *Terre* lui inspirent le goût et l'amour du *Ciel*.

Et cette haine et cet amour lui suggèrent l'idée d'une *âme immatérielle et immortelle*, provisoisoirement *exilée sur la Terre*, et *emprisonnée* à la fois dans le *corps physique et animal* et dans le *corps politique et social*, mais que la mort *délivrera* du *Corps* et de *la Cité*, et enlèvera de la *Terre* pour la *rapatrier* au Ciel.

Et voilà bien le *Christianisme*, voilà bien le *dogme de l'immortalité*.

Oui, voilà bien le sens et la portée du dogme de *l'immortalité de l'âme*.

Et maintenant, présentez ce dogme à l'*Etat*, — à l'Etat en qui se concentre et se condense la *Nation*, à l'Etat qui incarne et personnifie la *Cité*.

Avouons-le :

Aujourd'hui, comme aux anciens jours, au xx° siècle de notre Ere, comme au premier siècle, l'Etat ne peut pas ne pas répugner à un tel dogme.

Comment l'Etat pourrait-il ne pas répugner à un dogme qui a précisément pour résultat de le déprécier, de le discréditer, de le disqualifier, lui, *Etat* !

Un dogme qui *détourne de la Cité* les citoyens, un dogme qui fomente la *désertion de la Cité* et qui organise bien pis que la simple *évasion fiscale*, à savoir, l'*évasion morale*, bien pis que la simple *émigration politique à l'intérieur*, à savoir, l'*émigration domestique et économique, la totale émigration civique* !

Comment le DÉTACHEMENT DE LA TERRE a persisté jusqu'à nos jours.

Vous me direz :

Cette sécession, cette évasion, cette émigration, cette désertion enfin, oui, sans doute, il se peut que le Christianisme primitif, le Christianisme ardent et intransigeant, le Christianisme extrémiste, le Christianisme aigu d'il y a vingt siècles, l'ait, en effet, conseillée et pratiquée.

Mais !

Mais, même au début, ce n'est qu'une infime minorité du genre humain (et encore, du seul genre humain occidental et méditerranéen) qui a ainsi *déserté la Cité* et fui aux cloîtres ou aux déserts !

Et, plus tard, et aujourd'hui surtout, n'a-t-on pas vu, sourdement et lentement, s'accomplir le *retour à la Cité* ?

Et, par conséquent, l'Etat n'a-t-il pas lieu d'être tranquillisé, d'abandonner son appréhension à l'égard du Christianisme et son hostilité ?

Eh bien ! non !

Certes, elle s'est amortie, la *malédiction jetée sur la vie terrestre !*

Mais n'en reste-t-il rien au fond des cœurs ?

Il en reste beaucoup, et combien trop !

Dix-sept cents ans après le Christ, écoutons un Corneille, dans les stances de *Polyeucte* :

> Source délicieuse, en misères fécondes,
> Que voulez-vous de moi, flatteuses voloptés ?
> *Honteux attachements de la chair et du monde,*
> Que ne me quittez-vous, quand je vous ai quittés !

« HONTEUX ATTACHEMENTS DE LA CHAIR ET DU MONDE » : Par ces mots flétrissants, qu'entend donc Polyeucte ?

Il entend... le chaste amour de sa jeune épousée, le chaste amour d'une vierge romaine, pleine de cœur et d'honneur, le chaste amour d'une fleur de patriciat.

Vous me direz :

Corneille ne fait que ressusciter historiquement un état d'âme aboli.

N'en croyez rien : au XVII° siècle, toute la grande littérature est et reste, au fond, hostile à la *profane nature* et aux *terrestres amours*.

Que dis-je ?

A la veille même du XX° siècle, écoutons un Lamartine :

> Que ne puis-je, porté sur le char de l'aurore,
> Vague objet de mes vœux, m'élancer jusqu'à toi ?
> Sur la terre d'exil pourquoi resté-je encore ?
> Il n'est rien de commun entre la terre et moi...

Corneille est un *dramatique*, qui met en scène des *personnages autres que lui*.

Mais *Lamartine* est un *lyrique*, qui ne met en scène que *lui*, et qui parle donc bien ici en son nom personnel.

Or, que dit-il ?

Il dit :

Sur la terre d'exil, pourquoi restai-je encore ?

Et il articule la plus énergique répudiation :

Il n'est rien de commun entre la terre et moi !

Ainsi, après quinze ou vingt siècles, il persiste donc bien encore parmi nous, le *décri*, jeté par le Christianisme, sur la *vie terrestre*, sur la *Nature* et la *Cité* !

ENTRE CIEL ET TERRE
la Chrétienté reste donc
SUSPENDUE AU POINT MORT.

Dirai-je ici le fond de ma pensée ?

Oui, je dois le dire, — au risque de contrister plus d'un lecteur.

Il y a vingt siècles, le Christianisme s'était détaché de la *Terre* pour s'attacher au *Ciel.*

Or, aujourd'hui, la « *Chrétienté* » a commencé à se *détacher du Ciel,* mais sans s'être encore *rattachée à la Terre* !

La « *Chrétienté* » est donc aujourd'hui, littéralement suspendue au *point mort* !

Mot inquiétant, sinistre symbole, tragique situation !

Contre tels ou tels peuples qui ont, de plus en plus, sinon depuis toujours, le *goût, l'amour, la passion, la « frénésie de la vie »,* que pourra la « *Chrétienté* » !

Oui, oui, il faut le dire : la « *Chrétienté* » risque d'être de plus en plus handicapée par son propre et inconscient *état d'âme,* qui s'analyse en quatre mots :

1° Une *sous-évaluation* de la valeur de la vie terrestre ;

2° D'où une *sous-intensité* de l'effort vital individuel ;

3° D'où un *sous-rendement* de l'activité nationale ;

4° D'où un *sous-classement* dans les durs conflits internationaux !

Oui, il faut qu'on le sache : si elle ne change d'âme, la « *Chrétienté* » risque d'être balayée de la face du globe !

L'ÉTAT peut-il crier :
A BAS L'ÉTAT ?

Eh bien ! donc, il faut l'avouer, on ne saurait demander à l'Etat, d'applaudir ou même de souscrire à *une telle conception de l'Univers et de la Destinée.*.

Non, on ne saurait lui demander de crier lui-même, plus ou moins : *à bas* la vie terrestre ! et *à bas* la société humaine ! meure la *Vie* ! meure la *Cité* ! et meure l'*Etat* !

Cette Religion PSEUDO-NATURELLE,
l'État a le droit de l'ignorer.

Est-ce à dire que les tenants de *cette conception de l'univers et de la destinée*, l'Etat ait le droit et le devoir de les persécuter et de les proscrire ?

Non, certes, non, l'Etat n'a pas le *droit* de *persécuter* de telles croyances.

Mais, disons-le virilement, il y a le *droit* strict de les *ignorer.*

Et c'est là — mais là seulement — que peut et doit s'appliquer la fameuse formule dont il a été fait de nos jours un si insensé et révoltant usage.

La Religion, dit-on, de tous côtés, autour de

nous, la Religion, *naturelle* ou *surnaturelle, toute* Religion quelconque enfin, est absolument chose d'ordre privé, qui relève exclusivement de la *con-science individuelle* et du *for intérieur,* et que l'Etat doit ignorer !

Je réponds :

Il faut opérer la *disjonction des dogmes.*

Dans la *Religion dite naturelle,* il faut disjoindre le dogme *Ame* du dogme *Dieu.*

Et il faut dire :

Oui, le dogme de l'*Ame-substance,* fondant les *sanctions transcendantes et le dogme du Salut individuel céleste,* c'est là une croyance *d'ordre privé,* et relevant exclusivement du *for intérieur.*

Ici, certes, l'Etat n'a pas le droit de persécuter ; mais ici, et ici seulement, il a le *droit* et même le *devoir* d'*ignorer.*

Et cette Religion PSEUDO-NATURELLE, ainsi ignorée par l'État, est également ignorée par la SCIENCE.

Il faut dire encore beaucoup plus.

Au fond, ce conflit entre le *Christianisme* et l'*Etat,* ce n'est pas d'aujourd'hui qu'il date : il remonte aux origines, et date de vingt siècles.

Pourquoi ? Parce qu'il est, non pas accidentel et superficiel, mais substantiel et essentiel.

Il a éclaté dans les premiers siècles, — avec *les Celse, les Porphyre, les Julien.*

Mais il a éclaté plus violemment que jamais,

dans nos derniers siècles, — avec *les Bayle, les Voltaire, les Rousseau.*

Et, semble-t-il, décisivement, cette fois !

Car, cette fois, le vieux conflit, le conflit du *Christianisme et de l'Etat,* se double d'un nouveau conflit, le conflit du *Christianisme et de la Science.*

Car elle a jailli, des profondeurs de notre civilisation d'Occident, elle a jailli, la *Science Moderne,* illuminant à la fois les abîmes de *l'Atome,* et les abîmes de *l'Univers* !

Et qu'en est-il résulté ?

Il en est résulté que l'*Ame spirituelle* tend à s'évanouir devant le faisceau de lumière dardée par la *Biologie* dans ces insondables *fourmillements de cellules* qui constituent les *Organismes animaux.*

Et il en est résulté que le *Ciel mystique* tend à s'évanouir devant le faisceau de lumière dardée par la *Cosmologie,* dans ces insondables *poudroiements d'astres* qui constituent les *Systèmes sidéraux.*

Tout ceci dit, d'ailleurs, sans que les concepts d'*âme* et de *spiritualité* soient menacés de disparaître : ils sont intrinsèquement indestructibles ; mais sous réserve des radicales et totales métamorphoses que mon prochain livre exposera.

Ainsi le dogme de *l'Ame substance* fondant la morale des *sanctions transcendantes* et du *salut individuel céleste,* ce dogme à *double aspect* se heurte à un *double obstacle* : à *l'Etat* qui s'oppose à *l'évasion d'en bas,* et à la *Science* qui s'oppose à *l'accueil d'en haut.*

Cette Religion PSEUDO-NATURELLE, fondée sur le DUALISME CARTÉSIEN, c'est la Religion du FAUX ROUSSEAU et la Religion du VRAI KANT.

Ils ont donc bien le droit, les *Laïcistes*, de faire obstacle et de faire échec à l'adoption par *l'Ecole d'Etat* de ce qu'on appelle couramment la *Religion naturelle*, en entendant par là le double dogme *Dieu et Ame*.

Je le répète, prise en bloc, cette prétendue *Religion naturelle et rationnelle*, n'est *pas* naturelle et rationnelle : elle est *extra-naturelle et extra-rationnelle*, pour ne pas dire *anti-naturelle et anti-rationnelle*.

Et il faut opérer ce que j'appelle la *disjonction des dogmes*.

Or, comme on va le voir, ce n'est pas là une mince entreprise.

Cette *Religion pseudo-naturelle* n'est autre chose, au fond que la *Profession de foi du Vicaire savoyard*, laquelle a, comme on sait, enthousiasmé plusieurs générations.

Mais ce n'est pas *Rousseau* lui seul qui est en cause.

Le *dualisme du Vicaire savoyard* n'est lui-même autre chose que le *dualisme cartésien*, tel que Descartes l'a exposé dans son *Discours* et ses *Méditations*.

Et c'est ce dualisme de *Descartes* et de *Rousseau* qui a été repris par *Kant*, et qui constitue toute la substance de sa fameuse « *Religion dans les limites de la Raison* », — laquelle, d'ailleurs, n'est autre chose que la conclusion à la fois de la *Critique de la raison pure* et de la *Critique de la raison pratique*, c'est-à-dire *le dénouement de la Trilogie.*

Oui, sous le nom de « *Religion naturelle* », ce que les *Laïcistes,* à bon droit, entendent écarter, c'est tout simplement le *Dualisme de Descartes,* sur lequel est fondée la *Religion de Rousseau,* du *faux Rousseau,* ou, surtout, la *Religion de Kant,* du *vrai Kant,* — cette fameuse Religion de Kant, contentieuse *systématisation du faux Rousseau,* dont, à notre insu, d'ailleurs, les Allemands, depuis longtemps, ou su s'évader !

Entrevoit-on maintenant le sens profond et la portée immense du *Laïcisme* ?

L'ÉTAT, personnification de la CITÉ, ne peut pas ne pas NIER une RELIGION QUI NIE LA CITÉ.

La théorie de *l'âme-substance, fille du Ciel, et exilée sur la Terre,* en attendant d'être *rapatriée au Ciel,* cette théorie si belle, si émouvante, si précieuse qu'elle puisse paraître, cette théorie, dis-je, ne saurait aucunement se réclamer de la Raison et de la Science.

Au contraire, la théorie de l'*Ame fille de la Cité,* — fille de la Cité terrestre, et, en ce sens, par conséquent, fille de la Terre, — cette théorie que j'ai soutenue, il y a un quart de siècle, dans ma thèse de doctorat, *La Cité Moderne,* et qu'un philosophe de génie, encore trop méconnu, avait déjà puissamment ébauchée ; cette théorie, dis-je, j'ose le pronostiquer, est dès maintenant assurée de posséder l'avenir.

Donc, fonder une *morale des sanctions transcendantes*, sur un *postulat de l'Ame-substance*, cela, rationnellement et scientifiquement, ne se peut.

Et les résistances des rationalistes, ou libre-penseurs, ou franc-maçons, ou laïcistes, sont, de ce chef, profondément légitimes et pleinement justifiées.

Et l'*Etat* a pleinement qualité pour repousser *une Religion qui nie l'autonomie de la Cité.*

La Religion de l'EXISTENCE DE DIEU, au contraire, doit être expressément ACCEPTÉE PAR L'ÉTAT, et rétablie au rang de RELIGION PUBLIQUE.

Quel saisissant contraste !

Autant l'idée d'*Ame substance* paraît extra-naturelle et extra-rationnelle, autant l'idée de *Dieu*, au contraire, paraît rationnelle, conforme à la raison, *amie de la raison.*

Et c'est en quoi éclate, par ailleurs, l'*immense erreur du Laïcisme extrémiste* qui ne veut ni *Ame ni Dieu* !

DIEU, révélé par la RAISON.

En effet, qu'est-ce, essentiellement, que l'*idée de Dieu* ?

Au point de vue *statique*, c'est l'idée d'*ordre et d'unité* dans l'Univers.

Au point de vue dynamique, c'est l'idée de *loi et de gouvernement* dans l'Univers.

Or, rien de plus rationnel, rien de plus ami de la Raison, que *cette foi native et instinctive en l'unité de l'Univers* !

Aristote ne disait-il pas :

« L'Univers n'est pas une *collection d'épisodes, mais un tout bien lié* ! »

Et rien de plus *rationnel*, rien de plus ami de la raison, que *cette foi native et instinctive en un gouvernement de l'Univers.*

L'Esprit moderne n'est-il pas en train de découvrir avec éblouissement, dans le triple Empire des *astres*, des *vivants* et des *cités*, les grandioses lois de la *Cosmologie*, de la *Biologie*, de la *Sociogie*, c'est-à-dire un *universel système de lois* !

Croire en DIEU,
c'est croire en
UN UNIVERS CONSUBSTANTIEL
A L'HOMME.

Il y a un *Gouvernement de l'Univers* !

Réfléchissons à la portée incalculable d'une telle parole.

Pour le tremblant cœur humain, quelle sécurité que cette certitude, quel puissant réconfort !

La *foi religieuse* est le *ressort vital* des individus et des peuples.

Pourquoi ?

Parce que si l'Humanité croit se sentir vivre dans un Univers *consubstantiel* à elle, c'est-à-dire pénétré de *raison et de justice,* elle est pleine de confiance, elle a le cœur dilaté, elle respire à pleins poumons.

Si, au contraire, l'Humanité doit se sentir vivre dans un Univers *étranger à elle,* dans un Univers hétérogène, indifférent ou hostile, dans un Univers de *forces aveugles et brutales,* dans un Univers sans entrailles, dans un Univers sourd et muet, elle a le cœur serré, et sombre lentement dans le désespoir.

Voilà ce que c'est que la *foi en Dieu* !

Dieu réclamé
par les PHILOSOPHES DU 18ᵉ SIÈCLE
et par les DICTATEURS DE LA RÉVOLUTION.

Cette idée de Dieu, d'ailleurs, est-elle en contradiction, par exemple, soit avec la pensée des *philosophes* du xviii° siècle, qui ont été les *inspirateurs de la Révolution,* soit avec la pensée des *tribuns* du xviii° siècle, qui ont été les *dictateurs de la Révolution* ?

Nullement.

Non seulement, les *Montesquieu,* les *Voltaire* et les *Rousseau* croyaient en Dieu, mais aussi les *Mirabeau,* les *Robespierre* et les *Napoléon* croyaient en Dieu.

Mirabeau disait :

La France a autant besoin de *Dieu* que de la *Liberté.*

Et *Napoléon*, élaborant le Concordat, prononçait ces paroles lapidaires :

« Nulle *Société* ne peut exister sans *morale*, et il n'y a pas de *morale* sans *religion*.

» Il n'y a donc que la *Religion* qui donne à *l'Etat* un appui ferme et durable.

» Une *société sans religion* est comme un *vaisseau sans boussole*.

» La France, instruite par ses malheurs, a enfin ouvert les yeux : elle a reconnu que la *religion catholique* était comme une *ancre* qui pouvait seule la fixer dans ses agitations. »

Ainsi parlait Napoléon.

La religion à la fois *boussole de direction* et *ancre de fixation*, que peut-on dire de plus ?

L'argument saisissant du PASTEUR WAGNER.

Mais laissons les *Voltaire* et les *Rousseau*, laissons les *Mirabeau* et les *Napoléon*.

Je veux m'en tenir aujourd'hui à l'autorité d'un homme bien moins célèbre, certes, mais plus rapproché de nous, et qui a déjà été cité plus haut ; à l'autorité d'un modeste et distingué pasteur protestant, un pasteur libéral, et même ultra-libéral, récemment disparu, le pasteur *Charles Wagner*, — lequel a écrit une phrase d'une valeur infinie, une phrase telle que, sur cette seule phrase, j'en suis convaincu, si nous le voulions, nous pourrions nous mettre tous d'accord, et ainsi fonder *la pacification de la France par la réconciliation des Français.*

Le pasteur Wagner écarte ici, ou du moins

laisse de côté, tout l'arsenal classique des preuves de l'existence de Dieu :

la preuve *cosmologique* ;

la preuve *téléologique* ;

la preuve *ontologique* ; etc., etc.

Et, en toute simplicité d'âme, — une simplicité d'âme qui va d'un trait au fond des choses, — il écrit la phrase que voici :

Qu'est-ce que la Foi ?

« La Foi, c'est la *confiance* en Dieu...

» *L'homme de peu de foi*, c'est celui qui SE MÉFIE DE LA SOLIDITÉ DE L'UNIVERS et de son organisation :

» Il n'a qu'*une médiocre confiance dans le résultat*...

» ... *Ravir sa foi* à son semblable est pire que de lui voler son *argent* ou sa *maison*, pire que de lui prendre la *Vie*.

» C'est détruire le *toit* sur sa tête, le *sol* sous ses pieds.

» Vous tremblez à l'idée que vos enfants se trouvent un jour dans la vie sans *nourriture et sans abri*.

» Comment peut-on supporter l'idée qu'ils soient sans *foi* ? *Celui-là seul qui ne croit pas à la divinité est véritablement sans feu ni lieu.* »

Admirable, admirable, admirable parole, qui ramasse en quelques lignes, l'argument que j'ai toujours moi-même considéré comme l'argument fondamental !

Mes définitions :
l'ATHÉISME,
c'est l'ANARCHISME D'EN-HAUT ;
et l'AGNOSTICISME,
c'est le DÉFAITISME TRANSCENDANTAL.

Qu'est-ce, en effet, essentiellement, que *l'acte de foi en Dieu* ?

C'est tout simplement *un acte de confiance* en l'univers et en la destinée.

Si on ne croit pas à la vie, comment avoir le *goût et la force de vivre* ?

Et s'il n'y a pas *un gouvernement de l'univers*, c'est-à-dire une *sagesse* et une *justice* et une *puissance* pour gouverner l'univers, comment *croire à la vie et à la destinée* ?

Dans cette *lutte éternelle du Bien contre le Mal*, qui remplit l'histoire de la terre et de l'univers, si on ne CROIT PAS A LA VICTOIRE FINALE DU BIEN, *comment avoir le courage d'agir* ?

CROIRE A LA VICTOIRE :

Voilà donc, partout et toujours, le fond de tout.

Eh bien, donc, CROIRE EN DIEU, C'EST CROIRE A LA VICTOIRE !

Et la vraie religion, *au fond,* c'est la religion du « *poilu* » !

Oui, *au fond* et à la lettre, et non pas du tout par métaphore !

Qu'est-ce, en effet, pour le *poilu* que *croire à la victoire* ?

« Croire, a-t-on dit, c'est *désirer fortement.* »

Croire à la victoire, c'est avoir la *conscience de la force et la certitude du droit.*

Celui qui croit à la victoire a bien raison *d'y croire,* puisqu'il la *crée,* puisqu'il la FAIT.

Et celui qui en *doute* a bien raison d'en *douter,* puisqu'il la DÉ-FAIT.

Pareillement, *croire au désordre dans l'univers,* ou, en tout cas, *douter de l'ordre,* c'est, d'avance, décourager et briser l'effort.

L'athéisme, c'est *l'anarchie d'en haut.*

Et *l'agnosticisme,* c'est le DÉFAITISME TRANS-CENDANTAL.

La *foi en Dieu,* voilà le *roc* sur lequel seul peut se fonder la vie de l'Humanité.

Mon Dieu laïque

Et voilà donc MON DIEU LAÏQUE ! Voilà *ma foi !*

Oui, la *foi en Dieu* est un *principe de vie,* et *l'athéisme* est un *principe de mort.*

Oui, nos cinquante ans de *faux Laïcisme,* c'est la plus *terrible machine de mort,* qui, peut-être, par personnes interposées, ait jamais été montée contre la France par l'Etranger.

C'est une *immense cloche pneumatique* sous laquelle on a savamment emprisonné la France entière, pour lui soutirer lentement *la Foi, l'Amour et l'Espérance, — la Force et la Vie !*

Notre ATHÉISME,
c'est notre perdition,
AU-DEDANS et AU-DEHORS.

Au-dedans, l'Athéisme mine les bases de la Cité française, en déchaînant sourdement *l'Anarchie.*

Et *au-dehors, l'Athéisme* démantèle de ses remparts naturels la Cité française, en faisant le vide autour d'elle, en écartant d'elle *ses voisins et amis.*

Dans le chapitre premier de cette quatrième partie du présent livre, intitulé : *La III° République et la sinistre déviation du Laïcisme,* j'ai montré que, d'une part, les *Insulaires protestants,* à savoir, les *Anglo-Américains,* nous *méprisent* comme *cléricaux,* et que, d'autre part, les *Continentaux catholiques,* à savoir, les *Rhéno-Danubiens,* nous haïssent comme *athées* !

Cumuler ainsi, à la fois, *la haine et le mépris,* quel magnifique *record* !

ENTRE LA FRANCE ET L'ALSACE,
il y a la QUESTION DIEU:

J'entends dire, autour de moi, qu'on veut *imposer d'urgence à l'Alsace notre Laïcisme athée...*

Et j'entends dire aussi, textuellement, que l'Alsace est décidée à résister, et, s'il le faut, à « *résister jusqu'au sang* ! »

Effroyable perspective d'une lutte plus que fratricide !

Mais comme je comprends le cœur des Alsaciens !

Ils sont prêts, s'il le faut, à sacrifier leur vie, leur vie d'un jour, pour sauver la vie de leurs enfants et petits-enfants, la vie de leur descendance et de leur postérité, la vie des générations futures que l'Athéisme ne saurait manquer de tarir dans sa source insidieusement desséchée et stérilisée, la vie enfin de l'Alsace et de la France elle-même également menacée par un *Athéisme suicidaire* !

Non, la France ne peut *a-théiser* l'Alsace !

C'est l'Alsace qui doit *dés-athéiser* la France !

* *
* *

ENTRE LA FRANCE ET LE RHIN, il y a la QUESTION DIEU.

Le directeur d'un journal de Paris, dans son article de tête du 23 octobre 1923, vient de signaler vigoureusement cette double malfaisance pour nous de notre officiel *Athéisme français*.

Affreuse malfaisance *intérieure*, d'abord :

« C'est ici que l'on s'aperçoit une fois de plus que la politique anticatholique systématiquement poursuivie par nos radicaux depuis la fondation de la Troisième République, n'a pas que *des inconvénients d'ordre intérieur* : j'ai déjà ressassé et je le ressasserai encore qu'à l'intérieur elle avait eu pour résultat *une vague d'indiscipline* dans les masses populaires, et une vague encore plus terrifiante *de néo-malthusianisme et de dé-population.* »

Indiscipline ? Traduisez : l'*Athéisme* mène la France à l'*Anarchie.*

Néo-malthusianisme ? Traduisez : l'*Athéisme* mène la France au *tombeau* !

Affreuse malfaisance *extérieure,* ensuite :

« *A l'extérieur,* nous en avons déjà recueilli quelques fruits mûrs :

Voyez les *Flamands belges* : « Il faut avoir la berlue pour ne pas voir qu'*en Flandre,* le mouvement des « *petits vicaires* », qui a abouti à la *quasi-suppression de l'Université française de Gand,* est la réponse que nous n'avons pas tout à fait volée, des catholiques flamands aux persécutions que la France radicale a infligées surtout depuis le combisme aux catholiques français ».

Et voyez les *Sarrois* : « Dans la *Sarre,* où domine le parti catholique, c'est le sectarisme de nos radicaux qui nous a valu de nous heurter à la défiance et à l'hostilité de tout le *clergé local* ».

Et voyez surtout les *Rhénans* : « *La bataille serait gagnée pour les séparatistes, si le parti catholique rhénan se prononçait en masse pour eux.* Comme dans notre *Alsace,* c'est le parti catholique qui a derrière lui, en *Rhénanie,* les masses électorales. »

La séparation de la *Rhénanie* et la dislocation de la *Germanie,* CE SERAIT FAIT DEPUIS CINQ ANS, *si...* :

« En Rhénanie, on peut être certain qu'à

l'heure actuelle, *si Smeets, Dorten, Matthes*, et les autres promoteurs du séparatisme rhénan *ont quelque peine à soulever une grande vague d'enthousiasme en faveur de leur conception*, c'est parce que les catholiques rhénans *hésitent* devant une alliance avec une France, où les catholiques ont été traités par les radicaux combistes comme des citoyens de deuxième zone et des suspects. Sans le sectarisme de nos radicaux, et la peur qu'il inspire, *voilà cinq ans que, dès la première tentative républicaine de Dorten, la Rhénanie catholique, qui a tant d'affinités avec nous, se serait jetée dans les bras de la France.* »

Et l'auteur de l'article conclut par une *réflexion* et une *révélation* saisissantes : C'est parce qu'il a été *Haut Commissaire à Strasbourg* que M. Millerand a mieux compris *le problème rhénan* ; et c'est parce qu'il a mieux compris le problème rhénan qu'il a CONÇU LE PROJET... DE RÉCONCILIER L'EGLISE ET L'ETAT :

« Je livre ces simples réflexions aux méditations de nos radicaux, chez qui la passion anticatholique a aboli toute clairvoyance patriotique.

» Peut-être finiront-ils par comprendre à la lumière des événements de Rhénanie, *pour quelles hautes raisons de politique nationale*, notre Président de la République, depuis qu'il a *mieux compris comme commissaire à Strasbourg, toute l'ampleur du problème rhénan*, a conçu lui, laïque et libre penseur, l'audacieux projet de RÉCONCILIER L'EGLISE AVEC LA RÉPUBLIQUE. »

Par ma **DISJONCTION DES DOGMES** la **FOI EN DIEU** est et reste **LE SEUL ET UNIQUE DOGME** de la Religion publique.

Je propose donc l' l'Etat français d'accepter et de proclamer *la foi en Dieu*, comme *l'unique et indestructible dogme* de la VRAIE *religion rationnelle*; ou VRAIE *Religion naturelle*.

Et je propose que cet *unique et indestructible dogme* soit *proclamé par l'Etat*, et *inscrit en tête de la* CONSTITUTION *et en tête de tous les Manuels scolaires*, pour être *vigoureusement inculqué aux cinq millions d'enfants du peuple de France.*

Et cela, je le répète, doit se faire, catégoriquement et expressément, *au nom de l'Etat,* — en laissant aux *familles* et aux *Eglises* le soin *d'ajouter* à ce dogme *fondamental* et *commun à tous* telles ou telles autres croyances *complémentaires* et *particulières* aux diverses confessions, entre lesquelles l'Etat doit conserver la plus stricte *neutralité.*

Et ainsi se trouverait opérée la *disjonction des dogmes.*

Ainsi se trouverait opéré *le dédoublement de la prétendue « Religion naturelle » en deux Religions bien différentes* :

1° La Religion de l'*Existence de Dieu,* ou *vraie* Religion naturelle et rationnelle, ou Religion du *Salut collectif terrestre,* —

et Religion *promue* où *rétablie* au rang de *Religion publique* ;

2° La Religion de l'*Immortalité de l'Ame*, ou Religion extra-naturelle et extra-rationnelle, ou Religion de *Salut individuel céleste,* —

et Religion *rétrogradée ou maintenue* au rang de *Religion privée.*

La criminelle équivoque du mot **NEUTRALITÉ.**

Et voilà pour moi *le vrai Laïcisme,* et la vraie, *la seule vraie Neutralité.*

Car il faut la démasquer enfin, la criminelle équivoque du mot *neutralité.*

Vous dites :

RELIGIEUSEMENT, en France, il y a des *catholiques*, des *protestants*, des *juifs.*

Pour éviter les froissements religieux, à l'Ecole, il convient que l'Ecole soit *neutre...*

Nous répondons :

Oui, certes, *neutre entre les diverses formes de la Religion*, à la bonne heure !

Mais, *neutre entre la Religion et l'Irréligion, neutre entre la Croyance et l'Incroyance, neutre entre la Foi et l'Athéisme*, non, non, mille fois non !

C'est comme si vous disiez :

POLITIQUEMENT, en France, il y a des *royalistes*, des *impérialistes*, des *républicains.*

Pour éviter les froissements politiques, à l'Ecole, il convient que l'Ecole soit *neutre...*

Nous répondons :

Oui, certes, *neutre entre les diverses formes de gouvernement*, à la bonne heure !

Mais *neutre entre le gouvernement et le non-gouvernement, neutre entre l'Archie et l'An-Archie*, jamais de la vie !

Et c'est pourquoi, un journal, par exemple, comme *L'Action Française*, nous paraît, *politiquement*, mériter l'immense reconnaissance de tous les Français, pour avoir su vigoureusement restaurer et incalculablement renforcer parmi nous *l'Archie*.

Vouloir être neutre *entre la Religion et l'Irréligion* n'équivaut-il pas, implicitement, à vouloir être neutre *entre l'Archie et l'Anarchie* ?

Autant vouloir être neutre :

entre *l'affirmation et la négation*,
entre *l'ordre et le désordre*,
entre *la vertu et le vice*,
entre *le bien et le mal*.

Autant vouloir être neutre :

entre *la santé et la maladie*,
entre *la mort et la vie* !

L'ÉTAT doit affirmer DIEU, ou certitude de LA VICTOIRE DU BIEN, ou certitude du SALUT.

L'Etat DOIT donc enseigner *Dieu*, c'est-à-dire le *gouvernement de l'Univers*, par où est affirmée la *certitude du Salut*, ou certitude de la *victoire finale du Bien sur le Mal*.

Car, telle est la force magique du mot Dieu, — *Dieu, « ce splendide mot de l'énigme du monde »*, comme l'a dit si magnifiquement Madame de Staël !

L'Etat DOIT enseigner Dieu : c'est même là *son devoir fondamental.*

Un *Etat* qui nie *Dieu*, un *Gouvernement de la Terre* qui nie le *Gouvernement de l'Univers*, c'est un Etat, c'est un Gouvernement *qui scie la branche sur laquelle il est assis.*

Et l'État doit opter entre les DEUX CONCEPTIONS DU SALUT.

Mais, après avoir ainsi posé *le principe du salut*, il reste à choisir entre deux conceptions inverses du *salut* :

1° La *foi en Dieu*, ou le salut *dans et par la Cité*, — dans et par les *foyers domestiques*, dans et par les *carrières civiques*, c'est-à-dire le salut dans et par les *félicités et les fécondités familiales*, dans et par *les activités et les prospérités sociales.*

Et c'est le *salut*, tel que le comprend *théoriquement et pratiquement l'Etat.*

2° la *foi en Dieu*, ou le salut *hors et sans la Cité*, — hors et sans *le mariage et la famille*, hors et sans *le travail et la propriété*, c'est-à-dire le salut dans le *célibat* et dans le *cloître*, dans le vœu de *chasteté* et dans le vœu de *pauvreté* !

Et c'est le *salut* tel que le comprend *théoriquement l'Eglise.*

Disons-le catégoriquement :

En présence de ces *deux inverses conceptions du salut*, l'Etat a *le droit et le devoir d'ignorer* totalement la *seconde*, qui, en réalité, *le nie,* — et de la rétrograder ou de la maintenir au rang de *religion privée*, ou d'*affaire privée*, relevant du *for intérieur.*

Et il a *le droit et le devoir de professer et de pratiquer* énergiquement la *première*, qui, en réalité *le fonde,* — et de la promouvoir ou de la rétablir au rang de *Culte public*, ou de *Devoir public.*

L'État doit rejeter LES DEUX EXTRÉMISMES : le CLÉRICAL et l'ATHÉE.

Il y a, parmi nous, *deux extrémismes* en présence :

1° L'*Extrémisme catholique*, qui incline à dire au fond : *Dieu sans la Cité* !

2° Et l'*Extrémisme laïciste*, qui dit brutalement : la *Cité sans Dieu* !

Nous ne voulons d'aucun de ces deux *Extrémismes.*

Et notre devise est : *Dieu dans la Cité* !

Recul vers le PAGANISME ? Non !
Mais une avancée
vers le « PLUS PROFOND » CHRISTIANISME.

Eh quoi, me dira-t-on, retourneriez-vous donc au pur *Paganisme* ?

Nullement. Et bien loin de là ! Quoique le *Paganisme* fût, d'ailleurs, non pas *vide de Dieu,* mais *plein de Dieu !*

Nullement. Car, il y a, dans le *Christianisme,* quatre apports d'une valeur infinie, dont l'un est précisément l'apport de cette *distinction* sublime : la distinction du *Pouvoir spirituel* et du *Pouvoir temporel,* c'est-à-dire, la création de l'*Eglise* en face de l'*Etat.*

Je sais : le prétendu nouveau DROIT MODERNE, niant le DROIT MÉDIÉVAL, prétend purement et simplement *abolir l'Eglise* au profit (?) du seul et unique *Etat...*

Mais, dans mon prochain livre sur *l'immense Révolution religieuse du vingtième siècle* (impliquant *trois révolutions* : une révolution *psychologique,* une révolution *métaphysique,* une révolution *ecclésiastique*), je ferai voir comment, consciemment ou inconsciemment, l'*Esprit moderne* lui-même travaille à fournir à l'Eglise un fondement scientifique aussi inébranlable qu'insoupçonné, et à la rétablir ainsi dans son DROIT ÉTERNEL !

Catholiques et Laïcistes par moi réconciliés.

Par ma nouvelle théorie de *l'âme,* et de *Dieu,* et surtout par ma nouvelle théorie de l'*Eglise,* j'ose dire que se trouveront conciliées, dans ce qu'elles ont de respectivement légitime, les deux inverses et complémentaires exigences que nous avons confrontées :

1° L'exigence des *Laïcistes*, incarnant l'*Esprit moderne*, et la *Révolution*, et représentée par le *Gouvernement*, c'est-à-dire par le *Président du Conseil*, lui-même porte-parole du *Chef de l'Etat;*

2° Et l'exigence des *Catholiques*, incarnant l'*Esprit médiéval* et l'*Ancien régime*, et représentée par l'*Opposition*, c'est-à-dire par le *Cardinal-Archevêque de Paris*, lui-même porte-parole du *Chef de l'Eglise Universelle*, le *Souverain Pontife romain*.

***
** **

L'authentique record de l'imbécilité.
Une dernière et stupéfiante objection.

On me dit : *Et les athées de France* ? Que faites-vous du *droit des athées* ? Ne rougissez-vous pas de *contrister les athées* ?

N'y eût-il, dans une Ecole, qu'un seul enfant fils de parents athées, ne sentez-vous pas que vous devez absolument vous abstenir d'*affirmer Dieu*, pour ne point choquer cet unique couple de parents athées ?

Je réponds :

1° Parce qu'il y a des *négateurs de la propriété*, c'est-à-dire des *partisans du communisme*, faut-il donc s'abstenir d'*affirmer la propriété*, et, au besoin, de la défendre par les gendarmes et les tribunaux ?

2° Parce qu'il y a des *négateurs de l'ordre* et des *partisans de l'anarchie*, faut-il donc s'abstenir d'*affirmer le gouvernement et l'autorité* ?

3° Parce qu'il y a des *négateurs du mariage* et des *partisans du célibat*, de *l'union libre* et du *malthusianisme*, faut-il donc s'abstenir *d'affirmer la famille* ?

4° Parce qu'il y a des *négateurs de la patrie* et des *partisans de l'Internationalisme et du Cosmopolitisme*, faut-il donc s'abstenir *d'affirmer la France* ?

5° Et parce qu'il y a des *anti-militaristes*, faut-il donc s'abstenir d'exiger le *service armé* et de dresser des *cours martiales contre la trahison et la désertion* ?

6° Eh bien ! tout pareillement, parce qu'il y a des *agnostiques et des athées*, faut-il donc s'abstenir *d'affirmer Dieu* ?

En un mot, sous couleur de démocratisme et de rationalisme et d'humanitarisme, faut-il donc *reculer les bornes de l'imbécilité* ?

B. — Un article de la REVUE DE PHILOSOPHIE (1923) contre le journal LE TEMPS.
MÊME DISTINCTION NÉCESSAIRE DES DEUX RELIGIONS.

Le Cri d'alarme d'un catholique :
L'ÉCLIPSE DE LA MORALE DANS L'UNIVERSITÉ.

Dans le numéro de janvier-février 1923 de la catholique *Revue de Philosophie*, dirigée par M. E. Peillaube, membre de l'Institut, un publiciste bien connu, allié, si je ne me trompe, à la famille du brillant et puissant polémiste ultra-montain que fut jadis Louis Veuillot, *M. E. Ta-vernier* a donné, en vingt-cinq pages, une étude qui est un cri d'alarme sur « *La disparition de la Morale dans l'Enseignement de l'Université* ».

D'après *M. Tavernier,* il est loin le temps où *Rousseau* lançait son invocation fameuse :

« *Conscience, conscience,* instinct divin, im-mortelle et céleste loi, juge infaillible du bien et du mal !... »

Et il est loin le temps où *Kant* articulait la double formule gravée plus tard sur son tom-beau :

« *Le ciel étoilé* au-dessus de *ma tête,* et la *loi morale* au fond de *mon cœur...* »

Depuis le milieu du dix-neuvième siècle jus-qu'à l'heure présente, toute cette *philosophie spi-ritualiste,* dit-il, n'a cessé d'être de plus en plus violemment attaquée.

Et il fait défiler devant nous, en une quinzaine de noms, deux équipes de démolisseurs : la pha-lange d'hier, c'est-à-dire Comte, Taine et Renan, Wyrouboff et Robin (successeurs de Littré), Guyau, etc. ; et la phalange d'aujourd'hui, c'est-à-dire MM. Durkheim et Lévy-Bruhl, Rauch et Belot, Bouglé et Fauconnet, Piffault, Hesse et Gleize...

Tous ces Messieurs, dit-il, font table rase du passé : *Dieu, Conscience, Devoir, Idéal,* tout est par eux déraciné et foulé aux pieds.

Et M. Tavernier conclut son réquisitoire par trois lignes singulièrement sobres et graves :

« La circonstance exige un profond sérieux et une entière sincérité, — SOUS PEINE D'UN PROCHAIN EFFONDREMENT, TEL, SANS DOUTE, QUE LE MONDE N'EN A JAMAIS VU. »

Que penser de ce réquisitoire ?

Que penser du réquisitoire de M. Tavernier contre cette marche en avant de l'Esprit moderne et contemporain ?

Deux choses.

1° Contrairement aux convictions de M. Tavernier, cette *marche en avant de la Philosophie* est essentiellement *naturelle et légitime et. nécessaire,* — mais...

2° Conformément à ses appréhensions, elle est actuellement *dangereuse, parce que faussée.*

En matière d'*Esprit moderne,* ce n'est donc pas d'un *reniement* qu'il s'agit ici et d'un rebroussement, mais d'un simple *redressement.*

« LE TEMPS »
prophète et docteur du LAICISME ;
et ses TROIS ARTICLES SENSATIONNELS
de 1882.

Pour tirer au clair la question, je laisse de côté, dans l'article de M. Tavernier, toute la liste des philosophes destructeurs qu'il a fait défiler devant nous, pour m'en tenir à un *seul personnage collectif et anonyme,* qu'il dénonce encore plus âprement peut-être, parce que, à lui seul, ce personnage masqué, dit-il, s'acharne à occuper la scène depuis plus de soixante années !

Et ce personnage masqué, c'est, tout simplement, *le plus grand journal doctrinal de France, le journal « Le Temps »*.

M. Tavernier cite *trois articles du « Temps »*, parus dans trois numéros qui se suivent de près, les 13 *mars*, 20 *mars*, 25 *mars* 1882, — c'est-à-dire à l'heure même où se déclanchait, au Parlement français, le combat pour le *Laïcisme*.

Etudions successivement ces trois articles.

LE TEMPS du 25 mars 1882, et sa PROPHÉTIE

« La *direction* de ce que l'on pouvait appeler *l'âme traditionnelle de la France va changer de mains...*

» Aux doctrines *d'autorité* vont succéder, dans tous les domaines, celles du *libre examen.*

» Les *générations* qui vont sortir de ces Ecoles nouvelles *ne ressembleront plus aux anciennes...*

» La *France du vingtième siècle* sera aussi loin de *celle que nous avons connue* que la *France de veille de la Révolution pouvait l'être de celle de Louis XIV.* »

En soi, cette annonce d'un *profond changement d'orientation* qui peut et doit étonner et inquiéter M. Tavernier, ne nous étonne et ne nous inquiète nullement.

Un grand changement de direction doit se produire, nous le savons. Toute la question est de savoir *dans quel sens.*

LE TEMPS du 20 mars 1882, ou l'EXCLUSIVE PRONONCÉE CONTRE DIEU.

C'est un article inspiré fortuitement par une affaire de cours d'assises ou de tribunal correctionnel.

« A ne considérer que les *Droits de l'homme et du citoyen*, la *laïcisation* absolue du *serment* s'impose, comme celle de l'*Ecole*. »

Oui, certes ; mais, d'emblée, tout le problème se dresse ici devant nous : qu'appelez-vous *laïciser* ?

Et c'est ici tout de suite que les choses vont se gâter :

« Le serment doit être *athée*, comme la *loi* elle-même... »

Athée, le *serment* ? *Athée*, la *loi* ? Jamais de la vie ! Et voilà précisément où éclate l'immense erreur de *notre Laïcisme sous notre IIIᵉ République*, sa déviation insensée, son égarement, sa folie !

Et le *Temps* insiste :

« Nous irons même plus loin : les termes ne devront en être *empruntés à aucune doctrine philosophique...* »

Folie encore !

Et le *Temps* continue à insister :

« Et comme il est de ces doctrines qui *nient la conscience*, on ne devrait pas plus invoquer la conscience qu'on ne devrait invoquer *Dieu*. »

Folie toujours !

Mais tout va s'expliquer, avec le troisième et dernier article du *Temps*.

LE TEMPS du 13 mars 1882, ou le rejet de l'IMMORTALITÉ.

« Il est parfaitement vrai que la majorité du parti républicain était *spiritualiste* en 1793, comme en 91, en 48, comme en 89... »

Nous pressentons l'équivoque : qu'appelez-vous *spiritualisme* ?

Et le *Temps* répond :

« La croyance à L'IMMORTALITÉ DE L'AME était même regardée comme le refuge du citoyen, du philosophe, contre la servitude, contre la tyrannie. »

Du coup, la voilà bien, l'équivoque !

Ce que le *Temps* combat comme *spiritualisme* du passé, *c'est l'Immortalité de l'âme*, soudée à *l'existence de Dieu*.

A la bonne heure ! Nous voilà au clair. Et ici, disons-le, le *Temps* a bien raison.

Qu'on veuille bien seulement se reporter à quelques pages plus haut, à la *Semaine, des Ecrivains catholiques*, et au livre *Pour la paix religieuse*, et à la *transaction* proposée par les *Catholiques* aux *Laïcistes*, et, à bon droit, ai-je dit, rejetée par eux.

A défaut de la *Religion révélée*, les *Catholi-ques* offraient de se contenter de la « *Religion naturelle* ».

Les *Laïcistes* ont refusé la transaction. Pourquoi ?

Pourquoi ? Parcé que, pour eux, la *prétendue Religion naturelle* n'est pas *naturelle*, mais *extra-naturelle*, sinon *anti-naturelle*, et est en désaccord avec la *Science*, comme avec l'*Etat*.

Parce que cette religion solidarise *deux dogmes qui sont étrangers l'un à l'autre,* et, par conséquent, conjugue *deux Religions opposées :* la *Religion du Salut collectif terrestre* et la *Religion du Salut individuel céleste.*

Et, parce que la Religion du *Salut individuel céleste,* niant la possibilité de *la justice* ici-bas, c'est-à-dire l'*autonomie de la Cité,* aboutit donc à disqualifier la *société civile et sa personnification dans l'Etat.*

Et l'*Etat* ne peut donc que répudier, ou, au moins, qu'ignorer une *Religion,* qui, au fond, le nie lui-même, le sape, et le détruit.

La funeste confusion :
L'État peut écarter l'IMMORTALITÉ,
mais non la DIVINITÉ.

Mais voici où éclate le malentendu.

L'*Immortalité,* est-elle donc *inséparable de toute Religion ?*

Non, certes.

La prétendue *Religion naturelle* comprend deux *dogmes : Dieu et l'Immortalité.*

Vous, *Etat,* vous ignorez, vous écartez l'*Immortalité.* A la bonne heure. Mais que faites-vous de *Dieu ?*

Autant le dogme *Immortalité* est en *désaccord* avec la *Science* et avec l'*Etat*, autant le dogme *Dieu* est en *accord* avec eux.

Contre l'*Immortalité*, la *Science* élève des difficultés insurmontables. Mais contre *Dieu*, non.

Je l'ai montré plus haut : autant l'*Etat*, cet élément *sur-national*, est une *donnée rationnelle et scientifique*, autant en peut-il être de cet élément *sur-naturel* qui s'appelle *Dieu*.

Et autant l'*Etat* répugne aux *sanctions extra-terrestres* qui le *nient*, autant, au contraire, il incline à *Dieu* ou *Gouvernement de l'Univers*, qui le *fonde*.

Le *Temps* a donc bien raison d'écarter ainsi, au nom de l'*Etat*, le second dogme de la prétendue *Religion naturelle* ; et c'est à quoi sans doute il fallait d'abord aviser.

Mais, dans sa hâte et dans son zèle, il rejette aussi le *premier dogme* ; et en cela, il aurait tort d'insister et de persister.

Là serait l'erreur. Là serait la faute. Là serait le crime !

Et il suffira sans doute d'avoir tiré au clair cette malheureuse et dangereuse confusion des *deux Dogmes* et des *deux Religions*, pour que le *Temps*, et l'*Etat* lui-même, arrivent à se ressaisir et à se raviser.

Par conséquent, l'*Etat* ne saurait ni adopter, ni répudier à la fois les *deux Dogmes* ; il doit résolument *ignorer le second* et résolument FAIRE SIEN LE PREMIER !

La mission du **TEMPS**, dès sa fondation (1861), et ses soixante années de **CAMPAGNE LAICISTE**

C'est ainsi que, nous dit le *Temps, depuis une vingtaine d'années, le parti républicain s'est laïcisé lui-même.*

A quoi M. Tavernier ajoute, en *note* :

« A cette *laïcisation* du parti démocratiquc et républicain... (*laïcisation* qui signifiait ATHÉISME social, officiel et populaire), le *Temps* a beaucoup travaillé.

» Ce fut, dès la première heure, sa besogne préférée (*1861*)... puisqu'il était *fondé spéciale-ment pour répandre dans la politique* l'ATHÉISME de la PHILOSOPHIE MODERNE, surtout de la PHILO-SOPHIE ALLEMANDE. »

Ce texte nous donne, d'abord, une date, à savoir, la *date de naissance de notre Laïcisme actuel.*

Le *Laïcisme* apparaît comme *profession de foi* en *1861*, et il se mue en *formule de loi,* vingt ans après, en *1882.*

Ce texte nous fournit aussi un renseignement curieux, à savoir, la raison d'être du *Temps,* qui aurait été fondé pour *laïciser la France.*

Mais il faut démasquer l'ERREUR FONDAMENTALE :
L'ESPRIT MODERNE n'est pas ATHÉE ; il ne s'agit pas d'une NÉGATION DU DIVIN, mais d'une TRANSPOSITION DU DIVIN.

Mais, arrivons au point capital.

Ce texte enfin nous livre *le secret de l'effroya-*

ble malentendu qui est à la base de notre III° République.

Laïciser la France ! Fort bien.

Mais que faut-il au juste entendre par *laïciser?*

Moi, j'entendrais par là que le *Temps* a été fondé *pour reprendre l'œuvre à-demi manquée de la Réforme et de la Révolution.* Et je n'y trouverais rien à dire, je n'y trouverais qu'à applaudir.

Mais le *Temps* ne l'entend pas ainsi.

Selon M. *Tavernier,* le *Temps* avait été fondé pour *laïciser la France,* — C'EST-A-DIRE, pour répandre dans la politique, quoi ? L'ATHÉISME DE LA PHILOSOPHIE MODERNE ET SURTOUT DE LA PHILOSOPHIE ALLEMANDE...

Nous voilà loin de compte. Et nous voilà au point aigu du débat et du combat.

Eh bien, disons-le donc, là est *l'erreur de fond,* soit du *Temps* lui-même, soit de la *Revue de philosophie* et de M. *Tavernier* !

Et cette *erreur de fond,* la voici :

NI LA PHILOSOPHIE MODERNE EN GÉNÉRAL, NI LA PHILOSOPHIE ALLEMANDE EN PARTICULIER NE SONT ATHÉES.

A la surface, elles paraissent l'être : au fond, elles ne le sont pas. Bien loin de là ! Et même bien au contraire !

Ainsi que j'espère bien pouvoir le prouver dans mon prochain livre, *l'immense Révolution religieuse du vingtième siècle* n'est nullement une NÉGATION DU DIVIN, mais seulement une TRANSPOSITION DU DIVIN.

Il ne s'agit donc pas ici d'un REBROUSSE-MENT, mais d'un simple REDRESSEMENT.

Et encore que ce passager malentendu soit bien loin d'être sans danger, soit pour les peuples, soit pour les individus, toutefois, *cette marche en avant de l'Esprit moderne n'est nullement catastrophique*, et il n'y a donc lieu de procéder à aucun REBROUSSEMENT, mais à un simple REDRESSEMENT.

Et, par conséquent, si le *Laïcisme de notre III*° *République*, soit dans la vingtaine d'années de sa *propagation doctrinale* par le *Temps*, de 1861 à 1882, soit dans la vingtaine d'années de son *élaboration légale,* par le *Parlement*, de 1882 à 1905, si ce *Laïcisme-là*, dis-je, repose sur une *sinistre équivoque*, et s'il y a urgence à bien distinguer désormais du *Laïcisme d'erreur et de mort* ce que j'appelle le *Laïcisme de vérité et de vie*, toutefois, il importe de bien savoir et de bien établir que le *mouvement laïciste pris en lui-même* n'est autre chose que *la nécessaire crise de transformation de la Religion et de l'Eglise traditionnelles, — leur juste et heureuse métamorphose.*

**La Mortelle confusion du « FOR INTÉRIEUR »
DIEU BASE DES ÉTATS.**

Mais il nous reste encore une fois l'erreur à exorciser.

Le *Temps* continue :

« Mais ce n'est plus là que de l'Histoire : les

hommes et les choses ont pris une *autre direction... »*

Soit.

« Les *croyances religieuses ou philosophiques* ne sont plus *affaire de parti,* mais de *sentiment individuel...*

» *Depuis une vingtaine d'années, le parti républicain s'est laïcisé lui-même,* en écartant de son programme et de ses préoccupations tout ce qui pouvait supposer *une préférence quelconque pour telle ou telle théorie métaphysique.* »

Ainsi donc, pour le *Temps* de 1882, les *croyances religieuses ou métaphysiques ou philosophiques quelconques* ne sont plus désormais qu'une affaire de *sentiment individuel,* une *affaire privée,* qui relève exclusivement du *for intérieur.*

Pas de plus grande erreur, par confusion des contraires !

Rappelons-nous *ma disjonction des dogmes.*

Dans la *prétendue Religion naturelle,* disais-je, il y a *deux Religions différentes :*

1° La *foi en Dieu, ou Religion vraiment naturelle et rationnelle,* ou Religion du *solidaire et conjonctif Salut terrestre ;*

2° La *foi en l'Immortalité, ou Religion extra-naturelle et extra-rationnelle,* ou Religion du *solitaire et disjonctif Salut céleste.*

Or, oui certes, la SECONDE de ces deux Religions est toute d'ordre *privé,* et relève exclusivement du *sentiment individuel,* du *for intérieur ;* elle est *facultative.*

Mais la PREMIÈRE ! Celle-là est au plus haut point, d'*ordre public*, et *moralement obligatoire.*

Cette croyance en un *Gouvernement de l'Univers*, dont les *Gouvernements de la Terre* ne sont que l'écho, comme le pouls est l'écho du cœur, cette *croyance en Dieu*, dis-je, c'est tout simplement LA BASE MÊME DES ETATS.

C. — Le Manifeste.
de la CORPORATION DES PUBLICISTES CHRÉTIENS
sur les Réformes nécessaires
publié par M. RENÉ BAZIN, de l'Académie française, dans L'ÉCHO DE PARIS du
26 novembre 1916.
Deux erreurs courantes et une sublime vérité.

La *Corporation* présente ses vœux sous *trois rubriques* :

I. En droit international public ;

II. En droit constitutionnel ;

III. En droit administratif et en droit civil.

Cette troisième rubrique se subdivise elle-même en *quatre titres* :

1° Liberté religieuse ;

2° Famille ;

3° Enseignement ;

4° Législation du travail.

Et c'est le troisième de ces quatre titres qui nous concerne spécialement.

Il contient deux erreurs courantes, mais aussi une rare et magnifique et décisive vérité.

A qui l'Enfant? À la FAMILLE ou à l'ÉTAT ?
AUX DEUX,
car l'ÉTAT AUSSI A CHARGE D'AME.

« *Le droit d'éducation, dit le Manifeste, appartient essentiellement àux parents...* Et l'Etat ne peut les gêner dans leur liberté de choisir telle ou telle Ecole ; il doit même les *aider*, quelle que soit l'Ecole qu'ils choisissent, ainsi qu'il va être dit. »

Ce *principe* comporte une *réserve fondamentale*.

Le droit d'éducation appartient-il *essentiellement* aux parents ?

Non, — si ce mot ambigu *essentiellement* signifie *exclusivement*.

Notre dix-huitième siècle a fourni à cet égard les *arguments nécessaires*, — que les Catholiques semblent ignorer ou sous-estimer, et dont il me suffira ici de rappeler l'*un*, qui m'a toujours paru singulièrement frappant.

Que les parents aient *le désir et le droit de former à leur image l'âme de leurs enfants*, comment pourrait-on le nier ?

Mais, a dit notre dix-huitième siècle, les parents *meurent*, et leurs enfants sont normalement destinés à leur *survivre* longtemps. Or, pendant toute cette *survie* des enfants, la Cité aura à *pâtir de leurs vices* comme à *bénéficier de leurs vertus*.

En prévision de quoi, durant la vie même des

parents, la Cité a bien raison de réclamer *un droit de regard sur l'éducation des enfants*.

Cette réserve sur le *principe*, cette importante réserve, une fois faite, venons à la *conséquence*.

*
* *

« L'*Etat*, dit le Manifeste, qui n'a point parmi ses attributions essentielles le droit d'enseigner, et qui est supposé ne l'exercer que pour suppléer à la négligence ou à l'impuissance d'un certain nombre... »

Ici, l'erreur des Catholiques paraît singulièrement s'aggraver. C'est la vieille erreur d'un *Etat* conçu comme simplement *soldat et gendarme* ! Qu'on le sache donc enfin : L'ETAT AUSSI A CHARGE D'AME !

Comment ! L'*Etat* qui gouverne la Cité et qui est *responsable de la Cité, responsable de la prospérité et de la vie même de la Cité, l'Etat n'aurait aucun droit sur l'éducation, c'est-à-dire sur la formation des citoyens ?*

N'y a-t-il pas là une criante contradiction, une véritable absurdité ?

**Rejet des DEUX EXTRÉMISMES :
DIEU SANS LA CITÉ, ou le FAUX PARADIS ;
et la CITÉ SANS DIEU, ou le VÉRITABLE
ENFER.
Le nécessaire CONDOMINIUM DE L'ÉGLISE
ET DE L'ÉTAT.**

C'est le conflit de *deux extrémismes*.

Jadis l'*Eglise* s'arrogeait le *monopole* de l'éducation. Mais, aujourd'hui, *l'Etat* prétend dépouiller l'Eglise et s'arroger le *monopole* à son tour.

De *l'Eglise* et de *l'Etat*, qui a tort ? L'un et l'autre. Et qui a raison ? Tous deux.

Pourquoi *l'Etat moderne* veut-il enlever l'Enseignement à *l'Eglise* ?

Parce que, non sans raison, *l'Eglise* lui paraît être, plus ou moins ouvertement ou sourdement, la NÉGATION DE LA CITÉ !

Et pourquoi *l'Eglise* veut-elle enlever l'Enseignement à *l'Etat* ?

Parce que, non sans raison, *l'Etat* lui paraît être, plus ou moins ouvertement ou sourdement, la NÉGATION DE LA DIVINITÉ !

L'enfant est à moi, dit *l'Etat*, — au nom de la Cité !

L'enfant est à moi, dit *l'Eglise*, — au nom de la *Divinité* !

J'arbitre ce débat entre les deux adversaires : *ils ont raison tous deux.*

Car, *Dieu sans la Cité*, c'est le FAUX PARADIS : et la *Cité sans Dieu*, le VÉRITABLE ENFER.

L'éducation des cinq millions d'enfants du peuple de France doit être l'objet d'un *condominium de l'Eglise et de l'Etat*, — quand *l'Eglise et l'Etat* auront respectivement corrigé leurs deux symétriques et inverses erreurs.

La DIVINITÉ et l'IMMORTALITÉ.
Toujours l'aveugle conjonction
et toujours le nécessaire DISJONCTION
DES DOGMES.

Mais, voyons la suite.

« L'*Etat* doit maintenir, dans les *programmes* des écoles primaires qu'il établit, les preuves de l'*existence de Dieu* et de l'*immortalité de l'âme*, fondement de toute morale fixe et sanctionnée, c'est-à-dire utile aux fins de l'homme et à celles de la société. »

C'est ici qu'éclate l'erreur fondamentale des catholiques.

Après la *Semaine des Ecrivains catholiques* et la transaction proposée par les *Catholiques* aux *Laïcistes*, et après le réquisitoire de la *catholique Revue de Philosophie* contre les soixante années de *Laïcisme du journal* « *Le Temps* », que trouvons-nous ici dans les vœux de la *Corporation des Laïcistes chrétiens* ?

Nous retrouvons toujours la *conjonction des deux dogmes*, à savoir, le *solidaire Salut terrestre* et le *solitaire Salut céleste*.

Les deux dogmes restent toujours conjoints : ils sont *tous deux* réclamés par les Catholiques, et *tous deux* rejetés par les Laïcistes.

Or, il n'y aura jamais de *pacification* possible que dans et par la *distinction et la disjonction*.

Une magnifique et décisive vérité :
Le DÉCALOGUE S'IMPOSE même à l'ÉTAT NON CHRÉTIEN.

Voyons la fin : elle est très belle.

« Il (l'*Etat*) doit y ajouter, comme un minimum d'*explication du Décalogue, synthèse du Droit naturel,* hors duquel il n'existe ni *civilisation véritable,* ni *principe de progrès...*

« C'est là une *obligation de l'Etat...,* qui lui est imposée par la *seule Raison...,* et *lors même qu'il n'est pas chrétien.*

» *Renan* lui-même a écrit (Histoire du Peuple d'Israël, tome II, page 402) :

» *Les dix paroles de Javhé sont, pour toutes les nations, et seront, durant tous les siècles, les Commandements de Dieu.* »

Ici, en vérité, on ne peut qu'admirer.

Pourquoi ?

Parce que, le *Décalogue,* ce sont les *sanctions immanentes,* c'est-à-dire les *sanctions chères à l'Etat,* puisque ce sont les *conditions même du salut terrestre, les conditions même de la civilisation et du progrès,* et qu'elles sont articulées par la *raison,* elle-même synthèse du *droit naturel,* lui-même expression *de la sagesse de Dieu, laquelle s'impose à l'Etat,* alors même, dit expressément la *Corporation des publicistes chrétiens,* oui, ALORS MÊME QUE L'ETAT N'EST PAS CHRÉTIEN !

N'est-il pas véritablement admirable que le *Manifeste* lui-même arrive ainsi, spontanément, à se rencontrer avec ma *disjonction* !

CHAPITRE VI

L'insondable erreur du RALLIEMENT chez les CATHOLIQUES et le monstrueux sophisme du « FOR INTÉRIEUR » chez les LAICISTES.

Le monstrueux sophisme du « For intérieur »

On connaît maintenant *ma solution théorique et pratique du problème religieux.*

Elle consiste à se dégager *du faux Dualisme de Descartes, de Rousseau et de Kant.*

Elle consiste dans ce que j'appelle *la disjonction des dogmes,* c'est-à-dire dans *la distinction des deux Religions :*

1° la Religion du *Salut collectif terrestre,* ou *Culte de la Cité ;*

2° la Religion du *Salut individuel céleste,* ou, si je puis dire, *Culte de l'Anti-Cité.*

La *première* de ces deux Religions est *essentiellement* une Religion *publique et obligatoire.*

La *seconde* seule est une Religion *facultative et privée.*

Or, la monstrueuse aberration qui a cours sous notre III⁰ République, c'est que *la première* aussi de ces deux Religions doit être tenue strictement pour *facultative et privée.*

Vous entendez bien :

Le *Culte de la Cité* lui-même doit être considéré comme strictement *d'ordre individuel*, strictement *d'ordre non collectif*, *d'ordre non public* !!!

C'est à cette *grossière contradiction* dans les termes, c'est à cette *monstrueuse absurdité* que nous nous enorgueillissons d'avoir abouti !

⁕
⁕ ⁕

Dans sa Revue, « *La Foi catholique* », M. le chanoine Gaudeau a vigoureusement mis en pièces ce sophisme monstrueux.

A raison même de ma théorie exposée dans le présent livre, c'est-à-dire (littéralement, ou mieux encore, étymologiquement), à raison de mon *Apothéose de l'Esprit moderne* (Renaissance, Réforme, Révolution), considéré comme la *Synthèse du Paganisme antique et du Christianisme médiéval*, je suis séparé de *M. le chanoine Gaudeau* par de véritables abîmes.

Mais cela ne saurait m'empêcher de rendre pleinement hommage à ses dons exceptionnels de sagacité et d'intrépidité sur des questions d'une importance capitale, comme celle-ci.

Pour le R. P. Calot, c'est *l'erreur fondamentale du libéralisme laïciste* que de considérer la religion purement comme *une affaire privée*.

Et cela, dit-il, au regard de la *foi*, c'est expressément une HÉRÉSIE.

Mais, pour M. le chanoine Gaudeau, ce n'est pas encore assez dire :

Au regard de la *Raison*, aussi, ajoute-t-il, et au regard du *Droit naturel*, et au regard de la

Société, c'est une ERREUR MORTELLE, une INSANITÉ PURE.

« En effet, si la Religion est *affaire purement privée* ; si elle ne peut être tolérée qu'à l'état de RÊVE INDIVIDUEL, enfermé au fond des consciences, et qui n'a *rien de certain, ni d'universel, ni d'absolu, ni d'obligatoire, ni de nécessaire à la Société* ; si la Société humaine *ignore et doit ignorer totalement Dieu,* — alors, la Société n'a d'autre loi, ni d'autre maître qu'elle-même ; et la formule du socialiste Dietzgen se réalise à la lettre : « *La Société humaine-cultivée est l'Etre suprême en qui nous croyons* »...

« De cette formule en apparence anodine : « *La Religion est une affaire privée* », à cette conséquence d'impiété monstrueuse, et, pratiquement, au *régime des Soviets*, qui met cette conséquence en acte, il n'y a aucun cran d'arrêt possible...

« La *France* affirme le *principe*, et croit pouvoir nier la *conséquence, appliquée en Russie !* »

*
* *

Et voilà pour la valeur intrinsèque de la doctrine, c'est-à-dire pour *sa monstruosité*.

Mais M. le chanoine Gaudeau a encore deux autres données à nous fournir.

Où triomphe-t-elle cette insensée et funeste doctrine ?

« En Europe, c'est LA FRANCE SEULE qui, avec la *Russie bolcheviste*, professe *l'absolu agnosticisme religieux de l'Etat.*

» Et les nations INFIDÈLES elles-mêmes ne sont PAS A-RELIGIEUSES.

» Mais il n'est que trop vrai que, sans une réaction violente, nous allons à l'apostasie universelle des peuples. »

Et voici un fait plus extraordinaire encore.

En France, CHEZ QUI triomphe-t-elle, cette doctrine ?

Hélas ! Pas chez la *Foule* seulement, mais aussi chez l'*Elite* ; et pas chez les *Libres penseurs* seulement, mais chez les *Catholiques* eux-mêmes !

« Il n'est que trop vrai que les *masses* sont imbues de ce faux principe ; et non pas seulement les *masses,* mais ce qui devrait être l'*Elite.*

» Le mal en France vient sans doute de *l'Ecole de l'Etat* de tous degrés...

» Mais (on le trouve aussi) chez les *Catholiques,* dans nos *Ecoles libres,* dans nos *Collèges,* et jusque dans nos *Séminaires...* ; chez la plupart des *fidèles,* et chez un nombre considérable de *prêtres...*

» C'est effroyable à constater ; mais cela est ! »

Et M. le chanoine Gaudeau n'hésite pas à donner des exemples véritablement sensationnels, que j'enregistre sous toutes réserves.

« C'est ici qu'apparaît le mal qui nous ronge.

» Combien de *Catholiques* professent sans sourciller cette formule et cette doctrine : *La Religion est affaire privée !*

» Et, le plus fort, c'est qu'ils la professent en s'imaginant par là combattre les ennemis de l'Eglise ! »

Voyez plutôt :

« Il y a quelques jours, le 6 décembre 1923,

M. Isaac, catholique connu, ancien Ministre, présidait le banquet de la *Fédération républicaine.*

» Pour réfuter le *Laïcisme* du Bloc des gauches et de M. Chaumet, il s'écriait :

» « Quand donc prendra-t-on son parti, dans » notre pays, de *considérer les questions reli-* » *gieuses comme du domaine strictement indi-* » *viduel ?* »

» Et le malheureux ne voit pas que, philosophiquement, et par une logique implacable, *sa formule contient tout le Laïcisme et tout l'anti-cléricalisme de M. Chaumet et du Bloc des gauches.*

» Et le malheureux ne sait pas que, historiquement, depuis 150 ans, et surtout depuis un demi-siècle, c'est sur cette *formule fondamentale* que s'est appuyée la franc-maçonnerie radicale et socialiste, pour faire chez nous son œuvre de mort !

» A une telle ignorance, à une telle inconscience, quel remède ? »

Sur la Franc-maçonnerie, d'ailleurs, que je ne connais que par ouï-dire, mais à laquelle était affilié un Joseph de Maistre (!), je suis sûr et certain qu'il y a à faire une réserve capitale, — sur laquelle il ne m'est pas possible de m'arrêter ici, mais que le lecteur n'aura pas eu de peine à entrevoir, s'il a lu de près le chapitre précédent.

Voici d'ailleurs un autre document qui va encore mieux éclairer le débat.

L'insondable erreur du RALLIEMENT
Léon XIII ne semble pas avoir soupçonné les visées profondes de la IIIe RÉPUBLIQUE, héritière et continuatrice de la RÉFORME et de la RÉVOLUTION.

Dans l'*Action Française* du 16 avril 1924, *M. Robert Havard de la Montagne* donne, en deux colonnes de petit texte, un article singulièrement intéressant intitulé : « *Du Ralliement au Bloc national* ».

Par son *Encyclique fameuse*, Léon XIII avait dit en substance aux Catholiques français : « Dans la *République française*, il faut distinguer deux éléments, à savoir, la *Constitution* et la *Législation*.

» La *Constitution*, c'est-à-dire un *régime électif* au lieu d'un *régime héréditaire*, un *Président* au lieu d'un *Roi*, c'est là, au fond, une question secondaire, sinon indifférente ; c'est un régime peut-être qui n'est pas plus mauvais qu'un autre.

» Ce qui seul est mauvais, et franchement mauvais, ce n'est pas la *Constitution*, c'est la *Législation*.

» Entrez donc dans la *République* pour en changer les *lois* : acceptez la *Constitution* pour changer la *Législation*. »

Léon XIII était un Souverain Pontife de grande allure, mais *un politique* infiniment surfait.

Et, à ce sujet, je le sais, les illusions de Paris n'avaient pas cours à Rome.

Sa *grande pensée* ne pouvait pas ne pas faire faillite.

C'était la pensée d'un *Machiavel naïf*.

Et on est véritablement consterné de constater chez un *Chef d'Eglise* une telle incompréhension du « *grand problème des Temps modernes* », que je crois avoir expliqué en profondeur dans la première partie du présent livre.

La *Réforme est le nœud de l'histoire moderne.*

Or, qu'est-ce que la Réforme ? Personne en France, ou presque personne, n'en a jamais rien su, ou, si l'on veut, n'en sait *plus* rien.

Dans toutes les grandes œuvres humaines, en effet, il y a généralement deux éléments :

1° Un élément *conscient*, plutôt superficiel et caduc ;

2° Un élément *inconscient*, profond et d'une portée incalculable.

C'est ce qui est arrivé pour la *Réforme.*

On trouve, en elle, selon moi :

1° Un *Ultra-Théologisme*, qui a déjà péri ;

2° Un *Cryto-Civisme*, qui est immortel.

Le fond et le tréfonds de la *Réforme*, c'est la RÉ-HABILITATION *de la Société civile* incarnée et personnifiée dans l'*Etat*, — laquelle avait été DÉS-HABILITÉE par l'extrêmisme, bien explicable d'ailleurs, du *Christianisme primitf*.

Tranchons le mot, en accentuant le contraste, pour mieux nous faire comprendre :

Obscurément, sourdement, inconsciemment, la *Réforme*, c'est le parti de la *Cité* contre le parti de l'*Anti-Cité*, ou le parti de l'*Etat* contre le parti de l'*Anti-Etat*.

Après quoi se posera cette autre question.

L'*Etat*, une fois réhabilité, comment sera-t-il *gouverné* ? Par un gouvernement *aristocrati-que*, ou par un Gouvernement *populaire* ? Par un Gouvernement *électif*, ou par un Gouverne-ment *héréditaire* ?

Certes, c'est là aussi une question intéressante et même importante, mais toutefois secondaire ultérieure, subordonnée.

La *ré-habilitation* de l'*Etat* contre une *Eglise* catholique ou même simplement chrétienne qui le *dés-habilite* : voilà le combat *fondamental et primordial*.

La question de la *forme du Gouvernement*, ce n'est là qu'un combat ultérieur et addition-nel.

L'*Etat* et le *Gouvernement*, voilà les deux questions qu'il ne faut pas confondre, et que, malheureusement, on confond, en France, chez les *Catholiques*, — et même chez les *Protes-tants !*

Dans son *Calvin* en huit volumes in-quarto (dont six parus), *M. le doyen Doumergue* a dit :

Il faut bien distinguer le dogme de l'*Autono-mie de l'Etat* du dogme de la *Souveraineté du peuple*.

Et il a ajouté cette magistrale parole :

Le FONDEMENT DU MONDE MODERNE, ce n'est

pas la *Souveraineté du peuple,* mais l'*Autono-mie de l'Etat.*

Voilà l'immense erreur où sont tombés en France les catholiques, *et même,* je le répète, les *Protestants,* — contempteurs ou déserteurs de la haute et ferme doctrine de Calvin.

D'où nos meurtriers et peut-être mortels égarements !

Non, le Calvinisme n'a pas été créé et mis au monde pour mettre le Démocratisme au-dessus de tout, bien loin de là !

Quand même les huit volumes in-quarto de son *Calvin* n'auraient servi qu'à évoquer et à imposer à l'attention et à faire fulgurer *cette vérité capitale, qui peut encore aujourd'hui sauver la France en perdition,* M. le Doyen Doumergue aurait bien mérité de son pays !

Ceci posé, qu'est-ce que la *Révolution française ?*

C'est un immense effort de la France pour reprendre le mouvement de la *Réforme,* qui, au xvie *siècle,* avait réussi chez les Allemands, mais avait échoué chez les Français.

La *Révolution française,* elle aussi, est donc au fond, comme la Réforme, une *Révolution essentiellement religieuse.*

Selon moi, la *Révolution de* 89 est ou veut être un approfondissement et un accomplissement de la *Réformation.*

Or, au point de vue religieux, *la Révolution de*

89, elle aussi, a échoué !

La *Constitution civile du Clergé* a échoué.

Et, après elle, les *Cultes révolutionnaires*, également, ont échoué.

Que fait le *Directoire* ? Il *rompt avec l'Eglise* : et c'est la *Séparation* (1796).

Que fait le *Consulat* ? Il *renoue avec l'Eglise* : et c'est le *Concordat* (1801) !

Tout était donc encore une fois à recommencer ; et, en effet, soixante au quatre-vingts ans après, *la IIIe République a recommencé.*

ET AVEC RAISON, SELON MOI.

D'où les LOIS LAIQUES, — c'est-à-dire la lutte pour *l'autonomie de l'Etat en face de l'Eglise*, c'est-à-dire la lutte des partisans de *la Cité et de l'Etat* contre les partisans de *l'Anti-Cité et de l'Anti-Etat.*

Et là est, je le répète, le *Combat fondamental*, le « *grand combat des Temps modernes* ».

Premier et piteux résultat
du RALLIEMENT.

Dans ces conditions, je le demande, à quoi pouvait bien rimer la pensée « géniale » de Léon XIII, la grande pensée du *Ralliement* ?

Il faut bien l'avouer, c'était, au fond, une niaiserie.

Entre l'Eglise et la République, il ne s'agissait pas du tout d'une simple question *politique*, à savoir la forme du *Gouvernement*, — héréditaire ou électif !

Il ne s'agissait pas d'un *simple mécanisme,* il ne s'agissait pas d'une simple façade, il ne s'agissait pas d'une simple étiquette : il s'agissait d'une question de fond, d'une question à la fois organique et métaphysique, à savoir, la nature, la valeur, la destinée de la *Société civile incarnée dans l'Etat.*

Aussi, qu'est-il arrivé ?

C'est que, tous les hommes d'Etat de la III° République ont ri au nez des *Ralliés* sinon du *Rallieur* !

Second et désastreux résultat du RALLIEMENT.

Mais il est arrivé encore bien mieux, ou bien pis !

Il est arrivé quelque chose d'aussi hilarant que navrant.

Je crois l'avoir montré et démontré : Il y a *deux Laïcismes.*

Il y a un *Laïcisme de vérité et de vie,* et c'est celui qui veut *ré-habiliter* la *Société civile* incarnée dans l'*Etat.*

Et cela, c'est l'inspiration profonde de l'*Esprit moderne,* l'inspiration qui anime la *Renaissance, la Réforme et la Révolution.*

Et cela, c'est, notamment, l'inspiration *des Luther et des Calvin.*

Et cela, c'est l'inspiration de *Rousseau* et de la *Révolution française.*

Et cela, c'est aussi, en principe, l'inspiration de notre *III° République,* cette reprise de la *Ré-*

volution, qui elle-même était une reprise de la *Réforme*.

Léon XIII s'abusait donc singulièrement quand il poussait les *Catholiques* à se rallier à la *République*.

Il croyait qu'il s'agissait pour eux, tout simplement, d'accepter la *forme* sans le *fond* ; la *forme*, c'est-à-dire le *régime électif* au lieu du *régime héréditaire*.

Mais sans le *fond*, c'est-à-dire sans la doctrine de *l'autonomie de l'Etat, de la légitimité et de la sainteté de l'Etat*, — laquelle doctrine précisément constitue *le vrai et vital Laïcisme*.

Or, ce à quoi les Républicains tiennent, c'est beaucoup moins encore à la *forme* qu'au *fond* !

Ralliés et *Républicains* étaient donc, d'emblée, fort loin de compte.

Mais, je l'ai dit, ce n'est encore rien. Et nous allons voir bien mieux ou bien pis !

Les Républicains de notre *III° République*, en effet, ne s'en sont pas tenus à l'essence de la *Réforme* et de la *Révolution*, je veux dire, au *vrai et vital Laïcisme* qui RÉ-HABILITE en face de la *Religion*, la *Politique*, et, en face de l'*Eglise*, l'*Etat*, ou, pour parler comme le Moyen-Age, en face du *Pape*, l'*Empereur*.

Non, malheureusement, nos Républicains ne s'en sont pas tenus là !

Par je ne sais quelle aveugle frénésie de représailles, ils ont voulu, à leur tour, *dés-habiliter* la Religion et l'Eglise, comme pour les punir d'avoir elles-mêmes jadis plus ou moins *déshabilité* la Politique et l'Etat.

L'Eglise jadis avait *nié la Cité* pour, croyait-elle, mieux affirmer la *Divinité.*

Aujourd'hui l'*Etat* prétend *nier la Divinité* pour, croit-il, mieux *affirmer la Cité* !

Deux *excès,* ou deux *extrémismes,* à la fois inverses et équivalents !

Or c'est ici que sa place l'épisode à la fois hilarant et navrant de cette immense lutte.

Léon XIII croyait que, pour entrer dans la République, les Ralliés n'auraient qu'à accepter l'*étiquette* sans la *doctrine.*

Il aurait frémi d'horreur s'il avait pu se douter qu'on leur demanderait d'accepter *le vrai et vital Laïcisme,* à savoir, *l'autonomie de l'Etat,* « championnée » par l'*Esprit moderne* et par ses trois filles immortelles : la Renaissance, la Réforme et la Révolution.

Or les Ralliés sont si bien entrés dans la République, qu'ils ont accepté, non seulement le *Laïcisme de vérité et de vie,* mais même le *Laïcisme d'erreur et de mort !*

Et c'est cette incroyable aventure qu'enregistre pour la déplorer M. Robert Havard.

Trente ans après l'Encyclique du Ralliement, où en sont en effet les *Ralliés ?*

M. Robert Havard a ici un raccourci de génie.

« De la consigne :

« *Entrons* dans la République, pour *combattre* les mauvaises lois », on en est arrivé, dit-il, à celle-ci, qui est aux antipodes :

« *Admettons* les mauvaises lois, *pour entrer* dans la République » !

Déjà d'ailleurs, en 1873, Pontmartin l'avait péremptoirement, et, à un mot près, textuellement dit :

Dès que les *Conservateurs* approchent la République *pour transiger avec elle,* ce n'est pas elle qu'ils *assainissent,* c'est eux qu'elle... *pourrit* !

Mais le cas véritablement effarant, c'est celui de l'infortuné député Noblemaire, catholique et républicain, qui, en avril 1921, écrivait :

Il faut combattre *un double danger et un double sectarisme :*

1° *Celui de droite,* qui pourrait rêver d'on ne sait quelle *stupide revanche contre la politique de laïcité de la République*; 2° et *celui de gauche* qui voudrait déjà préparer *d'inespérés retours* à la vieille plate-forme, assez vilainement et exclusivement électorale, *de l'anti-Catholicisme.*

Et M. Robert Havard de s'émerveiller :

« Oui, *sectaires et stupides* les Catholiques qui ne s'accommodent pas du statu quo » !

C'est en effet véritablement effarant :

M. Noblemaire ne veut pas qu'on *persécute les Catholiques*; mais il entend qu'on *maintienne les lois laïques,* — lesquelles, précisément, tendent à abolir et anéantir le *Catholicisme* ; et non pas seulement le Catholicisme, mais aussi le *Christianisme* ; et non pas seulement le Christianisme, mais *toute Religion* en général !!

Pas de FORCE PUBLIQUE
sans une FOI PUBLIQUE.

D'où peut bien venir pourtant une telle erreur chez les *Catholiques* ?

D'abord *tous* les Catholiques ne donnent pas dans cette erreur : les députés ou sénateurs *d'extrême droite*, et les députés ou sénateurs *Alsaciens-Lorrains* savent s'en garder.

Soit. Mais les *transigeants*, pourquoi errent-ils ? Par ambition pure, par pur et simple appétit du pouvoir ?

Je n'en crois rien.

Ce que je crois, c'est qu'au fond ils sentent obscurément qu'il y a *quelque chose de vivace et d'indomptable* dans les revendications de l'Etat.

Mais, dans la thèse de l'*Etat*, l'*Eglise* ne sait pas faire la discrimination des deux éléments, l'élément de *vie* et l'élément de *mort*, — pas plus que ne sait la faire lui-même l'*Etat*.

L'*Eglise*, comme l'*Etat*, professe et pratique la *conjonction* des dogmes, dont je réclame la *disjonction*.

L'Etat écarte la *Religion du Salut individuel céleste*, qui le *mine*; mais il écarte aussi *la Religion du Salut collectif terrestre*, qui le *fonde* !

Et les *Conservateurs* eux-mêmes se laissent aller à accepter cette folie !

« Cela est effroyable à constater, dit M. le Chanoine Gaudeau, mais cela est... »

⁂

Oui, il est effroyable, ce glissement général à l'erreur et à la mort.

Et il faut une réaction violente pour l'arrêter.

C'est ce que, dans le présent livre, je crois avoir démontré.

Et je peux faire tenir *ma conclusion* dans un seul mot.

Peut-il exister *une Société* quelconque SANS UNE FORCE PUBLIQUE, c'est-à-dire, *sans Lois et sans Tribunaux ?*

Je ne crois pas.

Eh bien, il est cent fois plus impossible encore à une *Société* quelconque d'exister SANS UNE FOI PUBLIQUE *!*

La *Loi* n'est rien sans la *Foi* : il faut des *articles de Foi* pour soutenir les *articles de Loi*.

« Législateur, ton œuvre est un acte de foi.
« Car un dogme toujours gît au fond d'une loi ».

C'est sur la *Foi publique* que repose la *Force publique* ; et détruire la *Foi publique*, c'est scier la branche sur laquelle est assis l'*Etat*.

C'est donc *un monstrueux sophisme* que de considérer la Religion, *toute* Religion, comme relevant exclusivement du « *for intérieur* », comme constituant strictement une question « *d'ordre privé* », et comme se réduisant en fin de compte à une pure et simple fantaisie *individuelle* sans intérêt pour la *collectivité*.

Dans la RÉPUBLIQUE SUISSE l'IDÉE DE DIEU est la PIERRE ANGULAIRE DE LA CITÉ.

Mirabeau disait : *Dieu* est aussi nécessaire à la France que la *liberté*. .

Dieu, dirai-je, est aussi nécessaire, sinon plus nécessaire encore, aux *Républiques* qu'aux *Monarchies*.

La *Suisse* est bien une *République* si je ne me trompe.

Eh bien, un journal de gauche, s'il en fut, l'*Ere Nouvelle*, vient, non sans stupeur, de constater le fait suivant :

« Le Grand Conseil de Fribourg ne s'occupe pas seulement des questions terrestres qui pourraient se trouver de son ressort.

« Ainsi le prouve l'ordonnance qu'il vient de formuler :

« ... *Celui qui, publiquement, parle en termes outrageants ou offensants de la Divinité, est puni de prison* ».

« C'est net, bref, et sans merci.

« Le verbe qui promet la prison n'est pas au futur, encore moins au conditionnel.

« Pour outrages ou offenses, la prison sans jugement ».

A quoi l'*Action française* réplique admirablement :

« Voilà la *République Suisse* qui rétablit la *Loi du Sacrilège*, tant reprochée à *Charles X...*

« C'est que l'ordre social et politique est fondé sur un ordre de pensées où il faut qu'il y ait à la base un *absolu*.

« *Il faut quelque chose de sacré*, dit Joubert, et c'est une nécessité inéluctable.

« Sous quelque nom que ce soit, l'*idée de divinité est la pierre angulaire* de tout acte social.

« Qui la diminue dans l'esprit d'autrui attente à l'*ordre* dont tous sont bénéficiaires.

> *Fondement des Etats, tu fléchis, ils fléchissent ;*
> *Sève du genre humain, il tarit si tu meurs !*
> *Et tu règnes encore jusque sur la pensée*
> *Jusque dans la haine insensée*
> *De tes ingrats blasphémateurs.*

*
* *

On ne saurait y contredire :
L'*idée de Dieu* fléchit, — et la *France* chancelle !

Ou mieux encore : L'*idée de Dieu* se dessèche, — et la *Source de vie* tarit !

MES CONCLUSIONS FERMES
sur le RHIN et e CHRIST

En 1900, dans un discours célèbre prononcé à l'Université de Glasgow, *Lord Roseberry* disait en substance à l'Angleterre :

« Ah ! mais non, ce n'est pas le moment de nous coucher sur un lit d'asphodèles ! Les temps durs vont venir... Faisons plutôt comme les Allemands : quand les choses vont mal dans son pays, *l'Allemand du Nord remonte d'emblée aux premiers principes...* »

Et pour nous aussi, Français, elle est venue, l'heure des grandes épreuves. Il nous faut donc remonter à nos origines, prendre conscience de nos nécessités profondes, et ramasser nos forces pour le suprême *élan vital.*

Or, disais-je, dans ma Préface, à l'heure qu'il est, ce qui manque le plus à la France précisément, c'est *l'élan vital.*

Et pourquoi ?

Parce que « *là où il n'y a nulle vision, le peuple périt* ».

Et, en France, précisément, il n'y a plus nulle vision ! Et c'est pourquoi la France périt.

Vous avez enlevé à la France son *Histoire* et

sa *Religion*, ses *racines en Terre* et sa *vision du Ciel*.

Comment pourrait-elle ne pas languir et mourir ?

Rendez donc à la France, d'une part, *l'amour et l'orgueil de son passé*, et rendez-lui, d'autre part, *sa croyance en Dieu*, c'est-à-dire en un *Gouvernement de l'Univers*, — et vous lui aurez, d'emblée, rendu *la foi en sa destinée*.

*
* *

Et c'est pourquoi je me suis risqué à esquisser notre millénaire *Drame du Rhin* et notre bi-millénaire *Drame du Christ*.

Et c'est pourquoi, par une simplification héroïque, je me suis risqué à condenser les vingt-cinq siècles d'*Histoire externe et interne* de la France en *quatre couples d'immenses et pathétiques événements*, à savoir :

1° Les *deux grands dé-membrements* et les *deux grands re-membrements* de son *Corps* ;

2.° Les *deux grands dé-racinements* et les *deux grands ré-enracinements* de son *Ame*.

En ce moment même, le *second* de ces deux re-membrements et le *second* de ces deux ré-enracinements sont en cours : c'est même l'heure décisive, l'heure aiguë.

Et c'est ce qui s'appelle, d'une part, l'occupation *ou* l'évacuation de la *Ruhr*, et, d'autre part, le maintien *ou* la rectification du *Laïcisme*.

Or, de part et d'autre, les deux opérations menacent de prendre une mauvaise tournure.

*Maintenir la Ruhr et lâcher l'Athéisme, c'est
la vie.*

*Maintenir l'Athéisme et lâcher la Ruhr, c'est
la mort.*

Encore une fois, l'heure est *critique, ultra-cri-
tique.*

Et je me sens en conscience obligé de dire :
La France est en danger, — sinon en perdition !

LE DRAME DU RHIN
TROIS DERNIÈRES précisions

J'ai assez largement exposé ces problèmes, au
cours du présent livre. Je n'ai plus qu'à fournir
ici les dernières précisions.

On me dira :

Le *Rhin* ! Eh quoi ! vous voulez *modifier le
Statut du Rhin* !

Et on me jettera à la face l'éternelle accusa-
tion d'*Impérialisme.*

La plupart de ceux qui nous lancent cette accu-
sation savent bien à quoi s'en tenir : ils n'y
croient pas eux-mêmes ; ce sont des aigrefins.

Mais, pour ceux qui seraient sincères, je
réponds ce qui suit :

La France, disais-je, depuis mille ans, aspire à
récupérer *la pleine stature de son Corps*, et c'est
le problème du Rhin.

Et la France, depuis deux mille ans, aspire à

récupérer *la pleine envergure de son Ame,* et c'est *le problème du Christ.*

Parlons d'abord du premier de ces deux problèmes : j'ai trois précisions à fournir.

1° La France, disais-je encore, n'est pas un *annelé* : la France est un *vertébré.* Elle n'aspire donc qu'à la plénitude de son *contour,* c'est-à-dire, précisément, à sa *limite.*

Et c'est pourquoi l'*illimité* et le *démesuré,* le *Gigantisme* et l'*Impérialisme* sont précisément contraires à sa nature, — par définition.

2° Mais le formidable coup de hache qui l'a pourfendue de haut en bas, à l'Est, a presque détaché du tronc son épaule gauche, a entr'ouvert son buste, et mis à nu son cœur.

Peut-elle *vivre,* en restant dans un pareil état ? Evidemment non. Evidemment il faut que, de façon ou d'autre, l'horrible blessure soit refermée.

Traduction : par *annexion* ou par *désannexion,* il faut que soit modifié et régularisé le *Statut du Rhin.*

3° Mais on connaît le mot de Palmerston.

A un solliciteur qui lui disait : « Il faut bien que je vive ! » le célèbre ministre anglais répliquait froidement : « Je n'en vois pas la nécessité. »

N'en dira-t-on pas autant à la France ?

Il se peut. Mais ici aussi j'ai de quoi répondre aux Nations. Et je leur réponds en effet simplement ceci :

Vous ne tenez pas *à la vie de la France,* soit. Mais *ne tenez-vous pas à la vôtre* ?

Si oui, *tâchez donc que la France vive* !

Et, en effet, comme j'ai osé catégoriquement l'affirmer : SI LA PRUSSE RESTE SUR LE RHIN, LA FRANCE SERA ANNEXÉE.

Et, une fois la *France* ôtée, l'*Allemagne* sera *maîtresse* de l'Europe.

Et qu'en sera-t-il alors des *Latins* et des *Slaves* et des *Anglo-Saxons* ?

Et une fois l'Allemagne maîtresse de l'*Europe*, qu'en sera-t-il de l'*Asie* et de l'*Amérique*, c'est-à-dire du *Japon* et des *Etats-Unis* ?

J'ai naguère publié des textes montrant que, vers 1840, déjà, l'*Allemagne* élaborait des plans pour assaillir les *Etats-Unis*, remonter ses fleuves, et soumettre ses grandes villes à de durs tributs !

Tranchons le mot : *la Planète marche vers l'Unité*.

Mais *quelle Unité* ? Il y en a *deux*.

Si vous conservez les *Elites* qui *animent* et *personnifient* les *Nations*, vous ferez de l'*Humanité* un *élastique édifice de distinctes et vivaces Patries*.

Si vous broyez les *Elites*, vous ferez de l'Humanité un *informe magma de multitudes anonymes*, vouées à toutes les servitudes et à toutes les décrépitudes.

Et alors que deviendra la riche diversité du genre humain ? Que deviendra « *la somptueuse variété du monde* », pour parler comme Garcia Calderon ?

LE DRAME DU CHRIST
Les TROIS ACTES qui s'imposent d'urgence au Gouvernement français

Du *Rhin*, venons au *Christ* et, de l'évacuation ou non évacuation de la *Ruhr*, au maintien ou non maintien du *Laïcisme athée.*

L'aveugle et totale évacuation de la Ruhr et de la Rhénanie, sans un nouveau *Statut du Rhin*, c'est, pour la France, le *Suicide physique.*

L'aveugle et total maintien du *Laïcisme*, sans *la disjonction des Dogmes, c'est-à-dire sans distinction des deux Religions* (la Religion publique et la Religion privée), c'est, pour la France, le *Suicide métaphysique.*

Pour conjurer *le premier* de ces deux Suicides, j'ai apporté trois dernières précisions.

Voici aussi trois dernières précisions pour le *second.*

Que faire ? me dira-t-on.

Je réponds : *Trois actes* s'imposent au Gouvernement français.

Premier Acte

Il faut que le Gouvernement français inscrive le mot *Dieu* en tête de la *Constitution.*

La loi de Séparation de 1905 comporte six Titres. Et l'article second du premier Titre est ainsi conçu :

« La République française ne reconnaît... aucun culte. »

C'est le contraire qu'il faut dire. En tête de la Loi, ou, mieux encore, en tête de la Constitution, il faut déclarer :

La République française reconnaît *l'Existence de Dieu,* c'est-à-dire d'*un Gouvernement de l'Univers.*

Deuxième Acte

Il faut que le Gouvernement français organise dans ses Écoles un *solide Enseignement religieux.*

Et cela, non pas seulement dans ses *Ecoles primaires,* mais aussi dans ses *Ecoles secondaires* (lycées et collèges), c'est-à-dire, non pas seulement pour les *cinq millions d'enfants du Peuple,* mais aussi pour les *deux cent mille enfants de la Bourgeoisie.*

Je dis bien ce que je veux dire :

Non pas seulement pour le *Peuple,* mais aussi et *surtout,* certes, pour la *Bourgeoisie* !

Car, c'est une stupide et ignoble parole que celle qui consiste à dire dédaigneusement : Il faut un Dieu pour le Peuple !

Voyez plutôt :

L'Etat est en voie de se *re-diviniser* ; et c'est là le sens profond de l'Évolution des Temps modernes.

Lentement, l'Etat redevient le « *lieutenant* » *de Dieu* sur la Terre.

Et, de plus en plus, l'*Elite* des esprits et des cœurs est sommée de renoncer à cette fondamentale « *Emigration à l'intérieur* » qu'était l'extrémiste *Christianisme primitif*, et de se vouer au contraire aux *fonctions publiques, et de constituer* ainsi expressément le *personnel de l'Etat redivinisé*.

N'est-ce pas dire que c'est surtout l'*Elite* qui doit confesser *Dieu* !

Quel ravage pourtant que celui qui a été systématiquement organisé dans la Conscience française, depuis deux ou trois cents ans !

C'est l'*aristocratie* d'abord qui a été rendue *incroyante* : je ne dis pas *incrédule*, je dis, hélas ! *incroyante*.

Et cela, déjà, avec les « *Libertins* » du dix-septième siècle, mais surtout au xviii° siècle.

Puis est venu le tour de la *Bourgeoisie*.

Et enfin le tour du *Peuple*, du Peuple des villes et des champs.

Et ainsi la France a été creusée et évidée, comme un vieux saule qui ne tient plus debout que par son écorce, et qu'un coup ou un choc abat.

Mais la France enfin a senti le danger.

Et c'est pourquoi elle cherche à retrouver *les saines et solides croyances fondamentales* qui sont les conditions nécessaires de la vie des Nations.

Et, comme je l'ai expliqué dans la seconde partie du présent livre, ces *saines et solides croyances fondamentales* sont les mêmes, AU FOND, pour tous les temps et pour tous les pays.

Oui, les mêmes, au fond, pour la *France de Rousseau et de la Révolution* que pour la *France du Moyen Age et de Saint-Louis*, et que pour la *Gaule de Vercingétorix* !

Troisième Acte

Il faut enfin que le Gouvernement français se décide, un prochain jour, à reconnaître la vérité profonde du mot de *Rivarol* :

Entre l'Eglise et l'Etat, il y a un Contrat éternel.

Oui, un Contrat *virtuel*, qu'il faut rendre *effectif* ; oui, un Contrat *invisible*, qu'il faut rendre *visible*.

J'en conviens d'ailleurs :

Pour que l'*Etat français* puisse en venir là, il faut attendre *une mise au point* de la doctrine de l'*Eglise romaine*.

Et cette *mise au point*, c'est ce que j'appelle moi-même tout simplement : *une Révolution métaphysique dans nos conceptions de l'Ame et de Dieu.*

Mais déjà cette *Révolution* est très profondément, quoique inconsciemment, préparée dans les esprits et dans les cœurs.

Je l'ai dit à plusieurs reprises, puisque c'est là mon leit-motiv : cette *Révolution* est *latente* dans la *Philosophie du dix-huitième siècle*, et *sous-jacente* à la *Révolution française*.

Il ne reste donc qu'à *l'articuler.*

Et c'est pourquoi je me risquerai à l'esquisser dans mon prochain livre.

*
* *

Eh bien . donc, en attendant cette *Métamorphose de l'Eglise,* l'Etat français peut . vouloir maintenir la *Séparation* de l'Eglise et de l'Etat, votée en 1905, comme pleine et entière répudiation *du Concordat* de 1801.

Soit, et il n'y a point à cela d'objection absolue.

Mais à une condition pourtant, à une expresse condition :

Il faut que le Gouvernement français se déclare résolu à concevoir et à pratiquer cette *Loi de Séparation* dans un esprit absolument *nouveau,* disons mieux, dans un *esprit inverse* de celui dans lequel elle a été élaborée et votée, — à savoir, dans un esprit *de respectueuse bienveillance pour l'Eglise,* de la part de l'Etat.

C'est dans cet esprit de *respectueuse bienveillance* pour l'Eglise que fonctionne la *Séparation,* récemment votée en Allemagne ; et qu'a toujours fonctionné la *Séparation.* aux *Etats-Unis.*

En France, dirais-je, c'est une *Séparation de haine* : en Allemagne et aux Etats-Unis, c'est une *Séparation d'amour.*

*
* *

Tels sont, à mon sens, les *trois actes* qui s'imposent, d'urgence, au Gouvernement français.

*
* *

Par où commencer ? Et comment s'y prendre ?
Je reprends ces *trois actes,* en remontant.

D'abord le TROISIÈME acte :
LA SÉPARATION DE L'ÉGLISE ET DE L'ÉTAT

D'abord, la *Séparation,* à pratiquer avec une *respectueuse bienveillance.*

Cela peut se faire *tout de suite.*

Et, à lui seul, ce simple changement d'attitude, peut déjà constituer un immense bienfait.

Pour faire toucher du doigt cette amélioration presque instantanément possible, voici un document qui me paraît décisif.

Après la *Séparation,* en 1905, le *Figaro* avait chargé *M. Henri Charriaut* d'une *Enquête sur l'avenir des Eglises.*

Et cette Enquête a été publiée en un volume in-18 de 320 pages chez *Félix Alcan,* également en 1905.

L'enquêteur a consulté :

une *quarantaine* de laïques, hommes de pensée ou hommes d'Etat ;

une *trentaine* de prélats ou d'abbés catholiques ;

une *douzaine* de pasteurs protestants ;

et *deux* Grands Rabbins.

Il a donc étudié la *thèse séparatiste* et la *thèse concordataire,* soit chez les *clercs,* soit chez les *laïcs.*

Au total, *huit chapitres* d'enquête, plus un *neuvième* chapitre pour l'*historique* de la rupture avec le Vatican.

Un des *huit* chapitres m'est spécialement consacré, sous ce titre :

« L'exemple des *Etats-Unis*. — L'opinion de M. Jean Izoulet. »

Ce qui signifie sans doute que *l'exemple des Etats-Unis* a paru alors à l'Enquêteur bien peu connu et pourtant bien digne de l'être.

Vingt ans après, n'en serait-il pas encore ainsi ?

A tout hasard, je demande la permission de rappeler ici mon interview du *Figaro* en 1905.

LA SÉPARATION DE L'ÉGLISE ET DE L'ÉTAT
en FRANCE et en AMÉRIQUE
ou SÉPARATION DE HAINE et SÉPARATION D'AMOUR

Beaucoup vont disant : pourquoi n'aurions-nous pas la *séparation comme en Amérique,* où tout le monde, individu et Etat, s'en trouve si bien ?

Je réponds : parce que non seulement *l'individu,* en France et *l'individu* en Amérique, mais encore *l'Etat* en France et *l'Etat* en Amérique, sont de nature profondément différente, sinon radicalement inverse.

L'INDIVIDU en Amérique et en France :
QUADRUPLE DIFFÉRENCE

1° En Amérique, l'individu a *le sens religieux* ; la religion est un facteur positif de sa vie privée ou sociale ;

2° En Amérique, l'individu a *le sens de la liberté* ; j'entends le respect des opinions d'autrui ;

3° En Amérique, l'individu a *le sens de-l'initiative personnelle*, rapide et hardie, aussi bien que soutenue et tenace ;

4° En Amérique, l'individu a *le sens de l'association*, de la coopération, de la collaboration, en un mot de l'activité et de la discipline collectives.

Sens religieux, sens de la liberté, sens de l'initiative, sens de l'association : tout cela existe-t-il en ce moment en France au même degré ?

Il serait cruel d'insister.

Par conséquent, si le budget des cultes était brusquement supprimé en France et que les catholiques français fussent entièrement livrés à eux-mêmes, je crois qu'ils seraient bien déconcertés.

En Amérique, l'ÉTAT est officiellement
NEUTRE,
mais officieusement SPIRITUALISTE,
et même RELIGIEUX, et même CHRÉTIEN

Consultons sur l'Etat américain l'homme qui fait le plus autorité, *M. James Bryce*, professeur à Oxford, membre du Parlement, ancien sous-secrétaire d'Etat de Gladstone.

Toute la politique religieuse des Etats-Unis, on le sait, tient en deux lignes, à savoir, l'Amendement I, de l'article VI, de la Constitution Fédérale :

« Amendement I : Le Congrès ne pourra faire aucune loi concernant l'établissement d'une religion ou en prohibant le libre exercice. »

C'est tout. Telle est la *lettre* de la Constitution.

Maintenant, voyons l'*esprit*.

Voici ce que dit M. James Bryce :

« Le refus du pouvoir civil de protéger ou de subventionner aucune forme de religion est communément représenté en Europe comme équivalant à une déclaration de *méprisante indifférence* de la part de l'Etat, quant aux intérêts spirituels de son peuple.

» Un Etat qui ne reconnaît aucune Eglise est appelé un *Etat sans Dieu* ; le désétablissement d'une Eglise est décrit comme un acte d'*impiété nationale*.

» *Or, rien ne peut être plus éloigné de la manière de voir américaine.* »

Qu'est-ce à dire ? Ecoutons Bryce :

« Le Gouvernement national et les Gouvernements d'Etat accordent au *Christianisme* une espèce de *reconnaissance* incompatible avec l'opinion que le gouvernement civil devrait être absolument *neutre* en matière religieuse. »

Et, bref, l'Etat américain, officiellement *neutre,*

est officieusement, non pas seulement *spiritua-liste*, non pas seulement *religieux*, mais bel et bien *chrétien*.

Pour le prouver, les faits sont nombreux et décisifs.

**L'ÉTAT américain et l'ÉTAT français
ou
la sinistre équivoque du mot NEUTRALITÉ :
1° La Neutralité respectueuse ENTRE LES DIVERSES RELIGIONS est une VERTU ;
2° La cynique Neutralité ENTRE LA RELI-GION ET L'IRRELIGION est un CRIME.**

En Amérique, dites-vous, l'Etat est *neutre*. A la bonne heure. Mais de *quelle neutralité* parlez-vous ? Il y en a plusieurs, il y en a beaucoup, — trois au moins, peut-être cinq.

1° Il y a d'abord *la neutralité confessionnelle*, c'est-à-dire la neutralité entre *les diverses confessions de la religion chrétienne* (latine ou gréco-slave ou anglicane, luthérienne ou calvinienne, méthodiste ou baptiste, etc., etc.).

Et c'est essentiellement celle que professe l'Etat américain.

'2° Il y a ensuite *la neutralité religieuse*, c'est-à-dire entre les diverses religions terrestres, environ un millier : la *chrétienne* et toutes les *païennes* (Bouddhisme, Islamisme, Confucianisme, etc., etc.).

Et c'est celle que pourrait accepter encore l'Etat américain.

3° Mais il y a enfin *la neutralité philosophique,* c'est-à-dire entre les deux grands courants philosophiques (spiritualisme théiste, ou matérialisme athée).

Et c'est celle qu'ignore ou que rejette totalement l'Etat américain.

Or, n'est-ce pas précisément cette dernière, n'est-ce pas la parfaite *indifférence* entre le théisme et l'athéisme, que dis-je ? n'est-ce pas la *préférence décidée pour l'athéisme,* que, de plus en plus, semble tendre à professer l'Etat français ?

Et, dans ces conditions, même si l'*individu,* en France, possédait à un haut degré, comme l'individu, en Amérique, le sens religieux et le sens de la liberté, le sens de l'initiative et le sens de l'association, — même dans ce cas, ne risquerait-il pas d'être paralysé par un Etat hostile, par un *Etat athée,* armé d'un appareil gouvernemental écrasant et d'une toute-puissance absolue ?

On l'entrevoit donc, *la comparaison entre la France et l'Amérique* est véritablement *insensée,* car l'individu et l'Etat américains sont radicalement différents de l'individu et de l'Etat français.

Mais, en matière de si haute importance, il ne suffit pas d'entrevoir. Il faut voir.

En Amérique,
LA RELIGION EST PARTOUT :
dans le GOUVERNEMENT
et dans le PARLEMENT,
dans l'ARMÉE et dans la MARINE,
à l'ÉCOLE et chez le FISC

1° S'agit-il *du Gouvernement et du Parlement?*

« Chaque Chambre du *Congrès* a un *chapelain*, et, chaque jour, ouvre ses travaux par des prières.

» Chaque année, le *Président*, à la fin des moissons, publie une proclamation ordonnant des *actions de grâces* générales, et parfois désigne un jour *de jeûne et d'humiliation.*

» De même, des prières sont dites dans les *Législatures d'Etat,* et les *Gouverneurs d'Etat* publient des proclamations établissant des *jours d'observance religieuse.*

» Dans la crise de la guerre civile (juillet 1863), le *Congrès* requit le *Président* de désigner un *jour pour l'humiliation et la prière...* »

2° S'agit-il *de l'Armée et de la Marine* ?

« Dans l'*Armée* et dans la *Marine,* il est pourvu aux *services religieux,* dirigés par des *chapelains* de diverses confessions, et il ne semble pas qu'il se soit trouvé aucunes difficultés pour concilier leurs prétentions. »

3° *S'agit-il de l'Ecole* ?

« La *Bible* est (dans la plupart des Etats) lue dans les *écoles publiques subventionnées par* l'Etat ; et, quoique des controverses se soient élevées sur ce sujet, la pratique est évidemment en accord avec le sentiment général du peuple. »

4° *S'agit-il du Fisc* ?

« Les *corps religieux* sont à tel point l'objet d'une faveur spéciale, que *leur propriété*, dans la plupart des Etats, est *exempte de taxes* ; et ceci en vertu de l'argument qu'elles rendent des services, en tant qu'*agences morales*, et diminuent les dépenses encourues pour l'administration de la police.»

On est donc loin en Amérique soit de l'INDIFFÉRENCE RELIGIEUSE, soit surtout de l'ANIMOSITÉ ANTI-RELIGIEUSE

Ainsi, *chapelains et prières*, dans les Chambres' législatives ; *jours d'observance religieuse* édictés par le Pouvoir exécutif ; *services religieux* dans l'Armée et dans la Marine; *Bible* lue dans les écoles publiques ; biens d'église *exempts d'impôts*; sans parler des lois prohibitives du *blasphème et du travail dominical* ; nous voilà loin de l'INDIFFÉRENCE RELIGIEUSE, et surtout de l'ANIMOSITÉ IRRÉLIGIEUSE, plus ou moins ouvertement ou secrètement impliquées en France, dans l'équivoque mot de « neutralité ».

En Amérique, les Eglises sont AUSSI POPULAIRES qu'aucune des autres Institutions

En Amérique, ajoute-t-on :

« Tout peut se résumer en disant que le *Christianisme* est, en fait, considéré comme étant, sinon la religion légalement établie, du moins *la religion nationale...* »

Bien plus :

« Les Américains estiment que *l'acceptation générale du Christianisme* est *l'une des principales sources de leur prospérité nationale*, et que leur nation est *l'objet spécial de la faveur divine.* »

D'où ce résultat :

« *Nul parti politique,* nulle classe de la communauté n'a *aucune hostilité,* soit contre le christianisme, soit contre aucune corporation chrétienne particulière.

» Les *Eglises* sont aussi *parfaitement populaires,* dans le meilleur sens du mot, qu'aucune des autres institutions du pays. »

En résumé, en Amérique, l'*Individu et l'Etat sont également favorables à l'idée religieuse.*

. Les situations, en France et en Amérique, sont donc nettement différentes sinon *inverses.*

Que ne puis-je exposer ici comment, selon James Bryce (un *libéral* en philosophie et en politique !), *la religion et le patriotisme sont plus spécialement nécessaires en démocratie !*

*
* *

Ainsi parlais-je en 1905.

Ce langage ne mérite-t-il pas d'être écouté en 1924 ou 1925 ?

*
* *

Et voilà pour le *troisième* des *Trois actes,* qui me paraissent s'imposer, d'urgence, au Gouvernement français.

C'est celui dont l'application pourrait être la plus facile et la plus rapide.

Je n'ai plus que quelques mots à dire pour le *second* de ces *Trois actes* et pour le *premier*.

Ensuite, le SECOND Acte :

Le futur ENSEIGNEMENT RELIGIEUX dans les ÉCOLES PRIMAIRES et dans les COLLÈGES et LYCÉES

Pour le *second* de ces *Trois actes*, à savoir, l'*Enseignement religieux* à organiser *solidement* dans les *Ecoles primaires*, et même et surtout dans l'*Enseignement secondaire, Collèges et Lycées*, il faut que *l'Elite pensante de la Nation* soit saisie d'une *doctrine* qu'elle puisse étudier, discuter, rectifier, compléter, et, en un mot, mettre au point.

Et c'est pourquoi, dans mon prochain livre, je me risquerai, en effet, à esquisser une doctrine, dont une réfutation violente, au besoin, ne sera pas moins utile au progrès des idées que ne pourrait l'être une approbation fervente ou une adhésion passionnée.

Enfin le PREMIER Acte :

LA RENTRÉE DE DIEU DANS L'ÉTAT

Enfin, pour ce qui est du *premier* des *Trois actes*, à savoir, l'inscription du mot *Dieu* en tête de la *Loi*, ou, mieux encore, en tête de la *Constitution*, qui ne sent qu'un tel geste est d'une importance suprême ?

Après quinze ou vingt siècles, *la grandeur et la chute de l'Empire romain* remplissent encore la mémoire et l'imagination des hommes d'Occident.

Or, quand donc *Rome* est-elle *tombée* ?

Tout le monde répond : Au cinquième siècle après Jésus-Christ, quand elle a été envahie par les *Barbares*.

Quelle erreur !

Rome est tombée — virtuellement — cinq cents ans plus tôt.

Rome est tombée le jour où, au Sénat, *Jules César* osa prononcer ces paroles désinvoltes et sinistres, qui m'ont véritablement « sidéré » dans mon adolescence, sur les bancs du lycée :

« *Si sunt dii, ut perhibent...* »

« *Ut perhibent* » !

« S'il y a des dieux, *comme on le dit, comme on le prétend, comme on le raconte...* » !

Je n'en croyais pas mes yeux, ni mes oreilles.

« *Ut perhibent* » !

Voilà le mot fatal ! Voilà le premier glas de l'Empire romain !

Puisse un tel glas jamais ne sonner pour la France !

Car, *il—n'a—pas—sonné...*

Par sa naissance et par ses dons, par son sang héréditaire et par sa supériorité capacitaire, ou,

en deux mots, par son *patriciat* et par son *génie*,
Jules César INCARNAIT *Rome* pleinement et l'enga-
geait absolument.

Au contraire, les hommes, si distingués ou éminents par ailleurs, qui ont élaboré ou appliqué
nos *lois laïques*, n'incarnaient pas la France au
même degré et ne l'engageaient pas aussi à fond.

Non, veux-je dire, ils n'incarnaient pas souverainement l'âme profonde de la vieille France,
l'âme *héroïque et religieuse* de l'éternelle France!

Non, *le pays de Rousseau et de Saint-Louis et
de Vercingétorix*, non, non, la *Gaule-France* n'a
pas renié Dieu !

APPEL

d'un Philosophe catholique aux douze cents Pasteurs de Paris et de France

L'ERREUR FATALE DES PROTESTANTS
sous la IIIᵉ République,
D'APRÈS UN ÉCRIVAIN PROTESTANT,
et
LE REDRESSEMENT POSSIBLE DE L'ERREUR.

Messieurs et honorés Pasteurs de Paris et de France,

L'heure est si grave pour la France et pour l'Europe que c'est à vous-mêmes et à votre noble corporation que je demande la permission de m'adresser :

1° pour vous présenter en profondeur l'*erreur fatale* qu'avec une courageuse tristesse l'un des vôtres a osé imputer au Protestantisme français, à savoir, *la déviation du Laïcisme* ;

2° et pour vous adjurer d'entreprendre, d'urgence, *le nécessaire redressement religieux,* — pour le *Salut français*, et pour le *Salut européen*, inséparable du *Salut français*.

Veuillez, Messieurs et honorés Pasteurs, agréer la respectueuse expression de ma pleine confiance spontanée et de mon infinie reconnaissance anticipée.

Jean Izoulet,
Professeur de Philosophie sociale
au Collège de France.

La France toute démantelée de convictions, sinon d'institutions.

Jamais peut-être, sourdement, la France n'a été plus menacée d'invasions et de révolutions ; et jamais peut-être, sourdement, la France n'a été plus démantelée de convictions et d'institutions.

C'est en France surtout qu'on s'est acharné à desceller les pierres du *foyer familial*, en déchaînant, hypocritement ou cyniquement, *la guerre des sexes*, la guerre de l'homme et de la femme (adultère, divorce, union libre, mâlthusianisme, célibat).

C'est en France surtout qu'on s'est acharné à desceller les pierres de *l'atelier social*, en déchaînant, ouverte ou masquée, *la guerre des classes*, la guerre du patron et de l'ouvrier (grève brutale ou grève perlée).

C'est en France surtout qu'on s'est acharné à desceller les pierres de *l'édifice national*, en déchaînant *la guerre des générations*, la guerre du passé et du présent, la haine ou le mépris des aïeux par la postérité.

C'est en France surtout qu'on s'est acharné à desceller les pierres du *temple mondial*, en déchaînant *la guerre des Esprits*, la guerre de l'homme et de Dieu !

Par où commencer l'œuvre de re-construction ?.

Comment arrêter l'œuvre des agents *destructifs* ?

Et par où doivent rentrer en scène « les grands hommes d'État *constructifs* » ?

C'est par la *religion* qu'il faut commencer.

Car c'est la foi ou la loi *métaphysique* qui commande la foi ou la loi *politique,* qui, à son tour, commande la foi ou la loi *économique,* lesquelles toutes ensemble commandent la foi ou la loi *domestique.*

C'est le *temple mondial* qu'il faut relever d'abord, pour relever ensuite successivement ou simultanément :

    l'*édifice national,*

    l'*atelier social,*

    le *foyer familial.*

Et c'est pourquoi, Messieurs, je vous demande la permission de m'adresser à vous, de vous prendre pour arbitres dans l'incoercible et, semble-t-il, irréductible conflit qui, depuis si longtemps, met aux prises les deux moitiés de la France, à savoir, les *Athées* et les *Cléricaux.*

La FOI RELIGIEUSE est l'arme suprême dans la CONCURRENCE VITALE DES PEUPLES ou des individus.

La *foi religieuse* est le ressort vital des individus et des peuples.

Pourquoi ?

Parce que, je l'ai dit, si l'Humanité croit se sentir vivre dans un Univers *consubstantiel* à elle, c'est-à-dire pénétré de raison et de justice, elle est pleine de confiance, elle a le cœur dilaté, elle respire à pleins-poumons.

Si, au contraire, l'Humanité croit se sentir vivre dans un Univers *étranger* à elle, dans un

Univers de forces aveugles et brutales, dans un Univers sans entrailles, dans un Univers sourd et muet, elle a le cœur serré, et sombre lentement dans le désespoir.

La *foi religieuse* est un *principe de vie* ; et l'*athéisme* un *principe de mort*.

D'autre part, les mille religions de la terre sont plus ou moins parfaites ou imparfaites.

Le degré de vérité de la religion d'un peuple est la mesure de sa vitalité et de sa force.

Et c'est pourquoi la concurrence des races et des nations, qui paraît n'être qu'*une lutte politique et économique*, est, au fond, essentiellement, *une lutte morale et religieuse*.

Et la race qui a le plus profondément compris *Dieu*, c'est-à-dire *le gouvernement de l'Univers*, et qui, par conséquent, a *la plus vraie religion*, est précisément celle qui a *la plus saine morale*, et *la plus saine politique*, c'est-à-dire celle qui a le plus de chances de survie dans l'implacable lutte des races pour la vie.

I

La France divisée en
CATHOLIQUES ET PROTESTANTS ;
et les Catholiques subdivisés en...
CLÉRICAUX ET ATHÉES.

Ceci posé, considérons la France.

La France est composée d'une *petite minorité* de Protestants et d'une *grande majorité* de Catholiques.

Qu'est-ce que les Protestants ?

C'est le petit groupe de Français qui, au péril de leur vie et de leurs biens, se sont héroïquement efforcés de s'élever de la *religion catholique,* considérée par eux comme inférieure, à une *religion réformée,* considérée par eux comme supérieure.

Qu'est-ce que les Catholiques ?

C'est la grande masse des Français, qui s'est elle-même subdivisée en deux parties :

Une majorité, qui est restée attachée au catholicisme irréformé, ou « *cléricalisme* » ;

Et une minorité, qui s'est précipitée de la *religion* dans *l'irréligion,* ou, de la *foi* dans *l'athéisme,* — en s'efforçant frénétiquement d'y précipiter aussi la majorité.

Combien diversement, mais également douloureux, ces deux spectacles !

Le scandale des scandales : Les PROTESTANTS FRANÇAIS alliés des ATHÉES.

Mais voici encore bien pis ! Voici *le scandale des scandales* !

En présence de ces deux camps ennemis dans la majorité catholique de la nation, en présence des *cléricaux* et des *athées,* qu'ont fait les Protestants ?

Ils ont laissé une poignée d'égarés prendre énergiquement parti pour les *athées,* et décider la victoire en faveur des *athées* !

Mesure-t-on bien la profondeur et la portée d'un tel scandale :

L'Ecole sans Dieu !

Et l'Etat sans Dieu !

C'est *la France protestante*, c'est-à-dire celle qui elle-même a tout fait et tout risqué pour s'élancer d'*une religion considérée par elle comme inférieure* à une *religion tenue pour supérieure*, ce qui est la voie du progrès et du salut ; c'est, dis-je, cette même *France protestante* qui a laissé précipiter *la France catholique* de la *religion* dans *l'irréligion*, ou de la *foi* dans l'*athéisme*, et, par conséquent, *dans la démagogie et dans l'anarchie*, ce qui est la voie même de la décadence et de la mort !

Qu'augurer de là ?

Il n'en faut pas douter : si *la France catholique* n'arrive pas à se ressaisir, elle périra !

Et que dira l'avenir ?

L'avenir dira :

La *France catholique* a été poussée à l'abîme sous les yeux de la *France protestante* !

La France a été *suicidée* par un groupe de ses enfants, sans un geste des *Protestants* !

L'ERREUR FATALE
du PROTESTANTISME FRANÇAIS
et l'écrasant réquisitoire
d'un ÉCRIVAIN PROTESTANT.

Est-ce moi qui parle ainsi ? Moi, catholique de naissance, et « libre penseur religieux » de vocation et de profession ?

Nullement. Ce n'est pas un catholique, ici, pas même un simple catholique de naissance, qui parle ainsi ; c'est un protestant authentique, et même fils de pasteur, si je ne me trompe, et, au surplus, ancien élève de l'Ecole Normale Supérieur, et Agrégé de Philosophie, à savoir, M. René Gillouin, dont un récent livre, « *Une nouvelle philosophie de l'Histoire* », contient, à la page 256, une grande note de trente-trois lignes, où, sous la forme d'une simple remarque, l'auteur condense, en quatre paragraphes, *toute une vue d'ensemble sur le Protestantiste français* :

« *Protestant d'origine,* dit M. René Gillouin, qu'on nous permette de placer ici une REMARQUE touchant l'attitude politique du *Protestantisme français contemporain.* »

Et c'est cette prétendue *simple remarque,* en trente-trois lignes, que nous allons voir se décomposer en quatre articles d'un *écrasant réquisitoire* que voici :

1° Que fût-il advenu si, *au seizième siècle,* la France entière s'était faite *protestante* ?

Réponse :

« Si la France, à l'époque de la Réforme, fût devenue en majorité ou en totalité *protestante,* elle eût évolué vers une forme de démocratie différente de celle que nous voyons se réaliser sous nos yeux, vers ce que nous avons appelé *une aristo-démocratie.* »

2° Que fût-il advenu si, *au dix-septième siècle,* Louis XIV n'eût pas *révoqué l'Edit de Nantes* ?

Réponse :

31

« Le Protestantisme, en France, étant demeuré une minorité, il eût encore suffi, à notre avis, que Louis XIV évitât l'insigne folie de la *Révocation de l'Edit de Nantes* pour que la *Révolution Rousseauiste* fût épargnée à la monarchie... » [1]

3° Qu'aurait dû faire le *Protestantisme français contemporain ?*

Réponse :

« Le *Protestantisme français contemporain* eût dû, selon nous, se resserrer sur lui-même, au lieu de se diluer et de se perdre dans la nation, sans profit pour lui ni pour personne ; — et, appuyé sur ses traditions propres, ayant, sur les divers problèmes de la vie nationale, ses vues et ses solutions propres, se constituer une *idéologie politique indépendante* qui lui eût permis de déterminer très exactement dans chaque cas les limites de son concours et les directives de son action. »

4° Qu'a fait le *Protestantisme français contemporain ?*

Réponse :

« Nous estimons que *nos coreligionnaires, dans leur ensemble,* ont commis PLUS QU'UNE IMPRUDENCE... en répondant sans restrictions d'aucune sorte aux avances dont ils ont été l'objet de la part des fondateurs de *la Troisième République,* et en paraissant considérer comme un triomphe personnel l'avènement d'*une démocratie de type Rousseauiste, optimiste et égalitaire.*

» Nous estimons que *certains d'entre eux,* arrivés aux premiers rôles de la politique, ont commis PLUS QU'UNE FAUTE, en couvrant de leur autorité intellectuelle et morale LES CHIMÈRES, LES VIOLENCES ET LES EXCÈS DU PSEUDO-RATIONALISME JACOBIN, NOTAMMENT EN MATIÈRE D'ÉDUCATION. »

Le « FINIS GALLIÆ ! »
ou comment conjurer
le VERDICT DE L'HISTOIRE ?

Telle est la « remarque » de M. René Gillouin !

Tels sont les quatre articles de son écrasant réquisitoire.

Ces quatre articles ne constituent-ils pas, en effet, un réquisitoire écrasant ?

Tout d'abord :

1° Funeste aveuglement de *la France entière* qui, au xvi° siècle, n'a pas su faire, à l'heure du Protestantisme, *sa révolution religieuse nationale* !

2° Funeste aveuglement de *Louis XIV* et de sa dynastie bourbonnienne, qui n'a pas su conserver l'Edit de Nantes et *la paix confessionnelle entre Catholiques et Protestants* !

Mais aussi :

3° Funeste aveuglement du *Protestantisme français* contemporain tout entier, qui a paru donner son adhésion sans réserve à une *fausse démocratie égalitaire* !

4° Funeste aveuglement enfin de *certains protestants français*, qui, « arrivés aux premiers rôles de la politique, ont commis PLUS QU'UNE FAUTE, en couvrant de leur autorité intellectuelle et morale *les chimères, les violences, les excès du pseudo-rationalisme jacobin*, notamment en matière d'éducation », — c'est-à-dire en favorisant la fondation d'*une fause éducation nationale* et d'*une fausse politique nationale*, — UNE ÉCOLE D'ATHÉISME et une ÉCOLE D'ANARCHIE ?

Ainsi, selon M. René Gillouin, c'est bien, en tout ou partie, le Protestantisme français qui est responsable et de *notre fausse démocratie politique* et de *notre fausse éducation publique* !

Et n'est-ce pas là plus encore qu'*un écrasant réquisitoire* ? N'est-ce pas *un terrible verdict*, peut-être destiné à faire date dans l'histoire ?

Je le demande, si, dans les redoutables et inéluctables épreuves de demain, la France venait à périr, n'est-ce pas le *Protestantisme français* qui, à tort ou à raison, aurait à porter les plus lourdes responsabilités ?

Et n'est-il pas pour lui plus qu'urgent de parer à un tel danger ?

Pris dans son ensemble, le *Protestantisme français* ne voudra-t-il pas se désolidariser de ceux de ses enfants — enfants perdus — qui l'ont si follement et si affreusement compromis ?

En parlant de ces aventureux coreligionnaires, M. René Gillouin n'hésite pas à dire qu'ils ont commis « plus qu'une faute ».

« PLUS QU'UNE FAUTE » ? Qu'est-ce à dire ? On n'ose dire...

Si la France venait à périr, ne risque-t-on pas de voir quelque historien futur se laisser emporter jusqu'à écrire rétrospectivement un chapitre intitulé : « *Finis Galliæ, ou le Crime des Protestants* »'?

II

L'urgente nécessité et la foudroyante efficacité d'une DÉCLARATION des douze cents Pasteurs de Paris et de France : LAÏCISER N'EST PAS ATHÉISER.

Cela se peut-il ?

Non, cela ne se peut.

Et c'est au Protestantisme français tout entier qu'il appartient de se ressaisir, pour se désolidariser de ceux qui sont responsables de notre *fausse démocratie politique* et de notre *fausse éducation publique*, et notamment, de cette *crise d'athéisme suicidaire* dont souffre et meurt la France depuis cinquante ans.

Que doit faire le Protestantisme français ?

Il doit proclamer tout haut ce qu'il pense tout bas, — à savoir que nous sommes victimes du plus effroyable malentendu.

Laïciser n'est pas *athéiser*, bien au contraire !

Qu'est-ce donc que *laïciser* ?

Ainsi que je le démontre ailleurs, laïciser, c'est ACCORDER la *Religion* et l'*Eglise* avec la *Politique* et avec l'*Etat*.

Le *Laïcisme*, le *vrai Laïcisme*, bien loin d'affaiblir ou d'anéantir la *Religion*, est destiné à la rectifier pour la fortifier.

Rien ne sera plus inébranlable que *la foi en*

Dieu, quand elle sera authentiquement fondée sur *les Sciences de la nature*, c'est-à-dire sur la triple et gigantesque base de la *Cosmologie*, de la *Biologie*, et de la *Sociologie*.

Science et Religion, loin de s'exclure, s'incluent. Et le jour où, selon la parole d'un penseur illustre, « *leur affinité naturelle* les aura enfin réunies dans la tête d'un seul homme de génie », ce jour-là se trouvera résolu le problème de nos destinées françaises ; ce jour-là se trouvera fondé l'équilibre de l'Humanité.

Voilà ce que, j'en suis sûr, pris dans son ensemble, pense et sent, au fond de lui-même, le Protestantisme français.

Et voilà ce qu'il doit d'urgence crier à la malheureuse France, menée à l'abîme par de faux bergers.

Si le vénérable corps des douze cents Pasteurs de Paris et de France en juge ainsi et agit en conséquence, n'est-il pas évident qu'un tel geste ou un tel cri ne peut manquer de déterminer en France un revirement décisif et d'amorcer l'œuvre de salut ?

C'est surtout le Protestantisme français qui peut et doit ainsi venir au secours de la France dévoyée, et la remettre en ses voies.

Quelles voies ?

Les authentiques voies de la *Réforme*, et, non seulement de la Réforme, mais aussi de la *Révolution* !

Car la Révolution française, la *vraie* Révolution française, si inconnue encore, ou si méconnue, qu'est-elle, au fond ? que veut-elle être ? que doit-elle être ?

Essentiellement, une *Révolution religieuse*, — la Révolution religieuse que la France n'a pas su ou pu faire au xvi° siècle, et faute de laquelle la France serait enfin condamnée à périr !

Ainsi, en effet, que j'ai essayé de le prouver, la *Révolution* peut et doit être *un approfondissement et un accomplissement de la Réformation*.

Et cela sera, — si seulement, je le répète, le Protestantisme français veut aider la France dévoyée à rentrer dans ses voies.

III

La fatale erreur CONFIRMÉE
et la cause de l'erreur DISCERNÉE
par M. le pasteur Louis Lafon.

Voilà pourtant là ce que le Protestantisme français a laissé faire, — lui qui a eu pour fondateur un géant tel que *Calvin, ce « second Moïse »*, à la fois *génie de pensée et génie d'action*, à la fois *génie d'Eglise* et *génie d'Etat*, auquel son grandiose historien, M. le doyen Doumergue, est en train d'élever un véritable monument en huit volumes in-quarto !

Oui, voilà ce qu'il a laissé faire, le Protestantisme français, le Protestantisme calvinien : il a laissé athéiser la France !

Et pourquoi cela ?

C'est un autre écrivain protestant qui va nous répondre.

Pourquoi, dit amèrement un des plus vigoureux esprits de France, M. le pasteur Louis Lafon, directeur du journal *Evangile et Liberté* ?

Parce que, faute d'avoir su rester fidèle à la puissante inspiration de son chef spirituel, le Protestantisme français ne sait plus que se traîner « à la *remorque des partis*, de ceux de gauche ou de ceux de droite », à la remorque des politiciens !

Comme on voit, M. René Gillouin n'est pas le seul écrivain protestant qui se soit senti contraint à de si pénibles aveux.

Dans le même journal, *Evangile et Liberté* (numéro du 25 juillet 1923), et dans un très important article intitulé « *Les deux Laïcismes* », qui sera analysé plus loin, l'éminent directeur du journal, M. Louis Lafon, avec une discrète et émouvante tristesse, n'a pas hésité, lui non plus, à avouer expressément les graves responsabilités du *Protestantisme français* !

Et il ose même indiquer les causes profondes de cette erreur fatale.

Les sources profondes de l'ERREUR du PROTESTANTISME FRANÇAIS : Il faut nettement distinguer entre ÉTAT et GOUVERNEMENT.

Me sera-t-il permis d'approfondir l'indication de *M. le pasteur Louis Lafon* ?

Qu'on veuille bien se reporter à *ma person-*

nelle théorie de la Réforme, dans la première partie du présent livre.

Ce qui caractérise pour moi le *primitif Christianisme*, c'est l'*in-civisme*.

Bien des Protestants en doutent ; mais plus d'un en convient, — tel un savant de l'Université de Nancy, *M. Jean Friedel*, qui, dans la Revue *Foi et Vie* (n° du 15 novembre 1923), n'hésite pas à écrire :

« Le Christianisme a brisé l'unité antique, *en arrachant à la Cité* ce que l'homme a de plus intime et de plus élevé.

» *M. Izoulet a parfaitement raison de dire que le Christianisme primitif a été un in-civisme.* »

D'où *ma théorie personnelle de la Réforme*, qui étonnera aussi sans doute bien des Protestants.

Pour moi, sous *son héroïque théologisme ultra-chrétien*, ce que la Réforme apporte, essentiellement, c'est un *pratique civisme crypto-païen.*

Et c'est ainsi qu'elle combat :
pour le *nationalisme*, contre l'*inter-nationalisme*;
pour le *mariage et la famille*, contre le *célibat et le cloître* ;
pour le *travail et la richesse*, contre l'*oisiveté et la mendicité* ;
pour l'*instruction et la science*, contre l'*ignorance.*

Et tout cela consiste à revenir de l'*in-civisme* au *civisme*, — c'est-à-dire de la foi au *Salut hors et sans la Cité* à la foi au *Salut dans et par la Cité.*

Voilà le progrès fondamental accompli par la *Réforme* : c'est un progrès d'ordre essentiellement *civique et social.*

Or, ce n'est pas exactement là que les Protestants contemporains semblent placer le mérite et là valeur de la *Réforme* : pour eux, la *Réforme* c'est plutôt un progrès (?) d'ordre *politique et gouvernemental.*

Eh bien, j'ose le dire, c'est là · *une méprise immense* !

La *Réforme*, c'est quelque chose de *bien autrement profond* qu'une simple question de *régime politique*, — que ce *régime* soit *autocratique* ou *constitutionnel, absolutiste* ou *libéral, oligarchique* ou *démocratique.*

S'il s'était produit en France un profond retour à la pratique *des vertus domestiques et civiques,* un profond retour de foi en *la sainteté du Foyer et de la Cité,* qu'eût importé le *régime* ?

· Ou plutôt, d'emblée, le *régime* se fût trouvé *amélioré* par *l'amélioration* même de la *Cité,* ainsi *virilement sanctifiée.*

Encore une fois, la question de la *Réforme,* c'est une question bien autrement profonde que la question *de République ou de Monarchie, de Démocratie ou d'Autocratie* !

Oui, les Protestants français contemporains semblent être tombés dans cette *cruelle méprise* : il s'agissait de *civisme ou d'in-civisme* ; et ils ont cru qu'il s'agissait de *libéralisme* ou *d'il-libéralisme* !

Méprise immense, aux conséquences incalculables !

D'où ma stupeur et ma consternation, quand je vois, dans toutes nos crises intérieures, nos Protestants se jeter presque dans le camp de la *démagogie matérialiste*, sinon de l'*anarchisme athée* !

Les Protestants de Hollande, calvinistes, se sont ressaisis jadis avec *Kuyper*. Et les Protestants d'Allemagne, luthériens ou calvinistes, à cet égard, n'ont jamais erré.

Méprise immense, je le répète, que celle qui consiste à sacrifier les solides et profondes richesses de la *foi civique* aux faux appâts du *libéralisme* et du *radicalisme*, sinon du *socialisme* et de l'*anarchisme* politiques !

Et c'est sans doute ce qu'a voulu dire, avec une mâle tristesse, l'éminent Directeur du journal *Evangile et Liberté*, quand il a montré récemment le Protestantisme français, *sans orientation et sans organisation* DOCTRINALES, et réduit à se traîner *à la remorque des* POLITICIENS, *à la remorque des* PARTIS !

LE FONDEMENT DU MONDE MODERNE,
ce n'est pas le Dogme
de la SOUVERAINETÉ DU PEUPLE,
mais le Dogme
de l'AUTONOMISME DE L'ÉTAT.
La VRAIE DOCTRINE DE CALVIN
rétablie par M. LE DOYEN DOUMERGUE.

Allons au fond des choses.

Quelle est essentiellement l'œuvre de la *Réforme* ?

C'est la *ré-habilitation de la Société civile*, incarnée et personnifiée dans l'*Etat*.

Le grand historien de Calvin, *M. le doyen Doumergue* a parfaitement vu cela.

A la *médiévale thèse anti-Etatiste* des Grégoire VII, des Innocent III, des Boniface VIII, il oppose la *moderne thèse pro-Etatiste* de Luther.

Et il cite les paroles de Luther :

« Personne n'avait enseigné, n'avait entendu dire, personne ne savait quelque chose de L'AUTORITÉ CIVILE, d'où elle venait, quelle était sa charge, sa *mission*, comment elle devait servir Dieu...

» J'ai cette gloire et cet honneur par la grâce de Dieu... »

Après *Luther*, M. le doyen Doumergue cite et commente *Calvin.*

Pour *Calvin* aussi, l'Etat est *d'institution divine* ; l'Etat a *un contenu positif et moral* ; l'Etat a une *vocation.*

Et cela conduit M. Doumergue à *la distinction capitale.*

En politique, dit-il, il y a *deux dogmes* qu'il faut soigneusement distinguer, à savoir :

1° Le *dogme fondamental,* — *l'autonomie de l'Etat* ;

2° Et un des *dogmes secondaires,* — *la souveraineté du Peuple.*

Et il articule cette parole magistrale, cette parole décisive :

LE FONDEMENT DU MONDE MODERNE, ce n'est pas la doctrine de la *souveraineté du Peuple*, mais la doctrine de *l'autonomie de l'Etat.*

C'est ce fondement qu'ont posé les RÉFORMA-

TEURS, proclamant l'*Etat* et l'*Eglise,* deux pouvoirs *égaux* par leur origine.

Et, ajoute-t-il, *c'est cette doctrine qu'ont combattue les* JÉSUITES, *contempteurs sinon négateurs de l'Etat,* et, comme *Machiavel,* indifféremment fauteurs de *démagogisme* ou *d'autocratisme,* selon les temps et les lieux, — démagogues au xvi⁰ siècle pour interdire aux rois la *promulgation de l'Edit de Nantes,* absolutistes au xvii⁰ pour en obtenir la *révocation.*

Telle est l'authentique doctrine de la *Réforme.*

Or, qu'est-il arrivé, de nos jours, au *Protestantisme français ?*

C'est qu'*il a perdu ses voies,* et qu'il est tombé dans l'erreur des Jésuites, ou bien pis encore !

Les Jésuites méconnaissent la valeur intrinsèque de l'*Etat* : ils méconnaissent cette fondamentale *vérité sociologique,* pour s'en tenir aux jeux de la *vulgaire politique* oscillant de la démagogie à l'autocratie, ou inversement, de l'autocratie à la démagogie.

Les Protestants d'aujourd'hui font pis.

En effet, non seulement, eux aussi, ils sacrifient la *Sociologie scientifique* à la *vulgaire politique,* mais, ici-même, ils ostracisent l'*autorité,* pour se livrer exclusivement au *libéralisme* et au *radicalisme,* qui, chez nous surtout, flirtent si dangereusement avec le *communisme* et avec l'anarchie.

*
* *

Telle paraît donc être l'erreur immense du *Protestantisme français contemporain.*

Il a lâché la proie pour l'ombre.

Il a perdu de vue la profonde doctrine des Luther et des Calvin sur la nécessaire réhabilitation de la *Société civile et de l'Etat,* considérés comme aussi légitimes et aussi saints que la *Société religieuse et l'Eglise* ; et il s'est confiné dans la discussion de la meilleure forme de *Gouvernement* pour l'Etat, l'*aristocratique ou la démocratique, la patricienne ou la plébéienne, la seigneuriale ou la populaire,* — avec tendance à préférer la *démocratique et la populaire.*

Il prend la question *secondaire* pour la question principale, et, dans la question secondaire elle-même, il incline à préférer la solution *inférieure* à la solution *supérieure,* — en quoi il est *doublement infidèle* à la pensée profonde de son fondateur Calvin.

Égale, mais inverse, erreur
du PROTESTANTISME ALLEMAND :
Il faut distinguer entre CITÉ et PATRIE.

En Allemagne, dit-on, *Protestantisme,* c'est *Hiérarchisme* et *Aristocratisme* et *Monarchisme,* — et, par suite, *Ultra-Nationalisme et Bellicisme.*

En France, au contraire, *Protestantisme,* c'est *Démocratisme,* avec risque de glissement au *Démagogisme* et à l'*Anarchisme,* et, par conséquent, à l'*Internationalisme* et au *Pacifisme.*

Ce sont là deux déviations *inverses,* mais *également* illégitimes et malfaisantes.

L'essence du Protestantisme, ce n'est nullement *l'Ultra-Nationalisme* des *Protestants allemands*, ni *l'Ultra-Démocratisme* des *Protestants français*.

L'essence du *Protestantisme*, c'est le *Civisme*, lequel, s'il n'est nullement *l'Ultra-Démocratisme*, ainsi que je viens de le montrer, n'est pas davantage *l'Ultra-Nationalisme*, comme quelques mots vont me suffire à le faire voir.

Il ne faut pas plus confondre
CITÉ et PATRIE
qu'il ne faut confondre
ÉTAT et GOUVERNEMENT.

La *Cité*, c'est la *communion interne*.
La *Patrie*, c'est la *compétition externe*.
La *Cité* est un *mystère*.
Shakespeare l'a magnifiquement dit, dans *Troïlus et Cressida* : « Il y a dans l'âme d'un peuple un *mystère* dont l'Histoire n'a jamais osé s'occuper, et dont l'*opération surhumaine* est *inexprimable à la parole et à la plume* ».

Un *mystère*, la Cité ? Oui, certes ; et combien merveilleux !

C'est un très complexe système de rapports, un très savant et très puissant engrenage de rapports, à travers lesquels il a fallu lentement et profondément faire passer *l'anthropoïde* pour le transformer en *homme*, c'est-à-dire *l'animal* pour le transformer en *demi-dieu* !

Et c'est ce que je crois avoir montré et démon-montré, dans ma *Cité moderne.*

La *Patrie,* où la *terre des pères,* c'est le *sanc-tuaire* où s'accomplit le *mystère* de la *Cité.*

Et le *mystère de la Cité,* c'est le mystère des *rapports des Citoyens entr'eux,* ou le *mystère* INTRA-NATIONAL.

Le *mystère de la Patrie,* c'est le mystère des *rapports des Cités entre elles,* ou le *mystère* INTER-NATIONAL.

On voit la différence.

Une nation peut exceller dans ses *rapports intra-nationaux;* et, en même temps, pécher dans ses rapports *inter-nationaux.*

Une nation peut PUISER DE LA FORCE dans un système de justes rapports *internes,* et, en mê-me temps, ABUSER DE SA FORCE, dans un sys-tème d'injustes rapports *externes.*

Les deux choses ne sont donc pas nécessaire-ment liées, tant s'en faut !

Le *Culte de la Cité,* c'est-à-dire la *piété* envers la saine et sainte organisation de la *Cité,* ou, d'un seul mot, un fervent *Civisme,* cela n'impli-que nullement un *Nationalisme ou Patriotisme hypertrophié,* un *Nationalisme* ou *Patriotisme pathologique,* un *Nationalisme ou Patriotisme exclusif des autres Nations ou Patries.*

Le *Civisme* consiste essentiellement, non dans une *fureur de destruction externe,* mais dans une *ferveur de communion interne.*

C'est une *piété* envers sa *Cité à soi,* et non pas

nécessairement une *im-piété* envers le *reste de l'Humanité.*

Lord Balfour a dit : les Allemands savent *créer la force,* mais ils ne savent pas *s'en servir.*

On pourrait entendre par là qu'ils ne savent pas *assez adroitement en abuser.*

Moi j'entends qu'ils ne savent pas *honnête-ment en user.*

Et voilà comment les Protestants français ont laissé ATHÉISER LA FRANCE : C'est l'erreur POLITIQUE ET SOCIALE qui les a conduits à l'ERREUR PHILOSOPHIQUE ET MORALE.

Ainsi, de nos jours, se trouvent inversement, mais également, *déviés et faussés,* le *Protestantisme allemand* et le *Protestantisme français.*

. Le *Protestantisme allemand* verse dans l'*Impérialisme* ; et le *Protestantisme français* penche vers le *radicalisme,* vers le *démagogisme* et l'*anarchisme,* vers le *pacifisme* et le *défaitisme,* vers le *matérialisme* et l'*athéisme.*

Et c'est pourquoi, sous notre III° République, les Protestants de France n'ont pas su faire aboutir ou faire maintenir un *sain Laïcisme,* un *Laïcisme de vérité et de vie,* un *Laïcisme de foi,* de FOI CIVIQUE ET COSMIQUE.

Et ce'st pourquoi, sous leurs yeux, ils ont laissé ATHÉISER LA FRANCE !

32

IV

Mais le Protestantisme français
peut encore magnifiquement se ressaisir :

1º Après la Guerre de 1870, l'ERREUR
FATALE...

2º Après la Guerre de 1914 : LE VIGOUREUX
REDRESSEMENT DE L'ERREUR.

Eh bien, soit ! *après la Guerre de* 1870, le Protestantisme français a laissé faire le mal, *l'œuvre de perdition.*

Mais, après la *grande Guerre de* 1914, qui donc l'empêche maintenant de se ressaisir et de faire le bien, *l'œuvre de salut* ?

L'occasion est véritablement providentielle, unique.

Citons le dernier mot de M. Gillouin :

« Le *nouveau cours,* inauguré par la *République de la Victoire,* offre au *Protestantisme* de très amples possibilités nouvelles à la faveur desquelles il pourrait d'abord *réparer ses erreurs passées,* ensuite, jeter les bases *d'un renouveau très fécond et pour lui-même et pour la France...*»

De quoi s'agit-il exactement ?

Entendons-nous bien.

Selon moi, le *laïcisme* est *vrai,* foncièrement vrai, dans son instinct et dans son principe, mais il a été *dévié et faussé* dans son application.

Oui, je crois à *l'invincible Laïcisme* et à *l'im-*

possible régression ; mais, d'urgence, il faut procéder à un *redressement* du Laïcisme dévié et faussé.

A quelle condition ?

Evidemment et expressément, à la condition que ce redressement *religieux* nous fasse remonter des bas-fonds de *l'athéisme d'hier*, sans risquer de nous faire retomber dans les bas-fonds d'un *cléricalisme de demain.*

Et c'est pourquoi il serait si important qu'au Parlement même l'initiative de ce *redressement religieux* fut prise précisément par le *Protestantisme français* !

Et ainsi le Protestantisme français aura combattu :
au XVIᵉ siècle : LE CLÉRICALISME,
et au XXᵉ Siècle : L'ATHÉISME.

Et ainsi, il y aura eu, en France, deux Protestantismes.

Au seizième siècle, le Protestantisme français a fait un héroïque effort pour arracher la France au Cléricalisme.

Au vingtième siècle, le Protestantisme français se doit et nous doit de faire un non moins héroïque effort pour arracher la France à l'Athéisme !

Car, pour achever de *dé-cléricaliser l'Eglise,* il faut commencer par *dés-athéiser l'Etat.*

UNE SUBLIME RÉPONSE
A LA SAINT-BARTHÉLÉMY
ET A LA RÉVOCATION

Messieurs et honorés Pasteurs de Paris et de France,

C'est un rôle sublime qui s'offre aujourd'hui au *Protestantisme français*.

Comment, en effet, dès lors, le Protestantisme français apparaîtrait-il dans l'Histoire ?

Il m'apparaît déjà sous l'aspect à la fois tragique et sublime que voici.

C'est, en cinq siècles, un Drame en cinq actes.

Premier Acte

XVIe siècle : Après l'immense effort des Protestants *pour la réforme religieuse de la France*, c'est le revirement de l'opinion et l'affreux massacre de la *Saint-Barthélemy* (1572), racheté, un quart de siècle plus tard, par la pacification de l'*Edit de Nantes* (1598) ;

Deuxième Acte

XVIIe siècle : Après environ un siècle de paix relative, c'est l'odieuse *Révocation de l'Edit de Nantes*, et le Protestantisme jeté à l'exil (1685) ;

Troisième Acte

XVIIIe siècle : Après un siècle de douloureux exil, c'est la *Patrie rouverte* aux Protestants par l'esprit avant-coureur de la Révolution (1787) ;

Quatrième Acte

XIX° siècle : Après un siècle de face à face stérile, c'est la *France catholique* précipitée dans *l'athéisme*, avec l'assentiment actif ou passif de *la France protestante* : les lois laïques de 1880 à 1905.

Cinquième Acte

XX° siècle : Après un demi-siècle de souffrance et de décadence, c'est *la France catholique* sauvée de *l'athéisme* et de la mort par le *réveil des Protestants* !

Oui, Messieurs, c'est ainsi que je vois se profiler dans l'Histoire la tragique et sublime figure du Protestantisme français !

A la *Saint-Barthélemy* et à la *Révocation de l'Edit de Nantes*, à ces gestes affreux d'une mère égarée contre ses enfants, comment répondre ? Par quelles représailles ?

Il ne saurait y avoir deux réponses.

La seule et unique réponse d'un fils contre une mère, jadis égarée, et aujourd'hui en perdition, c'est de la sauver.

ÉPILOGUE

Appel à mon pays

Je suis né sur un versant du *Plateau Central*, dans les derniers contreforts sud-occidentaux du *Massif d'Auvergne*, en cette triade d'ardents pays qui ont fourni tant de compagnons héroïques à *Jeanne d'Arc*, et qui s'appellent : *Quercy, Rouergue* et *Albigeois*.

Quercy ! La patrie de *Lucter*, le lieutenant préféré de *Vercingétorix*, — égorgé, lui aussi, avec son chef, à Rome, par les Romains...

Rouergue ! La patrie de ce puissant homme d'Etat, le *vicomte de Bonald*...

Albigeois ! La patrie, l'authentique patrie, de ce profond philosophe social *Honoré de Balzac*...

Je suis fils de « *laboureurs craignant Dieu* », et de *maîtres d'école de village*, qui avaient servi aux armées et que le simple mot « patrie » faisait pâlir, et de *médecins de campagne ou modestes officiers de santé*, qui étaient allés aux « Iles », et qui avaient souffert dans les pontons anglais, et qui, rentrés au pays natal, chevauchaient nuit et jour à travers monts et vaux sans routes et rivières sans ponts, pour répondre à l'appel des

pauvres gens comme eux angoissés par la mort
planant sur leurs foyers...

Tous très obscurs passants de la terre de
France, — mais dont je n'ai eu garde de renier
la foi !

> Car le bonheur n'est pas à celui qui déserte,
>   Qu'il quitte son foyer ou quitte son drapeau ; .
>   *Et ses aïeux, les bras croisés sous l'herbe verte,*
>   *Ne l'ont jamais béni du fond de leur tombeau !*

Et j'ai pu échapper au laminoir des fausses
bourgeoisies, pour rallier en pensée, sur les
cimes du monde, l'invisible phalange des *Génies,
des Héros et des Saints,* par qui l'univers, éternellement défaillant, est éternellement susténté.

Grâce, en effet, aux généreuses institutions de
la *Révolution française,* j'ai pu avoir accès à
toute la culture, — à la petite, à la grande, à la
haute culture, — et toujours dans les *Ecoles
publiques,* c'est-à-dire dans les Ecoles primaires
ou secondaires ou supérieures de l'*Etat.*

Et, je l'avoue, je ne suis pas de ceux dont la
haute culture n'a su faire que des *défaitistes* et
des *anarchistes* et des *athées.* Bien au contraire !

C'est *le verbe inspiré des sublimes génies* qui a
fait tressaillir en moi *l'âme fervente de mes hum-
bles aïeux.*

C'est la haute culture qui a centuplé en moi la
Religion de la Patrie, le *Culte de la Cité,* la *Foi
en Dieu.*

Et c'est pourquoi, après bientôt cinquante
années de méditation passionnée, *j'ose enfin*

m'adresser directement au *Gouvernement de mon pays.*

J'ose m'adresser aux *deux Chambres du Parlement*, et au *Ministère*, et particulièrement à nos *quatre Présidents* :

au Président de la *République*,
au Président du *Conseil*,
au Président du *Sénat*,
au Président de la *Chambre*.

Et, très respectueusement, mais très gravement, et même très solennellement, j'ose leur dire :

Excellences et Messieurs,

Je suis plein de reconnaissance *pour mon Pays et pour l'Etat*, qui m'ont ouvert, d'abord, pendant trois ans, *une cellule d'Etudiant à l'Ecole Normale supérieure*, pour y méditer tout bas, sous l'influence de maîtres éminents ou illustres, et qui m'ont ouvert, ensuite, depuis plus d'un quart de siècle, *une chaire de Professeur de Philosophie sociale au Collège de France*, pour y méditer tout haut, devant un auditoire fidèle et fervent.

Et cette profonde gratitude, je ne saurais mieux la témoigner à *mon Pays* qu'en apportant ici loyalement à l'*Etat* les quatre fermes conclusions de mes bientôt cinquante années de méditation passionnée.

Et ces quatre conclusions, les voici :
1° Des milliers de penseurs l'ont dit.

Mais un penseur contemporain, qui s'appelait lui-même un « *païen mystique* », et qui, par conséquent, ne saurait vous être suspect, le poète-philosophe *Louis Ménard*, l'a dit sous une forme particulièrement tragique et lapidaire :

« *Les Religions sont l'âme des Nations...* Un peuple qui a renié ses Dieux est un peuple mort... »

Devant un tel verdict, comment le Gouvernement français pourrait-il donc *ne pas trembler* d'avoir osé, lui, dans une heure d'égarement, *répudier la Religion et renier Dieu* ?

2° Le *Christianisme*, au prix d'une erreur humaine, superficielle et accidentelle, a introduit dans la *Religion* un progrès divin, essentiel, et éternel.

Il ne s'agit donc de répudier ni *la Religion en général*, ni, à plus forte raison, *la Religion chrétienne, en particulier*.

Il s'agit, au contraire, *de la rectifier pour la fortifier*, en corrigeant de son alliage d'erreur humaine son pur métal de vérité divine.

Et tel est le but de la grande œuvre de *laïcisation*, le but de *l'Esprit moderne*, le but de la *Renaissance*, de la *Réforme*, et de la *Révolution*.

3° Mais, il s'est produit en France, depuis cinquante ans, une *sinistre déviation du Laïcisme* ; et la *Politique religieuse et scolaire de la III* République* est tombée dans une erreur insensée, en *détruisant*, au lieu de *réformer* et de *transformer*, c'est-à-dire, en prenant un *Laïcisme d'erreur et de mort* pour le *Laïcisme de vérité et de* *vie*, et en prétendant fonder la Patrie sur l'*Ecole sans Dieu* et sur l'*Etat sans Dieu* !

Peut-il y avoir au monde une pire aberration ?

Non, certes, il ne s'agit pas d'*ôter toute religion* au peuple de France ! Bien loin de là ! Il s'agit, au contraire, de *perfectionner et de renforcer celle qu'il a.*

Non, certes, il ne s'agit pas d'OTER LE LAIT DIVIN A L'ENFANT (ECOLE) ; il s'agit, au contraire, d'ASSAINIR ET D'ENRICHIR ENCORE LE LAIT DE LA MÈRE (EGLISE) !

Et c'est là, pour la France, *une question de vie ou de mort* !

4° Et c'est pourquoi j'ose m'adresser directement à vous, Gouvernement et Parlement de France, pour vous présenter MA CAPITALE DISTINCTION DES DEUX RELIGIONS, LA RELIGION PUBLIQUE ET LA RELIGION PRIVÉE ; et, en attendant la certaine et prochaine MÉTAMORPHOSE DE L'EGLISE, j'ose vous dire :

Excellences et Messieurs,

Il n'est que temps pour la France de répudier l'abject *Laïcisme athée.*

Il n'est que temps pour la France de *faire rentrer Dieu — un Dieu laïque, c'est-à-dire un Dieu civique — dans l'Ecole et dans l'Etat* !

Il n'est que temps enfin, pour la France, de *se ré-arc-bouter à Dieu* !

Ainsi, en effet, la *Vieille France* et la *Nouvelle France* pourront de nouveau *communier dans une même foi.*

Et ainsi, la *France entière*, répudiant son factice *Athéisme* d'un jour, pourra elle-même *ren-*
trer dans la communion religieuse du Monde
entier, — pour amener d'ailleurs le Monde entier
à la Religion fondamentale et universelle, à la
Religion . *civique* et *unique* ; c'est-à-dire pour
faire triompher les *deux idées-forces* qui entraî-
nent l'Humanité vers le double but final du Progrès, à savoir, la *Sécularisation des Eglises* et la
Fédération des Patries.

TABLE

RENAISSANCE

— I. La *Religion druidique*, ou notre *pre-mière* Religion (sous les *Gaulois*).

— Les *Dieux*, chez nos aïeux *Gaulois*.

— Les *Druides*, d'après l'Ecole historique de *Fustel de Coulanges*.

— II. Le *Polythéisme helléno-latin*, ou notre *deuxième* Religion (sous les *Gallo-Romains*).

— III. Le *Culte de Rome et d'Auguste*, ou notre *troisième* Religion (sous les Gallo-Romains), — ou notre premier *dé-racinement*.

— *L'Autel de Rome et d'Auguste*, d'après *M. Camille Jullian*.

— Le bien et le mal de la *Conquête romaine*, d'après *M. Camille Jullian*.

— IV. Le *Christianisme*, ou notre *quatrième* Religion (sous les *Gallo-Romains*).

Le *Christianisme* en Gaule : son installation a duré cinq cents ans.

— V. La Religion de la *Monarchie*, ou Religion de *Reims et de Saint-Denis*, ou *le 8ᵉ Sacrement*, ou *Sacrement de la Royauté*; ou notre *cinquième* Religion (sous les Gallo-Francs et les Français), — ou notre premier *ré-enracinement*.

— VI. L'*Ultramontanisme* ou *Anti-Protestan-tisme*, ou *Jésuitisme*, ou *Religion de Loyola* ; ou notre *sixième* Religion (sous les *Français*), — ou notre second *dé-racinement*.

— Qu'est-ce que la *Réformation* ? Une *demi-synthèse* du Paganisme et du Christianisme.

— L'*alternative* posée par le *Protestantisme*. Qu'est-ce que l'*Anti-Protestantisme* ?

— Deux Hymnes à la France. L'Hymne d'une
Etrangère à la France.
— Mon Hymne à la France.

Ma Philosophie
de l'Histoire du Christianisme

ou l'Evolution du Christianisme en ses *trois
phases* organiques : construction, destruction, et
re-construction ; ou l'Avènement de l'*Esprit moderne* en ses trois successives *Révélations* : Renaissance, Réforme, Révolution ; et *l'immense
Révolution religieuse du vingtième siècle*, ou *Réforme de la Réforme*, en ses trois aspects : psychologique, métaphysique, ecclésiastique.

Lente et inconsciente *Construction* du Christianisme, en ses *trois* éléments constitutifs.
— *Construction* du Christianisme en son *premier* élément : *le dégoût de la Terre.*
— *Construction* du Christianisme en son
deuxième élément : la *Vision du « Ciel », patrie
de l' « Ame ».*
— *Construction* du Christianisme en son *troisième* élément : *l'Eglise.*
— Le *dédoublement du Pouvoir* en deux Pou-

QUATRIÈME PARTIE

Ma Philosophie
de l'Histoire de la IIIᵉ République

ou la sinistre *déviation du Laïcisme*, et le nécessaire *redressement religieux*.

— Mes « *Deux Laïcismes* » ou *Laïcisme de mort* et *Laïcisme de vie*. Premier combat. Deuxième combat. Troisième combat.

— Le Conflit de l'*Idée chrétienne* et de l'*Esprit laïque*, et le mot de l'énigme : *Il y a deux Laïcismes* : 1° un *Laïcisme d'erreur et de mort* ; 2° un *Laïcisme de vérité et de vie.*

— Laïcisme : l'audacieuse *falsification du mot.*

— Laïcisme : la monstrueuse *déviation de l'idée.*

— Un *Laïcisme d'erreur et de mort*, dans la France d'hier.

— Un *Laïcisme de vérité et de vie*, pour la France de demain.

— Les *deux Laïcismes* et les *deux Cléricismes.* 1° Il y a un *Cléricisme de vérité et de vie* ; 2° Et il y a un *Cléricisme d'erreur et de mort.*

— Le *vrai Laïcisme*, ou *la Source inconnue de la force allemande*, à savoir, son *Unité métaphy-*

Laïcistes : A défaut de la *Religion révélée*, au moins la *Religion naturelle* !

— La transaction est rejetée : La *Religion dite naturelle* est une *Religion pseudo-naturelle*.

— La solution du Conflit, par *ma distinction des Deux Religions*.

— La Religion de l'*Immortalité de l'Ame*, ou des *Sanctions extra-terrestres*, IGNORÉE PAR L'ETAT, et rétrogradée au rang de RELIGION PRIVÉE.

— Comment *le détachement de la Terre* a persisté jusqu'à nos jours.

— *Entre Ciel et Terre*, la Chrétienté reste donc suspendue *au point mort* !

— L'Etat peut-il crier : *A bas l'Etat* ?!

— Cette Religion *pseudo-naturelle*, l'Etat a le droit de l'ignorer.

— Et cette Religion *pseudo-naturelle*, ainsi ignorée par l'*Etat*, est également ignorée par la *Science*.

— Cette Religion *pseudo-naturelle*, fondée sur *Dualisme cartésien*, c'est la Religion du *faux Rousseau* et la Religion du *vrai Kant*.

— *L'Etat*, personnification de *la Cité*, ne peut pas ne pas *nier* une Religion qui, au fond, *nie* la Cité.

— La Religion de l'*Existence de Dieu*, au contraire, doit être *acceptée par l'Etat* et rétablie au rang de *Religion publique*.

— *Dieu*, révélé par la *Raison*.

— Croire en *Dieu*, c'est croire en un *Univers consubstantiel à l'Homme*.

Philosophie (1923), contre le journal *Le Temps.*
Même nécessaire distinction entre les Deux Reli-
gions. Le cri d'alarme d'un Catholique : *L'éclipse*
de la Morale dans l'Université.

— Que penser de ce réquisitoire ?

— Le *Temps,* prophète et docteur du *Laï-*
cisme, et *ses trois articles sensationnels* de 1882.

— Le *Temps* du 25 mars 1882, et sa *prophétie.*

— Le *Temps* du 20 mars 1882, ou L'EXCLUSIVE
PRONONCÉE CONDRE DIEU.

— Le *Temps* du 13 mars 1882, *ou le rejet de*
l'Immortalité.

— La funeste confusion : *L'Etat* peut écarter
l'*Immortalité,* mais non pas la *Divinité.*

— La mission du *Temps,* dès sa fondation
(1861), et ses soixante années de *campagne laï-*
ciste.

— Mais il faut démasquer *l'erreur fondamen-*
tale : L'Esprit moderne n'est pas *athée* ; il ne
s'agit pas d'une *négation du divin,* mais d'une
transposition du divin.

— Il ne s'agit donc pas ici d'un *rebroussement,*
mais d'un simple *redressement.*

— La mortelle confusion du « *For intérieur* » :
DIEU BASE DES ETATS.

— C. — Le Manifeste de la *Corporation des*
Publicistes chrétiens, sur les Réformes nécessaires, publié par *M. René Bazin,* de l'Académie
française, dans l'*Echo de Paris* du 26 novembre
1916. Deux erreurs courantes, — et une sublime
vérité.

sur le Rhin et le Christ

— Le *Drame du Rhin* : *trois* dernières précisions.

— Le *Drame du Christ* : les *trois Actes* qui s'imposent d'urgence au Gouvernement français.

— Premier Acte.

— Deuxième Acte.

— Troisième Acte.

— D'abord le *troisième Acte*, c'est-à-dire la *Séparation* de l'Eglise et de l'Etat, à pratiquer comme aux *Etats-Unis*. Une enquête du *Figaro*.

— *Séparation de haine* ou *Séparation d'amour*.

— L'*Individu* en Amérique et en France : quadruple différence.

— En Amérique, l'*Etat* est officiellement *neutre*, mais effectivement *spiritualiste*, et même *religieux*, et même *chrétien*.

— L'*Etat américain* et l'*Etat français*, ou la sinistre équivoque du mot « *Neutralité* » : 1º la *Neutralité* respectueuse entre les *diverses Religions* est *vertu* ; 2º la cynique *Neutralité* entre la *Religion* et l'*Irréligion* est *crime*.

— En Amérique, la Religion est partout : dans le *Gouvernement* et dans le *Parlement*, dans l'*Armée* et dans la *Marine*, à l'*Ecole* et chez le *Fisc*.

— On est donc loin, en Amérique, soit de l'*indifférence religieuse*, soit surtout de l'*animosité antireligieuse*.

IV

— Mais le Protestantisme français peut encore magnifiquement se ressaisir : 1° Après la *Guerre de* 1870, *l'erreur fatale...* ; 2° Après la Guerre de 1914, le *vigoureux redressement de l'erreur.*

— Et ainsi le Protestantisme français aura combattu : au xvi° siècle, le *Cléricalisme* ; et au xx° siècle, l'*Athéisme.*

— Une sublime réponse a la Saint-Barthélemy et a la Révocation.

APPEL A MON PAYS

Alençon. — Imprimerie Corbière et Jugain.

ERRATA

Page 55   28ᵉ ligne, lire : *le self-arbitre*

»   70   17ᵉ »   »   les *écrits*

»   202   12ᵉ »   »   Produit *conjugué*

»   264   en bas, lire : *Sous* le faux et mortel...

»   294   les deux dernières lignes sont à reporter en
             haut de la page.

»   384   20ᵉ ligne, lire : *Mais*

»   387   en bas, lire : voix inextinguible, *que*

»   397   14ᵉ ligne, lire : *ont* su s'évader

»   481   12   »   »   le *Protestantisme.*

www.ingramcontent.com/pod-product-compliance
Lightning Source LLC
Chambersburg PA
CBHW051805150726
47998CB00001B/34